新理念科学教学论（第二版）

New Concept on Science Teaching Theory

主　编　崔　鸿　张海珠

副主编　李　娟　贾晓红　汪　甜
　　　　杨　梅　陈　花

编　委（按姓氏笔画排序）
　　　　王瑞祥　张海珠　李　娟　汪　甜
　　　　陈　花　杨　梅　贾晓红　阎元红
　　　　崔　鸿　潘　尖　戴　月

图书在版编目(CIP)数据

新理念科学教学论/崔鸿,张海珠主编. —2版. —北京:北京大学出版社,2013.7
(21世纪教师教育系列教材·学科教学论系列)
ISBN 978-7-301-22540-0

Ⅰ.①新… Ⅱ.①崔…②张… Ⅲ.①科学知识－教学法－中小学－师资培训－教材 Ⅳ.①G633.72

中国版本图书馆CIP数据核字(2013)第101726号

| 书　　　　名：新理念科学教学论(第二版)
| 著作责任者：崔　鸿　张海珠　主编
| 丛 书 主 持：陈　静　郭　莉
| 责 任 编 辑：李淑方
| 标 准 书 号：ISBN 978-7-301-22540-0/G·3627
| 出 版 发 行：北京大学出版社
| 地　　　　址：北京市海淀区成府路205号　100871
| 网　　　　址：http://www.pup.cn　新浪官方微博:@北京大学出版社
| 电 子 信 箱：zyl@pup.pku.edu.cn
| 电　　　　话：邮购部 62752015　发行部 62750672　编辑部 62767857　出版部 62754962
| 印 刷 者：北京富生印刷厂
| 经 销 者：新华书店
| 　　　　　　787毫米×1092毫米　16开本　18.5印张　300千字
| 　　　　　　2009年4月第1版
| 　　　　　　2013年7月第2版　2020年8月第2次印刷
| 定　　　　价：36.00元

未经许可,不得以任何方式复制或抄袭本书之部分或全部内容。
版权所有,侵权必究
举报电话:010-62752024　电子信箱:fd@pup.pku.edu.cn

内 容 简 介

21世纪科学教师要承担起提高公民科学素养的重任,而普及科学教育和提高科学教学质量,关键在于要有一支训练有素的科学教师队伍。围绕"怎样做一名21世纪的新型科学教师"和"如何成长为一名优秀的科学教师",《新理念科学教学论》设置了理论、案例、名师论教、活动四个板块。理论与实践有机地结合,具有示范性和实践性,有利于学生的主动学习和思考。学生在理解科学教学论理论的基础上,通过案例分析等多种形式的实践环节的学习,形成科学教育观念,培养从事科学课程教学与教育研究的能力。本书内容涵盖科学课程论、科学教学论、科学学习论、科学教师论四大部分共八章,对于科学教育专业本科生、学科教学论专业研究生以及科学教师的在职提高具有较强的实用价值。

主 编 简 介

崔鸿,女,河南南阳人,1963年5月出生。华中师范大学生命科学学院教授。教育部国家《全日制义务教育科学(7~9年级)课程标准(实验稿)》研究与制定核心组成员。现任教育部华中师范大学基础教育课程研究中心副主任,信息技术教育应用所副所长。主要从事科学课程与教学论、环境教育以及教育技术的理论研究与实践工作。近年来先后主持和参与国家、省部级教学及科研项目20余项。主持编写国家《全日制义务教育课程标准实验教科书科学(7—9年级)》、《初中科学课程学法指导》等著作和教材30余本,公开发表学术研究论文30余篇。

张海珠,女,山西临汾人,1963年3月出生。山西师范大学教师教育学院副院长、教授。主要从事"科学教学论、科学教学设计论、科学课程论、人体解剖学及实验、人体生理学及实验"等课程的教学和研究任务。主要研究领域:教师培养的可塑性、脑神经科学。

近五年来,主编和参编著作和教材10余部,如:《科学教学设计论》、《课堂教学技能理论与实践》等。主持山西省自然科学基金资助课题、山西省教育科学"十五"规划课题、山西省高等学校教育教学改革研究等课题研究。公开发表论文40余篇。

第二版前言

伴随着脑神经科学、学习科学、国际科学教育的发展,关于科学教育的本质,综合科学课程改革的价值,学生学习科学的心理学机制,正式学习与非正式学习在科学教育中的地位和作用,信息环境下的科学教学,科学教育中多元评价的实施等问题的研究和认识更加明晰,国内外科学教育改革也对此作出了相应的回应。

21世纪以来,国际科学教育发生着重大变革,其中美国的科学教育改革最为典型和活跃。2011年7月美国颁布了《科学教育框架》(简称《框架》),《框架》把核心概念、跨领域概念、科学实践三个维度结合起来,提出学习进阶,试图促进课程、教学与评价的一致性,甚至推动了科学教育研究以学习进阶为核心的证据驱动范式转型。

在吸收借鉴国际科学教育发展的优秀成果基础上,结合我国科学教育理论和实践发展情况,我国课程研究和改革也发生着变化,课程的变革也带动了教学方式的变化。例如,随着我国教育工作者对科学概念在科学课程中的重要地位的共识,概念教学成为教师关注的重点,与概念有关的科学前概念、迷失概念、概念转变教学策略等词汇在教育研究中出现的频率也越来越高,高等院校科学教育专业开设的"科学教学论"课程中关于科学课程、科学教学的内容也需要作出相应的调整。

学习评价是检验课程实施情况和教学效果的工具,也是调控我国课程与教学发展的重要方式,评价手段的革新一直是我国教育工作者努力探索的重要课题。在国际科学评价PISA、TIMSS等项目中,科学素养的评价关注科学探究能力和科学精神方面的测评,这种国际科学评价方式的实施也给我国科学课程评价方式的变革带来了新的思路。

此外,我国基础教育课程改革也在进一步深化。2012年,我国教育部颁布并出版了《义务教育初中科学课程标准(2011年版)》(简称《标准》),《标准》在2001出版《科学(7—9年级)课程标准(实验稿)》的基础上,对前言、课程目标、课程内容和实施建议四个部分都作出了调整。同时,与之对应的初中科学课程也发生了部分调整,在新课程改革推进的过程中也涌现出一些经典的案例;国际、国内的科学教育研究成果也进入公众视野。基于国内外科学教育改革的发展,本次《新理念科学教学论》修订工作在上一版的基础上,力图将现有的、成熟的科学教育研究成果反映出来,同时也根据使用本书的师生意见将部分内容做了修改和调整,增删了部分教学案例。最后形成了本书的修改意见。

华中师范大学崔鸿教授、山西师范大学张海珠教授、华中师范大学李娟、河南省许昌学院贾晓红、浙江师范大学汪甜、武汉城市职业学院杨梅、山西师范大学陈花、山西太原师范学院生物系王瑞祥、山西太原师范学院物理系阎元红、湖北第二师范学院戴月参与了本书的修订工作。另外,广东省中山市第一中学廖美芳、广东省深圳文锦中学肖汉珊、广东省深圳市龙城初级中学白雪、湖北省潜江市江汉油田广华中学吕鑫、湖北省武汉市实验学校吕晶、湖北省职业技术教育研究中心徐敏、广东省深圳市翠园中学王苏粤、四川省成都市龙祥路小学罗颖对本书的修订提出了宝贵的意见和建议,华中师范大学生命科学学院研究生李佳涛、李云云、段珊、高源、王玉洁、朱家华、杨胜英、李成姣、张海涛、宋艳艳、文芳、李小凤、李巧利、陈胜良、涂宽参与了本书的案例搜集、活动的设计和整理等工作。

2013 年 6 月 26 日
于华中师范大学

第一版前言

21世纪,科学技术迅猛发展,国际竞争日趋激烈,国力的强弱,越来越取决于国民素质的高低,而要提高国民的素质,造就有责任感、适应能力强且富有理性的一代新人,教师是毋庸置疑的推动者。

21世纪科学教师要承担起提高公民科学素养的责任,任重而道远。目前我国的科学教育专业正处于蓬勃发展与不断探索的过程中,对这样一个新专业,课程建设是一个中心问题和关键环节。以往课程改革的经验和教训昭示人们,普及科学教育和提高科学教学质量,关键在于要有一支训练有素的科学教师队伍。编写此书的目的就是为师范生将来从事科学课程的教学和研究工作提供必要的理论基础和方法指导。

本书根据我国《全日制义务教育科学(3—6年级)课程标准(实验稿)》与《全日制义务教育科学(7—9年级)课程标准(实验稿)》的设计思想与内容,结合高等师范院校科学教育专业的课程设置编写而成。

本书首先对"科学教学论的形成与发展、课程目标以及学习与研究的方法"进行了探讨;然后在探讨"中小学科学课程设置及其发展"的基础上,从中小学科学教与学的角度对"科学学习活动与学习策略"、"科学课程教学过程与模式"、"科学课程教学设计"、"科学课程教学技能"进行了讨论与研究;接下来,从中小学科学教师教学与学生学习的检测角度对"科学课程学与教的评价"进行了探讨;最后,从教师教育发展的角度研究了"科学教师的专业发展"。

本书的编写注重基础性、实践性和启发性,内容主要从理论、案例、名师论教、活动四个板块进行编写,目的是让科学教育专业的学生在理解基本概念的基础上,通过具体的案例、名师论教以及活动内容的学习,初步形成科学教育观念,培养从事科学课程教学与教育研究的能力。本书除用作高等师范院校科学教育专业"科学课程与教学论"课程的教材外,也可作中小学科学教师和教研员继续教育的教材、日常教学的参考书,还可供科学教育研究人员参考。

本书由华中师范大学崔鸿教授、山西师范大学张海珠教授任主编,华中师范大学李娟、河南省许昌学院贾晓红、浙江师范大学汪甜、武汉城市职业学院杨梅、山西师范大学陈花任副主编。山西太原师范学院生物系王瑞祥、山西太原师范学院物理系阎元红、湖北第二师范学院戴月担任编委。湖北省水果湖第二中学潘尖、广东省深圳市第二实验学校沈甜甜、浙江工商大学李擎、湖北省武汉市第二十三初级中学张思寒、湖北省武汉市第三中学付安平、江西省九江第一中学寇永奎、河北省保定市第一中学刘峰参与了本书案例的编写、搜集与修改。此外,广东省中山市第一中学廖美芳、广东省深圳文锦中学肖汉珊、广东省深圳市龙城初级中学白雪、湖北省潜江市江汉油田广华中学吕鑫、湖北省武汉市实验学校吕晶、湖北省职业技术教育研究中心徐敏、广东省深圳市翠园中学王苏粤、四川省成都市龙祥路小学罗颖等也参与了本书案例的搜集、活动的设计和整理等工作。

在编写此书的过程中,虽然我们尽了很大的努力,但是由于作者的理论水平有限,书中内容存在不足和错误之处在所难免,敬请专家、同行及广大读者批评指正。

在编写过程中我们从相关论著、刊物和互联网上吸收了国内外专家的研究成果,并引用了相关的资料。在此对这些作者表示诚挚的谢意。最后,还要感谢北京大学出版社对本书的出版所给予的大力支持与帮助。正是由于他们的努力,本书才得以按时付梓。在此一并致以诚挚的谢意。

作者

2008年12月于武昌桂子山

目　　录

第 1 章　科学课程教学论概述 …………………………………………………… (1)
　1.1　科学与科学教育 ………………………………………………………… (2)
　1.2　科学课程教学论的形成与发展 ………………………………………… (7)
　1.3　科学课程教学论的课程目标与学习方法 ……………………………… (10)

第 2 章　中小学科学课程设置及其发展 ………………………………………… (16)
　2.1　课程概论 ………………………………………………………………… (17)
　2.2　课程目标 ………………………………………………………………… (34)
　2.3　科学课程 ………………………………………………………………… (42)
　2.4　科学课程标准 …………………………………………………………… (51)
　2.5　科学教科书介绍 ………………………………………………………… (58)

第 3 章　科学学习活动与学习策略 ……………………………………………… (69)
　3.1　科学教育相关学习与教学理论概述 …………………………………… (70)
　3.2　学习理论和科学教育改革 ……………………………………………… (79)
　3.3　新课程与学习方式的变革 ……………………………………………… (87)

第 4 章　科学课程教学过程与模式 ……………………………………………… (99)
　4.1　科学课程教学策略 ……………………………………………………… (100)
　4.2　科学课程教学模式 ……………………………………………………… (127)
　4.3　新课程科学教学模式 …………………………………………………… (140)

第 5 章　科学课程教学设计 ……………………………………………………… (148)
　5.1　科学课程教学设计概述 ………………………………………………… (149)
　5.2　科学活动课程教学设计 ………………………………………………… (166)

第 6 章　科学课程教学技能 ……………………………………………………… (176)
　6.1　科学教学基本技能 ……………………………………………………… (177)
　6.2　新课程中教学技能的发展 ……………………………………………… (192)

第 7 章　科学课程学与教的评价 ………………………………………………… (203)
　7.1　中小学科学学与教的评价概述 ………………………………………… (204)

7.2 科学学习评价 …………………………………………………………………… (211)
7.3 中小学科学命题阅卷和评价结果的统计分析 ………………………………… (216)
7.4 中小学科学教师教学评价 ……………………………………………………… (227)
7.5 实践活动评价 …………………………………………………………………… (231)

第8章 科学教师的专业发展 ……………………………………………………… (241)
　8.1 教师专业发展理论概述 ………………………………………………………… (242)
　8.2 科学教师专业发展的阶段特征 ………………………………………………… (250)
　8.3 影响科学教师专业发展的因素 ………………………………………………… (257)
　8.4 科学教师专业发展的途径与方法 ……………………………………………… (268)

第 1 章　科学课程教学论概述

学习目标

当你掌握本章内容后,你可以:
1. 了解科学概念的发展。
2. 了解科学本质。
3. 了解科学教育发展历史。
4. 了解科学课程教学论的形成和发展。
5. 了解科学课程教学论的课程目标与学习方法。
6. 调查"学生最喜欢的科学教师和科学课",感受当好一名科学教师的艰巨性和学好科学教学论的必要性。

本章内容结构图

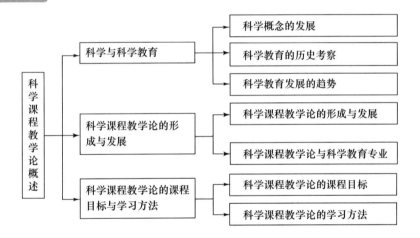

关键术语

◆ 科学、科学教育、科学课程教学论、STSE 教育
◆ 课程目标、学科课程内容、基础教育课程改革

本章序幕

落叶变成了什么?

实验室里,王老师正在给三年级的孩子们上"落叶变成了什么"一课。孩子们纷纷汇报自己在土里看到的树叶的样子及自己的新发现,并争先恐后把自己在土壤里找到的树叶拿到实物展示台上展示。接下来,王老师让孩子根据观察到的现象推想:树叶在土壤里是怎么变化的?变成了什么?孩子们一个接一个地举手发言,有的说:"树叶落到土里,小虫子、蚯蚓发现了这片树叶,就去吃它,树叶上就出现

了许多小洞洞,后来越来越多,越来越大,最后剩下一个叶网,这个叶网在土里慢慢腐烂,变成粉末。"有的说:"我认为树叶落到土壤里过一段时间,上面会有一些小黑点,后来整片树叶变黑、变烂成为肥料。"还有个别孩子想到树叶会变成油。正在大家热烈讨论的时候,突然一个小男孩站起来说:"老师,我猜想树叶在土里会长出小芽。"他的话音刚落,引来了一阵笑声。如果你是王老师,你会怎么办呢?

王老师首先表扬了该生肯动脑筋、敢于想象、敢于发表自己的意见,接着进一步了解他的想法并鼓励该生与其他同学进行交流,设计实验方案进行探究并记录观察现象和实验结果,在班上进行汇报。

"我放到土里的树叶都没长出芽,我还要再做实验看看别的树叶在土里能不能长出小芽。"这不只是一份简单的实验报告,而是一个孩子尊重科学、实事求是的精神,强烈的创造力是一个个幼小心灵对科学的执著探索。

大自然中确实有些植物的叶落到土壤里是可以发芽、长成新的植物,如:秋海棠、宝石花等。上面的这个故事对你有怎样的启迪?你觉得一名优秀的科学教师应具备怎样的素质?

科学是一种探索活动,科学是一种知识体系,科学是一种过程和方法,科学是一种精神、思想、态度,科学是第一生产力,科学是一把"双刃剑"。

师范院校科学教育专业的学生要想在科学教育的道路上迅速发展,怎样才不至于步履维艰呢?相信科学课程教学论这门课程会给将成为教师的你一些有益的启示。让我们带着诸多的问题走进科学课程教学论的殿堂吧!

1.1 科学与科学教育

科学技术是第一生产力,是人类文明进步的基石。邓小平同志曾经说过:"实现四个现代化,科学技术是关键,基础是教育。"因此,科教才能兴国,请问:你知道"科教兴国"的内涵吗?

你可能会回答加强科学教育、振兴中华,却很难给出详尽的解释。所谓"科教兴国"是指全面落实科学技术是第一生产力的思想,坚持教育为本,把科技和教育摆在经济、社会发展的重要位置,增强国家的科技实力及向现实生产力转化的能力,提高全民族的科技文化素质,把经济建设转移到依靠科技进步和提高劳动者素质的轨道上来,加速实现国家的繁荣昌盛。

1.1.1 科学概念的发展

科学,英文为 science,它源于中世纪拉丁文 scientia,那么科学究竟是什么呢?要准确地阐明科学的本质,我们有必要对人类认识科学的过程加以考察。

1.1.1.1 科学——知识体系

从人们最初使用"科学"这个术语起,就将它和知识联系在一起。英文中的"科学"(Science)一词原意就是"知识"、"学问"。1978 年我国出版的《现代汉语词典》把科学定义为"人们反映自然、社会、思维等的客观规律的分科的知识体系";1979 年出版的《辞海》将科学定义为"关于自然、社会和思维的知识体系,是反映客观事实和规律的知识";1982 年出版的《简明社会科学辞典》也指出"科学是关于自然、社会和思维的知识体系,是社会实践经验的总结,并在社会实践中得到验证和发展"。这种将科学定义为系统化、逻辑化的实证知识的看法,代表了 19 世纪以来的传统观点。

1.1.1.2 科学——动态认识活动

随着社会的进步和科技的发展,人们对于科学本质的认识也日趋深入。许多学者从科学认识论的角度提出,仅仅把科学定义为知识体系是远远不够的,知识体系只是从结果、从既成的形态来概括知识的本质特征,是一种静态的科学本质观。应该用动态的观点来解释科学,将科学看做是人类获取知识、探索自然的认识活动,是创造知识的过程。美国科学家小李克特认为,科学是"一种社会地组织起来探求自然规律的活动"。英国科学家 C.辛格提出,"科学创造知识而不是知识本身","科学"与"研究"往往是等同的。美国学者威廉和玛丽指出,"科学的本质就是模式建构的过程,是建构能够解释未知世界本质的心理影像的过程;思考、解决问题和形成概念是科学的全过程。"我国学者赵学漱等人也认为,科学是一种不断前进和自我矫正的探究过程。另有学者提出应将科学看做是获取知识、探索自然奥秘的认识活动,是创造知识的认识活动。从"活动过程"的角度来认识科学比把科学作为"知识"来理解,更能使我们从更广泛的人类活动的背景上认识和把握科学的本质属性。

1.1.1.3 科学的三元素——科学知识、科学方法和科学态度

除了对科学过程的认知不断深入外,人们对于科学活动结果的认识也在不断丰富和扩展。费士齐在列举了数十位科学家对于科学的见解后提出,科学是一个包含知识、方法和态度三向度的活动。美国教育家施密特和罗克卡特认为:"科学除了事实、原理、定律、理论和假说等内容外,还包括有观察、实验、深思、想象、预言以及获得知识的其他手段等特殊的态度和感觉。"我国学者梁英豪也认为,科学是系统化的知识体系,但更是一种方法论体系,包含着独特的科学方法与科学精神。因此,科学知识、科学方法和科学态度是构成科学的三个不可分割的组成部分。

从人们定义科学的困难和认识科学的历程,我们可以看到,要给科学下一个普遍认同的严格定义实际上是比较困难的。但是根据美国著名科学教育专家莱德曼的调查报告,至少在以下几个方面(如图 1-1),各界学者对科学的本质已达成广泛的共识。

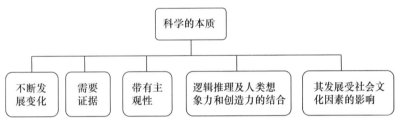

图 1-1 科学的本质

小资料

科学知识的"四维度"

在整个科学知识体系中,存在四种不同层次和水平的科学知识:科学事实、科学概念、科学理论和科学模型。不同的科学知识相互影响、互为基础、层层递进,共同构成一个科学知识体。在不同发展阶段,个体对于不同科学知识的理解不同,其发展水平也不同。

科学事实是科学概念和科学理论产生和发展的基础。由于事实是我们通过自身感官所感知到的事物的状况,并且作为一种客观存在,因此,通常被认为是可靠的信息。但实际上,由于一些不确定和限制性因素的存在,我们通过感官获得而认识的科学事实也包含一些错误的可能性。

科学概念是在科学事实的基础上,运用思维和推理来确认和在一些事实或信息间建立起有意义的联系,将其所具有的本质特点进行抽取和概括而形成概念。概念反映的是客观事物内在、共同和本质的特征,是具有共同特征或特性的事件、事物或现象的抽象化。

科学理论不只停留于对现象的分类和描述,而是达到解释的水平,运用科学理论可以对那些模糊和隐藏在直接观察外的复杂的现实进行解释。科学理论从不会成为科学事实,它在被证明有误或修改前保持暂时性。

科学模型就是一种理论阐述，用以解释和整合已知的信息来适合一个特定的自然现象。科学模型的建构是一个曲折的过程，随着信息的积累和补充，已有的模型就要作出修改以调和新的信息，甚至形成一个新的模型来替代原有模型。

由此可见，科学知识体系的建立是一个层层递进、不断深入的发展过程。在这一过程中，知识的发展并不只是简单的量的积累，而是包含着复杂的思维加工过程，从科学事实的认识到科学概念的形成、科学理论的建立和科学模型的建构，个体必须深入地认识和理解各种科学知识，探讨和分析各种科学知识之间的关联以及存在此种关联的原因，并且运用这些科学思想来解释和预测其他的自然现象或问题。

[陈琴，庞丽娟.论科学的本质与科学教育[J].北京大学教育评论.vol.3(2).]

1.1.2 科学教育的历史考察

正是由于科学对于国家及个人的发展至关重要，是人类历史长河中文明的积淀，因此我们需要对受教育者进行科学教育，即通过现代科学技术知识及其社会价值的教育，将科学知识、科学思想、科学方法、科学精神内化成为学生的信念和行为，培养学生的社会责任感，形成保护自然的意识和可持续发展的意识，养成健康的生活方式，能够理性地解决个人生活、工作和社会决策中可能遇到的问题，以提高全民科学素养。那么我们应当如何进行科学教育呢？想要学习和研究科学教育，我们必须首先了解科学教育的形成及发展历史。

1.1.2.1 探索时期：对目标、方法和内容的探索

小资料

科学教育的产生背景

在18世纪后期，由英国开始的工业革命提出了培养大批合格劳动者的要求。资产阶级积极改革教育内容，使教育对象具备机器大生产所需要的科学知识和劳动技能，从而启动了科学教育。伴随着学校教育制度的发展，科学教育逐步发展起来，并经历了以下四个阶段：探索时期、转型时期、课程改革时期和科学普及时期。

[李亦菲.世界科学教育发展的回顾与展望[J].济南大学学报(社会科学版)，2003(4)：58.]

在19世纪以前，以文学和艺术为主要内容的古典教育在大学和中学中占据着统治地位。19世纪初，科学开始进入大学逐渐延伸到中学，古典教育的削弱与科学教育的兴盛经历了一场相当长时间的拉锯战，直到19世纪后期才以科学教育的最终胜利而告终。1860年，英国哲学家斯宾塞的名著《教育论》出版，被认为是现代国际科学教育的一个起点。在19世纪，哲学家、科学家和教育家们对科学教育的目标、内容和方法进行了全面的探索，形成了科学教育的基本体系。从目标来看，科学教育提出了三个关注点：理解和掌握科学知识、理解和运用科学方法、促进个人与社会的发展。从内容来看，19世纪形成的科学教育主要涉及数学、化学、物理、生物学(包括植物学、动物学、生理解剖学和遗传学)等学科，内容主要包括科学研究长期积累的基本事实，或者对被认为自身具有完善体系的科学知识进行概括和简化；教科书则由从事研究的科学家来撰写。从方法来看，先后出现了三种科学教育模式：实物教学、小学科学教学和自然研究。

1.1.2.2 转型时期：从注重知识转向注重儿童的经验

在20世纪初期，人们逐渐认识到：以基本科学事实和理论体系为基础的科学教育与儿童的实际

生活经验是脱节的,为了克服这种现象,必须抛弃把科学教育的内容看成是固定的、现成的、儿童经验之外的东西的见解,认识到儿童的经验是变化着的、形成着的、有生命力的。基于这一认识,杜威提出以儿童为中心的教育改革,对以知识系统的逻辑结构为中心的科学教育产生了强烈的冲击。杜威认为,科学教育的目的是为了培养具有科学知识并且能够清晰地探究和思考科学技术带来的结果的反省性公民,使他们能够理智地参与到与科学有关的生活决策中去。应该打破科目隔离森严的、事实记录式的科学学科框架,改用科学研究的方法、态度和思维方式,设计问题情境,激发学生更富有思想地、更主动地介入到科学学习和问题解决的过程中。

1.1.2.3 课程改革时期:科学课程改革与STSE运动

20世纪中期,第二次世界大战中的原子弹爆炸事件、苏联第一颗人造地球卫星上天,使公众目睹到科学与技术的威力,对科学、理论与智慧的成果推崇备至,于是出现了由政府、专家、教育学家通力合作的科学课程改革。60年代初,以布鲁纳的"学科中心理论"和"发现学习"为指导,美国进行了大规模的科学教育改革,但由于多方面的原因,本次课程改革并没有取得预期的效果。70年代初,科学教育所关注的焦点不再是学科知识和科学上资优学生,而是面向所有学生能够接受的适用知识。这些变化集中表现为科学教育中STS(科学、技术和社会)课程的提出和发展。在STS教育发展的过程中,特别是在20世纪末,全球变暖、环境污染等环境问题日益受到人们的重视,人们在STS教育的基础上提出了STSE(科学、技术、社会和环境)教育。从本质上说,STSE教育的目标在于:培养学生的社会责任感;培养批判性思维和决策技能;培养学生正确认识科学在生产生活中的伦理和道德问题的能力;能够运用知识、技能,能够表达自己的观点并采取行动解决现实世界的问题。STSE教育所倡导的理念却深刻地渗透到现代科学教育改革运动中,主要表现为以下三种形式:① 将STSE作为科学教育的一个主题;② 将STSE贯彻到学校的整体课程中;③ 基于STSE理念构建教育改革的过程。

1.1.2.4 科学普及时期:科学教育走向大众化

为了使美国儿童能受到更加理想的科学、数学和技术教育,具备更加良好的科技素养,能满足21世纪对一个普通公民科技文化的基本要求,美国促进科学协会联合美国科学院、联邦教育部等12个机构,于1985年启动了一项面向21世纪、致力于科学知识普及的中小学课程改革工程——"2061计划"。它建议的核心课程不仅涉及科学和技术的原理,而且包含有科学研究的过程和方法、科学发展史、科学技术与社会之间的关系等。该课程体系有两个特点:第一,物理、生物和其他各个课程之间的界限被弱化了,相互之间的联系得到强调;第二,不再强调事实、特殊术语的背诵和记忆,而是强调重要的原则、理论和技巧。目标是使每一个美国公民在高中毕业时,能达到某种科学素养的标准。"2061计划"的一个重要观点是:普及科技教育不是盲目地增加学校的教学内容,中小学的教学重点应集中在最根本的科学基础知识上,并且更有效地把它教好。

请给科学教育下个定义

目前学术界对科学教育有着不同的定义,譬如:有人说"科学教育是一种通过现代科学技术知识及其社会价值的教学,让学生掌握科学概念,学会科学方法,培养科学态度,且懂得如何面对现实中的科学与社会有关问题作出明智抉择,以培养科学技术专业人才,提高全民科学素养为目的的教育活动。"通过上面回顾科学教育的发展历史,请你用自己的话给科学教育下一个定义。

1.1.3 科学教育发展的趋势

近年来,国际社会日益重视科学教育,并在科学教育的目标、内容、实施等方面形成一些共识。显然,这些共识将引导世界科学教育的发展趋势。

1.1.3.1 科学教育的目标

创造科学教育的革命

就科学来讲,当它变成一种只由科学界的少数人所掌握的知识而向公众布道时,这对于社会的普通工作者来说非常不好,因为他们无法利用自己的理智来进行他们日常的决策;同时,科学只为少数人掌握,不被大多数人所理解,对科学本身也是非常不好的,这样大众就无法把科学和所谓的邪教分开。

——布鲁斯·艾伯茨

[李亦菲.世界科学教育发展的回顾与展望[J].济南大学学报(社会科学版),2003(4):8.]

随着科学技术的发展和与人们生活的关系越来越密切,人们越来越认识到,科学教育不仅是培养科学家和工程师的活动,而且是一种面向大众的文化建设活动。按照这样一种新的理念,一场科学教育的革命爆发了,从内容和形式两个方面改造传统的科学教育,而科学教育的目标则大大扩展,主要包括以下几个方面:① 使学生熟悉自然界,并认识自然界的多样性和统一性;② 使学生理解科学的关键概念和原理;③ 使学生懂得科学、技术和社会之间的关系,以及它们相互依赖的一些重要方式;④ 让学生明白科学是人类的事业,并懂得它的力量和局限性;⑤ 使学生学会运用科学知识以及科学的思维方法来实现自己的目标和社会的目标。

1.1.3.2 科学教育的内容

20世纪中期以来,围绕科学教育的内容,一直存在增加和删减的矛盾:一方面,随着社会经济、科学技术的迅速发展,要求增加新的教学内容;另一方面课程内容的不断增加,加重了学生负担,这就要求大量删减旧的教学内容。对于这一问题,科学教育界目前已经取得以下两点共识:

(1) 要选择那些对现在和数十年以后仍然应当知道的、影响重大的内容,不再讲授那些过时的技术或局限于一定科学领域的知识。

(2) 将科学课程分为物理、化学、生物等各自独立的部分,不能反应现实世界的实际联系,应该围绕现实生活中的主题来综合安排教学内容,打破学科之间的壁垒。

1.1.3.3 科学教育的方法

进入20世纪90年代以来,科学教育的方法逐步摆脱单向传播的模式,发展成为一个双向互动过程。科学教育要考虑到学生的先前概念和错误概念,要以促进学生有意义学习和观念转变的方式对科学教育的方法予以组织和规划。科学教育应鼓励学生开展探究学习,而不仅仅是对于某种科学知识的解释。

在这一思路的倡导下,美国科学家提出了一种被称为"动手做"(hands-on)的科学教育模式。所谓"动手做",就是指学生在真实的物理环境中,通过亲体验和动手操作的方式而进行的学习。这种方式旨在让学生以更科学的方法学习知识,强调学习方法、思维方法、学习态度的培养。美国大学的一些教学研究人员还提出了另一种科学教育方式,即"动脑思考"(minds-on)方法,并基于这一方法开发了高中物理教材,并创设了minds-on科学教育的网站。此外,计算机领域里的虚拟现实技术导致了一种新的学习方式出现,即"虚拟的动手做学习"。虚拟技术是一种在原理上类似眼镜和助听器的技术,它可以解决学生在理解方面的困难和提高学生汲取知识的效率,从而极大地改善教学效果。这说明,科学教育的方法是多样化的,不能拘泥于单一的方法。

"做中学"科学教育起源于美国,它是由美国科学家总结出来的教育思想和方法。1996年,法国引入这个项目,命名为LAMAP,并且由科学院院士、科学家和教育家合作,予以实施。2002年,"做中学"项目被引入中国,在部分地方展开试点。"做中学"的理念就在于"我听了,我忘了,我看了,我记住了,我做了,我明白了"。这种理念旨在让所有的学前和小学阶段的儿童有机会亲历探索大自然的过程,通过自己观察、提问、假设、验证等活动,体验科学探究的过程,建构基础性的科学知识,获得初步的科学探究能力。

[蒋华."做中学"需要老师们做什么?[J].上海教育科研,2003(1):50.]

让科学教育成为真正"目中有人"的教育

面对科学课程在知识上的挑战,一些"权威"教师反应可能激烈一些,适应期也长一些,但随着时间的推移,越来越多的教师更可能自觉地反思和改进自己的教学方式,使原来课堂上常见的"教师中心"、"学科中心"、"知识中心"的状况得到改观。于是,这样的老师成为受到学生真心欢迎和喜爱的老师,他们自己也越来越有了专业发展的成就感。他们在教分科时有些可能优秀或"权威",更多的可能既不优秀更不"权威",教科学课起初则和大家一起成了"不合格"的教师,可是,几年下来,他们成了优秀教师,成了最受学生欢迎的教师!深圳南山区的调查表明,这样的教师和教师团队绝非个别。很显然,使教师产生这样巨大变化的,主要的不是他或她原有的知识水平,也不是原来有多"权威",更多的是适应变化、应对挑战的能力,更是面对困难的态度!这与将一个常规的东西做到极致的能力比较起来,与那种故步自封、拒绝改变的态度比较起来,何优何劣?二十年前可能难分伯仲,可在如今我们这个变化的社会里,在强调创新的当代中国,我们将不难做出判断和选择。这种由于教师知识权威的消解带来的教师态度、观念和能力的积极变化以及给学生带来的正面影响,是我们最应该看重的科学课程的独特价值!

正是通过初中科学课程专业支持工作的过程,我们逐渐加深了对实验工作价值的认识。我们有理由相信这样的课程更能促进教师的教学活动从"教书"变为"育人",教师的角色从"教书匠"提升为"教育者",从而使科学教育成为真正"目中有人"的教育。

[罗星凯.让科学教育成为真正"目中有人"的教育[J].内蒙古教育,2008(19):31—32.]

1.2 科学课程教学论的形成与发展

淘气包的科学课

科学课是怎样的一门课?对李明来说,至少有这样三个特点:首先科学课带来了一个个超级可爱的同学,然后是一个个有趣的、有意思的活动,那简直就跟玩儿差不多,最重要的是多了一个不可思议的老师,这样的课能不喜欢吗?

原来,李明的老师是科学教育专业刚刚毕业的大学生。这位年轻的教师究竟有什么法宝能让像李明这样调皮的孩子这么喜欢他的科学课呢?

1.2.1 科学课程教学论的形成与发展

科学课程教学论是以物理科学、化学科学、地理科学、生物科学、现代教育学及心理学等多种学科为基础,研究基础教育中科学课程教育规律的一门边缘学科。

科学课程教学论的位置在哪里?

下面是一幅有关"科学课程教学论"的图,试讨论哪一部分表示科学课程教学论,请用阴影表示出来并解释原因。

具体来说,科学课程教学论是研究如何使相关的教育理论与科学课程教学实际相结合来指导科学课程教学实践,并且在科学课程教学实践的基础上研究教育理论,对教育理论进行补充、发展和完善的学科,是决定相关的教育理论能否与科学课程教学实际全面地结合、影响科学课程教学实践质量的一门重要学科。那么科学课程教学论是如何形成与发展的呢?

科学课程教学论是由过去的自然教材教法,经过自然教学法这一过渡阶段,发展成为现在的科学课程教学论,一旦科学课程教学论发展成熟,将会在不久的将来,逐步发展成为科学教育学(如图1-2)。

1.2.1.1 自然教学法

自然教学法的基本含义是以自然的方式认识自然,最终实现与孩子共享自然(natural steps to nature awareness)。其教学程序最初是激发热情,接着是集中精力,然后是直接体验,最后是分享启示(如图1-3)。

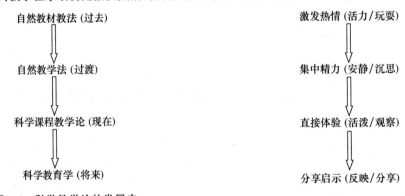

图1-2 科学教学论的发展史   图1-3 自然教学法的教学程序

1.2.1.2 科学课程教学论

科学课程教学论的具体内容包括：科学教育的本质、理念及其发展；中小学科学课程的设置、教材的编写和评价；科学课程的学习与认知方式；科学课程教学的设计、组织以及专题教学研讨；科学课程教学测量与评价；科学教育研究和科学教师专业发展等。其研究对象包括：

① 科学课程教学现象及规律；② 现代教育理论、学习理论、课程理论、现代信息科学技术等如何与科学课程教学相结合，如何应用于科学课程教学；③ 如何根据科学和技术的发展来拓展和完善科学课程的教学，实现科学教学的目标；④ 综合科学教材中各科知识之间的内在联系和相互作用，如何对物理科学、化学科学、地理科学、生物科学等知识进行有机整合。

科学课程教学论还是一门不成熟的、迅速发展中的教育型学科，其研究刚刚起步，还需要进一步探索。这就需要从事中小学科学课程教学的教师和教研人员，继续深入开展研究，充实、发展和完善这门学科。同时，对于将要从事科学课程教学的高师院校科学教育专业的学生来说，应该明确：一位合格的科学课程教师不仅要具备一般学科教师应该具备的素质，还要把握科学课程自身的特殊性，拓展自己的知识面，适应科学课程的教学。

1.2.1.3 科学教育学

科学教育学是科学课程教学论未来的发展趋势，它不仅要揭示科学教学的教学规律，还要揭示科学教学培养人的规律，要从分析科学学科在培养人的整体工作中的地位和作用出发研究课程、教材和教法，研究它与其他课程的关系、与学校其他教育的关系等。

1.2.2 科学课程教学论与科学教育专业

为了适应当前基础教育新课程体系，在我国教师教育体系中新近设置了一个以培养高素质的中小学综合科学课程教师、科学教学研究人员及科学普及教育工作者的复合型专业——科学教育专业。

科学教育专业旨在培养具有良好的政治素质和道德修养，基础宽厚，专业扎实，富于创新精神，能胜任在中小学、科研机构进行"科学"（即自然科学综合课）课程的教学、教育研究、教学研究，既懂专业、又懂教育规律的高级人才。

综合科学课程与以往的分科科学课程相比，在教育理念上要体现现代科学知识的整合，同时更要凸显现代科学知识与科学史、科技、社会、生活世界、人文以及艺术的整合；既要注重各学科的完整性，又要注重各学科之间的关联性，同时注重各学科与人文学科、技术和社会问题的联系，体现综合科学课程教学所需要的科学教育思想、科学教学方法。在课程目标上，要使学生对具体的科学知识、方法和技术的掌握提升到科学哲学、科学史、科学与自然、科学与社会、科学与人类关系的理解上。在课程内容上，综合科学课程内容既包括各学科基本的概念和理论，同时又要反映现代新的科技成就与科学发展史的知识，将各学科前沿的知识纳入其中，涵盖科学方法以及人文精神等内容。这就要求科学课程教师必须具有整合的自然科学知识和能力结构，即对自然科学有关知识有整体、综合的认识和理解，对自然科学的基本规律和内在联系有所了解，同时还应掌握跨学科的专业基本技能、现代先进的科学方法与现代教育技术等。

因此，科学课程教学论作为高等师范院校科学教育专业的专业必修课就形成了。科学课程教学论是专门研究科学教学原理、过程、内容、方法和技术的一门学科。科学教育专业学生应全面掌握物理学、化学、生命科学、地球和空间科学、科技哲学等学科的基础理论、基本知识，对整个自然科学各学科发展前沿有所了解，具备各学科的科学研究和实验的能力，具有现代教育观念、课程理念，掌握科学的教育理论和教学方法，具有较熟练运用计算机的能力，熟练掌握一门外语，有较强的自学能力和分析解决问题的能力，具备教师基本素质，在整体科学素养以及知识、能力结构等方面都能适应"科学"课程的教学要求。

 小资料

山西师范大学科学教育专业专业必修课课程设置

课程类别	课程名称	学分	学时分配
专业必修课	高等数学概论	3	48
	高等代数	3	48
	教育学	3	51
	心理学	3	51
	现代教育技术	2	34
	科学教学论	3	51
	基础生物学	6	96
	基础生物学实验	1	48
	普通物理学	6	96
	普通物理学实验	1	32
	自然地理基础	3	48
	无机分析基础	3	48
	地球概论	3	48
	有机化学基础	3	48
	基础化学实验	1	40
	科学课堂教学设计(含微格教学)	3	51
	普通话	1	17
	三笔字	1	17
	教育见习与实习	6	8周

(来源:山西师范大学科学教育专业培养方案)

1.3 科学课程教学论的课程目标与学习方法

张元喜老师的事迹

张元喜是天津市开发区第一小学的一名科学教师。他的科学课,严谨朴实而又生动活泼,把别人通常认为抽象、难懂或枯燥乏味的课上得深入浅出、有趣易懂而且让学生记得牢。不仅如此,他对小学科学的教学目的、教学内容、教学方法、教学模式等有自己独特的设想和大胆的尝试。早在2004年中国教育学会小学科学教育专业委员会年会上,他所执教的"马铃薯在水中是沉还是浮"一课荣获优秀课评比一等奖。后来,张元喜老师经常受邀在全国各地进行"科学课程改革实验培训",受到当地领导、科学教师、学生的欢迎、认可和赞誉。张元喜老师的科学课之所以具有如此的魅力,这与他深厚的学养是分不开的,他既具有丰富的理论性知识,又具有优秀的实践才能和教师素养。张元喜老师笔耕不辍,所撰写的20篇论文在区、市、国家级竞赛中获奖、交流。张元喜老师还扎扎实实地开展日常环境保护宣传教育工作,精心辅导学校气象环保社团活动,他所辅导的环保社团学生中有10多人被授予"全国环境小卫士"称号。

1.3.1 科学课程教学论的课程目标

学习了物理、化学、生物、地理等相关的科学专业的知识和技能后是否就可以成为一名合格的科学教师了呢？为什么还要学习科学课程教学论，还有教育学、心理学这些课程呢？换句话说，科学课程教学论的课程目标是什么呢？

杜威的回答

为什么做教师的还要熟悉心理学、教育学和学科教学法？杜威对这个问题的回答是："一种理由是，他能凭借这类知识观察学生的反应，迅速而准确地解释学生的言行，否则，学生的反应，可能觉察不出来；另一个理由是，这些知识是别人用过而且又有成效的方法，在需要的时候，他能凭这些知识给学生以适当的指导。"

（约翰·杜威.我们怎样思维·经验与教育[M].姜文闵，译.北京：人民教育出版社，1991：229.）

科学课程教学论的设置是为了使科学教育专业的学生具有现代教育理念，掌握科学课程教学论的基础知识和基本技能，既能胜任小学、初中科学课程的教学和研究，也能适应初中物理、化学、生物、地理等分科课程的教学和研究。

科学课程教学论的课程目标是使高等师范院校科学教育专业的本、专科学生：

（1）了解科学的发展与科学概念形成的过程、科学教育的发展与其内涵，形成正确的科学观与科学教育观，具备先进的科学课程的教育理念。

（2）初步了解中小学科学课程的设置、教学目标和要求，理解中小学科学课程的内容和知识结构，学会分析中小学科学课程标准与教科书。

（3）掌握科学课程教学的基础理论与基本技能，能够进行科学课程的教学设计，具有实验教学的初步能力；初步具备组织与管理科学课程教学的能力；能够提高中小学学生的科学素养，在科学课程教学中培养中小学学生学习科学的兴趣，使之形成正确的自然观，养成科学探究的习惯，学会合作学习、自主学习。

（4）了解中小学学生学习科学的心理发展特点，能够根据学生的不同特点采取相应的科学教学策略和方法，并能对学生进行相应的学习指导。

（5）掌握科学课程教学评价内容与方法，学会科学地对科学课程教学与学习进行测量与评价。

（6）形成科学教育研究的初步能力。

请你根据科学课程目标的具体要求联系自身实际情况，讨论规划一下你将如何尽力达到上述的这些目标？

1.3.2 科学课程教学论的学习方法

科学课程教学论这门课程是一门应用理论科学，它要求针对物理、化学、生物、地理等学科的特性,具有一定的实战性和可操作性。所以这门课的学习、实践很重要。那么,我们应该如何来学习这门课呢?

1.3.2.1 把握学科的系统性,联系各学科进行综合学习

科学课程教学论作为一个复杂系统,是以化学、物理、地理、生物、教育学及心理学理论为基础。中小学科学课程教育以培养学生的科学素养为宗旨,要求学生从整体上认识自然和科学,认识科学的本质,正确理解科学、技术与社会的相互关系,全面体现科学教育的价值。因此,综合科学课程内容强调的是各学科领域知识的相互渗透和合乎逻辑的整合,不是简单的综合。这就要求师范生要广泛涉猎各科的知识,具有宽厚的科学知识背景和广阔的视野,再结合科学课程教学实际对化学、物理、地理、生物、教育学及心理学等各学科知识进行整合,并应用于科学课程教学研究中。因此,学习科学课程教学论时,不仅要注重各学科知识内在的系统性,理解知识体系内在的连贯性和完整性,而且要注重各个学科之间的关联性、综合性。

1.3.2.2 适应学科的实践性

科学课程教学论作为科学教师发展的入门课,其实践性非常突出。科学课程教学论的教学目的之一是帮助师范生实现从学生到教师的初步角色转换。师范生只学习和掌握科学课程教学的教育理念是远远不够的,必须参与中小学科学课程的实际教学,通过教材分析、听课、备课、微格教学和案例研讨等实践环节体验、学习、经历真正的教学情境,形成自身的教学基本技能。

1.3.2.3 注重自身探究能力的提高

科学探究的过程作为学生的学习方式,具有促进学生发展的内在价值。探究的学习方式能使学生更好地理解科学的本质,了解科学方法的整体性,从而使学生的科学素养得以全面提升。为了让学生理解探究,并运用探究学习科学,未来的科学课程教师自身必须具有探究能力,因而科学教育专业的学生必须注重自身创新意识与探究能力的形成,在科学课程教学中具有实施科学精神、科学思想和科学方法教育的能力,具有指导学生进行科学探究、科学合作和科学学习的能力。

1.3.2.4 关注当前科学教育改革和发展趋势

科学在不断发展,科学理念也在不断更新,因此科学课程具有鲜明的时代特征。学习科学课程教学论必须关注当前的科学教育研究和改革成果,关注当前科学教育改革和发展趋势,多阅读、收集国内外文献资料,吸收新的理论和思想,并将其纳入科学课程教学学习中,学会适时调整科学教育的内容与实施手段,达到综合科学课程的教学目标。

1.3.2.5 注重科学理论、科学史、科学哲学的学习

科学理论是科学课程的内容基础,教师只有自己对科学概念、科学理论有深刻的理解,才能根据学生的发展进行教学设计,促进学生对科学知识的融会贯通。

科学史提供了重要的科学事实、概念、原理、方法以及技术发明的历史背景,显示了科学理论的形成有一个不断探究、深化和修改的过程。在进行科学知识的教学时,科学史便于向学生展现科学探究的过程,既有利于启发学生思维,加深学生对所学知识的理解,又给学生一个典型的科学探究的案例,促进学生科学观、科学态度、情感与价值观的形成。

科学哲学是以科学活动和科学理论为其研究对象,探讨科学的本质、逻辑结构、知识的获得和检验等方面的基本问题,指导科学认识论和科学研究方法论。在科学课程中融入科学哲学的教育,有利于学生形成严谨的科学方法和科学态度,培养正确的世界观、科学观、人生观和价值观。

总之,科学课程教学论的学习要从理论和实践两个方面展开:一方面要努力学习、研究与科学课程教学有关的各种理论。换句话说,就是首先要学习和研究各学科的基本理论,然后对各学科理论进行综合,并且思考如何把它们应用于科学课程教学实践。另一方面要在先进理论的指导下从事科学

教学的实践,对实践经验进行总结与研究,深入科学教学第一线,发现规律、寻找问题,这对于缺乏教学经验的师范生来说尤为重要。

 案例研究

> 希望小学三年级准备上一堂关于"认识身边的植物"的科学课。同学们都非常开心,因为他们的老师要带他们到野外去认识植物。
> 公园里,(一)班的学生非常活跃,一直在积极地跟老师一起去采集和认识公园里的花花草草。相比之下,(二)班的学生却安静许多。原来,(二)班的李老师只是教学生记住每种植物的名称;而(一)班的王老师则在教给每个学生观察和认识植物的方法,譬如,植物的根、茎、叶、花、果实都是鉴别和认识植物的重要依据。
> 讨论:通过阅读上面的案例,试比较两个老师的教法的不同,并分析两种不同的教法将对学生今后的学习产生怎样的影响?

本章小结

1."科学课程教学论"是高等师范院校科学教育专业的必修课。本课程旨在培养学生从事科学教育工作中所具备的一些专业技能和专业素养。

2.学习和研究科学课程教学论,首先应当了解科学课程教学论的历史,深刻体会到科学课程教学论的重要性与必要性。对科学课程教学论的教学目标和学习方法的研究探索,有助于把握科学教学的目标和方向。

3.科学课程教学论课程的重要任务之一是根据时代和社会需要,培养高素质的中小学科学课程教师、科学教学研究人员及科学普及教育工作者。

4.科学课程教学论是一门理论联系实践的学科,具有很强的应用性。因此,在学习这门课程的过程中,应时刻注意在实践中求真知。

学习链接

1. 科学教育网:http://www.sedu.org.cn.
2. 中国教育和科研网:http://www.edu.cn.
3. 新思考网:http://www.cersp.com.
4. 惟存教育网:http://www.being.org.cn.
5. 上官子木.科学教育的中外差异[J].教育科学研究,2006(1).
6. 张秦,肖三.论美国科学教育的历史嬗变及启示[J].黑龙江高教研究,2008(1).
7. 郭勉成.美国中学科学教师培养项目初探[J].比较教育研究,2006(9).
8. 宋广文,李金航.我国科学教育历史现状的反思[J].教育发展研究,2001(9).
9. 马宏佳,周志华.中外科学教育教学策略比较[J].课程·教材·教法,2005(1).

检测—拓展

检测

1. 科学是什么?你从哪几个方面理解科学的本质?
2. 你知道科学教育的形成与发展主要经历哪几个时期,每个时期的特点是什么?
3. 为什么必须重视对中小学生进行科学教育?
4. 科学课程教学论的课程目标有哪些?

5. 学习和研究科学课程教学论的方法有哪些？

拓展

1. 你喜欢什么样的科学教师？你喜欢什么样的科学课？你理想中的科学教师与科学课应该具备怎样的范式？
2. 有人认为学习科学课程教学论的目的就是学习科学课程教学的具体方法。你认为这样说对吗？为什么？
3. 请阅读其他版本的科学课程教学论著作，比较不同著作的特点。

阅读视野

科学教育学：一个新兴的教育研究领域

为了尽快缩小差距，也为了我国科学教育改革富有成效，使我国人民尤其是年轻一代的科学素养赶上和超过国际先进水平，科学教育学的发展必须引起教育行政领导和教育理论界的高度重视。

重视科学教育研究必须从提高我国人民的科学素养的战略高度来认识。实现现代化的最重要的条件之一，就是要普遍提高全体人民的科学素养。提高我国公民的科学文化水平的关键首先是提高中小学的科学教育水平。如何提高中小学的科学教育水平根本的一条是要加强科学教育研究，从制度层面上和科学教育理论研究层面上发展科学教育学。下面笔者从国际比较的角度提出若干政策性建议。

第一，高等师范院校应当建立教育研究所或研究中心。师范大学和师范学院是我国教师教育的基地。中小学理科师资的培养首先依靠高师院校。在这些院校建立科学教育研究所或研究中心有利于开展科学教育研究。国际上，许多国家在大学都设立了这样的研究机构。除了专门的科学教育研究机构外，国外教育学院系与理科院系的许多科学教育研究人员也是不可忽视的科学教育研究队伍。我国高等师范院校应当向国外这些科学教育研究机构学习，借鉴它们的经验，建立自己的科学教育研究机构。

第二，全国教育科学规划中要增加科学教育研究课题，加大对科学教育研究的支持力度。从"七五"、"八五"和"九五"全国教育科学规划来看，科学教育的研究课题数量太少，支持力度亦不够。这一方面固然与科学教育研究队伍尚未健全有关，但与教育科学研究的决策者对科学教育研究不够重视也不无关系。须知，如果忽视某个知识领域，它就不会繁荣。

第三，尽快建立科学教育博士学位点，培养高层次科学教育研究人才。要改变我国科学教育研究的落后面貌，国家教育管理部门和有关高等师范院校必须尽快考虑建立科学教育博士点。要从已经建立了理科各学科教育学的硕士学位点，并联合培养科学教育学博士生，已积累科学教育资料的高等师范院校里选建。至于聘选科学教育博士生导师，既可以从理科学科教育教授中提拔，也可以从留学国外的科学教育学者中挑选。

第四，尽快创办综合性科学教育学术杂志，传播和交流科学教育研究成果和信息。有了科学教育杂志，就能促进科学教育研究的深入开展，推进学科建设和科学教育改革。我国科学教育学要想尽快发展，就不能不创办科学教育杂志。

第五，尽快成立全国科学教育研究会，推动科学教育研究。成立民间学术团体是推动学术发展的一个重要途径。国际经验表明，在历次科学教育改革中各国科学教育研究会发挥了积极的促进作用。我国目前除了理科各学科已经成立教学研究会外，综合性的理科教育研究会还没有成立。尽快成立全国科学教育研究会是推动科学教育学学科建设的重要步骤。

第六，借鉴国外科学教育学研究成果，加快我国科学教育研究步伐。改革开放以来，无论在自然科学方面还是在社会科学方面，我国都大量借鉴和吸收了国外先进的知识。实践证明，这是尽快缩短我国与发达国家知识差距的有效措施。建立和发展我国科学教育学也应当采取这种有效的措施。吸取国外已经积累起来的知识、经验和教训,对于推动我国科学教育的学科建设、推进科学教学和课程改革都具有不可忽视的积极作用。

[丁邦平.科学教育学:一个新兴的教育研究领域[J].外国教育研究,2000(5):61.]

参 考 文 献

[1] 何彩霞.科学课程与教学论[M].北京:首都师范大学出版社,2006.
[2] 余自强.科学课程论[M].北京:教育科学出版社,2002.
[3] 周青.科学课程教学论[M].北京:科学出版社,2007.
[4] 丁邦平.国际科学教育理论研究[D].北京:北京师范大学科学传播与教育研究中心,1999.
[5] 陈琴,庞丽娟.论科学的本质与科学教育[J].北京大学教育评论,2005(2).
[6] 李亦菲.世界科学教育发展的回顾与展望[J].济南大学学报,2003(4).

第 2 章　中小学科学课程设置及其发展

学习目标

当你掌握本章内容后,你可以:

1. 分析当代主要课程理论的观点及其课程实践主张,了解课程的概念、结构、目标。
2. 分析我国基础教育课程改革的背景与问题,理解"课改"的总体目标、理念与策略,了解各国课程改革的发展趋势。
3. 了解课程目标的内涵、表征方式及其叙写原则和方法。
4. 理解科学的本质与科学素养的内涵。
5. 分析科学课程的性质和价值,了解我国中小学科学课程的设置背景、原则和内容。
6. 了解科学课程标准的制订背景,知道科学课程标准的基本结构及设计思路。
7. 理解科学课程的目标与科学素养的关系,了解中小学科学课程标准的理念、主要内容及特点。
8. 分析比较国内外中小学科学教科书,了解不同版本科学教科书的特点和编写原则等。
9. 培养分析比较、归纳总结等解决问题的能力,树立参与基础教育课程改革伟大事业的信心和责任感。

本章内容结构图

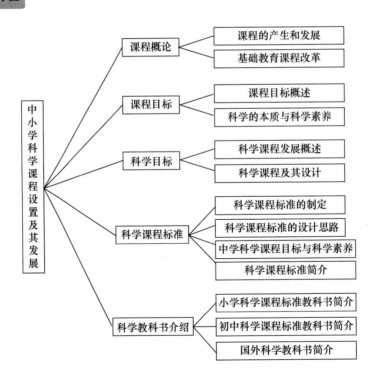

关键术语

◆ 课程　　◆ 课程改革　　◆ 课程目标　　◆ 科学素养　　◆ 科学课程　　◆ 课程性质
◆ 课程价值　　◆ 课程设计　　◆ 科学课程标准　　◆ 课程目标　　◆ 科学教材

本章序幕

怎样让科学教师不再困惑？

一位科学老师曾这样说:"我教的是科学课,就是这门我很喜欢但有时又很讨厌的课,让我好困惑。"因为这是一门说起来重要,做起来次要,考起来可以不要的课程。而且刚接触这门课,我还比较迷茫,感觉自己学科素养比较欠缺。尽管自学对自己的科学知识有一些补充,但仍欠缺甚多,使我难以从科学本质的高度组织教学,这使我非常苦恼。

科学课程作为新课程改革的一项内容,在我国得到不断的改进和实施。同时在实施过程中也遇到了很多的问题,比如科学课程的地位问题,科学教师素养低,科学教材不成熟等。本章详细论述科学课程的产生与发展,科学课程的地位和价值,科学课程标准的内容和特点,以及科学教科书的类型和特色等,以期消除科学教师对科学课程的困惑,成功扮演科学教师的角色。

(新思考网 http://blog.cersp.com/10000/728021.aspx)

2.1 课程概论

当代课程研究的特色与趋势

当代课程研究事实上涵盖了不可分割的三个层面问题的研究,这就是:① 课程政策研究;② 学校课程设计的研究;③ 每个教师的课程实施问题的研究。我们必须区分这三个不同层面的问题,并揭示它们之间的相互关系。在以往的课程研究中,不仅未能清楚地揭示这三个层面的区分与联系,而且各层面中的不同范畴的问题也混淆不清。

当代课程研究要求统一地、综合地把握教育的目的、内容、方法,因而具有综合性、多科性、国际比较的性质。

1. 原理研究。这是指课程论的哲学、文化论的分析研究,特别是运用知识论、认识论、学习论成果的研究。从历史上看,有怎样的教育哲学和怎样的教育目标,就会有怎样的课程类型。20世纪初的学科课程与经验课程的对立可以说其背景有着"要素主义"与"进步主义"这一教育哲学的对立。这种对立的现代表现则是"学问中心课程"与"人性主义课程"的对立。

2. 历史研究。要洞察学校课程的性质与问题,历史研究是不可或缺的。这种历史研究可以分为"课程史实史"与历史地洞察课程研究的"课程研究史"的研究。"课程史实史"作为研究学科与教学的发展的领域,在教育史研究中业已开拓了并达到了相当的水准。在史实史中,产生这种史实的历史社会条件的科学分析是必要的。相对来说,课程研究史尽管是教育史研究的重要领域,却处于尚待开拓的领域。

3. 实证研究。从事现行课程的实态观察与调查,比较各种要素与条件,作出审视与批判,以引出一定的法则。课程的设计作业也是以现行课程及其结果作为调查对象,客观地、科学地进行评析,揭示创造的视点、原理、原则的作业。课程研究的生命力在于扎根于课堂教学的研究。为此,观察、记录教学的事实、根据收集的资料做出评析,这种作业的累积将有助于引出课堂设计的一定原则。此外,实验特定的课程形式并测定其成效的方法也是行之有效的。

4. 比较研究。围绕本国课程与外国课程之间的概念、设计主体、要素、步骤、实施、效果的测定、课程行政管理等等，收集信息并加以整理，以揭示同本国课程之间的量与质的差异。而通过批判性地审视差异的原因与背景，用来改善本国的课程。比较研究不限于国与国之间的比较，还可以展开不同文化圈之间的"文化际"比较。即使在一个国家内也可以开展地区之间、时代之间的比较。

当代的课程研究一方面要求设置课程研究中心以利专职研究人员的多学科研究及其系统积累，另一方面又要求广大一线教师的直接参与。大凡中央集权型教育行政的国家其课程设计权往往不在教师。然而，视学生的状况展开教学实践的是每一个教师，是教师集体。学生是活生生的人，教师有必要创造使每一个学生自身得以在不同文化的碰撞中汲取人类文化之精髓而获得成长的机会。这只能期待每一个教师及教师集体的准确的状况判断与据此开展的实践。从这个意义上说，每一个教师每时每刻都在实践中修正、发展这业已计划了的课程，都在创造着新的课程。因此，教师的课程实践研究乃是教师的本职工作。当今国外的"以学校为基地的课程开发"，正是反映了这一思想潮流。①

随着新一轮课程改革的进行，我国的课程管理逐步实现了国家、地方、学校三级管理的格局。学校在执行国家课程和地方课程的同时，不仅拥有开发和执行校本课程的权利和责任，而且学校中的教师在教学实践中，也可以依据课程标准以及教学实际情况有选择性的使用教材。这就极大地改变了过去教师严格按照教学大纲和课本进行教学的被动地位。同时，也对每一位教师提出了更高的要求。因此，高等师范院校学科教育专业的学生作为未来的中学教师，必须首先对课程有比较系统和明确的认识。

2.1.1 课程的产生和发展

课程与教育共生共存。人类自有教育活动以来就有课程和教学的问题。

在我国，"课程"一词始见于唐宋间。《朱子全书·论学》中有"宽着期限，紧着课程"、"小立课程，大着功夫"等论述。此处课程的含义应当是指所分担工作的程度以及学习内容的范围、时限和进程。在西方，课程是随着学校的产生而出现的。古希腊的学校课程对古代西方影响很大。柏拉图就曾提出过一套包括德、智、体、美等方面在内的比较完整的课程体系。②

然而长期以来课程都是作为教学研究中的一个对象而存在。关于课程的研究，成为一门独立的学科，即课程学，亦称课程论，是从20世纪20年代开始的。1918年美国教育学者博比特(F. Bobbitt)出版《课程》一书，被认为是课程论成为一门独立学科的标志。泰勒(R. Tyler)1949年出版的《课程与教学的基本原理》奠定了现代课程论的基础。美国资深课程学者坦纳夫妇(Tanners)由此指出："课程有一悠久的过去，但只有短暂的历史。"

 小资料

我国课程论的形成

我国课程论的形成大致经过了三个阶段：

第一阶段：我国课程论的初步建立(1922—1949年)

此时期出版了一批关于课程论的专著。比如程湘帆的《小学课程概论》，王克仁的《课程编制的原则和方法》，朱智贤的《小学课程研究》，陈侠的《近代中国小学课程演变史》，等等。在这一时期，我国学者对课程论的

---

① 单丁.课程流派研究[M].济南：山东教育出版社，1998：8—10.
② 廖哲勋，田慧生.课程新论[M].北京：教育科学出版社，2003：30.

研究与美国等西方国家的学者对这一学科的研究基本上是同步进行的。当时,我国课程学者的贡献是初步建立了我国的课程论,使之成为教育科学内一门独立的分支学科。不过,当时的课程论著作只着重论述了小学的课程(教材)和课程沿革史,在课程理论上没有多少建树,只介绍和移植了美国的课程理论。

第二阶段:课程论降为教学论的一个组成部分(1949—1988年)

在苏联教学论的影响下,我国教育学者在20世纪50年代编写的教育学讲义和60年代出版的教育学著作只由总论、教学论、德育论和学校管理四个部分组成,课程论的术语从未在教育学中出现,只在教学内容部分对教育部颁布的"教学计划"、"教学大纲"和"教科书"作了一番介绍。20世纪20—40年代出版的那些课程论著作似乎都被人们遗忘了。随着70年代末期我国教育思想的"拨乱反正"和社会主义现代化建设的全面展开,课程论开始引起我国教育界的关注。人民教育出版社于1981年创办了《课程·教材·教法》杂志,相继刊载了一批课程研究的论文,并翻译出版了美、英、日、苏等国的课程论著作。这同20世纪50—70年代否定课程论的情形相比,无疑是一大进步。

第三阶段:重建作为教育学分支学科的课程论(1989年以后)

1989年我国出版了两本课程论专著,即陈侠所著《课程论》和钟启泉编著的《现代课程论》。陈侠的《课程论》是结合中国实际撰写的。钟启泉的《现代课程论》则是借鉴国外特别是日本学者的材料撰写的,用较大篇幅做了比较研究。1991年,廖哲勋所著《课程学》问世。该书的目的是在分析各流派课程理论的基础上,针对我国中小学课程建设需要解决的主要问题进行比较系统、比较深入的研究,着力探讨我国中小学课程运动、发展的规律,借鉴外国课程理论中一些有价值的见解,从而初步形成适合我国国情的课程理论的体系。1994年,吕达发表了《中国近代课程史论》,对我国近代普通中学课程的渊源与沿革作了比较深入的研究,在总结历史经验的基础上,探求课程发展的规律,对我国普通中学的课程改革提出了新的见解和设想。

近年来,又有一批新的课程论著作相继出版,一批中青年课程论学者已活跃在我国的课程理论界。随着1996年全国课程专业委员会的成立,一支由老中青学者相结合、理论工作者与实践工作者相结合的课程研究队伍已经在我国建立起来。

(廖哲勋,田慧生.课程新论[M].北京:教育科学出版社,2003:11.)

2.1.1.1 课程的概念

一般认为,学校为了实现教育目标而规定的教学科目及其目的、内容、范围、分量和过程的总和即为课程。课程是学校教育教学的基础,是教师教和学生学的主要对象和依据。

"课程(curriculum)"的词根源自拉丁语的动词"currere",意为"奔走、跑步",其名词意为"跑步的道路,奔走的过程或进程",隐喻"一段教育进程"。"课程"这一具有简单起源和明确内涵的教育术语在课程学者所予以的众多"重塑"中发生了多种变形,成为教育领域中最复杂的现象之一。尤其在现代教育中由于课程学者在如何界定"课程"这一术语上还未达成一致的看法,课程本质内涵呈现出了模糊性和不确定性的特征,一直到目前还没有一个被广泛接受的课程概念。我国教育界一般倾向于认为,课程的本质内涵是指在学校教育环境中,旨在使学生获得的、促进其全面发展的可迁移的教育性经验的计划。

课程的本质是由一定的育人目标、学习内容及学习活动方式组成的用以指导学校育人的标准和引导学生认识世界、了解自己、提高自己的媒体。它体现了课程的基本结构与基本性能的统一。

名师论教

课程定义不够准确的原因

1. 界定课程的维度大都不够准确

中外学者不同的课程概念观分别来自四种不同的认识维度：

（1）教学活动维度

这是人们界定课程的一种传统的认识维度。"学科"说、"教学内容"说、"具体课业"说以及"总和"说都是从教学活动维度界定课程的表现。这种认识维度是主观地将课程框定于教学活动的圈子里，把课程看做教学活动的一种要素或一个组成部分，进而将"教学"列为"课程"的上位概念。其不科学性主要表现在两个方面：第一，课程的上位概念不是"教学"，而是"教育"。课程属于教育活动而不是教学活动。第二，教学和课程都由各自固有的若干要素组成，课程不是教学活动的一个要素或一种组成部分，而是学校教育活动中的一个子系统；它与教学系统、考试系统、教育管理系统同处于教育子系统的层次，彼此间具有协同运行的关系。

（2）教育目标维度

"预期学习结果"说就是从教育目标维度提出的，因为教育目标的实现总要体现在学生学习的结果上，当然，预期的学习结果同实际学习结果是有一定差别的。然而，把课程界定为预期的学习结果只说明了教育目标的预期性，并没有说明什么是课程。教育目标不仅支配着学校课程，也支配着教学活动、考试活动和教育管理活动。预期的学习结果只是一定教育目标的体现，它支配着上述四种因素。预期的学习结果不等于课程。

（3）教育过程维度

"经验"说和"教育进程"说就是从教育过程维度提出的。

把课程界定为经验，这一定义本身存在着诸多疑义。第一，这种课程定义的核心是把课程的重心从教材转向个人，过分强调学生对直接经验的获取和学习经验的个体性，认为只有学习经验才是学生实际认识到的或学习到的课程。正如舒伯特所指出的，这种课程定义是不可能在实践中实行的。第二，把课程视为体验各种各样的经历，把学生的学习活动和教学活动都纳入课程，混淆了课程与教学这两个不同的概念。第三，把课程定位于学生实际学到些什么，这便将课程等同于学生学习的结果。

还有学者提出："课程本质上是一种教育进程，课程作为教育进程包含了教学过程"这是从教育过程维度来界定课程的最典型的表现。这种课程定义包含两个值得商榷的观点。其一，认为课程实质上就是实践形态的教育。这种观点把课程的内涵无限夸大到等同于教育的地步。其二，认为课程包含了教学过程，意即教学从属于课程。

（4）就课程论课程的维度

"教育内容"说和"计划"说是就课程论课程的表现。持这种观点的学者对课程的结构与功能作了不同角度的分析，于是，一些人发现课程具有提供教育内容的性能，另一些人则发现课程具有育人计划的性能。他们的发现都有正确的一面，但都有欠缺。因为课程既有育人计划的性能，又有育人信息载体的性能。这种观点的最大局限在于分别把课程定位于教育内容与育人计划。之所以有欠缺，是因为这些学者只从课程领域论课程，而未从教育领域的高度看课程。

通过以上分析，可以得出这样的结论，界定课程的正确维度是从教育看课程。

2. 课程的界定缺乏科学方法论的指导

方法论是关于认识世界和改造世界的根本方法的理论。科学方法论是我们认识课程本质的锐利武器。以往的许多学者对课程界定之所以不够准确，同他们忽视科学方法论的运用大有关系。首先，他们对学校课程的多层次、多方面的表现形式缺乏全面的了解。有些学者只注意到学科或科目，而忽视了课程标准和各类教材；另一些学者则只注意到教材。其次，不善于透过课程现象去揭示课程的本质属性。例如，有些学者提出的课程定义只是课程现象的描述,比如说课程是学科、是教学内容等。第三,不善于运用形式逻辑的方法来界定课程。许多学者提出的课程定义,没有认识到课程概念属于集合概念的类型,没有确定课程的属概念,也没有揭示课程的种差。

上述一切表明,要准确界定课程,必须自觉掌握和熟练运用科学的方法论。

(廖哲勋,田慧生.课程新论[M].北京:教育科学出版社,2003:36—39.)

2.1.1.2 课程产生和发展的基础

案例研究

美国著名课程论专家泰勒认为,课程决策的来源有三个方面,即当代校外生活的需要,学习者本身的需要,学科专家的意见。

(张华.课程与教学论.上海:上海教育出版社,2001:182.)

我国学者陈侠认为,制约课程的诸因素中,最主要、最根本的是政治因素和经济因素,具体来说则包括:社会生产的需要、科学技术的进步、教育宗旨的规定、培养目标的要求、哲学思想的影响、社会文化的传统、儿童身心的发展、学校类型和制度等八个方面。

(陈侠.课程论[M].北京:人民教育出版社,1989:161.)

教学论专家王策三教授认为,影响课程的因素包括内部因素与外部因素。外部因素概而言之,主要有三个方面:知识,社会要求与条件,学生。内部因素则包括课程的历史传统,教学论特别是课程论观点,课程发展的自身规律。

(王策三.教学论稿[M].北京:人民教育出版社,1985:203.)

1. 课程产生和发展的客观基础

我国课程论专家廖哲勋教授认为,课程的产生和发展的客观基础包括三个方面,分别是社会、学生、知识。

社会因素对课程的制约是一定社会的生产力、政治经济制度和社会意识形态对课程的综合作用的结果。

学生因素包括学生身心发展的规律和学生身心发展的水平两个方面。学生身心发展的规律对课程的制约表现为:制约着课程的设置、课程目标的设计、教材的编制。学生身心发展的水平对课程的制约表现为,学生身心的进一步发展要求这一阶段的课程水准必须高于学生原有的发展水平,同时又要求这一阶段的课程水准建立在学生原有发展水平的基础之上;另外,中小学各科教材的广度、深度和难度既要高于学生原有的发展水平,又不能超越多数学生的承受能力。

知识与课程内容的关系是源与流的关系。知识的发展对课程内容的量与质的改变都有重大影响。具体表现为,知识的增长制约着课程内容的更新;科学结构的演进制约着课程结构的演进。

课程的产生和发展要符合社会发展、知识增长和学生成长的综合要求,从而促进受教育者成为具有一定素质的人。这是课程发展的根本规律。

2. 课程产生和发展的理论基础

课程产生和发展的理论基础包括心理学基础、社会学基础以及哲学基础三个方面。

对课程影响最大的心理学学派主要有行为主义心理学、认知主义心理学和人本主义心理学三大流派。三大心理学流派都是从特定的角度使课程在某一方面得到发展,其中,行为主义心理学侧重于技能,认知主义心理学侧重于思维,人本主义心理学侧重于情感和意志。三大心理学派必须相互联系、相互依存,构成一种整体的心理结构观,为课程内容的选择、知识的分类以及课程目标的制订提供理论基础。

社会学中不同流派持有不同的课程观。结构—功能论流派认为,学校是儿童社会化的场所,认为学校课程系指根据社会及文化的价值、规范有计划地安排给学生的经验。现象—诠释流派主张让学生在学校的生活世界包括人际关系中积极主动地诠释和创造意义,发展其"价值理性",亦称"审美理性",从而促进自我意识的觉醒和提升,达到自我实现的境界。社会批判理论流派认为,教育活动本质上是一种价值传递活动,课程本身不可能是"价值中立"的。因为从课程目标的设定,编制程序的安排,教材的选择直至课程评价的实施,都不可避免地体现着一定社会阶层的价值观念。

哲学是学校课程观的最根本的基础。哲学对课程的影响主要表现在三个方面:哲学中关于认识的来源和知识的性质的观点,对课程设计的模式起着直接的指导作用;认识论中有关知识的价值问题反映到教育中,即是关于课程的价值取向的探讨;哲学上对什么知识最有价值的探讨,导致人们去分析知识的形式与分类。这种分析与学校课程有一定关联。劳顿认为,各种不同的知识就是课程设计的依据和题材。

> 结合关于社会、学生、知识是课程产生和发展的客观基础的观点,谈谈你对学科中心课程、社会中心课程、儿童中心课程三种课程观理论立场的认识。

2.1.1.3 课程论主要流派

(1) 学科中心课程:认为知识是课程中最有价值的要素,强调要把人类文化遗产中最具学术性的知识,连同知识体系的内在逻辑程序和结构作为课程的主体,即以学科的基本结构作为课程设计的基础。

(2) 社会中心课程:认为学校课程应该有助于学生在社会方面得到发展,帮助学生学会怎样参与社会,把课程设计的重点放在当代社会问题、社会主要功能、学生关心的社会现象,以及改造社会和社会活动规划等方面。

(3) 儿童中心课程:主张以学生的兴趣和爱好、动机和需要、能力和态度等作为基础来组织设计课程,重点是希望把认知教育与学生的生活结合起来。

上述三种课程论流派各有长处,对教育实践起到了推动作用;但也都有一定的局限性。因此,意图贬低其他课程流派,单独用一种课程思想统治教育实践,其结果必然是失败。目前人们倾向于关注各种课程思想的融合,希望在学科结构体系、社会发展需要和儿童心理发展之间找到合适的平衡点。

> 查找关于课程流派的资料,了解实用主义课程理论、要素主义课程理论、改造主义课程理论、永恒主义课程理论、结构主义课程理论、人本主义课程理论的主要观点及其课程实践主张。

2.1.1.4 我国基础教育的课程结构、课程类型及其主导价值

(1) 课程结构:课程结构是指在学校课程的设计与开发中将所有课程类型或具体科目组织在一起所形成的课程体系的结构形态。学校的课程结构应当是由各种课程类型共同构成的一个有机的统一体,即课程类型是课程结构的基本要素。

廖哲勋教授认为,理论上对课程结构层次的划分要有利于课程设计才具有实际意义。基于这一认识,课程结构包括宏观、中观和微观三个层次(见表2-1)。

表2-1　课程结构的三个层次

宏观课程结构	中观课程结构			微观课程结构
国家课程	显在课程（正式课程）	学科课程	必修课程	工具科	语文、数学、外语等	各科目内的结构（教材结构）
				社会科	政治、历史、地理等	
地方课程				自然科	生物、物理、化学等	
				体艺科	体育、音乐、美术等	
			选修课程	限定选修课程		
				任意选修课程		
		活动课程	必修课程	科技活动	各具体活动项目	各活动项目内的结构
				文体艺术活动	各具体活动项目	
				社会实践活动	各具体活动项目	
校本课程			选修课程	限定选修活动项目		
				任意选修活动项目		
	潜在课程（隐性课程）			物质—空间类	学校建筑、教室布置等	各构成要素内的结构
				组织—制度类	学校组织方式、课标、教育评价制度等	
				文化—心理类	教育语言、教师期望、心理环境等	

小资料

我国基础教育的课程结构

1. 整体设置九年一贯的义务教育课程

小学阶段以综合课程为主。小学低年级开设品德与生活、语文、数学、体育、艺术(或音乐、美术)等课程;小学中高年级开设品德与社会、语文、数学、科学、外语、综合实践活动、体育、艺术(或音乐、美术)等课程。

初中阶段设置分科与综合相结合的课程,主要包括思想品德、语文、数学、外语、科学(或物理、化学、生物)、历史与社会(或历史、地理)、体育与健康、艺术(或音乐、美术)以及综合实践活动。积极倡导各地选择综合实践课程。学校应努力创造条件开设选修课程。在义务教育阶段的语文、艺术、美术课中要加强写字教学。

2. 高中以分科课程为主。为使学生在普遍达到基本要求的前提下实现有个性的发展,课程标准应有不同水平的要求,在开设必修课的同时,设置丰富多样的选修课程,开设技术类课程。积极试行学分制管理。

3. 从小学至高中设置综合实践活动并作为必修课程,其内容主要包括:信息技术教育、研究性学习、社区服务与社会实践以及劳动与技术教育。强调学生通过实践、增强探究和创新意识,学习科学研究的方法,发展综合运用知识的能力。增进学校与社会的密切联系,培养学生的社会责任感。在课程的实施过程中,加强信息技术教育,培养学生利用信息技术的意识和能力。了解必要的通用技术和职业分工,形成初步技术能力。

4. 农村中学课程要为当地社会经济发展服务,在达到国家课程基本要求的同时,可根据现代化农业发展和农村产业结构的调整因地制宜地设置符合当地需要的课程,深化"农科教相结合"和"三教统筹"等项改革,试行通过"绿色证书"教育及其他技术培训获得"双证"的做法。城市普通中学也要逐步开设职业技术课程。

(基础教育课程改革纲要(试行).中华人民共和国站.[2001-06-07]. http://www.moe.cn/edoas/website18/32/info732.htm.)

(2) 课程类型及其主导价值：自学校课程出现至今，人们已经开发出了诸多具有不同教育价值的植根于特定的逻辑范畴之中的课程类型，不同课程的价值主要表现在课程对学生发展的功用（见表 2-2）。

表 2-2 课程的逻辑范畴、类型及其主导价值

课程的逻辑范畴	课程的类型	课程的主导价值
课程内容的固有属性	学科课程	传承人类文明，使学生掌握、传递和发展人类积累下来的文化遗产
	经验课程	使学生获得关于现实世界的直接经验和真切体验
课程内容的组织方式	分科课程	使学生获得逻辑严密和条理清晰的文化知识
	综合课程	使学生掌握形成系统完整的知识并形成把握和解决问题的全息的视野与方法
课程计划中对课程实施的要求	必修课程	培养和发展学生的共性
	选修课程	满足学生的兴趣、爱好，培养和发展学生的个性
课程的表现形态	显性课程	对学生的发展产生直接的影响
	隐性课程	对学生的发展产生熏陶作用
课程实施的方式	传授性课程	使学生能够在教师的指导下获得"规范"的发展
	研究性课程	使学生能够通过自主研究和发现获得"自由"的发展
课程设计、开发和管理的主体	国家课程	通过课程体现国家的教育意志
	地方课程	通过课程满足地方社会发展的现实需要
	学校课程	通过课程展示学校的办学宗旨和特色

上述各类课程所具有的特定价值以及每组课程类型所具有的价值互补性意味着它们在学校课程结构中都拥有着不可或缺的地位，至于各种课程类型在课程结构中的地位差异则主要取决于既定的课程目标。

名师论教

以科学的探究对象与历史发展为依据，构建科学课程体系

在义务教育阶段采用"综合型"，在高中阶段则以"分科型"为主，并在此基础上设置以综合实践活动为内容的研究性学习课程。这就是我们对基础教育阶段科学课程体系的意见。这种安排的认识依据，我认为有以下几点：

1. 从科学探究客观对象进行考察

正如前面已经指出的，自然界是一个有规律的、不断运动变化着的、多样统一的综合体。而就人工制成的事物来说，只要仔细观察剖析，也无一不蕴涵着多种物质形态或多种运动形式，是多种机制的综合体。譬如一个具有一定功率的电动机，从物理机制讲是一个电磁运动向机械运动转换的问题。而它的构成和质量就涉及构成它的材料、机械加工的过程、绝缘的措施、安全防护与环保等多个方面。这里既有物理、化学问题，也有生物、环境问题，这样，对自然界包括其他物质客体的认识，就需要我们既要从分析的角度去剖析，又要从综合、整体的角度去探究。

2. 从人类对自然认识发展的历史进行考察

再就认知规律来讲，从人类对整个自然界认知发展的历史考察。最初，人们把自然界作为一个整体从总的方面来观察，科学是笼统的自然哲学，它为人们把握自然界提供了一个总的画面。16 世纪以后才进行分门

别类的研究,形成各门学科分支,它使人们的认识得到深化。从 19 世纪至今,自然科学技术在总体上出现了结构性的综合化、整体化趋势,它使人们在更高层次从总体上去把握自然界。由此可见,人们对自然界的认识正经历着一个螺旋式前进上升的过程,由于个体认识的发展过程与人类认识的发展过程是一致的,所以,基础教育的科学课程按照"合—分—合"的思路来设计体系,是符合认识发展规律的,也反映了学生的认知发展历程。

3. 从科学技术发展趋势进行考察

科学技术的发展一方面不断分化,一方面不断综合,但从总体上说,表现出一种结构性的综合化、整体化趋势。在新的世纪,虽然学科本身的进一步分化和继续向微观深入仍然是发展的重要方面,但是,进入现代科学时期以来,特别是近二三十年,另一个新的方向正成为更具旺盛生命力的重要方面,甚至成为主流。这就是向着宏观、交叉、复杂的综合集成、整体化方向发展。像系统科学、生命科学、能源科学、地球科学、环境科学、空间科学、认知科学与脑科学及行为科学等综合性、交叉性、边缘性学科都已成为一批不断迅速发展的学科。"科学—技术—生产"的一体化和"科学—技术—社会"日益紧密相连的趋势,更突出地呈现在人们面前。分化和综合可以讲是并驾齐驱。

4. 从"综合型"与"分科型"两类科学课程各自的特点进行考察

"综合型"力图超越学科界限,统筹设计、整体规划,强调各学科领域知识的相互渗透和联系整合。它有利于改变长期以来初中课程存在的门类过多、学科间相互脱节、缺乏联系的弊病。这样的课程,有利于学生从整体上认识自然和科学;根据统一的科学概念和原理与各领域知识之间的联系来构建开放型的知识结构;有利于学生知识的迁移和学习能力的发展;有利于对学生科学探究能力培养的总体安排,使学生得到比较全面的科学方法的训练;有利于学生较为全面地关注和分析与科学技术有关的社会生活问题,获得对科学、技术与社会关系的理解,加深对人与自然、社会协调发展的整体认识。但综合型课程对任课教师与教学组织提出了更高的要求,为实施、推广带来了一定难度,必须作出更多、更大的努力。"分科型"作为一种单学科的课程组织模式,它强调不同学科门类之间的相对独立性,强调一门学科的逻辑体系的完整性。其开发以学科知识及其发展为基点,其组织则以学科知识的逻辑体系为线索,这样的课程,有利于突出教学的逻辑性与连续性,使学生能比较简捷有效地获取学科的系统知识,有利于体现教学的专业性、学术性与结构性,从而有效地促进学科尖端人才的培养,也有利于组织教学与评价,便于提高教学效率。但分科课程易轻视学生的需要、经验和生活,导致学科之间的割裂,从而限制学生的视野,束缚学生思维的广度。应该承认我国原有分科课程的这些缺点是比较突出的。而采取义务教育阶段与高中阶段综合与分科各有侧重的科学课程体系,既符合学生认知规律,又使两者可以互补,从而让学生得到比较全面的科学素养的培养。在这次新课程改革中,即使"分科型"的科学课程,像义务教育阶段在初中开设的物理、化学与生物也都强调科学素养各要素之间的整合,注重体现基础性、时代性、实用性和综合性,从而使课程内容存在繁、难、偏、旧和过于注重书本知识传授的传统分科课程有了显著改善。在义务教育阶段,3—6 年级作为科学启蒙教育,统一采取综合型,而进入科学入门教育的 7—9 年级则采取了"分科型"与"综合型"并存的组织形式(主要是照顾到我国当前师资的专业结构现状),各地区、各学校可根据各自条件任选。与此同时,创设条件使"综合型"课程逐步得到推开。

[袁运开,对中学阶段科学课程改革的几点认识,教育科学研究[J].2004(6).]

(3) 理想的课程优化结构。① 与时俱进的课程目标:随着人类文明不断进步,科学技术迅速发展,教育条件越来越好,学生需求日益提高,课程目标将更加完善。② 和谐完美的课程内容:德育、体育、美育、劳动技术教育课程在自身加强的同时,与智育课程之间的相互渗透、相互沟通、相互结合和相互促进。③ 取长补短的课程形态:综合课程对分科课程的弥补、活动课程对学科课程的弥补、短期课程对学期课程的弥补。④ 相得益彰的课程类型:确保共同的必修课程,大力开发不同领域或不同层次的选修课程,供不同学生选择。⑤ 相辅相成的课程范畴:重视发挥包括校舍、校貌、环境、氛围、校训、校规、校风、班风、学风、人际关系尤其是师生关系的建设这些非正式课程,配合正式课程对学生成长的潜移默化作用。⑥ 民主集中的课程管理:既要确保国家课程,使学生打好共同的必备的基础,又要因地制宜、因校制宜创造性地开发地方课程、学校课程,使之进一步联系本地区社会实际,贴近学生生活实际,使学校课程更实、更新、更活,有利于因材施教,培养学生的创新精神和实践能力。⑦ 全面完善的课程功能:完全体现学科知识、社会需要和学生发展的最佳结合,最终实现课程传递知识、形成技能、培养智能、发展个性、服务社会的功能。

 **小资料**

表 2-3　英国各学段及年级的国家课程设置分布表

学段	学段一	学段二	学段三	学段四
教育阶段	小	学	中	学
年龄	5～7	8～11	12～14	15～16
年级段	1～2	3～6	7～9	10～11
英语★	√	√	√	√
数学★	√	√	√	√
科学★	√	√	√	√
设计与技术	√	√	√	√
信息与传播技术	√	√	√	√
历史	√	√	√	
地理	√	√	√	
现代外语			√	
美术与设计	√	√	√	
音乐	√	√	√	
体育	√	√	√	√
公民			√	√

★为核心学科,其余为基础学科。

(梁国就.从英国基础教育看我国基础教育课程改革.教育导刊[J].2007年11月上半月刊.)

2.1.2　基础教育课程改革

世纪之交,基础教育课程改革在世界范围内受到前所未有的重视。包括发达国家在内的世界各国都把调整人才培养目标,改变人才培养模式,提高人才培养质量为目的的基础教育课程改革作为增强国力,积蓄未来国际竞争实力的战略措施加以推行。

全面推进素质教育,加快课程改革,确立面向21世纪的适应时代要求和国情的基础教育课程体系,是关乎我国国民素质提高和民族复兴的大业。

2.1.2.1　课程改革的内涵

在我国传统的教学包含课程的大教学观念的影响下,我国学者认为课程改革、教学改革、教育改革是三个既有密切联系,又有根本区别的概念。教育改革是"改变教育方针和制度或革除陈旧的教育内容、方法的一种社会活动"。① 教学改革是"旨在促进教育进步、教学质量而进行的教学内容、方法、制度等方面的改革"。② 而课程改革则是"按照某种观点对课程和教材进行改造。是课程变革的一种形式。包括课程观念的变革和课程开发体制的变革。是一项有目的、有计划的行动,以一定的理论为基础"。③

但在国外,已经从"大教学观"转换到了课程包含教学的"大课程观",所以国外流行的课程改革的概念与国内有根本的区别。国外比较流行的观念认为:课程改革包括整个课程图示的改造,包括设计、目的、内容、学习活动和范围等。最重要的是,课程改革包括前面提到的一切课程领域建立其上的价值命题的变革。④

在我国新课程改革中,明确提出了倡导探究性学习的课程理念,广大一线教师也开展了关于探究性学习的教学研究工作。你认为这种现象反映出了我国教育理论与实践工作者课程理念上的什么变化?

2.1.2.2 基础教育课程改革的背景

1. 国内背景与问题

中国是人口大国,人口的素质直接关系到参与国际竞争,关系到民族的兴旺发达。改革那些妨碍学生创新精神、创新能力发展的教育观念、教育模式,全面推进素质教育,极大地提高全民族素质,是落实"科教兴国"战略,实现中华民族伟大复兴的关键。在广大教育工作者的共同努力和全社会的大力支持下,我国的基础教育取得了巨大成就。但同时也存在着一些不容忽视的问题,主要表现在:教育观念滞后,人才培养目标已不能完全适应时代的需求;思想品德教育的针对性、实效性不强;部分课程内容陈旧;课程结构过于单一,学科体系相对封闭,以至难以反映现代科技、社会发展的新内容,脱离了学生经验和社会实际;课程实施过程基本以教师、课堂、书本为中心,难以培养学生的创新精神和实践能力;课程评价只重视学业成绩,忽视学生的全面发展;课程管理过于集中,使课程不能适应当地经济、社会发展的需求,等等。导致这些问题的因素很复杂,一部分是课程系统本身不完善所造成的,还有一部分可能是课程系统以外的原因所致。本次课程改革着重针对我国基础教育课程体系本身的问题,是历次课程改革的一种延续,是课程完善过程中的一个阶段。

2. 其他国家和地区课程改革概况

科学技术教育在学校课程中的地位:一项全球调查

1984年,联合国教科文组织向当时的161个成员国(或地区)发出一份问卷,调查各国(或地区)的科学和技术课程的设置情况,以及科学和技术课程在普通教育学校中的地位。此项调查共回收了97份问卷,1986年联合国教科文组织在题为《科学技术教育在学校课程中的地位:一项全球调查》的报告中,公布了调查结果。

---

① 顾明远主编.教育大辞典·增订合编本(上)[G].上海教育出版社,1998:745.
② 顾明远主编.教育大辞典·增订合编本(上)[G].上海教育出版社,1998:714.
③ 顾明远主编.教育大辞典·增订合编本(上)[G].上海教育出版社,1998:895.
④ 瞿葆奎主编.教育学文集·课程与教材(上册)[G].人民教育出版社,1988:264.

调查显示,绝大多数国家和地区都在中学阶段设置了综合科学课程。在亚洲寄回问卷的国家和地区中,仅有中国和老挝只设置传统的物理、化学、生物分科课程。而那时(1989年)举行的被国际公认为权威评价的"国际教育成就评价"的结果是:中国大陆初中学生科学测试平均正确率为0.67,在20个总体中居第15位。参与此项评价的我国专家认为:"有必要调整科学教育课程的内容和要求,加强中小学的科学教育及其与社会和技术的联系,以适应我国当前改革开放的形势。"

[武永兴.美国一种科学教育改革的方案——"范围、顺序和协调"方案简介.课程·教材·教法[J].1993(12).]

(1)日本

日本每十年更新一次国家基础教育课程,2002年即将实施的新课程,力求精选教学内容,留给学生更多自由发展的空间。教育指导思想突出的四个方面:① 鼓励学生参与社会和提高国际意识;② 提高学生独立思考和学习能力;③ 为学生掌握本质的基本内容和个性发展创造宜人的教育环境;④ 鼓励每所学校办出特色和标新立异。新的教育改革方案提出了尊重个性、重视个性发展的教育原则;同时提出的"生存能力"概念不仅是理性的判断力和合理精神,也包含对美和自然的感受力,爱善憎恶、崇尚公正、珍惜生命、尊重人权、理解和关怀他人以及参加志愿者活动等道德伦理精神和社会奉献精神。

(2)韩国

韩国1997年开始的课程改革,强调实验、学习、讨论、自由活动,社会服务等亲身体验为中心的学习活动,以培养学生解决问题的能力。同时,引入"区别性课程",从1年级到10年级,数学、英语、朝鲜语、科学和社会等五科设置分层课程;11年级到12年级,大量引入选修课程。

(3)美国

美国《2000年教育战略》在课程方面提出:"美国学生在4、8、12年级毕业时有能力在英语、数学、自然科学、历史和地理学科内容方面应付挑战。"最近特别强调"不让一个孩子掉队"。

(4)英国

英国1988年颁布《教育改革法》,首次提出推行国家课程,制定课程标准,1999年英国颁布新一轮国家课程标准,强调四项发展目标:① 精神方面的发展:自我成长,发展自己的潜能,认清优缺点,具有实现目标的意志;② 道德方面的发展:明辨善恶,理解道德冲突,关心他人,采取正确行动的意志;③ 社会方面的发展:理解作为集体和社会一员自身的权利和责任,人际关系的能力,为了共同的利益,与他人协作的能力;④ 文化方面的发展:理解文化传统,具有理解和欣赏美的能力。同时强调六项基本技能:① 交流;② 数的处理;③ 信息技术;④ 共同操作;⑤ 改进学习;⑥ 解决问题。还有四方面共同的价值观:① 自我:认同客观存在的自我,认识自己的长处和短处,养成自尊心和自制力;② 人际关系:承认自我与他人生存和发展的相互依赖关系,尊重他人、诚实、可信、自信;③ 社会:追求自由与正义,维护权利与法的尊严;为了共同的利益而努力,重视公民的责任和家庭,尊重宗教和文化的多样性,积极参与民主生活;④ 环境:把由社会和自然共同构成的环境视为生命和文化的起源,对未来和可持续发展抱有责任感,理解人在自然中的位置,努力保持自然的平衡性与多样性。

英国国家科学课程的形成和发展过程

1987年　议会讨论教育法案,建立小组并提出评价计划和科学课程。

1988年　通过教育法,制订了评价政策,评议科学课程建议。

1989年　颁布科学课程的第一个版本,开始在学校实施。
1990年　宣布修改科学课程,首次进行14岁年龄组的科学测验。
1991年　颁布科学课程的第二个版本,大范围进行14岁年龄组的科学测验。
1992年　科学课程第二版开始实施,改变测验形式。对测验的抗议开始升级。
1993年　教师抗议所有测验,开始全面检查整个课程。
1994年　发表关于科学课程第三版的建议。
1995年　颁布科学课程第三版。
1999年　颁布科学课程第四版。
(教育部师范教育司组织编写,袁运开,王顺义主编.基础教育新课程师资培训指导——初中科学[M].长春:东北师范大学出版社,2003.)

(5) 新加坡

2001年新加坡课程改革提出使学生掌握必要的技能,成为勇力革新,善于获取信息,富有创造精神的人,以适应21世纪的需要。

小资料

新加坡国家科学课程的内容:初中一二年级科学课程大纲

课程名称:初中科学课(一二年级)

大纲介绍:

科学引言:什么是科学,对科学的态度,科学过程中的技能,数量和单位。

物质:性质,分类,相互作用,元素,混合物和化合物,空气,原子和分子,水和溶液。

能量:能源和储存,机械能,热能,光能,声能,电能。

生命:植物和动物的分类,细胞的结构、功能和器官,营养,呼吸,循环,人类的繁殖。

环境:栖息地,生态的基本概念,生态系统的能量转化,生态系统的营养圈。

(教育部师范教育司组织编写,袁运开,王顺义主编.基础教育新课程师资培训指导——初中科学[M].长春:东北师范大学出版社,2003.)

(6) 我国台湾地区

2000年新颁布的九年一贯制基础教育课程标准,把人、自然、社会作为有机整体,用整合的观点规划课程。提出培养"学生科技与资讯、主动探索和研究、独立思考和解决问题的能力,以及表达沟通和分享"等十大能力作为目标。台湾即将推行的基础教育新课程所追求的基本目标可概括为三大关系、十大能力:① 人与自己:强调个体身心的发展。a. 增进自我了解,发展个人潜能;b. 培养欣赏、表现审美及创作能力;c. 提升生涯规划与终身学习能力;② 人与社会环境:强调社会与文化的结合。d. 培养表达、沟通和分享的智能;e. 发展尊重他人、关怀社会、增进团队合作;f. 促进文化学习和国家了解;g. 增进规划、组织与实践的智能;③ 人与自然环境:强调自然与环境。h. 运用科技与资讯的能力;i. 激发主动探索和研究的精神;j. 培养独立思考与解决问题的能力。台湾即将推出的新课程把人、自然、社会视为有机整体,用一种整体论的视野规划新课程的目标体系。

3. 世界各国课程改革的共有理念

(1) 注重基础学力的提高:为适应学习型社会的需要,提高儿童的基础学力仍然是各国课程改革首要的关注点。读、写、算能力和信息素养等是未来公民所不可或缺的,基础学力是儿童适应未来社会的前提,是开展终身学习、促进自身的完善与发展的基础。

(2) 信息素养的养成:这是各国对信息社会到来所作出的反应,为迎接信息时代的挑战,适应信息化社会,从浩瀚的信息海洋中获取必要的信息,儿童必须具备相应的信息素养能力。

(3) 创造性与开放性思维的培养:全球化社会的发展要求人们具备开放性思维和创新精神,需要与世界各地的人们进行交流,因此,各国都认为教育应该培养胸襟开阔、能够站在全球化视野思考问题,并创造性地解决问题的公民。

(4) 强调价值观教育和道德教育:文明的进步要求世界公民素质的普遍提升,但科技的发展在给人类带来进步的同时也带来了负面影响,因此各国课程改革普遍注重教育的道德文化层面,强调儿童价值观的培养和道德教育。

(5) 尊重学生经验、发展学生个性:教育是学生的教育,课程是学生的课程,教育向学生生活世界的回归受到一些国家课程改革的关注,这就要求尊重学生经验,把学生从大人世界的控制下解放出来,把学生的教育交到学生的手中。

我国的基础教育课程改革在借鉴国外先进经验的同时,应当怎样发扬我国基础教育的优良传统?

各国科学课程改革所共同面临的困难

1. 课程的负担。改革者们普遍感到,"课时越来越少,内容越来越多"。一方面,由于实行双休日制,或者需要腾出时间开设其他科目或学习领域,本来就十分紧张的科学课时还在被压缩。一方面,社会有关部门还在源源不断地将新的内容加进来。综合课程之所以受到关注,也与这个因素有关。

2. 综合的困难。"学科之间整合难,学科与生活整合相对容易些。"常常是一开始的设想很宏伟,综合得很彻底,然后在实践中碰到来自各方面的阻力和麻烦,结果一步步"退却",从"融合"到"统合",从"统合"到"组合"。"组合"是名合实分,实际是一种"拼盘";"统合"有一条明确的主线或思路,但各科仍有相对独立性;"融合"是真正打破学科界线,融为一体。

3. 教师的准备。教师是课程实施的主力军,如果弄不好,"主力"就可能成为"阻力"。教师准备上的第一个问题是:"有了综合型课程,却找不到综合型教师。"因为我们的师范教育还不曾开设过"科学综合"专业。如果只从在职进修或自修的途径考虑,文史哲的综合也许可能,但理化生的综合恐怕就更难了。教师准备上的第二个问题是:"强调学生探究,而教师大多不习惯探究。"一个自己都不会探究、不愿探究、不习惯探究式思考的教师,是不可能教学生学会探究的。

[杨晓微.中小学科学课程改革:理念、趋势、困难和代价.课程·教材·教法[J].2000(11).]

2.1.2.3 基础教育课程改革的目标

新一轮基础教育课程改革的目标分为总目标和具体目标,它们分别从宏观和微观两个方面描绘了基础教育课程改革的蓝图,为新世纪的课程改革发展指明了方向。①

---

① 宋乃庆,徐仲林,靳玉乐.中国基础教育新课程的理念与创新[M].北京:中国人事出版社,2002:1—2.

1. 基础教育课程改革的总目标

新课程的培养总目标是:以邓小平同志关于"教育要面向现代化,面向世界,面向未来"和江泽民同志"三个代表"的重要思想为指导,全面贯彻党的教育方针,全面推进素质教育。新课程的培养目标应体现时代要求。要使学生具有爱国主义、集体主义精神,热爱社会主义,继承和发扬中华民族的优秀传统和革命传统;具有社会主义民主法制意识,遵守国家法律和社会公德;逐步形成正确的世界观、人生观、价值观;具有社会责任感,努力为人民服务;具有初步的创新精神、实践能力、科学和人文素养以及环境意识;具有适应终身学习的基础知识、基本技能和方法;具有健壮的体魄和良好的心理素质,养成健康的审美情趣和生活方式,成为有理想、有道德、有文化、有纪律的一代新人。

2. 基础教育课程改革的具体目标

新一轮基础教育课程改革有6个具体的目标:

(1) 改变课程过于注重知识传授的倾向,强调形成积极主动的学习态度,使获得基础知识与基本技能的过程同时成为学会学习和形成正确价值观的过程。

(2) 改变课程过于强调学科本位、科目过多和缺乏整合的现状,整体设置九年一贯的课程门类和课时比例,并设置综合课程,以适应不同地区和学生发展的需求,体现课程结构的均衡性、综合性和选择性。

(3) 改变课程内容"繁、难、偏、旧"和过于注重书本知识的现状,加强课程内容与学生生活以及社会和科技发展的联系,关注学生的学习兴趣和经验,精选终身学习必备的基础知识和技能。

(4) 改变课程实施中过于强调接受学习、死记硬背、机械训练的现状,倡导学生主动参与、乐于探究、勤于动手,培养学生收集和处理信息的能力、获取新知识的能力、分析和解决问题的能力以及交流与合作的能力。

(5) 改变课程评价过于强调甄别与选拔的功能,发挥评价促进学生发展、教师提高和改进教学实践的功能。

(6) 改变课程管理过于集中的状况,实行国家、地方、学校三级课程管理,增强课程对地方、学校及学生的适应性。

活 动

按照基础教育课程改革目标的设想,你认为我国当前的课程评价方式应当在哪些方面取得实质性的突破?

2.1.2.4 各国课程改革的发展趋势

目前各国基础教育进行的课程改革,一方面是为了顺应全球科学技术的飞速发展,社会经济日新月异的变化;另一方面又是为了不脱离本国教育的优良传统,及时反映本国社会发展的要求和趋势。

各国课程改革的总体趋势是:调整培养目标,使新一代国民具有适应21世纪社会、科技、经济发展所必备的基本素质;改变人才培养模式,实现学生学习方式的根本变革,使现在的学生成为未来社会具有国际竞争力的公民;课程内容进一步关注学生经验,反映社会、科技最新进展,满足学生多样化发展的需要;发挥评价在促进学生潜能、个性、创造性等方面发展的作用,使每一个学生具有自信心和持续发展的能力。

具体来说,有以下 4 个方面的趋势[①]:

1. 课程综合化

课程的综合化主要是指许多发达国家针对分科教育课程的缺点而提出的一种新的课程设置模式。它主要是通过采用合并相邻学科的方法,把几门学科的内容组织在一门综合的学科之中。这样就有利于建立相邻学科的联系,促进各学科的共同发展;同时也有利于结合实际生活,及时反映、解决实际问题;最终使学生了解和掌握各领域的知识,逐步形成各方面的能力。目前,许多发达国家都较关注课程综合化,纷纷组织人力编写综合教材,设置综合课。如日本教育课程审议会于 1998 年 6 月公布的《中小学课程审议草案》就决定增设一门新课程——综合学习课程。根据该草案,学校在设置这门课时,可以根据各地区、各学校的实际情况,依据学生的兴趣爱好、特长等自主选择教学内容。此外,法国小学的"启发活动";美国的"VSMES 理科"等均是适应课程综合化潮流的一种尝试。

2. 课程信息化

20 世纪 80 年代以来,信息技术飞速发展,给社会的生产和消费带来广泛而深刻的影响。为了适应不断进步的信息社会,西方各国在教育的各阶段和各领域都加强了信息技术的教育和应用,把信息教育课程列为正式课程,加大对信息课程的建设。如日本在 1985 年前后开始关心信息教育问题,将培养国民运用信息技术的能力和尊重别人隐私权的意识作为信息技术的主要目标。在小学、初中、高中各阶段都增设了专门的信息技术课,而且,所有学科都使用微机教学。再如英国 1981 年开始实施"微电子教育计划(MEP)",奥地利将 13~14 岁的学生都能学习计算机作为其信息技术教育思想的中心内容。

3. 课程职业化

由于现代科学技术和经济的飞速发展,职业结构不断调整,职业种类日益增多。加强职业教育成为当今基础教育改革的又一发展趋势。各国均加大了对职业技术课的重视,将其视为整个基础教育核心课程的重要组成部分;并加强了职业技术课程与普通教育课程的沟通,使二者相互促进;另外还十分重视对学生的职业指导工作。如 1999 年法国教育部公布了一份关于中等教育改革的重要文件——《面向 21 世纪的高中》,对中学职业技术教育的改革提出了新的要求。职业教育必须做到普通教育、职业培训和经济环境的平衡,使学生在接受职业教育的同时,获得所有高中生都应具备的文化知识,获得从事职业工作的必要能力。除此以外,美国、法国、英国、俄罗斯、丹麦、日本等国都设立了一系列的职业定向教育机构,形成了比较完备的职业指导系统,由专职人员通过专门的课程和活动对学生的生活方式、升学方向和就业选择提出建设性意见,帮助学生选择一条适合自己的发展道路。

4. 课程科学化

随着以经济和科学技术为核心的综合国力竞争局面的逐渐形成,具有一定的科学精神和技术素养已经成为新时期对劳动者的基本要求。传授给学生基本的科学知识,培养学生基本的科学素养和科学研究能力,成为科学教育的主要任务。20 世纪 90 年代以来,各发达国家的科学教育总体上呈现出两个明显的趋势:一是科学课程的领域不断扩大,人们不仅主张将科学内容和科学进程、科学知识和科学方法结合,还强调科学态度和科学兴趣的培养;二是增强科学课程的总体设计,使课程更加综合化。美国是一个经济发达的国家,长期以来都较为重视科学教育。1989 年的"2061 计划"就将提高全体美国人的科学水平作为教育改革的目标。1994 年又颁布《2000 年目标:美国教育法》决定试行科学教育课程发展计划,该计划特别重视学生学习和运用科学知识的兴趣、意识和能力,重视科学精神的培养和训练;同时还在课程内容中增加了反映最新科技成果的内容。同样,新加坡近年来面对本国科学教育中的问题,着手修订了全国课程,将重心转移到学生的知识运用能力和良好的思维习惯的培养上,强

[①] 宋乃庆,徐仲林,靳玉乐.中国基础教育新课程的理念与创新[M].北京:中国人事出版社,2002:13—15.

调在教育过程中要引导学生开展科学调查研究,培养学生的逻辑思维能力、创造性思维能力。

活 动

1. 发达国家基础教育课程改革有什么共同之处？对我国的基础教育改革有哪些借鉴意义？

2. 阅读下面两段资料后分组讨论,就初中科学课程是应当继续开设还是应当停止提出自己的看法,并与持不同观点的小组进行辩论。

资料一：

目前综合课程开设的制约因素

综合课程有其存在、发展的必然性和合理性,但是也要清醒地看到综合课程的开设会有一些制约因素。

(1) 观念的制约

因为学校课程中的分科和综合都有各自存在的理由,而且综合与分科又各有自己的优势和不足,再加上综合课程并不像分科课程那样在人们的头脑中根深蒂固,特别是综合课程从理论到实验的研究,必须有一个等待人们认识接受的观念转变过程,所以教育界的领导和广大教师的观念转变,是综合课程顺利实施的重要思想条件。

(2) 综合内容设计水平的制约

综合课程建设要解决的关键问题是以什么依据将相关的内容综合起来,这种综合是否能达到学生知识的拓宽与系统化、能力的培养与提高、智情言行的协调与发展的目标,是衡量课程综合化成功与否的标准。目前对综合课程误解最多的就是,认为综合课程无非是把多门学科的知识简单凑合在一起所构成的"拼盘式"课程。这种"拼盘式"的课程往往会导致学生获得比较肤浅的、杂乱无序的知识,影响学生知识和能力水平的提高,同时也给教师的教学带来一定的困难。所以综合课程设计人员的学术水平也是制约因素之一。

(3) 师资的制约

综合课程实施成败的关键因素之一是教师的素质高低。现在在职的大部分教师和即将毕业的师范大学生,本身所接受的多数知识也是分科专业教育,很难马上胜任综合课程的教学,因此,综合课程的教师培养和培训成为综合课程顺利实施的重要先决条件。

(4) 评价制度的制约

在高考不考生物时,生物教学的地位明显不高。同理可知,评价制度如何,尤其是考试制度如何将直接影响综合课程的实施的效益和导向。值得庆幸的是,全国高考科目现在实行的"3＋x"中,"3＋综合"是"3＋x"的主体形式,这必将促进综合课程实施的进程。

(5) 其他因素的制约

根据学生生理和心理发展状况和不同阶段学校教育的目标,不同阶段的课程综合具有不同的意义。一般来说,年级越低,综合的程度应该越高一些,如义务教育阶段的科学教育科目就可适当加以综合;到了高中阶段,随着学生抽象思维的发展,基础知识和基本技能有所积累,学习习惯的逐步养成,就应在分科的基础上进行学科内的综合,以加深知识深度。所以如何做到综合与分科取长补短,相得益彰,也是开设综合课程的难题或制约因素之一。

崔鸿,杨华,王重力.生物课程教育学[M].武汉:华中师范大学出版社,2006:30—31.

资料二：

2005年10月28日，武汉市教科院举行科学课研讨与交流活动，来自深圳龙港区和武汉市东西湖区的20余位科学课教师，就实行分科教学还是综合教学，产生激烈的碰撞。

深圳龙港区一位教研员称，2003年起，该区初中开设科学课。由于师资缺乏，部分学校将教材分为物理篇、化学篇、地理篇和生物篇，并"偷偷摸摸"进行分科教学，涉及理、化、地、生四门课程内容，分别由原来的科任老师讲解。

据介绍，由于学生科学课成绩不理想，龙港区不少原来进行综合教学的学校，本学期也开始实行分科教学。该区一位老师说："进行分科教学，能更好地和高中阶段的教学相衔接，这是对学生负责任的表现。"

"我们倾向于综合教学。"东西湖区吴家山三中一位教师说，但是，现在的教材、教辅资料，几乎都是四门课程的"拼盘"，没有形成科学课的教学体系，对综合教学不利。部分学校私下也在"穿新鞋走老路"，实行分科教学。也有教师担心，综合教学过于强调学生动手能力，知识学习少了，一旦中考失利，肯定会影响到科学课程今后的命运。

荆楚网(楚天都市报)(记者李樵 通讯员张显辉)：http://www.cnhubei.com/200510/ca907175.htm，深圳武汉产生激烈碰撞 科学课教学是分还是合？

2.2 课程目标

我国《义务教育初中科学课程标准(2011年版)》中对课程目标的设定[①]

科学课程以提高每个学生的科学素养为总目标。通过本课程的学习，学生将保持对自然现象的好奇心和求知欲，养成与自然界和谐相处的生活态度；了解或理解基本的科学知识，学会或掌握一定的基本方法和技能，能解释一些常见的自然现象，解决有关的实际问题；经历科学探究过程，增进对科学探究的理解，发展科学探究能力，初步养成科学探究的习惯，增强创新意识和实践能力；养成科学的思维习惯，逐步形成用科学知识、方法和态度去看待和解决个人与社会问题的意识；了解科学、技术、社会、环境之间的关系，深化对科学的认识，关心科技进展，关注有关的社会热点问题，初步形成可持续发展的观念；初步形成对自然界的整体认识和科学的世界观。

科学课程的分目标包括四个方面：科学探究，科学知识与技能，科学情感、态度与价值观，科学、技术、社会、环境。

讨论

根据以上资料，以及你对新课程改革的了解，说说课程目标是指什么，课程目标在新课程改革中发生了哪些变化？

根据你现在对科学本质和科学素养的了解，说说我国《义务教育初中科学课程标准(2011年版)》中的课程目标反映了科学本质和科学素养的哪些内容？

2.2.1 课程目标概述

2.2.1.1 课程目标的含义

课程目标是某一课程门类或科目学习完以后所要达到的学生发展状态和水平的描述性指标，是

---

① 中华人民共和国教育部.义务教育初中科学课程标准(2011年版)[M].北京：北京师范大学出版社，2012：10.

在课程的设计和开发过程中,根据既定的教育宗旨和教育目的赋予课程的具体价值和任务指标,是课程设计的基础环节和重要因素,直接影响和制约着课程内容、课程组织、教学实施等后继课程因素的设计和操作,直接影响和制约着日常的教育教学行为。

2.2.1.2 课程目标的表征方式[①]

(1) 普遍性目标:对课程进行总括性和原则性规范与指导的目标,一般表现为直接适用于课程的教育宗旨和教育目的。

(2) 行为性目标:以构设课程行为结果的方式对课程进行规范与指导的目标,一般表现为课程的任务指标、运行方式和操作程序。

(3) 生成性目标:对课程实践过程和情境进行表征的课程目标,一般表现为构设的课程实践情境和过程,以及对课程实践结果的周全表述。

(4) 表现性目标:周全地表征课程实践结果而生成的课程目标,一般表现为对课程实施结果的周全表述,如对学生实际发展的表述。

上述课程目标的四种表征方式在表征课程目标的过程中各有利弊,需要指出的是,在课程目标的确定以及叙写中,单一地采取某一种方式是片面的、不完整的。

2.2.1.3 课程目标的叙写[②]

在叙写课程目标的过程中,需要明确叙写课程目标的基本原则和课程目标的构成要素等问题。

1. 课程目标的叙写原则

在对课程目标的叙写上,美国学者布雷迪(Brady)概述的叙写原则具有较强的参考价值:

周全性——展示所有课程实践的成果;

适切性——符合教育的现实条件和社会状况;

准确性——准确地反映课程的固有价值;

可行性——符合学生的实际状况和课程资源状况;

相容性——与其他课程目标在思想、内容和方式上皆保持一致;

清晰性——清晰地表述课程目标的所有内容;

诠释性——对课程目标作必要的解释和说明,以杜绝理解上的偏差。

2. 课程目标的构成要素

表现要素——课程实践的结果,包括学生获得的实际发展以及发展的外化行为,课程实践的其他成果;

条件要素——达成既定课程实践结果所需要的各种因素和相关背景;

标准要素——赋予课程实践活动的具体要求以及度量课程实践结果的尺度或准则。

3. 课程目标的叙写方式

基于课程目标的基本要素,课程目标的叙写方式主要包括:① 对表现要素的叙写。这一要素的叙写应注重对学生行为结果的表述。一般来说,针对学生行为结果的特质,动词的运用形式可分为两种:其一,表述不确定性行为结果的动词,主要有:知道、了解、理解、欣赏、重点把握、相信、深信、愉悦和内化等。其二,表述确定性行为结果的动词,主要有:写出、背诵、区分、辨别、解决、绘制、比较、对照等。② 对条件要素的叙写。这一要素的叙写应阐明达成课程目标所必需的主要条件。③ 对标准要素的叙写。主要应阐明三项基本的指标:学习者把握和解决问题的数量指标、程度指标和时间指标。

[①] 有宝华.综合课程论[M].上海:上海教育出版社,2002:124.
[②] 有宝华.综合课程论[M].上海:上海教育出版社,2002:124—126.

活 动

根据以上内容,分析我国小学科学课程目标的表征方式、叙写原则和方式等是否符合课程目标的要求。其中,总目标和分目标之间存在什么关系?

我国科学(3—6年级)课程标准课程目标部分

一、总目标

通过科学课程的学习,知道与周围常见事物有关的浅显的科学知识,并能应用于日常生活,逐渐养成科学的行为习惯和生活习惯;了解科学探究的过程和方法,尝试应用于科学探究活动,逐步学会科学地看问题、想问题;保持和发展对周围世界的好奇心与求知欲,形成大胆想象、尊重证据、敢于创新的科学态度和爱科学、爱家乡、爱祖国的情感;亲近自然、欣赏自然、珍爱生命,积极参与资源和环境的保护,关心科技的新发展。

二、分目标

(一)科学探究

1. 知道科学探究涉及的主要活动,理解科学探究的基本特征。
2. 能通过对身边自然事物的观察,发现和提出问题。
3. 能运用已有知识作出自己对问题的假想答案。
4. 能根据假想答案,制订简单的科学探究活动计划。
5. 能通过观察、实验、制作等活动进行探究。
6. 会查阅、整理从书刊及其他途径获得的科学资料。
7. 能在已有知识、经验和现有信息的基础上,通过简单的思维加工,作出自己的解释或结论,并知道这个结果应该是可以重复验证的。
8. 能用自己擅长的方式表达探究结果,进行交流,并参与评议,知道对别人研究的结论提出质疑也是科学探究的一部分。

(二)情感、态度与价值观

1. 保持与发展想要了解世界、喜欢尝试新的经验、乐于探究与发现周围事物奥秘的欲望。
2. 珍爱并善待周围环境中的自然事物,初步形成人与自然和谐相处的意识。
3. 知道科学已经能解释世界上的许多奥秘,但还有许多领域等待我们去探索,科学不迷信权威。
4. 形成用科学提高生活质量的意识,愿意参与和科学有关的社会问题的讨论与活动。
5. 在科学学习中能注重事实,克服困难,善始善终,尊重他人意见,敢于提出不同见解,乐于合作与交流。
6. 意识到科学技术对人类与社会的发展既有促进作用,也有消极影响。

(三)科学知识

1. 学习生命世界、物质世界、地球与宇宙三大领域中浅显的、与日常生活密切相关的知识与研究方法,并能尝试用于解决身边的实际问题。
2. 通过对物质世界有关知识的学习,了解物质的常见性质、用途、变化,对物体的运动、力和简单机械,以及能量的不同表现形式具有感性认识。
3. 通过对生命科学有关知识的学习,了解生命世界的轮廓,形成一些对生命活动和生命现象的基本认识,对人体和健康形成初步的认识。

4. 通过对地球与宇宙有关知识的学习,了解地球、太阳系的概况及运动变化的一般规律,认识人类与地球环境的相互作用,懂得地球是人类唯一家园的道理。

中华人民共和国教育部.全日制义务教育科学(3—6年级)课程标准(实验室)[M].北京:北京师范大学出版社,2001:5—6.

2.2.2 科学的本质与科学素养

2.2.2.1 科学的本质和特征

培养学生的科学素养是科学教育的永恒目标,而理解科学本质观是科学素养的核心成分之一。

案例研究

科学研究中三个重要的环节

(1)假设。假设是科学探究过程中的有用工具,可以帮助研究者准确地表述自己的想法,或事物的关系,以便于进一步地检验这些想法。假设是一简短的陈述,用以说明一个模式或预期一种现象。假设是一些试探性的想法,是根据要研究的问题而提出的。假设必须经过观察和实验来检验。

(2)观察。观察是科学的基石。多数观察是基于视觉,但观察也包括听觉、触觉、嗅觉和味觉等多种感觉。科学家通过观察来获取信息和数据,并通过对观察结果的分析找出规律。事实是观察的结果,事实可用于检验假设并进一步形成理论。科学知识体的形成也是大量观察工作的结果。观察在科学探究中起着核心的作用,但观察技能与观察者的知识、思维和动机密切相关。观察是探究中最基本的技能,但也是一种复杂的活动。

(3)实验。同观察一样,实验在科学事业中和现代科学进展中起着核心作用。通过实验,一些想法可以得到证实和支持,错误的信念可以被推翻。实验为我们提供了深入探索大自然奥秘的探针。对照实验可以使科学家检验猜想,查明事物的因果关系。实验活动可小到用火柴点燃一粒花生,大到使用十分昂贵的设备来完成实验。

讨论

以上是刘恩山教授关于科学研究中的三个重要环节,也是科学研究中的重要的方法的论述。你认为科学的本质是什么?是科学知识?科学方法?还是科学精神?……

(刘恩山.中学生物学教学论[M].北京:高等教育出版社,2003.)

由于认识的角度不同,人们对"科学是什么"的问题一直存在着不同的看法,至今没有给出一致的回答。尽管如此,通过考察科学发展的历史和科学研究的对象、过程、方法、科学研究的成果等,对于现代科学的一些基本特征,人们还是有很多的共识。

科学的本质至少可以归纳为十个特征。

第一,科学应该是系统化的,它是对个别对象的一般性、共同性、规律性的描述。

第二,科学要对统一性和预测性作解释。

第三,科学是极为严谨的,它建立在实验的基础上。

第四,从社会学的角度看,可以令人吃惊地发现,过去的许多知识系统,几千年来基本上都保持不变或者变化很少。

第五,从某种意义上说,科学的探索是一种带有游戏性的活动。

第六,科学与技术之间呈现一种极其复杂的互动关系,在不同的历史时期具有不同的特点。

第七,科学家们对待实验和一般人是不一样的,科学家们在追求预想结果的时候,格外关注这些实验带来的副产品和副结果,就是和他们愿望不一样的东西。

第八,科学是不可替代的,然而科学并不能解决一切问题。

第九,科学不仅仅是知识的本体,而且是一种思维方法。

第十,科学是人类共同的文化。

名师论教

以下是刘恩山教授关于自然科学的四个维度的阐述,请你阅读后,讨论和思考下述问题:

1. 你认为刘恩山教授关于自然科学的维度的阐述,依据是什么?你对自然科学的维度有什么看法,你觉得刘恩山教授的阐述有什么可以继续完善的地方?

2. 请提出一套你的观点,并查阅资料,加以改进和完善。

自然科学的四个维度

1. 科学是一系列的思维方式

科学家的思维方式和思维习惯是构成科学的主要维度之一。

科学家对自然界,对他们研究的领域有强烈的好奇心和求知欲。科学工作中许多是创造性的工作,这些创造性的工作首要有新的想法、观点或新的解释,这些都是大脑中的工作,是人的思维活动。深入的思考和推理是科学工作的重要部分,它推动着科学的不断进步。

2. 科学是一套研究的方法

科学家获取知识的过程,即人们所说的科学过程(技能)。它是一套研究解决自然界问题的方法,构成科学的另一个重要的维度。自然科学的研究方法有多种,在不同的研究领域,科学家们经常使用的研究方法不同。如生态学研究中常常运用观察和预期的方法,微生物学则更多地依靠实验室的实验。

3. 科学是一个知识体

科学是一个庞大的知识体,正在迅速地、爆炸式地增长。科学的知识体由事实、概念、原理、定律、假说、理论及模型等不同形式的知识构成。科学知识可分成地球与空间科学、物质科学和生命科学等。在一个科学领域中,又可划分为不同的学科,如生物学、医学等。

科学知识是科学探究的结果,是科学静态的维度。科学知识体的猛增,是因为科学还有动态的维度,即科学探究的过程。离开了科学动态的维度,科学就不会再发展。因此,科学知识和科学探究是科学不可分割的两个方面。

4. 科学—技术—社会的相互作用

科学—技术—社会的相互作用,构成了科学的另外一个重要维度。科学和技术各有不同的特点和追求。但科学和技术又常常是密不可分。科学的进步,新的科学知识的产生会推动技术的发展。人们运用新知识可以制造出新的产品。技术的进步反过来也能推动科学的发展。

科学对社会产生了重要的影响。科技在改变着我们的生活,社会也在影响着科学。此外,科研机构和人员的管理机制也会对科学工作产生影响。科学的成长和发展是扎根于社会之中的。

科学与技术和社会的相互作用是科学的特点之一,是构成科学的另一个重要的维度。这一维度应成为科学教育中的一部分。

(刘恩山.中学生物学教学论[M].北京:高等教育出版社,2003.)

2.2.2.2 科学素养的内涵

 活 动

请列举几位著名的科学家,查阅他们的生平资料,依据你的理解,描述有科学素养的人所应该具备的素质或特点。

1. 科学素养的内涵

科学素养并不是单纯的一个概念,它有着丰富的内涵。

1996年,美国制订的《国家科学教育标准》认为:"所谓有科学素养是指了解和深谙进行个人决策、参与公民事务和文化事务、从事经济生产所需的科学概念和科学过程。"

尽管不同组织或个人从各自不同的角度对科学素养的内涵给出不同的理解方式或内容,从本质上看,科学素养的内涵所涉及的范围主要包括三个方面:即对科学知识的理解;对科学本质(科学过程和方法)的理解;理解科学技术对社会的影响。关于科学素养内涵的研究,目前国际上正朝着能够在学校科学教育中可实际操作的方向发展。

2. 确定科学素养内涵的维度

科学素养内涵的维度与它的定义一样,有着丰富的内容。科学素养内涵的维度往往不是单一维度,而是由多个维度组成的。

 活 动

20世纪60年代中期,美国威斯康星大学科学素养研究中心的配勒(M. O. Pella)等人的总结概述,科学素养包含六方面:科学和社会的相互关系;知道科学家工作的伦理原则;科学的本质;科学和技术之间的差异;基本的科学概念;科学和人类的关系。

70年代中期,美国俄亥俄州立大学索尔特(Showalter)等人对科学素养的概念进行了又一次的综合,他们提出科学素养应包括以下七个"维度":① 科学的本质;② 科学中的概念;③ 科学过程;④ 科学的价值;⑤ 科学和社会;⑥ 对科学的兴趣;⑦ 与科学有关的技能。与配勒等人的理论相比,这里的7个"维度"在内容和次序上都有变化,反映了科学素养的时代特征。提出了科学素养的连续性问题。

在80年代,学术界对科学素养的讨论尤其活跃,学者们从不同的学科角度,如经济学、哲学、心理学等,深入探讨科学素养的内容和含义。

美国国家科学教师协会(NSTA)在1982年发表了题为"科学—技术—社会:80年代的科学教育"的年度报告,将科学素养的基本成分概括为以下几方面:① 科学和技术过程和探究技能;② 科学和技术知识;③ 科学、技术知识在个人和社会决策中的作用;④ 对科学和技术的态度、价值观和鉴赏能力;⑤ 在与科学有关的问题中的科学和技术的相互作用。

在这一时期众多的科学素养理论中,影响最大的是科学素养国际发展中心(芝加哥)主任米勒(Miller)教授在1983年提出的三维模式,即:① 关于科学概念的理解;② 关于科学过程和科学本质的认识;③ 关于科学、技术和社会的相互关系的认识。

改编自:魏冰.西方科学素养理论的形成与发展[J].外国中小学教育.2003(6):16—18.

国际学生科学素养测试大纲(Programmer for International Student Assessment,PISA)提出科学素养主要有以下三个维度:科学过程、科学内容和科学应用。

顾志跃认为科学素养的基本结构可用三个同心圆表示。最核心部分是科学精神、态度和价值观(科学观);中间部分包括科学知识、技能、方法、能力(科学知能);最外围部分是科学行为和习惯(科学行为)如图2-1。

改编自:顾至跃.科学教育概论[M].北京:科学出版社,1999:53—54.

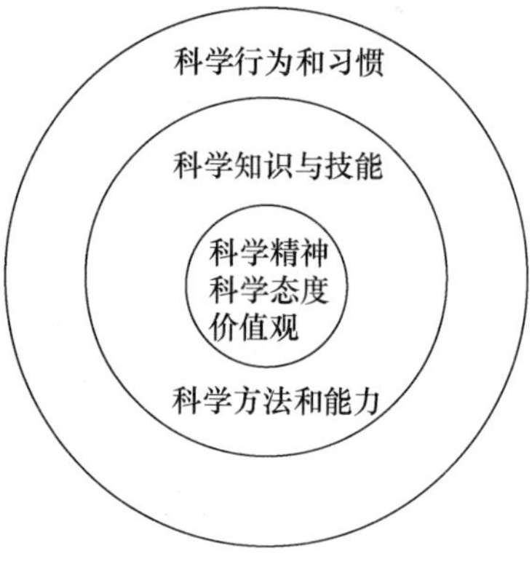

科学精神、态度与价值观:科学精神指人所具有的科学的意识、思维活动和一般心理状态,其中以推动并指引一个人采取行动的科学的原则、信念和标准组成的科学价值观为核心。科学态度指个体在科学价值观的支配下,对某一个对象所持的评价和行为倾向。

科学知识与技能:指人们在科学的实践中获得的关于客观世界的各种事物的本质及规律性的认识和操作本领。

科学方法和能力:指人们在认识和改造客观世界的实践中总结出来的,并能在实践中正确运用的思维和行为方式,以及驾驭它们的策略与熟练程度。

图 2-1 科学素养结构示意图[①]

科学行为和习惯:科学行为是一个人的科学认识的具体体现和外显标志。倘若一个人的科学行为成为一种反复持久的自觉需要、惯例,那就是科学习惯。科学习惯是长期积累的科学行为的定型。

尼尔森(Nelson,1999)认为,科学素养由某些重要的科学事实、理论和科学思维习惯的练习、科学本质的理解、与数学和技术的联系,对个人以及它在社会中的作用等内容组成。

梁英豪(2001)认为,科学素养的内容包括以下十个方面:① 科学知识;② 技能;③ 科学方法和思维方法;④ 价值观;⑤ 解决社会及日常问题的决策;⑥ 创新精神;⑦ 科学、技术社会及其相互联系;⑧ 科学精神;⑨ 科学态度;⑩ 科学伦理和情感。

叶禹卿(2002)认为科学素养由科学知识、科学能力、科学方法、科学意识和科学品质五大要素组成,这五大要素构成一个相互联系、相互影响的有机整体。

科学知识是基础,是培养其他要素的载体;科学能力是核心,包括各种科学思维能力和科学实践能力等内容;科学方法是科学素质的重要组成要素,是科学的认识方法;科学意识和科学品质是科学素养的重要表现形式;科学品质指科学态度、精神以及对科学的兴趣、情感、动机等内容。

在2006年的评价中,PISA把科学素养的结构维度从三维增加到四维,包括:① 背景维度——认识到涉及科学和技术的生活背景;② 知识维度——在具有包括自然界的知识和科学本身知识的基础上理解自然界;③ 能力维度——包括界定科学问题,科学地解释现象,得出有事实依据的结论;④ 态度维度——对科学的兴趣,对科学探究的支持,有责任的行为动机等。

改编自:潘苏东,诸慧玲.科学素养的基本内涵——三维模式[EB/OL](2006-1-14)http://www.cqyzedu.com/n2201c176.shtml.

讨论

1. 根据以上关于科学素养维度的探索和发展过程,总结出你认为最适合的一种表述方式。

---

① 顾志跃.科学教育概论[M].北京:科学出版社,1999.

2. 如果把顾志跃所说的科学精神、态度与价值观称为科学观,把科学知识与技能、科学方法与能力称为科学智能,把科学行为与习惯简称为科学行为。科学素养可以说是一个包括科学观、科学知能、科学行为的综合结构。这三者之间的关系是什么?它们各自对人的发展起着什么作用?

以上关于科学素养维度的各种表述反映出人们对于科学素养的理解不仅有着共同的方面,同时因为个人的角度不同而存在一定的差异。我国《全日制义务教育科学(7—9年级)课程标准(实验稿)》中的课程目标认为科学素养应当包括以下四个维度:① 科学探究(过程、方法和能力);② 科学知识和技能;③ 科学态度、情感和价值观;④ 科学、技术与社会的关系。

3. 公众科学素养调查

中国公众科学素养调查是了解中国公众成年人(18～69岁)对科学技术知识的了解程度、对科学技术的态度、对国家科学技术政策的看法和获得科学技术信息的手段等情况的重要方法。这些调查研究工作为我们跟踪研究我国公众科学素养的变化、对科学技术的态度的变化等各种情况提供了客观的量化依据,为我们掌握和了解我国公众的科学素养变化规律提供了科学的根据。这些研究不仅对我国的科普理论研究工作和实践活动具有重要的意义,而且对于我国有关决策机构及时了解和掌握我国公众对各种科技发展动态的看法和舆论,保证决策的民主性和科学性也具有十分重要的意义。[①]

美国学者米勒提出了国民科学素养测量的三个维度:科学的准则和方法、科学的主要术语和观点、科学对社会的影响。正是这套起源于美国的测量方法,先后被全世界33个国家引用,形成了米勒体系。中科院研究生院的李大光教授在介绍我国的科学素养调查方式时说,一直以来,中国的科学素养调查方案完全采取"译介"的方式,即题目基本照搬美国,只是用入户调查代替了美国的电话调查方式,并将有关对占星术认识的题目改为对算命的认识。

案例研究

2010年我国公众科学素养调查结果

1. 我国公众的科学素养水平正在稳步提升

中国第8次公民科学素养调查显示,2010年中国具备基本科学素养的公民比例是3.27%。比2005年的1.60%提高了1.67个百分点,比2007年的2.25%提高了1.02个百分点。城镇劳动者和农民的科学素养水平提升速度较快。城镇劳动者具备基本科学素养的比例从2005年的2.37%提高到2010年的4.79%;农民具备基本科学素养的比例从2005年的0.72%提高到2010年的1.51%。城镇劳动者和农民科学素养的提升对我国公民科学素质的整体提高起到了重要作用。我国公民的科学素养水平正在稳步提升。

2. 与发达国家相比,我国仍处于落后地位

2010年的调查显示,目前我国公民科学素养水平(3.27%)相当于日本(1991年为3%)、加拿大(1989年为4%)和欧盟(1992年为5%)等主要发达国家和地区在20世纪80年代末的水平。

---

① 中国科普研究所、中国科协普及部、国家科委社会发展司(执笔李大光).中国公众科学素养调查报告[J].民主与科学,1999(2).

公民的科学素养水平从三个方面进行测度:公民了解必要的科学知识、掌握基本的科学方法、崇尚科学精神的程度。一个被调查者只有同时通过以上三个方面的测度,才被认定为具备基本的科学素养。在这三个测量维度中,"公民了解必要的科学知识"与国外的差距较大。从9道国际通用的科学知识测试题的平均正确率来看,2008年美国的水平为64%,2010年中国的水平仅为41%。在"掌握基本的科学方法"上,我国公民的科学素养提升缓慢。2005年为7.4%,2007年为6.9%,2010年仅达到9.8%。这主要源于我们长期以来对科学方法和科学研究过程的教育重视不够。对于"崇尚科学精神的程度"这个维度,国际上没有统一的题目和标准可供对比。但历次调查都显示,中国公民不相信迷信的比例是很高的,而且不同人群之间的差异很小。

3. 我国公众对科技信息的兴趣不断提升,不输发达国家公众

虽然公民科学素养的提升并不十分明显,但公民对科技信息的感兴趣程度显著增长。第8次调查显示,2010年我国公民对与科技有关的新闻话题感兴趣的比例增长较快,其中,科学新发现为71.6%,比2005年的54.5%提高了17.1个百分点;医学新进展为71.1%,比2005年的45.9%提高了25.2个百分点;新发明和新技术为68.2%,比2005年的50.9%提高了17.3个百分点。2010年我国公民最感兴趣的科技信息为医学与健康,感兴趣比例高达82.7%。其他依次为经济学与社会发展(40.9%)、环境科学与污染治理(37.1%)、计算机与网络(29.9%)、军事与国防(29.8%)等。

此外,中国公众对科技发展充满信心与期望。以2010年的调查为例,有84.5%的公民赞成"现代科学技术的发展将给我们的后代提供更多的发展机会",而在欧盟,这一说法的赞成比例为75%。在对科学研究的支持态度方面,77%的公民赞成"尽管不能马上产生效益,但是基础科学的研究是必要的,政府应该支持"。

讨论

1. 你认为提高我国公众的科学素养应该从哪些方面着手?
2. 科学课程的实施如何全面提高学生的科学素养?

[改编自:高宏斌.第八次中国公民科学素养调查结果发布[J].中国科学基金,2011(1)]

2.3 科学课程

在我国,1999年1月国务院批转了教育部的《面向21世纪教育振兴行动计划》,要求"2000年初步形成现代化基础教育课程框架和标准,改革教育内容和教学方法,推行新的评价制度,开展教师培训,启动新课程的实验。争取经过10年左右的实验,在全国推行21世纪基础教育课程教材体系。"由于我国政府在1995年提出了"科教兴国"战略,1998年提出了建立国家科技创新体系的目标,所以,在此次课程改革中,科学课程改革成为大家关注的热点。

随着时代的前进,科学呈现出与技术愈来愈紧密结合的特征,科学发展的规模也越来越大。科学技术对人类社会产生日益广泛而深入的影响,人们对科学课程也日益重视,科学教育工作者也在推行世界范围的科学课程改革。对科学课程的性质、价值以及内容设置、课程设计的深刻理解,是推进中小学科学课程改革、促进科学课程发展、培养学生科学素养的重要前提。

2.3.1 科学课程发展概述

2.3.1.1 中学科学课程性质和地位

科学课程是根据教育目的,培养和提高中学生科学素养、以满足和适应社会及个人发展需求的课程。当代世界的科学课程,包括综合或普通科学课程以及专门的单学科科学课程,如物理学、化学、生物学等。从世界范围看,中等教育在各个年级都开设综合科学或分科科学课程。在这里,我们要讲的科学课程主要是初中科学课程——综合理科,包括物理学、化学、生物学、地理学、天文学等学科内容。综合科学课程不仅有利于学生从各个学科的联系中看问题,还能够加强训练迁移、增加对实际生活的关心以及对创新思维和批判思维的培养。

科学课的综合性

  学科综合是科学课的显著特点。我国教育部制订的《全日制义务教育科学(7—9年级)课程标准(实验稿)》(2001年版,简称"国标")继美国《国家科学教育标准》(1995年版,简称"美标")之后,实际上已提示科学课是由物理学、化学、生物学、地理学(自然地理)与空间科学几个学科通过科学方法、技术与社会等综合而成的。选择它们作为综合的基础,有其充分的客观依据。上世纪90年代初,日本的综合理科教材就是分别把理化、生地整合成内容相互交叉的4册;稍后,英国牛津大学出版社编辑的一套综合科学教材,分为生物、化学、物理3科;2002年10月翻译出齐的美国《科学探索者》系列学习教材,被称为发达国家最权威的中学科学读本,仍是按理化生地组织其内容的。

  是综合而不是融合,有2层意思:尊重个性,充分保留各学科的骨干内容,使学生对其主要事实有所掌握,真正学到必要的知识,以保证未来发展所必需的基础;找出共性,协调学科间的共用概念,发掘学科之间交叉、边缘、重叠的亮点。总之综合是强调课程各学科的整体性,不过多强调学科的本位性;承认各学科的骨架,保证学科的相对完整,同时在内容上强调学科间的联系,搭建其他学科发挥作用的平台。以化学为例,在科学课中要保持元素符号、化学反应、化学方程式、常见无机化合物和有机化合物的主要性质和结构关系以及元素周期律(表)、质量守恒定律等化学特有的符号语言体系,同时和其他学科的相关内容如物质构成、物态变化、呼吸作用、氧化反应,元素分布、水圈、气圈,以及环境、能源、材料、技术等,则可相机处理和作合适介绍。总之,这种个性和共性两者不可缺一,否则就失去综合的意义;而这种个性共性的处理,就构成科学课水平的优劣和高下,是大有学问和讲究的。

[胡定熙,朱月洁,周天泽.论科学课的性质[J].四川教育学院学报,2004(11):94.]

1. 初中科学课程的性质

  首先,初中科学课程是以培养学生科学素养为宗旨的课程。初中科学课程不仅在小学科学课程的基础上,进一步提供必要的和基本的科学知识与技能,还将通过科学探究的学习方式,让学生体验科学探究活动的过程和方法,发展初步的科学探究能力。在学习过程中,初中科学课程将培养学生良好的科学态度、情感与价值观,培养学生良好的科学素养,为学生的终身发展奠定基础。科学教育是一种以培养和发展人的科学素养为目的的教育实践活动和实践过程。

  其次,科学课程是引导学生认识科学本质的课程。科学课程要引导学生认识自然界是有规律的,这种规律是可以被认识的,科学是认识自然最有效的途径;科学知识具有相对的稳定性并不断发展和进步,只能在一定的条件与范围内适用,科学强调和尊重经验事实对科学理论的检验;科学活动应当促进社会的进步,并将受到科学道德和社会道德的双重约束。

  另外,科学课程有广阔的教育范围和丰富的教育内涵。① 当代科学技术的任何领域、任何成果都可以成为科学课程的内容,科学课程内容来源于科学技术的理论基础和新成果。现代的中学科学教育不仅有经典的科学技术知识的教育,而且涵盖着科学哲学、科学伦理、科学精神、科学方法、科学过程等诸多的教育领域,它们是形成中学科学课程的重要来源。

---

① 彭蜀晋,林长春.科学课程与教学论[M].北京:高等教育出版社,2005:6.

查阅我国公民科学素养的调查数据及相关资料,并结合你自己的学习经历,谈谈公民科学素养的提高与科学教育有哪些联系,谈谈你的认识。

2. 初中科学课程的地位

为什么要设置科学课

还在20世纪80年代,许多国家的领导层充满了对科学教育的忧思。

1985年美国搞了个卧薪尝胆式的"2061计划",他们经过十多年的研究,组织上万名各界专家参与编写了内容丰富的《国家科学教育标准》,原著者用"行动的号角"这一极富战斗力和煽动性的词句来号召世界上头号经济发达和技术先进国家的教师、家长和学生强化科学教育,以免成为时代的落伍者,其使命感和责任感令人震撼。1980年,确立了"科技立国"战略。从明治维新(1868年)起,经过120年的奋斗,日本从人均收入290美元到1988年人均2万美元而超过美国,他们将自己的成果归因于科学教育,早就开出了综合理科课程,并要求"综合就是创造"的思想在教育界乃至企业界生根。体现科学课设置时代要求的联合国教科文组织1996年提出的研究报告《教育——财富蕴藏其中》,将基础教育定位为"走向生活的通行证","既能使人们为今后的学习打下坚实基础,也能使人们获得积极参加社会生活的基本能力"。它反映了新世纪世界教育改革的潮流。所有这些,都使科学课呼之欲出。在这种背景下,科学课的开设就有必然性。

科学课程的主要目标和核心理念是全面提高每一个学生的科学素养。在当今社会中,任何一个公民都要在自己的生活和工作中去面对大量与科学技术相关的问题,去作出各种决策,并正确利用科学技术。当今社会对科学技术的重视程度日渐提高,越来越多的公民也都投身到科学技术的岗位上,从事科学研究和技术开发。从就业机会和需求上来说,这些工作岗位将接收更多具有良好科学素养的人。这样,初中科学课程作为学生学习科学技术、全面培养学生的科学素养的入门课程,其重要性和地位显而易见。

另外,人类日常生活中最重要的文化、经济、道德等问题都与科学技术的发展密不可分,一些与人类关系密切如气候、农业、环保、人口、资源、能源等领域,也被认为是科学技术的实际应用,因此,科学课程是人类知识的重要领域,对学生自身的学习和成长、对社会的发展和进步、对当代科学技术的把握都是极其重要的。

2001年6月,我国教育部颁发的《基础教育改革纲要(试行)》规定在小学和初中开设科学课程。2001年7月,出现了第一个由国家教育部颁布的综合科学课程标准——《全日制义务教育科学(7—9年级)课程标准(实验稿)》。实际上,当今世界各国都在不遗余力地改进科学教育,一个重要的目的就是力图通过建设高效率的科学教育体系来培养高质量的科技人才,形成强大的科技人才资源体系,为改善社会生产力发展的水平、提升国家的综合实力和保卫国家安全,以及提高人民生活质量起到助推作用。[①] 因此,科学教育是一个国家科学技术持续发展的重要基础,科学课程在基础教育中处于重要

---

① 彭蜀晋,林长春.科学课程与教学论[M].北京:高等教育出版社,2005:7.

地位。

2.3.1.2 科学课程的价值

科学的价值

科学具有智育价值。这种价值源于科学中"真"的本质。科学的真理性和在追求真理过程中的一切求真活动,都是与人类追求自由一样是同样可贵的人文精神的必然内涵。不仅仅是"真"的知识使学生受益终身(这还仅仅停留在把科学当工具的实用层面),更重要的是,为"求真"而必须获得的科学与逻辑思维能力,使人更能区别于一般动物而展示人的无与伦比的伟大。"如果说,思维是人的智慧中最美丽的花朵,那么科学思维就是这朵花里最高贵的花蕊。换言之,如果承认科学知识是人的最高智慧的结晶,那么科学思维则是这个结晶体内最活跃的晶核。"(周川:《科学的教育价值》)我们常说:"让学生通过学习变得更聪明。"这正是体现了科学的智育价值。

科学具有德育价值。在中国古代,也许是受老庄到家的"绝圣弃智"的影响,往往把知识特别是技术与道德对立起来。但古希腊苏格拉底则认为:"善即知识。"他还强调指出:"智慧是唯一的善,无知是唯一的恶,其他东西都无关紧要。"今天看来,这话当然过于绝对。但苏格拉底将道德与智慧统一起来,则是不错的。人类文明发展史已经证明,没有科学认知的"真",就谈不上道德伦理上的"善"。科学有助于学生形成正确的世界观,对自然和社会的科学认识有助于他们理性地把握周围的世界和自己的人生。另外,科学道德所包含的"公"(无私奉献)、"诚"(老实诚信)、"勤"(自强进取)、"勇"(坚韧不拔)、"谦"(谦逊虚心)、"和"(团结协作)等等,不都是我们的教育希望教给学生的吗?

科学具有美育价值。科学当然不是艺术,但科学中却无疑包含有美的意义。科学研究的对象是美的:自然界的日月星辰、飞禽走兽以及生命繁衍等等,本身就是一幅美妙无比的画;即使同样作为研究对象的人类社会,其波澜壮阔的发展演变也有一种内在的崇高美或悲剧美。科学研究的方法是美的:科学家在实验中的操作技术之精湛、娴熟、灵巧,都有美的特性。爱因斯坦曾赞扬美国物理学家迈克尔是"科学中的艺术家",因为他有着"对于科学的艺术家的感触和手法,尤其是对于对称和形式的感觉","他的最大乐趣似乎来自科学本身的优美和使用方法的精湛"。科学研究的成果是美的:科学理论代表着真,当这种真理被用于人类改造世界的实践时,也就获得了美的意义;更重要的是,由概念、定律、假说等构成的科学理论,同样也有着自己美的形态,比如简单和谐的形式和清晰严密的逻辑规则。正因为如此,傅立叶的《热的解析理论》被恩格斯赞誉为"一首数学的诗",哥白尼体系被誉为"天体的音乐"……

(李镇西.科学对于教育的意义.新思考网 教育新闻 教育视点. http://blog.cersp.com/index/1003556.jspx?articleId=47728.)

科学课程是承载着科学教育要求的科学知识学习源泉与教育信息载体。同各分科课程相比,科学课程试图超越学科的界限,统筹设计,整体规划,强调各学科领域知识的相互渗透和联系整合。这样的课程,对于科技的进步、当今社会的发展以及创新人才的培养,具有不可低估的价值。

(1) 科学课程有助于学生增长综合学科知识,增强综合认识社会、自然的能力,提高解决现实问题的能力,①加强知识的迁移和学习能力的发展。

(2) 科学课程能够引导学生从整体上认识自然和科学,根据统一的科学概念、原理和各领域知识之间的联系来建立开放型的知识结构。

---

① 课程教材研究所.综合课程论[M].北京:人民教育出版社,2003:137.

(3) 科学课程对培养学生的创新精神和科学探究能力具有独特的优势。它不仅有助于激发学生的学习积极性,培养学生的创新精神,还有助于对学生科学探究能力培养作出总体安排,使学生得到全面的科学方法的训练、科学观念及科学发现的教育。

(4) 以自然科学和技术为源泉的科学课程不仅涉及有关科学技术与社会的教育构成,也涉及科学技术与环境以及与个人生活和发展相关的多个内容领域。① 科学课程将指引学生较为全面地关注和分析与科学技术有关的环境问题、社会问题、生活问题,获得对科学、技术与社会关系的全面理解。

活 动

从人的发展和社会建设需要的角度,谈谈科学课程的重要价值和普及科学教育的重要性,并举例说明。

2.3.1.3 我国中小学科学课程设置内容回顾

科学课程设置是指科学课程在哪些学段中开设,课程形式以及在各学科授课总学时中所占的比例(课时要求)等要求。随着我国各个时期的政治经济形式的不同,以及科学教育的发展状况,中小学科学课程的设置也有其不同的特点。

1. 中国近代开设的科学课程

中国近代的科学教育大约始于19世纪中叶,是随着西方传教士开办教会学校而开端的。

1839年,美国传教士布朗(S. R. Brown)在广州开设马礼逊学校,设有代数、几何、生理学、化学等课程。

1864年在北京开设的教会学校——贝满女校,也设有科学初步、生物、生理学等课程。②

1867年,京师同文馆设天文、格致(指物理)、化学、医学、制造测绘等馆,正规的科学教育在我国兴起。③

1876年,徐寿和英国学者傅兰雅发起成立上海格致书院(1879年招生),课程以自然科学为主,分矿物、测绘、工程、汽机、制造等。

1897年,张元济开办北京通艺学堂,著名维新派人士严复曾到该校"考订功课,讲明学术"。严复是近代中国最早系统地阐述德智体全面发展的教育思想的人,而且特别重视科学教育,强调学校课程应以科学教育为核心。④

1902年,清廷管学大臣张百熙主持制订《钦定学堂章程》(史称"壬寅学制"),其中规定科学类课程的设置为博物、物理、化学3门,博物含植物、动物、生理、矿物等内容。1903年清政府颁布了《奏定中学堂章程》(史称"癸卯学制"),规定中学堂学制五年,一、二、三、四年级均开设博物课。与《钦定学堂章程》不同,博物含植物、动物、生理、卫生、矿物等内容。

---

① 彭蜀晋,林长春.科学课程与教学论[M].北京:高等教育出版社,2005:35.
② 余自强.科学课程论[M].北京:教育科学出版社,2002:13.
③ 彭蜀晋,林长春.科学课程与教学论[M].北京:高等教育出版社,2005:20.
④ 余自强.科学课程论[M].北京:教育科学出版社,2002:15.

阅读以下材料,与同学讨论:我国清代的博物、物理、化学等课程与现代的科学课程有何联系,又有何区别。

博 物

其植物当讲形体构造,生理分类功用;其动物当讲形体构造,生理习性特质,分类功用;其人身生理当讲身体内外之部分,知觉运动之机关及卫生之重要事宜;其矿物当讲重要矿物之形象性质功用,觅出法、鉴识法之要略。

凡教博物者,在据实物标本得真确之知识,使适于日用生计及各项实业之用,尤当细审植物动物相互关系,及植物动物与人生之关系。

——《奏定学堂章程》

物理及化学

讲理化之义,在始知物质自然之形象并其运用变化之法则,及与人生之关系,已备他日讲求农工商实业及理财之源。

其物理当先讲物理总纲,次及力学、音学、热学、光学、电磁学;其化学当先讲无机化学中重要之诸元质及其化合物,再进则讲有机化学之初步,及有关实用重要之有机物。

凡教理化者,在本诸实验,得真确之知识,使适于日用生计及实业之用。

——《奏定学堂章程》

1912年,国民政府教育部颁布了《普通教育暂行课程标准》,规定中学校仍然设置博物课程。1913年颁布《中学校课程标准》,规定了各学科开设的年级、讲授的内容和课时数,其中博物课在一、二、三年级的授课时数每周分别为3、3、2。①《中学校课程标准》不仅要求开设内容广泛的博物课,而且设置了"物理化学"科,要求学习力学、热学以及无机化学和有机化学的内容②。民国初年博物课程的宗旨,体现了要使国民受到基本的科学教育,并首次明确提出要开设实验。

1922年11月1日国民政府公布"学校系统改革案",史称"新学制"。新学制采用"六三三"制,并把幼儿园也纳入初等教育阶段。新学制公布后,全国教育会联合会提议组织了新学制课程标准委员会,并于1923年6月刊布《新学制课程标准纲要》。中学实行学分制,每半年每周上课1学时为1学分,自然课程包括动植物、矿物、理化学、天文、气象、地质等,规定为16学分,约占总课程的8.9%。此阶段初中科学课程采用混合制,自然科学为一门课。这时,自然科学课程的教学形式有两种:一种是理、化、生教材分别编写,另一种是三门科目混合成一门理科,合编为一本教材。合科教材与实际生活的联系更为密切,但系统性不强。1929年,国民政府颁发的《中学暂行课程标准》规定"自然科学采用分科制和合科制"。③

2. 中国现代科学课程的设置

新中国成立以后,受当时苏联教育体制的影响,除小学阶段设置具有综合性质的"自然常识"课程

---

① 汪忠.新编生物学教学论[M].上海:华东师范大学出版社,2006:7.
② 彭蜀晋,林长春.科学课程与教学论[M].北京:高等教育出版社,2005:21.
③ 余自强.科学课程论[M].北京:教育科学出版社,2002:19—21.

外,中学阶段一直采取分科设置科学课程的方法。直到20世纪80年代初,在新的教育改革影响下,关于综合科学课程的理论与实践研究逐渐开展起来。①

1986年上海也成立了综合理科研究小组,开始研究在上海地区初中设置综合理科课程的必要性和可行性问题,并编写了综合性的《理科》试验教材,从1988年起先后在上海市的部分中学进行了三轮试验。

1987年东北师范大学附中在一批专家的支持和参与下,编写完成了4年制初中使用的综合科学教材——《自然科学基础》(共12册),并开始在长春的部分中学中试用。

1988年浙江省和上海市又率先进行了义务教育课程和教材的改革试点,浙江省在全省范围内开始了综合科学课程的试点研究,1997—1999年浙江省编写了新的体现综合科学教育思想的《自然科学》教材,并在全省初中推广试用。

此外,北京市也在1998年开始了设置综合科学课程的试验研究。武汉市编写了《科学》(7—9年级)教材,并于2004年开始在武汉市初中实行科学课程试验和探索。

综合科学课程和分科科学课程在教育实践中各有什么优势?综合科学课程是未来科学课程的发展趋势吗?

2.3.1.4 国外科学课程改革简介

20世纪后半叶,人们对科学及科学教育的理解随着科学技术的发展以及科学技术的发展对整个社会的影响的加大而逐渐发生着变化。关于科学及科学教育的理念的变化,导致了近40余年科学课程的发展,并以课程改革的方式表现出来,尤其是西方国家,科学课程的改革极具代表性。

西方国家的科学课程改革

许多科学教育研究者认为,二战以来西方发达国家的科学课程经过三次改革浪潮。这三次浪潮分别发生在20世纪50年代至60年代、70年代至80年代初期、1983年至今。这三次改革都有其深刻的科学技术发展的背景。20世纪50年代初期出现了许多惊人的发现和发明,如电子结构、Rh血液因子、心电图等。科学成果为国家的竞争带来张力,人们坚信科学具有确保国家安全和竞争力的价值,这一理念主宰着50年代后期和60年代的科学教育改革。随着时间的推移,人们发现科学教育改革并没有达到预期的效果。当时的课程设置过分强调学科概念的现代化,使之远远超过了当时社会的需求。1977年,美国科学基金会发表了《科学教育质量亟待改善的充实证据》的研究报告。第一次课程改革带来一局告诫:仅靠学科内容的改变并不可能实现改革者的美好愿望,科学教育并不是单纯的学科知识的传授。

1970年,美国国家科学基金会提出应该重新思考传统的科学教育的方法,强调应该更多地进行有关科学教育方法的研究,更好地理解科学和技术的本质。科学素养的含义应该被定义在这样的情境中,即促进学生

---

① 彭蜀晋,林长春.科学课程与教学论[M].北京:高等教育出版社,2005:43—44.

成为具有社会责任的可以胜任的公民。此理念在第二次课程改革中表现为科学教育工作者对有关科学素养的讨论和开发编制相应课程。随之而来的许多教育改革运动如STS、环境运动和《面向全体美国人的科学》等都与开展科学素养教育的理解有关。此次课程改革的宗旨是：既要让所有的学生都能接受，又要为将来深入学习科学的学生打下坚实的基础。这些课程大部分是以相关性为特征的综合科学课程，如美国的个别化科学教育系统，英国的纳菲尔德科学教学计划、澳大利亚的科学教育计划等，第二次课程改革表现为综合科学课程的迅速发展。然而，在教材编写、师资适应等方面，第二次科学课程改革也遇到了困难。

20世纪80年代至90年代，科学知识呈现爆炸性的发展，公众对于科学技术的特征和科学技术的应用的理解成为当今科学教育的重点，同时，科学教育界对综合科学课程的认识也逐渐深化，第三次科学课程改革随之而来。科学本质认识的深化、认知科学的发展、公众科学素养认识的发展、科学课程多样化要求有一个统一的基础、科学教育和科学课程实践研究成果的积累等，使国际教育界将目光聚集到建立在统一性基础上的现代综合科学课程上。关于此阶段的科学课程，不仅注重对科学本质的认识，还注重将科学本质与教育本质统一与科学探究，最重要的是努力实现了计划的课程、实施的课程与学生实际习得课程的统一、不脱节。不同于第二次科学课程改革注重课程的相关性，这次课程改革实现了从相关性到统一性的发展，反映了科学教育发展的要求，使课程理念和课程的具体形态都有了实质性的突破。

(陈菊.初中科学课程理念与实施[M].桂林：广西师范大学出版社，2003：8—9.)

纵观科学课程改革的进程，可以看出，每一时期的改革都是在发现过去改革中存在问题的基础上，不断地批判和反思并取得进步和发展的。而且，致力于提高公众的科学素养是科学教育的主要目标，这也是不容忽视的。

2.3.2 科学课程及其设计

科学课程是一门综合理科课程，但它并非是将原来的几门理科课程简单地综合或捆绑在一起，而是将其按知识系统、结构和学生身心发展的特点与认知发展水平有机地综合起来。在新课程理念下以及科学课程改革背景下，每一位科学教育者都应该参与科学课程的设计。

活 动

阅读以下材料，了解国际文凭组织(IBO)对科学教育的看法，体会该组织对科学课程的设计所提出的要求。试论述：

1. 我国的中学科学教育应该怎样更好地实现学生的全面发展？
2. 你认为教师应该如何参与科学课程设计？
3. 结合我国科学课程改革的要求，你认为科学课程设计的原则有哪些？

国际文凭组织(IBO)关于科学教育的基本观点

国际文凭组织(International Baccalaureate Organization，简称IBO)是一个总部设在瑞士日内瓦的教育机构。该组织自1965年成立后，陆续为它的成员学校推出了三套有特色的课程，即"大学预科文凭课程"(The Diploma Programme)、"中学课程"(The Middle Years Programme)和"小学课程"(The Primary Years Programme)。由于课程目标的先进性、课程内容的全面性、综合性以及课程评价的多样性，目前，约有100多个国家的800多所学校选用了IBO的课程。

国际文凭组织认为，中学科学教育应该为培养学生具有良好的科学素质创造条件，使他们能面对科学问题做出明智的判断和选择，并学会用习得的科学探究方法成功地解决问题。所提供的中学科学课程是综合课程，科学课程的内容以生物、化学和物理等传统学科为主，还涉及地球和健康科学中的部分内容。关于科学教育该组织提出了如下具体看法。

（一）以探究过程为基础

中学科学教育是建立在探究过程之上的。科学探究包括许多方法，科学家正是运用这些方法研究自然界，解释各种自然现象。因此，探究性活动是科学教育的基础，它有助于学生形成个人对自然界的认识和对科学规律的理解。

（二）重视技能和态度的形成

科学技能和科学态度的形成与科学观念的形成密切相关。科学教育是一个活动的过程，必须综合学生"动手"与"动脑"两方面的经验。因此，学生必须亲自参与科学探究，并在其中运用各种相关的技能。应该使学生认识到科学学习是个人主动的活动，是他们主动作用于事物，而非事物作用于他们。所以科学教育的重点不在于教师传授现成的知识、信息，而是指导学生通过调查和各种适合的探究性活动获取信息，并在活动中形成各种科学技能和正确的科学态度。

（三）重视科学素养的培养

科学教育非常重视科学素养的形成，这意味着让学生了解科学知识，理解对做出个人决定、参与公众和文化事务有价值的科学概念和过程，具有合理评论本地区及全球性问题（诸如健康、环境和技术等）的能力。学生还应理解文化、社会和历史等因素对科学发展的影响，能讨论科学的国际性以及它与技术的关系。

（四）注重知识整体的学习

IBO中的科学课程与传统科学教育的区别主要表现在课程的综合性和学生学习的整体观上，这一特色体现在该课程的设计思想中，并通过五个"互相作用领域"的学习得以保证。在科学教育中，对整体的学习有更进一步的要求。首先，应该保证科学课教师与其他人员（包括科学部门与其他部门）经常沟通，以便及时了解各方面信息；其次，在科学学习过程中重视所有科学学科间、科学与其他学科间的相关性和综合性；第三，帮助学生树立环境和健康意识，了解科学对社会和生活质量作出的贡献；第四，让学生认识科学教育对培养"完整的人"的重要价值。

（五）重视科学与技术间的联系

一个简单的问题通常涉及科学与技术两方面，但两者在教育目标上有根本的区别：科学教育是为了认识自然，而技术教育则在于按人类需要改造自然，通常是借助科学实现这种改造。在科学学习中，许多科学探索有技术的贡献，让学生了解科学与技术间的这些联系，有助于他们认识科学与真实世界的相关性，促使他们改变和发展原有观念。因此，必须在科学与技术人员间建立有效的交流与合作，从而保证各自教学大纲间的相互关联，以及资源和信息的共享。

[张菁.国际文凭组织(IBO)的中学科学课程[J].课程·教材·教法，2000(3)：59—60.]

2.3.2.1 科学课程设计的原则

1. 遵循科学课程标准

教师在设计科学课程时，要以科学课程标准为依据，以培养学生良好的科学素养为总目标和核心理念，设计各种教育教学活动，促进学生知识、能力和素质的提升。科学课程标准中的目标具体为科学知识与技能，科学探究（过程、方法与能力），科学态度、情感与价值观，科学、技术与社会四个方面，教师在设计学年(学期)课程规划和单元课程规划时,应当根据课程标准的目标要求来设计,对学生进行全面的培养。

2．突出学生的主体地位

科学课程的设计应该注重将教学过程转变为学生主动学习的过程,把以学科知识体系为中心转变为以促进学习者发展为中心,促进学习方式的变革,提倡主动学习和创新性学习。

3．符合学生发展的需要

教育的中心任务是育人,而不是传递知识,教育必须关心人本身的发展。我国教育方针明确规定,教育要培养德、智、体等全面发展的社会主义建设者和接班人。科学教师要通过科学课程落实素质教育的理念,培养具有科学素养的学生。因此,在设计科学课程时,应当遵循学生自身发展规律,引导学生学会学习,同时体现尊重学生个性发展的特点,促进学生的全面发展,为学生的终身发展打下基础。

4．适应社会发展的要求

随着科学技术的发展,社会需要的是新一代具有严谨的思维、创新的才能、能够大胆质疑和探索的科学人才。而科学课程因其与个体、与社会、与自然的紧密联系,在学生的成长过程中具有不可替代的教育价值。为了适应社会的需要,科学课程的设计应当以培养学生的创新精神和实践能力为重点,提高学生的综合素质。

2.3.2.2 科学课程设计的内容

在科学课程设计的过程中,应该在系统科学思想的指导下,将学生、课程、教学、教师、教学资源等相关资源和要素统筹协调起来。科学课程设计主要包括以下几个方面：学生特征分析、课程目标的设计、教学内容的选择与设计、教学策略的设计、教学探究活动的设计和教学评价系统的设计等。与之相对应的教学活动如表2-4所示。

表2-4 科学课程设计的内容

设计要素	课程设计活动
学生	测量学习风格;建立档案袋;制作学习记录卡
教学目标	领会科学课程教学的总体目标;设计科学课程每一具体内容的四维目标
教学内容	钻研教材知识内容的编排结构;设计内容的不同媒体表现;寻找相应的支持系统
学习环境	设计学生的学习环境,建立检测题库;设计合作学习环境,组建学习小组,设计讨论议题
教学策略	设计教学内容的媒体表现;提供适宜的学习方法和学习组织形式;创设教学情境
教学探究活动	建设探究活动和教学实验的场所;设计教学探究活动的资源;设计活动形式及活动内容
教学评价	过程性评价;终结性评价

2.4 科学课程标准

案例研究

"物质的燃烧"教学片段

某教师在上这节课时,并未按教材内容展开,而是首先向学生展示了如下实验情景:在一块玻璃板上安置一长一短两支蜡烛,将蜡烛点燃后,用透明玻璃罩将它们罩起来。然后,教师提问:罩子里的哪支蜡烛先熄灭?

问题提出后,学生反应热烈。绝大多数学生认为短的蜡烛先熄灭,但也有人认为"长的蜡烛先熄灭"。由此,课堂内出现了激烈的争论。最后,实验结果显示,长的蜡烛先熄灭了。

对此,绝大多数认为"短蜡烛先熄灭"的学生都感到十分惊讶。他们说,蜡烛燃烧需要氧气,二氧化碳不支持燃烧,这是我们做出判断的出发点。燃烧的蜡烛会产生二氧化碳气体,二氧化碳气体的密度比氧气大,因此二氧化碳气体要下沉,由此我们得出了"短蜡烛先熄灭"的结论。但实验结果却表明这个判断是错的,那么究竟错在哪里呢?于是,教师进一步组织学生对"为什么长的蜡烛先熄灭"这一问题展开了讨论。

在讨论中,同学们一致认为:关键的问题在于,蜡烛燃烧过程中,罩子里面的二氧化碳气体究竟是上升还是下降的?于是,他们利用教材中所附的"气体密度表"做了进一步研究。在教师引导下,同学们得到了下述结论:

(1) 在常规条件下,二氧化碳比氧气的密度大;

(2) 气体的密度因温度条件的变化而变化,蜡烛燃烧时产生的二氧化碳气体,其温度比周围空气温度要高许多。

由此,学生们理解了罩子中"长蜡烛先熄灭"的道理。

此时,有学生提出了一个新问题:罩子的大小和蜡烛长短的程度是否影响问题的答案?老师当即表扬了这位学生,并请同学们就此问题在课后进一步探究,并根据探究结果完善课上得到的结论。

(资料来源:八文网 http://www.8wen.com/doc/903572)

讨论

结合科学课程标准中的新课程理念分析上述案例的特点,谈谈该案例对你的启发。

课程标准是确定一定学段的课程水平及课程结构的纲领性文件。对于某一具体学科来说,课程标准是教师从事教育教学的主要依据。在新课程改革背景下,认真研读科学课程标准,准确把握标准的内涵和变化,对于促进科学教师转变角色,提高教学素养,正确认识科学课程的性质与价值,促进科学课程改革,具有重要意义。本节将探讨科学课程标准的制定背景及设计思路,科学课程的目标及中小学科学课程标准的内容与特点。

2.4.1 科学课程标准的制定

 **小资料**

从教学大纲到课程标准

长期以来,我国学校课程的编制一直是在国家教育主管部门直接领导下,由专门机构负责进行的,受全面学习苏联教育经验的影响,课程的编制采取了"教学计划"和"教学大纲"的政府文件形式,具有很强的政策性和指令性,课程的目的任务和内容范围从"教学计划"、"教学大纲"、"教科书"三个层次上确定下来。教学大纲作为教学计划的下位层次,是根据教学计划,以纲要的形式编定有关学科教学内容的指导文件。它规定学科的教材范围、教材的体系、教学进度和教学法上的基本要求。

基础教育课程改革实施以后,教学大纲改用学科课程标准代替,其实,李秉德和李定仁先生早在1991年编著的《教学论》一书中就曾经主张用学科课程标准来代替教学大纲。2001年颁发的《基础教育课程改革纲要(试行)》中第七至第九条有关课程标准的阐述如下:国家课程标准是教材编写、教学、评估和考试命题的依据,是国家管理和评价课程的基础。应体现国家对不同阶段的学生在知识与技能、过程与方法、情感态度与价值观等方面的基本要求,规定各门课程的性质、目标、内容框架,提出教学和评价建议。

[刘梅梅.一种比较的视角:从教学大纲到课程标准[J].教学与管理,2005(30):37.]

名师论教

广义的课程标准由两部分构成：课程标准总纲，即"课程计划"或"教学计划"，是国家教育行政部门颁发的关于学校课程设置和教学的指导性文件，详细阐明中小学应开设的学科门类、开设的顺序和时间分配等。它是制订学科课程标准的依据；学科课程标准是对一门课程建设和实施的总体描述，一般要求具体表达以下信息：① 本门课程开设的性质、地位和价值。② 本门课程设置的基本理念和设计的思路。③ 课程的总体和具体目标。④ 课程的内容目标及构成建议。⑤ 实施课程的各项建议及相关的案例。其中，课程开设的性质、地位和价值、课程目标和课程内容构成建议是一门学科课程标准的核心部分。它们定位该门课程的教育价值和功能性质，是教师和教育研究人员编写教材、实施教学和指导教育实践的重要依据。有的学科课程标准还提供有关课程资源开发与利用、教材编写、教师队伍建设、科学教学设备和教室配置等方面的建议信息。

（彭蜀晋，林长春.科学课程与教学论[M].北京：高等教育出版社，2005：50—51.）

依据《中共中央国务院关于深化教育改革全面推进素质教育的决定》、《国务院关于基础教育改革与发展的决定》和教育部《基础教育课程改革纲要（试行）》的基本精神，在充分考虑现代社会发展对公民科学素养的基本要求、科技发展对科学课程提出的新需求和中小学生身心发展特点的基础上，科学课程标准研制组成员吸取国内外近年来在科学教育方面的研究与改革成果，总结我国科学教育的经验教训，从我国基础教育的现实条件出发，制订并于2001年颁发了3—6年级和7—9年级科学课程标准。①

2.4.2 科学课程标准的设计思路

科学课程标准是我国首次将自然科学作为一个整体来设计的学科课程标准。它的颁布与实施，具有时代意义。科学课程标准是按怎样的思路进行设计的呢？概括起来，主要有以下几个方面：

1. 突出"整合"与"探究"

科学课程的"整合"设计思路以让学生从整体上认识自然，从基本科学观念上理解科学内容，全面提高科学素养为出发点，突出科学的统一性和联系性。

 名师论教

科学课程整合的途径主要反映在三个方面：① 超越学科界限，注重不同学科领域知识、技能之间的融通与连接，用反映自然界同一性和统一性的科学概念和原理整合内容体系；② 以全面提高学生的科学素养为宗旨，将科学知识与技能，科学态度、情感与价值观，过程、方法与能力进行结合和渗透，并通过设置科学、技术与社会联系的主题进行整合；③ 通过设置体现科学方法和科学技能教育的科学探究学习方式进行整合。

（彭蜀晋，林长春.科学课程与教学论[M].北京：高等教育出版社，2005：51—52.）

同时，科学课程既将科学探究作为一种学习方式，又将其作为培养科学观念和科学能力的关键途径，以及培养创新精神与实践能力的有效手段。在科学课程的内容设计上，也力求体现学生的主体地

---

① 文中提及的课程标准，都特指科学课程标准。

位,从学生身边熟悉的事物出发,设计形式多样的科学探究活动来促进学生积极主动地参与科学探究。这样,学生在体验科学探究的历程中,发展了科学探究能力,增进了对科学及科学探究的理解,初步养成通过科学探究来解决问题的习惯,为其终身学习和发展奠定了基础。

2. 构建科学合理、有针对性的内容层次

科学课程标准在课程内容的设计上,突出关联性和层次性,形成了以下三个层次:

第一个层次是对学习领域的设计。如《义务教育初中科学课程标准(2011年版)》在总体上将学习内容划分为五大领域,即科学探究,生命科学,物质科学,地球和宇宙,科学、技术、社会、环境。第一、第五领域以综合为特色,其内容均渗透到其他四个领域中。第二、第三、第四领域以反映学科本质和结构为特点,体现学科内容在统一科学观念基础上的综合。

第二个层次是对主题的设计。各内容领域从统一的科学概念和原理的角度出发来建构知识的分类和分层次体系,以形成主题鲜明的知识关联结构。例如,《义务教育初中科学课程标准(2011年版)》中"地球和宇宙"领域的"地球在宇宙中的位置"这一主题,就由星空、太阳系与星际航行、银河系和宇宙三个部分组成,它们紧密围绕地球在宇宙中的位置这一科学问题来整合内容。

第三个层次是主题下的专题(次级主题)设计。这一层次的设计突出概念与实际应用的联系。自然与环境,科学、技术、社会与环境,科学方法与科学史,概念、原理与实际应用的联系等都是这种整合方式的良好素材。

 案例研究

在《义务教育初中科学课程标准(2011年版)》的内容标准中,"三、物质科学"领域的"主题1 常见的物质"下有"(二)水"这一专题,其具体内容目标如下:

1. 知道水的组成和主要性质,举例说出水对生命体和经济发展的影响。
2. 知道水的三态特征,解释自然界中的一些水循环现象。
3. 区别悬浊液、溶液和乳浊液。了解水及其他常见的溶剂。
4. 能进行溶质质量分数的简单计算,初步学会配制一定溶质质量分数的溶液。
5. 了解吸附、沉淀、过滤和蒸馏等净化水的常用方法。
6. 列举我国和本地区水资源的情况与水污染的主要原因,增强节约用水的意识和防治水污染的责任感。

讨论

该专题的内容目标设计,怎样将概念与实际应用相联系?

[义务教育初中科学课程标准(2011年版).北京:北京师范大学出版社,2012:28.]

3. 提供典型性、指导性和启发性的案例和教学建议

科学课程标准在内容标准中专门列出了"活动建议"。同时,"实施建议"部分列出了"教学建议"、"评价建议"、"教材编写建议"、"课程资源的开发与利用"等内容。这些建议一般都带有一定的典型性、指导性和启发性,对科学教材的编写和科学课程的教学实施有一定的参考和示范作用。

2.4.3 中学科学课程目标与科学素养

世界各国都把科学教育目标定位在提高学生的科学素养上,我国的科学课程标准也提出,以提高每个学生的科学素养为科学课程的总目标。由此可见,科学课程目标与科学素养是紧密相关的。

科学素养的重心体现在以下四方面:科学探究;科学知识与技能;科学态度、情感与价值观;科学、技术、社会、环境。

科学课程标准研制组将科学素养的四个组成方面作为制订科学课程目标的依据,在确立提高每个学生的科学素养为科学课程的总目标后,从上述四个方面详细论述科学课程的四个分目标的具体内涵及意义构成(具体内容参看科学课程标准)。我国将科学课程的目标定位在提高学生科学素养上,是有其充分的依据的:

(1) 社会发展的需要。随着科学技术的迅猛发展,现代社会已进入知识经济时代与学习型社会。综合国力的强弱,越来越取决于各类人才的数量和质量,取决于劳动者的素质,特别是公民的科学素养。这迫切要求我国培养和造就的人才不断提高科学素养。

(2) 国际竞争的要求。国际科学教育界普遍认为,科学素养应该被看做社会公民应具备的最基本的对于科学技术的理解。各国均逐渐对科学教育、公众科学素养予以重视,把公众的科学素养作为本国在国际竞争中立于不败之地的重要支撑条件。我国也不例外。

(3) 改变中国公众科学素养现状的需求。基础教育是一种全民教育,中小学科技教育的效果可通过全民科学素养水平状况得到相当程度的反映。对我国公众科学素养的多次调查结果显示,我国公民科学素养总体水平较低。改革科学教育的目标,全面提高学生的科学素养,势在必行。

(4) 科学教育担负的使命。全民科学素养的提高,不仅能推动国家的发展,还能提高公众的审美情趣,增强道德观念,选择理性的生活方式。同时,科学素养也是个人素质的重要组成部分,影响个人生活、学习、工作中的行为和决策。培养全体学生具有良好的科学素养,是科学教育的根本任务和重要使命。

分小组讨论:在科学课程的具体内容目标的四个方面是如何综合体现的?并举例说明。

2.4.4 科学课程标准简介

我国的科学课程标准按学段分为《全日制义务教育科学(3—6年级)课程标准(实验稿)》和《义务教育初中科学课程标准(2011年版)》两个文件,分别于 2001 年、2012 年由教育部颁布施行。

2.4.4.1 《全日制义务教育科学(3—6年级)课程标准(实验稿)》简介

小学科学课程是以培养科学素养为宗旨的科学启蒙课程。认真研读《全日制义务教育科学(3—6年级)课程标准(实验稿)》(以下简称《小学科学课程标准》),可帮助教师了解并认同新课程的基本理念,在思想和行为上做好实施新课程的准备,使教师尽快成为新教材的有效执行者和建设者。

1. 小学科学课程标准的主要内容

小学科学课程标准由以下四部分组成:第一部分前言,包括课程性质、基本理念和设计思路三个方面;第二部分课程目标,包括总目标、分目标和各部分目标的相互关系三个方面;第三部分内容标准,包括科学探究,情感态度与价值观,生命世界,物质世界,地球与宇宙五大领域,每个领域一般由多个主题及具体内容标准和活动建议组成;第四部分实施建议,包括教学建议、评价建议、课程资源的开发与利用、教材编写建议、教师队伍建设建议和关于科学教学设备和教室的配置;附录,包括关于具体目标中行为动词的定义、教学活动的类型与设计和案例三个方面。

2. 小学科学课程标准的主要特点

小学科学课程标准的编写以培养全体小学生的科学素养为宗旨,在结构编排、内容选择、体例设计、语言表述等方面都做出了一些革新。

名师论教

小学科学课程标准的主要特点为:

(1) 时代性。小学课程标准十分重视在时代发展、科技进步、教育改革的大背景下,确定学科定位,提出小学科学是以培养学生科学素养为宗旨的科学启蒙课程。这一提法体现了当前以知识经济、信息技术为标准的现代社会高速发展的特点,对生活在这一时代的人所必须具有的科学素养的高度关注;又体现了以创新精神与实践能力为核心的素质教育对学校教育的全面要求,即不但要让学生学习基础知识与技能,更要促进学生的全面发展,提高他们的整体素质。

(2) 系统性。作为小学科学课程的指导文件,小学科学课程标准不仅给出了课程目标、具体内容与教学建议,而且对这门学科的课程理念、课堂教学的实施与评价、课程资源的开发与利用、教材编写的思路与设计原则、教师专业要求与队伍建设、科学教学活动的类型与设计、学科教室的设置等方面都进行了具体的论述,并提出了有关的建议。该标准不仅有对教学结果的规定性,而且对取得这些结果的方法、策略、条件、过程等方面都提出了系统的、全面的指导意见。

(3) 前瞻性。小学课程标准编写组广泛收集了国内外科学教育改革的多种资料,在充分阅读、仔细研究、比较它们各自特点与长处的基础上,提炼出了国际科学课程改革的共同特征与基本趋势,并结合我国实际,提出了改革理念与思路,使得本学科的改革具有一定的前瞻性。同时,考虑到我国学校存在的实际差距与教师状况,遵循最近发展区原理,对前瞻性做出了适当限制,保持在广大教师可以实现的水平上。

(4) 灵活性。小学课程标准较好地把握了目标的规定性与过程的灵活性。对课程目标,标准中以学生为第一人称,讲述他们通过学习必须学会或达到的程度;对教学过程,标准则以建议的方式既给教师如何实现目标提供启示或范例,又允许并鼓励教师开发与创造更有效地实施方法和途径,让他们在实施小学课程标准时有较大的灵活性和创造性。

(5) 可操作性。小学科学课程标准在语言陈述上注意了小学教师与学生的特点,尽可能使用他们熟悉的、可接受的语言,表述准确、具体,并且通俗易懂。同时,标准还列举了许多生动的案例,帮助教师理解并举一反三,增强了可操作性。

[国家小学科学课程标准项目组.《科学课程标准》与现行《小学自然教学大纲》的主要区别及其主要特点[J]. 课程教材教学研究(小教研究),2002(10).]

活动

阅读《小学科学课(3—6年级)课程标准(实验稿)》和《义务教育初中科学课程标准(2011年版)》,讨论:小学、初中科学课程标准有何区别和联系?二者是怎样衔接的?

2.4.4.2 《义务教育初中科学课程标准(2011年版)》简介

在2001年课程标准的基础上,结合初中科学课程改革实践。2012年1月正式颁布和出版了《义务教育初中科学课程标准(2011年版)》。

活 动

分小组讨论：
1. 分析初中科学课程标准确定的五个理念，思考它们反映了哪些现代教育思想？
2. 阅读初中科学课程标准的"内容标准"部分，思考它们是怎样体现学科间的整合？你认同上述内容标准的体系吗？有何意见或建议？

1. 初中科学课程标准的主要内容

初中科学课程标准由以下四部分组成：第一部分前言，包括课程性质、课程基本理念和课程设计思路三个方面；第二部分课程目标，包括总目标和分目标两个方面；第三部分内容标准，包括科学探究，生命科学，物质科学，地球和宇宙，科学、技术、社会、环境五大领域，每个领域一般由多个主题及具体内容标准和活动建议组成；第四部分实施建议，包括教学建议、评价建议、教材编写建议、课程资源的开发与利用四个方面；附录，包括行为动词、教学案例两个方面。

2. 初中科学课程标准的特点

初中科学课程标准吸收国内外科学教育的经验，把我国初中综合科学教育提高到一个新的水平，成为我国初中科学课程发展新阶段的界碑。

初中科学课程标准主要具有以下特点：

(1) 课程内容的"整合"性。科学课程其实质就是把生命科学，物质科学，地球和宇宙，科学、技术、社会与环境等知识按照知识的逻辑顺序形成的课程形态。其具有明显的跨学科性质，内容组织也打破了原有的学科体系和学科界限，强调所研究对象的整体性。"整合"是在各门学科之间、新旧知识之间有机地融合，而非机械式地压缩和简单地拼凑，是知识的"综合化"。

(2) 以培养学生的科学探究能力为中心环节。初中科学课程标准认为"科学的核心是探究，教育的重要目标是促进学生的发展，科学课程应当体现这两者的结合，突出科学探究的学习方式。"教师应在教学中组织学生开展探究活动，探究活动的设计应突出学生的主体地位，确保每个学生都有平等的机会参与各种活动，并为学生留有足够的思维和创造空间。

(3) 渗透科学、技术、社会、环境思想。初中科学课程标准将"科学、技术、社会、环境的关系"在内容标准中单设一个领域。教师在教学过程中，应引导学生从不同角度和范围去理解可持续发展的概念及粮食资源、人口增长、环境保护、基因工程等全球性问题，培养学生的参与意识和社会责任感。

(4) 体现评价内容的全面性、评价主体的多元性和评价方式的多样性。初中科学课程标准规定，"科学课程应在科学探究、科学知识与技能、科学态度、情感与价值观以及对科学、技术、社会、环境等四个方面对学生进行全面评价。""评价主体主要应包括学校内部的校长、教师、学生和学校外部的考试机构、科学教育团体、家长等。特别要引导学生学会自我评价和评价他人，强调学生自我比较，淡化学生之间的相互比较，以体现评价主体的交互性和多元化。"评价的方法也是多种多样的，主要有连续观察与面谈、实践活动(包括科学探究、实验、调查、科技制作、问题研讨、演讲表演、角色扮演等)、书面测试和个人成长记录等。教师要充分理解科学课程的评价标准，制订出全面、客观、科学的评价方案，实现教师与学生间的平等交流、共同活动、相互鼓励。

(5) 内容密切联系实际，强调实践活动。初中科学课程标准在内容选择与设置方面，十分强调实践活动。针对每一具体内容目标，标准都附有活动建议。教师应充分利用校内外资源，通过贴近学生生活的活动加深学生对科学知识的理解和运用,培养学生的科学态度、情感与价值观,培养创新意识和实践能力。

(6) 强调科学态度、情感与价值观的培养。科学态度、情感与价值观的培养应该贯穿在科学教育的全过程。科学课程通过增进学生对科学过程和方法的理解,对科学、技术、社会、环境四者关系的理解以及对社会生活的参与活动来加强科学精神和科学态度教育。如初中科学课程标准在每一个知识主题中,均结合相应的STS内容讲述科学技术的应用和社会价值,为科技意识教育提供了素材。①

名师论教

综合科学课程的最大特点就是综合。《初中科学课程标准》(以下简称《标准》)把内容的整合作为课程的第一个特点并明确:"这里的'整合'不是简单地把不同学科知识之间的综合作为唯一追求的目标,而是通过对内容的整合让学生从整体上认识自然,从基本科学观念上理解科学内容。"这就提出了构建超学科内容结构体系的任务。

《标准》对整合的思路,提出"一是试图超越学科界限,保留带有结构性的基本内容,注意不同学科领域知识、技能之间的融通与连接;二是全面提高学生的科学素养,将科学知识与技能,科学态度、情感与价值观,过程、方法与能力进行综合与渗透,并力求反映科学、技术与社会的互动与关联"。对教材编写的内容结构体系,《标准》在"教材编写建议"中进一步说明:"科学课程的内容标准按五个方面表述和呈现它不代表教学内容的先后顺序和教材的组织结构,编写教材时需要再创造和整合。"这就为教材编写者整合课程内容提供了很大的自由度,为教材多样化提供了发展空间。

《标准》把突出探究作为与"整合"并列的本课程的另一个特点,对探究的认识明显深化。

回顾历史,中学科学课程在我国已经历了百年发展,《标准》是第一个由国家教育部颁布的综合科学课程标准。而且现在把课程名称定为"科学",比上世纪80年代使用的"综合理科"更能体现综合科学教育的价值,体现科学性与人文性的统一。更为重要的是,《标准》吸收了我国百年科学教育特别是20世纪80年代后综合科学课程改革的经验,借鉴国际最新成果,把我国初中综合科学教育提高到一个新的水平,成为我国初中综合科学课程发展新阶段的界碑。

[余自强.我国初中综合科学课程发展的界碑[J].教学月刊,2003(2).]

2.5 科学教科书介绍

《中国教育报》2002年2月21日第8版刊登了余自强老师的这样一篇文章:

三套《科学》实验教材突出"整合"与"探究"

初中《科学》是一门综合科学课程。在我国近代教育史上,受权威教育思想的影响,1922年颁发的新学制(壬戌学制)曾规定初中开设合科自然科学课程。当时商务印书馆等还出版过《实用自然科学教科书》等合科教材。后来,随着教育思潮的更迭和科学教育的发展,合科科学课程逐渐被分科科学课程取代。20世纪60—70年代,以《苏格兰综合理科》为标志,现代初中综合科学课程在西方发达国家出现并迅速发展。据联合国教科文组织在1984年调查,世界上大部分国家和地区都在初中开设了综合科学课程。我国香港地区从70年代开始推广,大陆在80年代后

---

① 王红柳.浅谈中国科学课程标准的特点及启示[J].中学生物教学,2002(5).

半期,先后有东北师大附中、上海、浙江等地开展了试验。浙江省根据原国家教委的部署,从1993年开始在全省推广"自然科学"课程,取代原物理、化学、生物以及地理中的自然地理内容,取得了大范围实施初中综合科学课程的经验。

根据《基础教育课程改革纲要(试行)》的要求,初中设置分科与综合相结合的课程,其中合科的科学课程与物理、化学、生物课程并列,供学校选择,积极提倡各地选择综合课程。按国家《全日制义务教育科学(7—9年级)课程标准(实验稿)》的定位,初中科学课程是以培养学生科学素养为宗旨的科学入门课程。其基本理念是面向全体学生,立足学生发展,体现科学本质,突出科学探究,反映当代科学成果。设计思路突出"整合"和"探究"两个特点。依照此标准编写的实验教材《科学》目前有三套(分别为上海教育出版社、浙江教育出版社和华东师范大学出版社出版),它们的内容都包括科学探究(过程、方法与能力),生命科学,物质科学,地球、宇宙和空间科学及科学、技术与社会的关系等方面;其基本理念和设计思路都符合课程标准的要求,并在以下方面形成特色。

第一,教学内容选择多样化。

课程标准与过去的教学大纲相比,目标领域大为扩展,而教学目标只规定学生在知识与技能、过程与方法、情感态度与价值观等方面的基本要求,这就为教材编写提供了较大的发展空间。教材编写者可以根据自己对课程标准基本理念的理解,以及拟编教材的教学定位和地域适应性,来选择那些有利于认识最重要、最基本的科学统一概念和原理的知识,能突出体现科学探究的基本特征、发展科学探究能力的活动,以及更好地理解科学、技术与社会关系的主题内容。就目前的这三套实验教材来看,在内容的选择上,有的学术性较强,有的偏重于社会生活、环境,也有的定位在对初中生的一般要求上,可谓各有侧重。

第二,构建超学科教材体系。

科学教材结构体系的构建主要由两个方面因素决定:一是学科逻辑结构,二是学生认知发展。关键任务是构建一个超学科的结构体系,内容的整合力求体现科学整体的思想。三套实验教材都从统一的科学概念和原理、科学探究、科学技术与社会的关系这三个方面考虑,并将其与生命科学领域、物质科学领域以及地球、宇宙和空间科学领域的内容结合起来。与国际上一般的综合科学教材一样,这三套教材以主题单元形式建构,类型有科学主题单元、学科主题单元、社会生活主题单元等。按主题单元构建时,并不追求完全打破分支领域的界限,特别是科学和学科主题单元,都比较重视基础知识与技能之间的融通与连接。而社会、生活、环境主题单元,如水、空气、土壤等,一般涉及面较广,综合程度较大,注重培养学生综合运用知识的意识和能力。三种教材的区别在于各类主题单元的比重各不相同,单元内容各有特色。

第三,开放性教材呈现方式。

注意用生动形象的事物激发学生的兴趣和动机;注意从学生日常生活中熟悉的事物出发,再回到科学在生活和社会的应用中去。教材内容的呈现还注意了开放性的要求,通过观察、实验、调查、探究、阅读、讨论等多种栏目引导学生进行探究活动,引导学生通过各种途径拓宽知识视野,引导学生关注和参与有关科学和社会问题的讨论。教材形式多样,版面活泼,文字通俗流畅,图文并茂,而三种教材之间又风格各异,各有所长,显示了我国初中科学教材编写技术达到了一个新的水平。

国内外的经验都反复证明,初中综合科学课程的实施有两大困难:教材的编写和教师的适应。现在,实验教材编写已取得突破性进展。我们要把教材使用与教师的专业性发展相结合,通过实验,一方面使课程标准和实验教材趋于完善;另一方面,探索初中综合科学教师队伍培养和培训的路子,提高我国初中科学教育的水平。

2.5.1 小学科学课程标准教科书简介

教育部制定的《全日制义务教育科学(3—6年级)课程标准》指出了小学科学课程的性质:"以培养科学素养为宗旨的科学启蒙课程",即以培养小学生的"科学素养"为基本目标,定位在"科学启蒙";还指出课程的基本理念是:科学课程要面向全体学生、学生是科学学习的主体、科学学习要以探究为核心、科学课程的内容要满足社会和学生双方面的需要、科学课程应具有开放性、科学课程的评价应能促进科学素养的形成与发展。根据小学科学课程标准,各个地区积极组织编写课程标准教材,包括教育科学出版社《科学(3—6年级)》教材、京版《科学(3—6年级)》教材、苏教版《科学(3—6年级)》教材、湘版《科学(3—6年级)》、鄂教版《科学(3—6年级)》教材,等等。

各个版本的教材都各具特色,但整体上体现了以下几个特点:(1)教材内容贴近学生生活实际,从小学生的现有生活经验出发,大大提高了学生的学习兴趣;(2)教材加强了科学探究的力度,通过设置科学探究活动和实践活动培养学生的科学素养;(3)教材不管从内容上还是结构安排上都遵循学生的认知规律,教材实用性、可操作性兼备;(4)教材都体现了三维目标的达成,三维目标即知识、技能、情感态度与价值观。

2.5.2 初中科学课程标准教科书简介

目前我国使用的课程标准实验教材主要要以下四套:即刘胜祥、崔鸿主编,武汉出版社出版的义务教育课程标准实验教科书《科学(7—9年级)》;袁运开主编,华东师范大学出版社出版的义务教育课程标准实验教科书《科学(7—9年级)》;朱清时主编,浙江教育出版社出版的义务教育课程标准实验教科书《科学(7—9年级)》;赵峥主编,上海教育出版社出版的义务教育课程标准教科书《科学(7—9年级)》。

各版本教材的编写思想体现了以下几个方面:(1)以初中科学课程标准的理念为指导,充分体现科学课程目标。(2)突出科学、技术与人类社会的关系,寻求科学本质与教育本质的统一。(3)体现探究思想,着重培养学生科学探究的过程、方法和能力。(4)以寻找科学共同的基本思想、基本观念、基本原理为指导思想,而非表面整合或综合四门学科的知识内容。(5)重视对学生情感、态度与价值观的培养。(6)突出科学方法和科学知识的产生过程以及科学知识内涵的基本科学观念。

2.5.3 国外科学教科书简介

国外科学教科书品种繁多,各具特色,整体呈现的特点如下:

(1)教材内容丰富、结构合理、语言生动,而且教材内容的呈现方式经过了精心设计,安排了具有各种功能的栏目。例如,美国加利福尼亚小学科学教材很注重版式设计和编辑制作,从开本、目录、图标、页眉、单元页、栏目的设计到照片、绘图、图表的配合使用,从色彩搭配到重点突出都独具匠心。该教材收录了约占整个版面1/4~1/3的图表和彩色照片,配合文字进行解释说明,教材的图片均取材于真实事物,富有时代气息,涉及面宽而广泛。

(2)教材编写方式统一且多样。例如,法国《发现科学》科学教材每课都设有几个栏目:"获得信息""活动""我发现了"。教材的编写模式呈现为从"活动提出问题——活动过程和方法——结论——总结评价",在编写形式上又同时兼顾到学生的心理,通过各式图片图表激发学习兴趣、培养学习兴趣。

(3)教材强调"做中学"。例如,美国加利福尼亚小学《科学》教材的每一节都是以活动作为内容,活动是整个科学教材的基础,具体体现在:用活动整合科学发现、运用的过程、情感态度价值观和科学知识四个领域目标和内容;赋予活动丰富的教育内涵;赋予活动丰富的科学内涵;通过活动确立学生在教学中的主体地位和参与的热情。

（4）教材注重与其他学科的交叉和整合。例如，美国的教材《孩子们的科学与技术》(*Science and Technology for Children*，缩写为 STC)注意到了科学与其他学科之间的联系，如与写作、语言、数学和音乐等的联系，如"声音"单元为例，有些内容与数学、音乐联系紧密。

（5）教材强调科学探究。例如，STC 教材每个单元都为学生设计了很多探究的机会，让学生亲身探索和体验，与同学分享，以及学以致用。

本章小结

1. 课程受社会、知识以及学生等多种客观因素的影响。课程的产生和发展要符合社会发展、知识增长和学生成长的综合要求，从而促进受教育者成为具有一定素质的人。

2. 我国的基础教育课程改革既是为了顺应时代发展的潮流，也是为了反映本国社会发展的要求和趋势。因此，我国的基础教育课程改革既要积极吸取国外先进的课程理念，同时也要立足本国国情，发扬本国优良的教育传统。

3. 要改革我国过去中央集权式的课程管理制度，实行中央、地方、学校三级化的课程管理。要针对不同地方、不同学段，设置多样化的课程结构，鼓励一线教师积极参与课程研究。

4. 课程目标是某一课程门类或科目学习完以后所要达到的学生发展状态和水平的描述性指标，是在课程的设计和开发过程中，根据既定的教育宗旨和教育目的赋予课程的具体价值和任务指标

5. 尽管不同组织或个人从各自不同的角度对科学素养的内涵给出不同的理解方式或内容，但从本质上看，科学素养的内涵所涉及的范围主要包括三个方面：对科学知识的理解；对科学本质（科学过程和方法）的理解；理解科学技术对社会的影响。

6. 教师要正确把握科学课程的性质，培养学生的科学素养，实现科学课程目标；对科学课程的地位和价值进行深入分析，在科学课程教学过程中引导学生全面健康地发展；了解我国科学课程的设置以及国外科学课程改革的相关情况，从而认识科学课程的发展变化及改革趋势。

7. 科学课程标准是我国首次将自然科学作为一个整体来设计的学科课程标准，其设计思路突出"整合"与"探究"，力图构建科学合理、有针对性的内容层次，提供典型性、指导性和启发性的案例和教学建议等，为科学课程的实施提供引导。

8. 我国将科学课程的目标定位在提高学生科学素养上，既满足社会发展的需要，符合国际竞争的要求，也是改变中国公众科学素养现状的需求，是科学教育担负的使命。

9. 各个版本的科学教材各具特色，突出"整合"与"探究"。

10. 国外科学教材的一些思想对我国科学教材的编写具有一定的借鉴意义，我们需要大胆的借鉴国外科学教育先进的思想和操作方法。

学习链接

1. 靳玉乐.新课程改革的理念与创新[M].北京：人民教育出版社，2003.
2. 张廷凯.新课程设计的变革[M].北京：人民教育出版社，2003.
3. 中华人民共和国教育部.基础教育课程改革纲要(试行)[M].北京：人民教育出版社，2001.
4. 郝京华.小学科学课(3—6年级)课程标准解读[M].武汉：湖北教育出版社，2002.
5. 肖川，余炜炜.《义务教育初中科学课程标准(2011年版)》解读[M].武汉：湖北教育出版社，2012.
6. 张威，唐俊红.课程目标含义之层面观[J].中国成人教育，2007(9).
7. 吴群志.基础教育课程目标体系确立与分析的研究报告[J].吉林省教育学院学报，2008(1).
8. 郝京华.关于《小学科学课程标准》的讲座(一)[J].小学自然教学，2001(9).
9. 郝京华.关于《小学科学课程标准》的讲座(二)[J].小学自然教学，2001(10).

10. 余自强.我国初中综合科学课程发展的界碑——《全日制义务教育科学(7—9年级)课程标准(实验稿)》特点分析[J].教学月刊(中学版),2003(2A).

11. 李琴英.对初中科学课程标准和教材的几点看法[J].教学参考,2008(1).

12. 刘丽鸿,张秉平.美英日三国科学教材的若干特色[J].教育评论,2004(1).

13. 刘忠学.从《自然》到《科学》——五十多年来我国小学科学教材的主要特点及演变[J].科学课,2007(11).

14. 刘英建.国外小学科学教材的编写特点[J].外国教育,2002(10).

15. 中国教育资源服务平台(教育论坛)http://bbs.cersp.com.

16. 科学网 http://www.sciencenet.cn.

17. 中国基础教育网 http://www.cbe21.com.

检测—拓展

检测

1. 关于课程的概念,不同学者持有不同的观点,你比较认同哪一种说法?说出你的理由。
2. 课程目标是指什么?它有什么重要作用?
3. 你认为初中科学的课程目标(包括分目标)是如何力图提高学生的科学素养?
4. 根据本章的学习,你认为科学的本质是什么?科学素养包括哪些方面?
5. 你认为一个具备科学素养的人应该达到什么标准?
6. 结合你对我国以及其他国家科学课程发展的理解,你觉得应当怎样评价我国科学课程的发展?
7. 西方国家科学课程改革具有怎样的趋势?其改革的实际情况能给我们国家的科学课程改革与探索带来哪些启示?
8. 科学课程的目标有哪些?怎样理解"提高每一个学生的科学素养"这一课程总目标?
9. 《义务教育初中科学课程标准(2011年版)》的内容体系是怎样构建的?它体现了科学课程的哪些特点?
10. 四种版本的科学(7—9年级)教材有哪些异同点?

拓展

1. 新课程改革突出以人为本的理念,关注全体学生的全面发展,你认为这是一种儿童中心主义的课程理念吗?
2. 针对当前世界各国课程改革的趋势,作为未来的中学教师,你认为自己应当做好哪些方面的准备?
3. 你所在地区目前采用的教材是否体现了科学课程标准中关于课程目标的要求?在教学中如何更好地利用教材、提高学生的科学素养?
4. 你认为现在推行综合科学课程对中小学教师带来的最大挑战是什么?应从哪些方面努力解决?谈谈你的看法。
5. 结合教学实例,说明科学素养较高的学生具有怎样的行为表现?如何在日常教学中实现"提高每一个学生的科学素养"这一课程总目标?
6. 国外的教材对我国教材的设计有哪些启发和借鉴的意义?分析哪些地方值得我国借鉴,该如何借鉴?请举例说明。

阅读视野

中国科学教育未来发展的策略选择

科教兴国战略、可持续发展战略的顺利实施,离不开全体国民科学素养的提高,更离不开科学教育的发展。中国科学教育要面向未来,面向世界,面向现代化,必须从以下方面做出不懈的努力。

1. 明确科学教育的价值取向

科学教育的任务,不仅仅局限于培养未来的科学家,提高人们的科学文化素质。促进大众对科学的理解,养成科学精神,更是人们所极力追求的。我们的科学教育必须首先明确自己的目标定位:一是要面向全体学生,使他们都能接受基本的科学素养教育;二是要坚持全面的科学教育,使学生在科学知识、科学方法、科学态度、科学精神等方面得到全面的教育。为此,就要变培养"知识型"人才为"素质型"人才,树立"全民科学""以人为本"的科学教育观。学校的科学课程要面向全体学生,充分体现其人文价值,满足他们的教育需要、工作需要和生活需要。不但要根据国家建设的需要传授科技知识和基本操作技能,更重要的是发挥其行为导向功能,使学生树立热爱科学、献身科学的精神,培养学生实事求是的科学态度,养成观察世界、了解世界的科学方法,培养善于质疑、敢于批判的创新精神。

2. 改革科学教育课程体系

科学教育改革的核心问题仍然是课程问题,因为课程集中、具体地体现了教育的目标和任务,是提高国民科学素养的主要载体。所以说,提高科学教育质量的关键是课程改革。首先,在科学课程开发上,应当选择综合课程模式。综合课程和分科课程各有利弊,但从提高全体学生的科学素养来说,综合课程更具有优势。从知识教学方面来看,综合课程可以帮助师生解决知识量剧增问题。更重要的是,综合课程可以向学生提供整体的科学观念,有利于学生综合性地理解和把握自然科学,全面地认识现实世界。从学习心理方面来看,综合学科注意按学生的心理顺序编制教学内容,因而有助于激发学生学习的兴趣和动机,有助于学生掌握自己求知的方法,培养正确的态度,从而促进个性的发展。从社会影响方面看,综合课程还有助于学生更好地认识和处理当代社会问题,培养学生综合解决社会问题的能力。当前,中国正在进行综合学科的课程改革,尽管其受到教师素质、教育体制等多方面的制约,但实施综合课程,与国际科学课程开发模式接轨,是必然的趋势。

3. 突出探究性学习

世界科学教育的改革非常重视学生主动探索学习。科学的本质就是探究,科学研究就是不断地探究真理,不断地修正错误和不断地创新。所以,探究学习也应该成为科学教育的基础。学生虽不以新的发明发现为学习任务,但他们需要从小学会探索。要真正实现培养科学素养的目标,必须以学生为中心,激发他们学习的主动性和创造性,强调让学生自己去探索,去求知。不仅要使学生理解科学的成果和科学的过程,更要让学生亲身体验科学探索的过程。为此,要调整科学教学的重点,把科学基础知识的传授与学习和科学探索精神、科学的价值观融为一体,实现由陈述知识型教学向探索活动型教学转变。从学生实际出发,走出课堂、走出校园、走进家庭、走进社区、走进社会、走进大自然,鼓励学生探究生活世界中的问题。这里的关键是要学生自己能从现实世界中发现和提出问题,它不是教科书规定的,也不是教师提出的,更不是为了问题而提问。通过这样一个过程,学生不仅获得了科学知识,更重要的是,培养了学生的问题意识、怀疑精神和创新精神。

4. 加强学生科学精神的培养

时至今日,科学作为一种文化在我们社会生活中还很薄弱,许多学生接受了几年的科学教育,却领悟不到基本的科学精神。因此,在科学教育的过程中,对科学精神的培养必须给予足够的重视。第一,要培养学生的科学创造精神。科学精神首先表现为创造精神。在科学教育中培养学生的创造精神,就是要重点培养学生进行积极主动的创造性思维,引发学生对大自然的好奇心,激发学生对科学探索活动的浓厚兴趣。鼓励学生大胆求异,勇于探索,勇于实践,勇于坚持己见,善于修正错误。第二,培养学生的求实精神。科学的目的是求真、求实。教师首先要在科学教育中教给学生求实的态度和方法。此外,要引导学生相信科学,尊重科学,增强学生识别封建迷信和伪科学的能力。养成学生的求实精神,对于他们学会做人,学会做事都是有益的。第三,培养学生运用科学造福于人类的精神。在科学教育中,在讲述科学造福于人类的同时,也必须让学生意识到科学的滥用所造成的不良后果。这样,可使学生充分了解科学具有两面性,从而增强学生的道德责任感,学会正确对待科学,有效抵制科学的负面影响,自觉利用科学造福于人类。

5. 提高教师自身的科学素养

从世界各国科学教育改革的经验来看,科学教育改革的最大阻力不是来自社会,也不是来自学生,而是来自教师,特别是第一线的教师。教师应该是科学活动在学校中的代表者,他们在科学探究方面,理应对学生的探究学习起到表率和示范作用。

首先,教师自己必须树立终身教育的思想,要根据现代科学教育的理念,转变教育观念:必须强调学生的主体地位,由教师为中心向学生为中心转变;教学活动必须以学生为主线展开,由知识为中心向方法为中心转变;由注重"教会"学生向注重学生"会学"方向转变,由"学"科学向"做"科学"用"科学转变,由独立学习向合作学习转变。其次,国家和地方除了重视提高教师的学历外,更应该重视科学教师的培训和继续教育:(1)加强对科学教师的短期培训和继续教育,这是目前科学教师严重短缺情况下解决师资问题的最切近的办法;(2)开展远程教育及网络课程。积极创造条件,让教师接受远程网络教育,研修有关科学教育的网络课程,以尽快适应科学课程的教学工作。(3)高等师范院校应尽快开设科学教育专业,来培养科学课程教师及其理论研究人才。

6. 要解放思想,积极扶植和培育教育市场的形成

在肯定国家、政府是教育投资主体地位的同时,必须广开思路、大胆创新、积极探讨教育市场的可能空间和限度。单靠国家加大对教育投入来解决教育的供需矛盾、教育发展不均衡等问题是不现实的。即使我们可以充分发挥计划配置各种优势,避免出现计划失灵,解决了教育均衡和教育供给短缺等问题,但那样的均衡、公平只能是低层次、低水准的,其供需的平衡也是以压抑需求方法达到的,并不能真正满足社会个体多元化的教育需求的。因此,在转型期,要实现教育资源配置的优化,政府应该担当起"有为"和"无为"双重角色。凡是有可能通过市场化解决的,政府必须大胆放手,尽可能创造有利于市场机制发挥的各种条件;凡是无法通过市场化、社会不愿投资的地方,政府就要坚决接手,弥补市场失灵带来的不足。通过市场调节,可吸引社会大量资源投入教育,快速增大教育资源总量,政府则有更充裕的财力投入到教育发展最需要最紧缺的地方,使计划调节更加有效。转型期,政府在扶植培育教育市场方面,应着重处理好以下几个方面:

(1)要建立和健全适应教育市场的各种规则和秩序。

(2)继续深化人事制度改革,打破目前"双轨"聘任制,鼓励人才充分流动,同时,建立教职工社会保障体系。

(3)鼓励学校办学主体多元化,投资主体多元化,积极拓宽教育融资的渠道。

(4)积极扶植非义务教育阶段民办学校的发展,并在政策、财力上给予一定的支持,使其享受与公办学校相一致的待遇。

(5)要加快学校产权制度的改革,明晰学校的产权界定,使学校成为市场主体。

(6)要进一步实现教育收费自主性,充分发挥价格机制的作用。

(7)要大力发展教育市场的中间组织机构。

(王永斌.中国科学教育的问题、困境与发展策略[J].教育与现代化,2007(1):3—6.)

美国《科学教育框架》的内容简介

美国历来重视科学教育,对科学教育的探索随着时代的变迁而不断深化。在美国,科学与英语、数学、社会一样,被列为核心课程。1996年,美国发布了第一套《国家科学教育标准》(National Science Education Standards,NSES,以下简称《科学教育标准》)。随着科学教育工作者对科学教材、教学、评估等方面的研究,中小学科学教育课程内容过于宽泛、结构松散、信息量大而深度不足等弊端凸显出来,影响了科学教育的发展。在2009年国际学生评估项目中,美国学生在34

个经济合作发展组织(OECD)国家中,数学排名29,科学排名25。更为严峻的是,美国已经出现科学与工程人才短缺的趋势,工程专业招生吸引力下降,雇主难觅优质人才,对整个经济发展构成了威胁。2011年,由美国国家研究委员会(NRC)主持,全美科学教师协会和科学促进协会共同编写并发布了《K-12[①]科学教育框架:实践、跨学科概念、学科核心思想》(以下简称《科学教育框架》)。《科学教育框架》旨在重构国家科学教育标准,提出了新阶段美国科学教育发展愿景,标志着美国科学教育发展进入了一个新阶段。

《科学教育框架》描绘了美国科学教育的蓝图,指出了科学教育的目标:(1)面向所有学生普及科学与工程教育;(2)为学生未来从事科学、工程、技术等专业领域职业奠定知识基础。《科学教育标准》提出的教育目标为:(1)对自然世界的认识;(2)能够运用科学知识进行个人事务决策;(3)能够参与有关科技的社会事务决策;(4)在职业中运用科学知识与技术,提高社会生产力。相比较而言,《科学教育标准》的重点在于全民科学素养的普及,而《科学教育框架》在延续科学素养的目标基础上,进一步提出了工程与科技人才培养的教育发展目标,反映出美国人才培养战略的调整,即将科学与工程教育重心下移,重视科学教育在理工科人才培养系统中的重要作用,提高中小学生科学与工程教育质量,拓宽人才输送渠道。

《科学教育框架》明确了学生在高中毕业时应具备的科学能力、科学观念及科学知识,指出科学教育应包含三个维度,分别是"科学与工程实践"、"跨学科概念"和"学科核心思想"。"科学与工程实践"指科学家和工程师在科学研究或工程实践中的主要活动,如提问、数据分析等,《科学教育框架》指明了八项学生在K-12阶段应掌握的实践能力。"跨学科概念"指超越了零散的事实和技能,贯穿于各科学领域的基本概念、原理或过程,这些概念犹如线索贯穿在各学科,使学科之间呈现有意义的连接,如模型、因果等,《科学教育框架》列出了学生应了解的七个核心概念。"学科核心思想"指四个具体科学研究领域(物理科学,生命科学,地球和空间科学,及工程、科技与科学应用)中重要的科学知识、概念、观点,它们或具有跨学科性,交叉于各学科间,具有整合学科知识的功能,比如能量;或是单一学科的核心组成部分,对于解读学科知识、建构学科体系有着重要意义,比如遗传,框架为每个研究领域选取了2~4个核心思想。(见表2-5)

表2-5 《科学教育框架》的内容

1. 科学与工程实践	3. 学科核心思想	
(1) 提问(科学)和界定问题(工程)	物理科学	(1) 物质的结构、特性及物理化学变化
(2) 建立与运用模型		(2) 力的相互作用
(3) 设计与实验		(3) 能量富士康恒、力与能量的转化
(4) 分析与解释数据		(4) 电磁辐射
(5) 运用数学与计算思维	生命科学	(1) 生命体结构、功能、成长过程
(6) 解释(科学)和提出解决方案(工程)		(2) 物质与能量在生态系统的转化
(7) 根据证据讨论		(3) 继承与变异
(8) 评价和交流信息		(4) 自然选择、生物多样性与人类
2. 跨学科概念	地球与空间科学	(1) 地球与太阳系
(1) 模式		(2) 板块构造、地表水循环、天气与气候
(2) 因果:机制与解释		
(3) 规模比例与数量		(3) 人类与自然资源
(4) 系统与系统模型	工程、科技与科学应用	(1) 问题界定、设计、优化方案
(5) 能量与物质:流动、循环与守恒		
(6) 结构与功能		(2) 工程、技术、科学对社会和自然的影响
(7) 稳定与变化		

黄芳. 美国《科学教育框架》的特点及启示[J]. 教育研究, 2012(8): 143—144. 有删减

---

① "K-12"是指从幼儿园(kindergarten,通常5—6岁)到十二年级(Grade 12,通常17—18岁),这两个年级是美国、澳大利亚等国家免费教育系统头尾的两个年级。

美国"2061计划"中的"科学"

对于科学教育界而言,美国科学促进会(American Association for the Advancement of Science)在2061计划的研究报告中,对于科学的本质曾有相当周详的介绍,可以反映出晚近科学哲学观点的精华,兹将其重点摘述如下(AAAS,1989)。

1．科学的世界观

(1) 自然界是可加以理解的

科学假定宇宙事物的发生都有一致的规则,这些规则经由小心且有系统的研究是可加以理解的。科学假定宇宙是一巨大单一的系统,其基本法则是到处适用的。

(2) 科学观念不是一成不变的

科学是用来产生知识的过程。这过程决定于现象的观察以及为了说明这些观察结果而创造的理论。由于新的观察结果可能会对现有的理论形成挑战,故现有知识的修正或改变是不可避免的。不论一个理论对某一组观察现象解释得多完美,可能仍会有另外的理论可解释得一样好甚或更好,适用范围更大。经由不断对理论的检验、修正,甚至偶尔予以舍弃,我们相信对自然界的描述和解释,虽然无法获得完全绝对的真理,会变成越来趋近精确。

(3) 科学知识是相当耐久和经得起时间的考验的

虽然科学家舍弃要获得绝对真理的意图且接受不确定性为自然界的一部分,但大多数的科学知识却是相当耐久且能持续成长的。

一个很有用的构想,会继续保留并作更精巧更广泛的发展;对一些观念的修正而非截然的舍弃,是科学中一般的作法。因此,稳定性和连续性也是科学知识的特性。

(4) 科学并不能对所有问题提供完整的答案

有许多问题是无法用科学方法去加以检验及确认的。科学家也无法解决有关善、恶的争议。但它有时能借着某种行为的后果而对善、恶的衡量有所帮助。

2．科学的探究活动

不同科学家在对证据的信赖、使用假说和理论、所使用的逻辑推理方法等都是相同的。但研究现象、研究过程、所用基本原理、数据和研究结果等却大不相同。但科学家们对于怎样才能构成一个在科学上被确认的调查研究有一些共同的认定虽无定轨且能视特别的研究情境而定,但对科学探究活动具有某些特征:

(1) 科学对证据的要求

从自然环境到实验室里,科学透过观察和测量,从中得到证据来支持科学的确实性。

(2) 科学是逻辑和想象的合成物

科学的进步仅使用逻辑推理和检验证是不够的,科学概念不会自动从数据或分析中显现。提出假说或理论并指出在真实世界中予以试验是一个创造的工作。

(3) 科学具有解释和预测的功能

科学对所观察现象,用已知的科学原理来寻求解释,使观察具有意义,科学理论不仅能够对已经观察到的现象提供解释,同时能预测未发生的事件,或是解释过去尚未被发现或研究的证据以及对发生过程极缓的现象的研究。

(4) 科学家试着确认和避免他们的偏差

科学家寻求证据来支持某项宣称,然而,科学证据在数据解释、数据记录和报告、数据选择顺序等各方面可能形成偏差。起因于研究者、样本、方法、仪器等的偏差,是无法完全避免。但科学家希望知道偏差的可能来源和偏差如何影响证据。避免这种偏差的一个方法就是由许多不同研究者共同研究此问题。

3. 科学的事业

科学事业有个人的、团体的、社会的层面。科学活动是今日世界主要特征之一,或许也是最能显示出我们目前的时代是异于从前的最重要的证据。

(1) 科学是复杂的社会活动

科学活动有很多人参与,科学活动反映出社会的价值观,科学研究方向受到科学学界本身文化的影响。

(2) 科学以其学科内容加以组织并在许多不同机构进行研究。

(3) 在科学的行为上有一些普遍被接受的道德规范,科学行为应遵循这些规范,有精确的保存记录、公开、复制、同辈间评估后给予的支持,这些职业道德促使大多数科学家的行为不致逾矩。此外,对于被实验动物或人的健康安适要给予真正关心。且应使被实验人了解可能的危险和利益,以及有拒绝的权利。科学家不能在当事人对事态不明或不同意情况下使当事人的健康或所有物遭受危险。科学道德也牵涉到事先考虑到应用此研究结果可能产生的伤害。

美国2061计划的"科学". 汉博·中国科学教育网——"做中学"科学教育项目支持网站(http://www.hands-brain.com/article-1641.html).

参 考 文 献

[1] 廖哲勋,田慧生.课程新论[M].北京:教育科学出版社,2003.
[2] 单丁.课程流派研究[M].济南:山东教育出版社,1998.
[3] 宋乃庆,徐仲林,靳玉乐.中国基础教育新课程的理念与创新[M].北京:中国人事出版社,2002.
[4] 崔鸿,杨华,王重力.生物课程教育学[M].武汉:华中师范大学出版社,2006.
[5] 有宝华.综合课程论[M].上海:上海教育出版社,2002.
[6] 彭蜀晋,林长春.科学课程与教学论[M].北京:高等教育出版社,2005.
[7] 余自强.科学课程论[M].北京:教育科学出版社,2002.
[8] 课程教材研究所.综合课程论[M].北京:人民教育出版社,2003.
[9] 陈菊.初中科学课程理念与实施[M].桂林:广西师范大学出版社,2003.
[10] 汪忠.新编生物学教学论[M].上海:华东师范大学出版社,2006.
[11] 刘恩山.中学生物学教学论[M].北京:高等教育出版社,2003.
[12] 顾志跃.科学教育概论[M].北京:科学出版社,1999.
[13] 中华人民共和国教育部基础教育司编.全日制普通高级中学生物教学大纲(试验修订版)[M].北京:人民教育出版社,2005.
[14] 刘胜祥,崔鸿.义务教育课程标准实验教科书《科学》[M].武汉:武汉出版社,2007.
[15] 朱清时.义务教育课程标准实验教科书《科学》[M].杭州:浙江教育出版社,2003.
[16] 袁运开.义务教育课程标准实验教科书《科学》(七年级上)[M].上海:华东师范大学出版社,2004.
[17] 中华人民共和国教育部.小学科学课(3—6年级)课程标准(实验稿)[M].北京:北京师范大学出版社,2001.
[18] 中华人民共和国教育部.《义务教育初中科学课程标准(2011年版)》[M].北京:北京师范大学出版社,2012.
[19] 李伟.国家课程标准的框架和特点分析[J].人民教育,2001(11).
[20] 中国科普研究所、中国科协普及部、国家科委社会发展司(执笔李大光).中国公众科学素养调查报告[J].民主与科学,1999(2).
[21] 何薇.中国公众科学素养调查结果回顾[J].民主与科学,2004(5).

[22] 袁汝兵,吴循.各省(市)公众科学素养调查综述[J].中国科技论坛.2007(5).

[23] 国家小学科学课程标准项目组.《科学课程标准》与现行《小学自然教学大纲》的主要区别及其主要特点[J].课程教材教学研究(小教研究),2002(10).

[24] 王红柳.浅谈中国科学课程标准的特点及启示[J].中学生物教学,2002(5).

[25] 林静.为了每位孩子的科学素养——浙教版《科学》(7—9年级)教材编写特点分析[J].基础教育课程,2006(7).

[26] 汪甜,崔鸿,刘胜祥.美国加利福尼亚版小学科学教材的设计特点分析[J].外国教育,2006(9).

[27] 朱嘉泰.京版小学《科学》教材的特色[J].北京教育学院学报,2005(9).

[28] 黄鸣春,崔鸿,刘胜祥.法国小学科学教材的特点分析[J].科学课,2005(2).

[29] 林向荣.湘版小学《科学》教材特点介绍[J].科学课,2006(3).

[30] 刘恩山.科学的本质与生物学素养.中国生物课程网(http:∥bio.cersp.com/Channel07/swxjz/200805.html).

[31] 张红霞.科学素养教育的意义及本土化诠释[J].清华大学教育研究,2002(4):20—26.

[32] 李玉芳.二战后日本中小学的科学技术教育[J].教学与管理,2005(12):78—80.

[33] 常初芳.各国科学教育的目标与原则的比较[EB/OL].[2004-12-08].南通小学科学网.http://www.nt-xxkx.com/show.aspx?id=29&cid=22.

[34] 黄芳.美国《科学教育框架》的特点及启示[J].教育研究,2012(8).

第3章 科学学习活动与学习策略

学习目标

当你掌握本章内容后,你可以:
1. 了解脑科学和教育的主要研究成果。
2. 描述行为主义学习理论,并与其他理论方法区分。
3. 理解强化理论,并能区分惩罚与消极强化。
4. 知道桑代克与斯金纳观点的不同。
5. 描述、举例说明行为主义和新行为主义在科学课堂中的应用,包括联结、强化、惩罚。
6. 了解认知主义学习理论的特点。
7. 了解建构主义的主要观点,并学会应用。
8. 了解STSE教育。
9. 了解各种理论与科学教育教学改革的新发展。
10. 了解新课程改革中的自主学习、合作学习、探究学习。

本章内容结构图

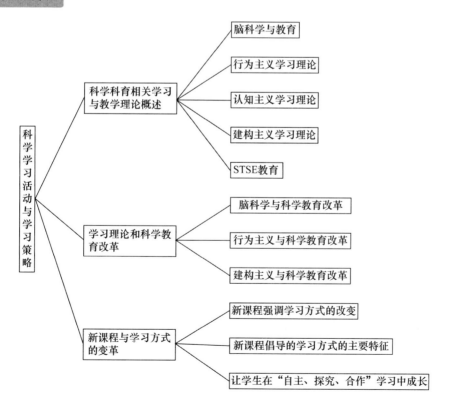

关键术语

- 学习理论　　◆ 脑科学　　◆ 行为主义　　◆ 认知主义　　◆ 建构主义
- STSE 教育　　◆ 操作性条件反射　　◆ 联结主义　　◆ 练习率
- 效果率　　◆ 强化　　◆ 自主学习　　◆ 合作学习　　◆ 探究学习

本章序幕

欧内斯特教师是一位科学课的教师。一天，他身穿实验室制服，样子诡异地站在学生面前。他一只手拿着圆锥形的烧杯，另一只手提着一桶方形冰块。正当学生对欧内斯特老师今天的表现感到困惑时，他大声地宣布："科学的魅力！"然后，他开始向学生介绍"物质的变化"这个主题，屏幕上呈现幻灯片描述不同物质经历的变化。

欧内斯特老师走到一位坐在煤气灯旁边的学生面前，问道："生锈是化学变化还是物理变化？"这位学生面露难色，无法回答这个问题。过了一会儿，欧内斯特老师转向询问一位手里拿着试管的学生："生锈是化学变化还是物理变化？"这位学生想了想，回答："化学变化。"欧内斯特老师高兴地说："很好。"第三个学生正在燃烧一张纸片，他也轻松地回答出这个问题，得到了老师的微笑和表扬。

这位科学课教师的微笑和表扬无疑是一种自然的个人姿态，但它们也是一种有效的教师设计行为，是增加课堂参与和激发建设性答案的有效工具。但是为什么会这样？学习和操作需要成功的结果吗？学习者需要动机吗？如果需要，那么怎样的动机是必需的？学习者需要目标来促进学习吗？教师应该帮助学生控制和调节他们的行为吗？教师应该考虑在学习过程中学生在思考什么吗？

这位科学课的教师清晰地认识到，他需要对即将"教什么"有一个很好的理解。而且，一个有效的教师还必须考虑即将"教谁"，也就是考虑学习者独特的认知、社会情感、文化和个体特征。弄清"教什么"和"教谁"后，你、我或者这位科学课教师才能够开始考虑"怎么教"。搞清楚"怎么教"是我们理解理论的一种方式，这些理论有助于我们理解学习过程，了解它们在课堂中的应用。

(陈允成等.教育心理学[M].上海：上海人民出版社,2007：168—169.)

3.1　科学教育相关学习与教学理论概述

"学习"是一种极为普遍而又极其复杂的活动与过程。然而学习过程受到哪些条件和因素的影响？如何才能进行有效的学习？针对这些有关学习的实质问题，研究者们众说纷纭，提出了各种有关学习的理论，涉及脑科学、心理学、教育学、语言学和哲学认识论等多种学科。科学教学同样也是一个复杂的教育与学习的活动与过程，在其教与学的实践环节中，可充分体现和运用学习理论。

3.1.1　脑科学与教育

案例研究

早在 20 世纪 60 年代，美国科学家就发现，生长在丰富刺激环境中的大白鼠远比生长在贫乏刺激环境中的大白鼠聪明，而且在两种不同环境中生长的大白鼠，其脑的化学成分和脑细胞形态有显著不同。

佚名.幼儿教育不可忽视脑科学（二）[EB/OL].[2007-4-9]. http://www.eduzhai.net/youer/349/364/519/youer_124678.html.

上述案例显示刺激能使大脑发生变化,脑作为学习的物质基础,脑科学和教育的研究成为热点。目前已经在世界各国形成了生物脑、意识脑、非常脑和人工脑的一些研究热点。20世纪90年代,时任美国总统的老布什就曾宣布:从1990年1月1日起到20世纪末,为"脑的十年"。美国报道最新大脑研究的大众媒体先前只限于少数几家科学杂志,现在则是每一家大型新闻及商业杂志,都会刊载有关大脑的报道,积极倡导从"脑的十年"迈向"教育的十年"。而日本则提"脑的20年",日本文部省投入巨资开展"脑科学与教育"的研究。国际经合组织也作出"脑科学与学习科学"的研究计划。

我国由国家科委发起,在国家科委和中国科学院的支持下于1993年正式创办的面向全国科技界的常设性高层次学术会议组织"香山科学会议",这几年也先后举办过"跨世纪的脑科学:脑功能研究、跨世纪的脑科学、脑的复杂性"和"脑高级功能与智力潜能的开发"等专题讲座会,为脑科学家、心理学家和教育学专家提供一个跨学科交流的机会,意在研究大脑是如何工作的,探讨"学习"和"推理"的高级大脑功能,沟通脑科学研究与教育的研究与实践,起到一定的推动素质教育,提高民族创新能力的作用。当今人们对脑科学与教育之间关系的认识,已经取得了不少进展。专家学者们根据多年的教育教学经验,在吸收国内外的脑科学最新研究成果的基础上,提出了跨学科的研究设想,力图使大脑研究走进学校、走进课堂、走进教学实践。

对教育的研究与实践起重要作用的脑科学新概念归纳起来至少有5个。

(1) 第一个脑科学新概念是大脑神经突触生长呈n状的模型假说。大脑的秘密主要在于神经细胞,而脑科学研究发现,早期大脑神经突触联系形成最为迅速。人在出生后的前20年里神经突触密度的变化呈n型,即刚出生时低,童年期达到高峰,而成年后则又降低下来。那么这个事实对儿童的学习和教育的科学含意是什么呢?似乎可以得出这样一个结论,突触生长高峰期的童年是学习收获最多和智力发展最充分的时期。这项研究发现对开展早期教育提供了科学依据,尽管还没有完全证实,但值得进一步探讨。

(2) 第二个脑科学新概念是大脑发育的关键期假说。这是英国学者戴维·休伯尔等人在60年代提出来的。休伯尔等人由此提出了一个视觉机能发展的关键期概念。最近这40年来,数以百计的脑科学专家对"关键期"做了大量研究并已取得相当的进展。其科学结论简要说来就是,脑的不同功能的发展有不同的关键期,某些能力在大脑发展的某一敏感时期最容易获得,如人的视觉功能发展的关键期大约在幼年期;对语言学习来说,音韵学习的关键期在幼年(大约8岁以前),而语法学习的关键期则在大约在16岁以前。总体说,识字、阅读的关键期在8岁以前,最佳期在12岁以前,良好期在16岁以前。这个时期左右脑可以同时参与语言认知。16岁以后语言认知主要是左脑。

(3) 第三个脑科学新概念是大脑的变化、学习和记忆及脑内神经元的联结程度决定于环境对大脑的刺激。脑科学研究发现,多姿多彩的环境刺激对早期大脑发展具有显著的影响。人并不是生来就拥有一个功能完备、高效运转的大脑,大脑的逐渐成熟是一个人的遗传特征与外部经验交互作用的结果,也就是基因与环境交互作用的结果,以语言功能为例,语言是人和其他动物区别的重要标志,也是大脑成熟的重要标志。从脑的进化和关于语言机制研究中我们可以了解到,语言的产生具有重要的脑科学基础。遗传特征在语言发展中固然起着重要作用,但正常的语言发展仍需要儿童期语言环境,也仍需要语言教育的配合。总之,环境影响基因的变化,基因决定环境的作用,这是脑科学研究得出的一个新的见解,而这里的关键因素是对脑的刺激。人们在研究中已经认识到,引起脑内巨大变化的主要因素是有学习和记忆参与的脑力活动而不只是体力活动。像课外愉快地交谈,有意义地交往,填字猜谜游戏和勤奋的"轻快阅读",都可以不拘一格地使大脑得到刺激。比如"轻快阅读"通过眼脑直映、表象记忆、形象思维、整体认知、快速反应,使大脑得到刺激,16岁以下的学生和学前班儿童都能提高阅读速度3~5倍(900~1500字/分钟),理解记忆率提高到70%以上。

(4) 第四个脑科学新概念是脑高级功能和生理基础主要是后天形成并终生可变的,不存在先天预成的智力,也不存在单一性的智力,心智的结构是多元。脑科学研究的这一发展与上述环境刺激的发现有着密切的联系,即智商不是生来固定不变的,智商测试或许是一个有用的工具,智力实际上是多元或者说多重的。因为每个大脑表现出来的个体特征不尽相同,在情感、行为和认知能力上存在着差别。在这方面美国哈佛大学心理学教授加德纳曾花数年时间分析了大脑和大脑对教育的影响。他在《心智的结构》一书中指出,我们每个人的大脑至少由 8 种智力构成,且脑外科和脑科学研究表明,每一智力或能力都在大脑中有相应的位置,存在着脑功能的不同定位。若严重损伤某个部位,就有失去特定能力的危险。加德纳提的这 8 种智力如下：① 语言智力；② 逻辑数理智力；③ 空间或视觉智力；④ 音乐智力；⑤ 身体运动智力；⑥ 人际智力；⑦ 内省智力；⑧ 自然智力。

5. 第五个脑科学新概念突出了杏仁核在情绪反应乃至大脑整体结构中的关键作用,并强调大脑神经系统和行为系统的整合机能,进而提出"情感智力"和"情商"(EQ)概念,向那种狭隘的经典智力和智商(IQ)概念提出了挑战。脑科学研究越来越多的证据表明：情感在人类学习中起着不可低估的作用,情感与认知并不是对立的两个过程,而应当理解为两个并行的过程,它们以特殊的方式联系在一起,对有机体有不同的意义或价值,都是脑神经整体功能的体现,反映出神经活动的效率。美国哈佛大学的行为与脑科学专家戈尔曼教授近年相继推出了两部力作,即《情感智力》和《情绪脑》,对经典的智力概念提了挑战。他认为我们具有两个大脑、两个中枢、两种不同的智力形式：理性的和情感的。人生成功与否,取决于这两者,不仅仅是智商(IQ),还有情感智商(EQ)与之并驾齐驱。

3.1.2 行为主义学习理论

3.1.2.1 桑代克的联结主义理论

案例研究

猫开笼实验

(1) 如图,在一个迷笼中有一块踏板,踏板通过绳子和门钮连在一起,只要踏下踏板,门闩就会被拉动,笼门就可打开,笼外放有鱼和肉。

(2) 研究者把一只饥饿的猫关入迷笼中,猫在笼中用爪子够不到食物,于是乱咬、乱蹦。后来偶然碰到踏板,笼门打开,取到食物。

(3) 再次将猫放回笼中,猫仍然需要经过乱咬、乱跳等过程才能逃到笼外。

(4) 但随着实验次数的增加,猫的无效动作逐渐减少,打开笼门所需的时间逐渐减少。

(5) 最后,猫一入笼内,就能打开笼门而取得食物。

问题与思考

1. 猫被关在迷笼里,有没有首先"考虑"如何逃出去?
2. 第一次逃出迷笼的经历和方法,有没有让猫产生深刻的印象?

这个实验就是著名的心理学家桑代克(E. L Thorndike)设计的,他认为：① 学习是渐进的、盲目的。如猫一开始并没考虑如何去打开笼门,而是在玩的时候,碰巧踏到踏板拉动绳子打开了笼门。② 在重复的尝试中,错误的反应被逐渐地摒弃,正确的则不断得到加强,直至最终形成了固定的"刺激—反应联结"。如第一次的逃跑经历并没有给猫留下什么印象,还要做很多无用的尝试,它才能一入笼内就拉动绳子打开笼门,建立起"刺激—反应联结"。

这就是桑代克的联结主义理论,因为建立这种联结需要不断尝试和错误,所以又称"试误学习(trail-and-error learning)理论"。学习就是形成一定的"刺激—反应(stimulation-reaction,简称 S—R 联结)"。

根据"刺激—反应联结"桑代克还提出了著名的"练习率"和"效果率"。

练习率认为,S—R 联结的牢固程度与练习次数有关。如果猫在建立 S—R 联结后,停止做这个实验,很久之后再把它放入迷笼,同样不知道立刻拉动绳子逃出去。

效果率认为,S—R 联结的增强或削弱与反应后获得的是奖赏还是惩罚有关。如果猫拉动绳子的结果不是逃出去并获得食物,而是被打,就不会建立上述的联结。

请你结合中学科学教学中常用的"题海战术"解释"练习率",并谈谈它们的优点和不足。

3.1.2.2 斯金纳的新行为主义学习理论

白鼠的学习实验

(1) 在一个特制的箱内装有一个杠杆,杠杆与传递食丸的机械装置相连,只要杠杆手柄一被压动,一颗食丸便滚进食盘。
(2) 白鼠被放进箱内,自由活动,当它踏上杠杆手柄时,有食丸放出,于是吃到食物。
(3) 它一旦再按压杠杆,食丸又滚出,反复几次,白鼠就学会了按压杠杆手柄来取得食物的条件反射。

a 灯 b 食盘 c 杠杆手柄

我们知道,机体由于刺激而被动引发的反应成为"应激性反应",如狗看到食物就会流口水。而机体由自身主动发出的反应称为"操作性反应"。如人们读书或写字的行为。上述实验中白鼠踏上杠杆获得食物并没有受到外界的刺激,称为"操作性反应"。

为了促进这一操作性反应的发生,上述实验创立者斯金纳(B. F. Skinner)给了一定的条件——"食物"做奖赏和激励。他认为如果一个操作性反应发生后,接着呈现一个强化刺激,则这个反应发生的频率会增加。斯金纳在对学习问题进行了大量研究的基础上提出了强化理论,十分强调强化在学习中的重要性。斯金纳把强化分成积极强化和消极强化两种。积极强化是获得强化物以加强某个反应;消极强化是去掉可厌的刺激物,是由于刺激的退出而加强了那个行为。教学中的积极强化物是教师的赞许、表扬等,消极强化物是教师的皱眉、训斥等。这两种强化都增加了反应再发生的可能性。

斯金纳认为不能把消极强化与惩罚混为一谈。他通过系统的实验观察得出了一条重要结论:惩罚就是企图呈现消极强化物或排除积极强化物去刺激某个反应,仅是一种治标的方法,它对被惩罚者和惩罚者都是不利的。他的实验证明,惩罚只能暂时降低反应率,而不能减少消退过程中反应的总次数。在他的实验中,当白鼠已牢固建立按杠杆得到食物的条件反射后,在它再按杠杆时给予电刺激,这时反应率会迅速下降。如果以后杠杆不带电了,按压率又会直线上升。

斯金纳与早期的行为主义者有所不同,更重视通过反馈来强化学习行为,进一步发展了桑代克的"效果率",上升到理论高度。

请你谈谈如何在实际教学中合适地选用"奖赏"和"惩罚"?

前面两个实验中,研究者都把学习看做是 S—R 联结的过程,在这个过程中,学习者的学习是可以观察的外显反应,这个反应成为习惯是后效强化的结果。这一学派在学习理论体系中被称为"行为主义"。

但是其他的心理学家对这种观点产生了怀疑,他们认为心理学研究不应只局限于可见行为,还应涉及内在的心理过程。

3.1.3 认知主义学习理论

黑猩猩的学习实验

(1) 在一个封闭的房间里,放着三个木箱,房顶上挂有一串香蕉。黑猩猩站在地上不能直接够到香蕉。

(2) 研究者把黑猩猩放进房间里,它便想得到房顶的香蕉,于是用手去取。黑猩猩用"手"够香蕉失败后,停止活动,四处张望,若有所思。

(3) 之后,它突然起身,将木箱堆积起来,然后站在木箱上取到香蕉。

黑猩猩并没有像桑代克迷笼中的猫那样乱咬、乱跳,而是在观察房间里的情况之后,发现箱子是获得香蕉的工具。所以,该实验的研究者苛勒认为,黑猩猩对问题的解决不是逐渐地试误过程,而是对知觉经验的重新组织,是对情境关系的顿悟。这就是格式塔学派(或称完形学派)的理论。这里的"格式塔"(又称"完形")指的是对情境中事物关系的理解和认知而构成一种完形。

> **核心概念**
>
> 顿悟:人对事物之间的关系的基本感受和认识,是对事物的意义的了解或理解。

案例研究

白鼠的学习实验

(1) 实验开始时,白鼠被置于起点处,食物放在其中一条通路的一端。白鼠从起点至食物放置处为一次尝试。

(2) 托尔曼在实验中发现,若干次尝试之后,白鼠从起点到达食物处的速度明显提高,在选择处停留的时间越来越短。结果如下图所示。

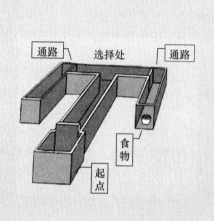
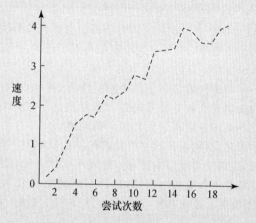

这个过程与猫开笼实验很相似,但是实验创立者托尔曼不同意桑代克等人认为学习是盲目的观点。他认为动物学习是有目的的,白鼠的目的就是获得食物。他重视刺激与反应之间的心理过程,认为有机体在达到目的的过程中,会遇到各式各样的环境条件,必须认知这一条件,才能克服困难,达到目的。

因此,他提出了一个"中间变量"的概念,将行为主义的公式"S—R联结"改为"S—O—R联结",这里的"O"是"organism"的简写,就是"中间变量",代表有机体的内部变化。

苛勒和托尔曼都是认知主义学习理论的代表人物,从他们的观点可以看出,认知主义心理学家把学习看做是对事物进行认识、辨别、理解,从而获得新知识的过程。

认知主义学习理论还有很多其他的重要代表人物及思想。如奥苏泊尔的有意义学习,加涅的信息加工学习理论,布鲁纳的发现学习等。

3.1.4 建构主义学习理论

一个小学生第一次学习笔算除法时,把 $24\div 8=3$ 写成了如式 $\frac{24\div 8}{3}$ 的形式。从该式的结果"3"来看,是对的,但用课本中关于除法列式的知识来衡量,这就是错误的。在学生看来,加、减、乘法的竖式能这样写,除法当然也可以这样写。这种情况在小学生学习中是比较普遍的。

如果你是老师,你将如何对待学生的这种写法?

可见,学生的学习是在自己原有知识背景下进行的。当老师肯定其写法不是错误,而是不简便后,学生则会通过实际练习对新旧信息进行检验、批判和调整,在此过程中发现原有方法的不足,从而自动接受老师的指导。这个案例体现了建构主义的思想,即学习是学生主动建构意义的过程,使学生的认识由抽象走向"思维中的具体"。

所谓建构的意义是指事物的性质、规律以及事物之间的内在联系。在学习过程中帮助学习者建构知识意义就是要帮助学习者对当前学习内容所反映的事物的性质、规律以及该事物同其他事物之间的内在联系达到较深刻的理解。

因此,建构主义的主要观点有:① 以学习者为中心;② 学习是学习者主动建构内部心理表征的过程,强调学习过程中要充分发挥学习者的主动性;③ 学习过程同时包括两方面的建构,既包括对旧知识的改组和重构,也包括对新信息的意义建构;④ 学习既是个别化行为,学习需要交流与合作;⑤ 强调学习的情境性,重视教学过程中对情境的创设;强调资源对意义建构的重要性。

1. 请用简单的语言描述图中两幅漫画的内容。
2. 两位同学一组,分别扮演漫画中的角色进行对话。

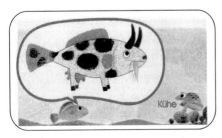

讨论:你如何将这两幅漫画与建构主义理论联系起来?它们反映了建构主义的哪些观点?

3.1.4.1 建构主义的知识观

建构主义所关心的首先是知识问题——知识是什么以及知识来自何处。建构主义强调,知识并不是对现实世界的绝对正确的表征,不是放之各种情境皆准的教条,它们处在不断的发展之中,而且在不同情境中,它们需要被重新建构。

在对科学知识的看法上和传统的认识论有根本的不同:传统的认识论把科学知识看做是对客观实在的精确反映,是经过严格的科学方法获得的,是客观真理或者是客观真理的接近;建构主义认为,科学知识不是对现实的准确表征,它只是一种解释,一种假设,检验科学知识的标准是看它在实践中是否可行、是否起作用。

3.1.4.2 建构主义的学习观

建构主义认为,学习者的知识是在一定情境下,借助于他人的帮助,如人与人之间的协作、交流;利用必要的信息等等,通过意义的建构而获得的。理想的学习环境应当包括情境、协作、交流和意义建构四个部分。

（1）情境

学习环境中的情境必须有利于学习者对所学内容的意义建构。在教学设计中,创设有利于学习者建构意义的情境是最重要的环节或方面。

（2）协作

协作应该贯穿于整个学习活动过程中。教师与学生之间,学生与学生之间的协作,对学习资料的收集与分析、假设的提出与验证、学习进程的自我反馈和学习结果的评价以及意义的最终建构都有十分重要的作用。协作在一定意义上是协商的意识。

（3）交流

交流是协作过程中最基本的方式或环节。交流对于推进每个学习者的学习进程,是至关重要的手段。

（4）意义建构

这是教学过程的最终目标。其建构的意义是指事物的性质、规律以及事物之间的内在联系。

3.1.4.3 建构主义的教学观

建构主义的教学是基于建构主义的认识论和学习观之上的,学习者必须自己通过主动的、互动的方式学习新知识,教师不再是将自己的看法及课本现有的知识直接传授给学生,而是要把教学植根于学生的经验世界之中。建构主义本身并没有一套固定的教学模式或教学方法,它只是一个认知和学习知识的理念。在整个学习过程中,教师必须随着教学情境的变化改变自己的知识和教学方式,以对应学生的学习。

> **核心概念**
>
> 建构主义教学强调以下几点:
> （1）从学习者的经验出发;
> （2）角色的调整;
> （3）布置良好的学习情境;
> （4）鼓励学习者反省和思考;
> （5）重视合作的学习方式。

因此,师生之间的感情、心智活动在教学中彼此交融,两者的知识都在这个过程中成长。以建构主义为基础的科学教育中,教师本身除了是教学者之外,也是一位学习者,这与我国教育传统所说的"教学相长"的理念不谋而合。

请你谈一谈,建构主义理论为科学教育改革提供了哪些有益的启示。

3.1.5 STSE 教育

三道考题

考题1：同学们一定常听天气预报吧,如果天气预报说:"冷空气的前锋到达杭州……"那么在未来两天内会下雨,而当冷空气的前锋经过以后,整个杭州市被大面积冷空气控制时,却往往天气晴好。为什么下雨天气总是出现在冷空气前锋到达的时候,而不是出现在冷空气控制的时候?

考题2：2002年冬季,有报纸和电视台多次报道,长江水运由于轮船搁浅而被禁航,严重影响了水上运输。请用科学原理说明搁浅是怎么回事,并提出一些措施,从根本上防止搁浅事故的发生。

考题3："神舟"六号飞行过程中,由多个地面测控站和四艘"远望"号远洋航天测量船组成了测控网,通过发射和接收一种波,对飞船进行跟踪、测量与控制。这种波是(   )。

考题4：近年来,海拔5896米的非洲第一高峰——乞力马扎罗山山顶积雪融化、冰川消失现象非常严重,在过去的80年内冰川已经萎缩了80%以上。有环境专家指出,乞力马扎罗山雪顶可能将在10年内彻底融化消失,届时乞力马扎罗山独有的"赤道雪山"奇观将与人类告别。请思考造成这一环境问题的原因可能是什么,我们应该采取哪些措施防止类似问题的发生。

以上四道考题,考题1考查学生应用科学知识对日常生活中有关天气情况进行分析和解释,培养学生关注生活、关注社会的意识和能力。考题2主要是考查学生对长江水土流失等社会热点的关注,并要求学生应用所学的知识解决这些社会热点问题。考题3则是用"神舟"六号现代科学技术成果来命题,引导学生多关注国内外最新科技进展,帮助学生揭开现代科技的"神秘面纱",使学生对现代科学技术有一种亲近感。考题4主要是引导学生关注冰川融化、温室效应等环境问题,从而提高环境保护意识。在科学课程中,有大量与学生日常生活、生产实际、科技成果、社会热点、环境保护等紧密相关的内容,这些内容都被称为STSE教育的内容。

STSE是科学(science)、技术(technology)、社会(society)和环境(environment)英文首字母缩写。STSE教育思想是对STS的延伸。20世纪中叶以后,各国兴起了STS教育的研究。随着环境问题日益凸显,人们认识到在发展科技、生产的同时,保护人类赖以生存的环境亦已成为社会发展的重大课题。美国在1996年制定的全国课程标准中将STS教育进一步发展为STSE教育思想。目前该词已成为国际科学教育改革的主要潮流,是一种新的科学教育理论。它以培养有科学素养的人为目标,这样的人应懂得科学、技术、社会与环境的相互影响,并且能够在日常决策中使用这些知识。

STSE教育有如下几个主要特征:

(1) 强调参与。在今天的学习过程中,从学习内容到学习方式,都要有利于学生参与意识的培养和训练,同时在学生参与的过程中培养学生在社会生活中的合作精神。

(2) 在科学和技术的关系上,技术得到比过去更多的重视。这是现代技术成就的各种产品已经渗透到社会生活的各个领域的反映和必然要求。

(3) 强调个人与科学、技术、社会、环境的兼容,要求发展学生的道德判断和价值判断的能力,培养学生正确的价值观和对社会的责任感。

(4) 强调素质教育而不是片面强调精英教育。教育在注重个人能力培养的同时又主张科学为大众。

(5) 体现未来教育。教育以科学、技术、社会、环境的相互关系为出发点,强调个人生存与社会需求的统一,要求培养学生的应变能力,以适应未来科学、技术、社会发展的需要,同时关注环境保护,使他们在应付未来生活的过程中具有更强的决策能力。因此,从某种意义上说,教育培养的是面向未来的人才。

比较适合 STSE 教育的内容

(1) 科学史(著名科学家的重要发现、发明过程等);
(2) 与生产、生活相关并有广泛应用的科学知识;
(3) 与社会发展有重大关系的科学知识;
(4) 科学发展的新成就、新进展及前沿问题;
(5) 与科学技术相关的社会热点问题、环境问题。

你认为科学教学中哪些内容适合 STSE 教育?

3.2 学习理论和科学教育改革

科学教育的改革,带来了学习和教学方式的变革。教育改革都是以学习理论为依据的。脑科学、行为主义、认知主义、建构主义、STSE 这些教育理论都具有非常广泛的影响力,为科学教育改革提供了坚实的理论基础。依据不同的学习理论,我们可以对科学学习活动中的同一现象做出不同的解说,而这些解说从不同的角度而言都有其合理性。

3.2.1 脑科学与科学教育改革

《降落伞》部分课堂实录

(一) 谈话导入

师:同学们,科学使人类实现了很多梦想,人们借助飞机可以到达几千米的高空,也可以利用降落伞从几千米的高空安全落地。今天,老师就给大家带来了一段跳伞运动员的精彩表演,大家想看吗?

生:想。(学生看录像)

师:谁能用自己的语言给大家描述一下你看到的画面?

生:跳伞运动员从飞机上跳下,迅速下落。

生:降落伞打开以后,速度就慢了。

师:大家观察得真仔细,下降速度先快后慢。那在这一快一慢的变化中蕴含着什么科学奥秘呢?今天,我们就一起来揭开降落伞的奥秘。

(二) 提出猜想

师:课前老师将我们学校学生自己制作的降落伞作为礼物送给了大家,你们喜欢吗?我想大家一定对它进行了仔细的观察。哪个组愿意先给大家展示一下你们组的降落伞呢?

(学生展示,并做简单介绍,汇报三个组,剩下三个组。)

师:请其他组把你们的降落伞也拿上来让大家欣赏一番。

师:真不错,大家想不想让你们的降落伞也像影片里的一样,来一次飞行表演呢?

生:想。

师:好,为了让大家看得更清楚,我们站在桌子上,模拟降落伞从高空降落的样子。上面的同学两手捏住降落伞的两边,保持在同一高度,当听到下面同学喊"一、二、放!"时,同时放手,明白了吗?

下面的同学要仔细观察降落伞的下降过程。

(师与同学齐声发令)

师:降落伞下降的速度相同吗?

生:不相同,有快有慢。

师:是这样吗?我们再来一次。

(学生再次放飞降落伞)

师:真的有快有慢,为什么会这样呢?是什么影响了降落伞下降的快慢呢,大家能不能猜一猜?

(学生猜想,并说明自己的依据。教师板书学生的回答:伞面大小、悬挂物的轻重⋯⋯)

(三)设计实验,猜想验证

师:同学们通过认真的观察和思考,出现了这么多猜想,要验证这些猜想是否正确,应该怎么办?

生:设计实验来验证

师:好!但是这么多的猜想,我们一下子研究不了,再加上老师所带材料的限制,我们先研究伞面大小和悬挂物的轻重这两个问题,剩下的我们课后接着研究,行吗?

师:现在每组选择一个猜想,小组讨论自己的验证方案。并完成实验表格前三步。

(课件出示)实验表格

师:哪些组选择"悬吊物的重量"来研究的?说说你们设计的验证方案。(同种方案只汇报一组)

生:做一顶伞,只改变悬挂物的大小,用时间来测量⋯⋯

(教师强调:要从同一高度放飞)

师:大家觉得这种方法怎么样?还有没有别的方法?

生:做两顶伞,同样大小的材料,同样的绳长,不同重量的悬吊物,看降落的速度。

师:剩下的组选择的就是"伞面大小"了?来说说你们设计的验证方案。

生:我们也要制作两顶伞,改变⋯⋯

师:验证方案确定好了,根据你们的要求,老师为你们准备了所需材料,但在开始之前,为了更顺利地完成我们的实验,我想给大家提几点小小的建议。

1. 组长合理分工,组员合作,迅速完成实验。

2. 实验过程中要认真观察,记录员及时记录,实验完成后共同得出结论。

3. 上下桌子一定要注意安全。

师:能接受吗?各组的材料员来领取你们所需的材料(学生动手实验,教师指导)

师:通过刚才的制作和试飞,你们的猜想得到验证了吗?请各组选派一位代表上台汇报你们的研究结论。(教师对学生进行评价)

⋯⋯

评析:在"降落伞"这课中,有多种教学形式,讲解、看录像、讨论设计方案、制作降落伞、画表格、交流、总结等。在加德纳看来,传统上大多数所谓智商测试都集中在语言智力和逻辑数理智力上,全世界很多学校教育也片面集中在这两种能力上,致使我们对大脑学习潜力产生了一种不正常的、有局限的看法。而他所提出的"多元智力理论",拓宽了人们对智力的认识,既向传统的智商测试提出了挑战,又为教学策略的研究提供了脑科学依据。按照大脑"多元智力理论"的要求,教师应拓展教学方法,采用多样化的教学策略。比如,教师除适当地讲解外,还可利用图示、录像、音乐等形式教学,或让学生进行制作、实验,以加深对抽象内容的理解,并通过学生之间的同桌、小组、大组活动等人际交往方式和自学、讨论等学习方式提高教学效果。在应用多元智力理论及相关的教学策略时,教育工作者还应注意,学生在多元智力方面各有所长,所以对一些学生行之有效的策略对另一些学生却未必有效。因此,教育工作者应当吸收脑科学成果,经常变化教学策略,这样才能使每个学生所擅长的智力都充分运用到学习之中,收到最佳的教学效果。

(战广存.青岛版科学五年级上册《降落伞》课堂实录及评析.http://www.docin.com/p-339925.html.)

名师论教

为了更好地改进教师的教,促进学生科学地学,根据脑科学、教育学和心理学领域的最新发展,以下12条建议,供科学老师教学时参考。

(1) 情感帮助记忆。当个体的情感系统处于活跃状态时,学习和记忆的效果最好。作为成人,我记得最牢的是童年时那些与积极或消极的情感体验相关的经历。因此,教师在课堂上可以用一些方法激发学生积极的学习情感以增强记忆,如:保持教学情;运用变化和运动来激发兴趣;联系学生或自己的生活经验使课程个性化;安排趣味性活动、特别事件或旅行等。

(2) 高挑战与低威胁。挑战能促进学习,威胁会妨碍学习。当环境富于挑战,并鼓舞孩子们勇于探索,脑的学习效果最好。当脑收到"威胁"信号,它会转化为一种原始的求生模式,学习会被抑制。肯定的表扬、奖励和竞争都是制造挑战的方法,且不会对学生造成过度威胁。批评和惩罚也可以制造挑战,有助于学校制度的建立,但不应过分强和滥用。例如,不应以过量的作业作为惩罚手段。

(3) 让孩子动一动。运动促进血液循环,并向脑输送更多氧。当学生坐20分钟以上时,大量血液会在臀部和脚部聚集。这时让学生站起来,就能促进他的血液循环。一节45分钟的课,学生若有机会站起来,他们脑部的供血量会显著增加。因此教师进行长时间教学时,要通过提问、集体活动等形式,让学生动一动,提高脑的学习效率。

(4) 笑与学习。幽默能够促进学习。研究表明幽默能够使记忆保持率从15%提高到50%。笑的时候,更多血液输入大脑,同时带来更多的氧。笑还能导致大脑向血液中释放一种化学物质,减轻学习的痛苦感,并使人感到舒服。幽默能够创造积极的情感氛围,并有助于提高学生的注意力。因此,教师要善于运用幽默,而慎用讽刺!

(5) 图形组织者。图形组织者是大脑组织信息的方式,如大纲、维恩图、网络图、图表等。大脑不是一个信息容器,而更像一个有选择的接受者。它依照某种图形组织者选择性地接受信息,同时会屏蔽掉大量其他信息。因此,教师要经常使用一些图形组织者帮学生组织新知识,并教会学生使用多种图形组织者归类知识。

(6) 多感官参与。学习主要依赖的感觉通道有视觉、听觉和运动知觉。学习新内容时,参与学习的感官越多,学生越可能掌握。教师调动多感官参与的方法有使用图画、图表和实物演示等视觉刺激;向学生解释并让他们反过来向你解释;为学生创造身临其境的机会等。参与学习感官越多,学生学习的机会就越多。

(7) 保持光亮。当灯光灰暗时,大脑向松果体分泌一种化学物质——褪黑激素,该物质会诱发睡眠。当灯光明亮时,褪黑激素的分泌停止。一般教室灯光的亮度只有30~50烛光,而抑制褪黑激素的亮度要求为150烛光。因此,教师要尽可能保持教室明亮,特别是在没有窗户的教室里。

(8) 使用比喻。与已有经验相似的内容易被大脑接受和理解,而比喻则是大脑找出新旧知识共同点的好助手。比喻对低年级儿童的思维发展能起到"拐杖"作用,因为他更倾向于视觉和空间导向思维,而不善于语言导向思维。明喻、类比、故事、卡通都是促进有效学习的好方法。形象生动的比喻一般能使记忆保持的效率提高40%。

(9) 首因和近因效应。在一节课的开始部分,学生学习效果最佳。其次是课的结尾部分。课的中间部分效果最差,我们称之为低谷期。在一节 20 分钟长的课里,低谷期有 3~4 分钟。而在一节 80 分钟的课里,低谷期长达 30 分钟。年龄大的孩子较年龄小的孩子更能适应长时间的课。因此,教师要利用课的开始强调要点,在课的中间解释细节和练习,末了时进行总结和提示要点。

(10) 易混淆的新概念。教师不可在同时教两个相似的概念。如果概念之间非常相似,比如经度和纬度、高度和长度等,脑就会建立相同的学习路径,造成概念混淆。这就好比同时用红和黄画画一样。要着另一种颜色之前,必须把画笔洗干净。如若不然,两种颜色会相互混合,产生非你所要的第二种颜色。因此,教师不要在一节课讲两个相似的新概念,而是要分步进行。最好在学生牢固掌握第一个概念后再讲授第二个,并在新概念都讲完后重点讲授两个概念的区别。

(11) 有指导的练习。教授新技能时,教师在放手让学生独立实践之前要进行有指导的练习活动,以帮助学生正确掌握技能。否则,如果学生错误地习得了某种技能,教师往往要花费大量的时间纠正这些错误。学生的错误技能很难改变,原因是神经树突连接而成的学习通道已经固定化了。神经树突就像木头一样连成一条"路"。这条路用得越多,学生就越不可能克服困难去创造其他"路",去达到相同的目的地。

向全班学生教新技能时,教师要先给学生例子或示范,然后让每个学生在自己的座位上练习。此时你必须四周走动,以确保学生理解正确。只有你确定每个学生都正确掌握了新技能,学生才能独立练习。教师要经常检查全班学生的学习或作业,找出错误的学习。找错和纠错的速度越快,学生学习的效果就越好。

(12) 让学生教。众所周知,教师在上课前必须很好地掌握教学内容。这个道理同样适用于学生。学生在教其他学生的时候往往学得最好。教其他学生可以使记忆的巩固率提高 3 倍。因此,教师要主动为学生创造各种各样的"教"的机会,如让学生面对全班学生讲、教班级里的其他学生等。

(宁彦锋. 课堂里的脑科学——给教师的 12 条建议. http://www.studa.net/jichu/060902/16102035.html.)

3.2.2 行为主义和科学教育改革

3.2.2.1 行为主义如何解释学习

行为主义认为,学习是一种行为,当主体学习时反应速率就增强,不学习时反应速率则下降。因此他把学习定义为反应概率的变化。学习是一门科学,学习过程是循序渐进的过程;而教则是一门艺术,是把学生与教学大纲结合起来的艺术,是安排可能强化的事件来促进学习,教师起着监督者或中间人的作用。行为主义激烈抨击传统的班级教学,指责它效率低下,质量不高,根据操作性条件反射和积极强化的理论,提出了"教学机器"和"程序教学"。程序教学主要有五条原则:积极反应、小的步子、即时反馈、自定步调、最低的错误率。

总之,对科学教学而言,行为主义认为学习就是通过强化建立刺激与反应之间的联结,教学的目标在于传递客观世界知识,学习者的目标是在这种传递过程中达到教育者所确定的目标,但无视这种传递过程中学生的理解及心理过程。

《土豆在水中是沉还是浮》教学过程

华中科技大学附属小学　朱映辉

(一) 问题与假设

1. 创设情景

师:今天为每组同学准备了土豆,既有土豆"大哥"(大土豆)也有土豆"小弟"(小土豆),如果把它们放在装水的烧杯里可能会怎样?

学生猜测后,教师演示

师:不管是土豆"大哥"还是土豆"小弟",放进水中以后它们都沉了。谁能跟大家解释一下,土豆在水中沉下去是怎么回事?

学生解释

教师的评价:(1)对于能运用上节课所学知识解释现象的学生,教师在征得其他同学的意见后,从科学知识的掌握情况和善于运用已知科学原理解释未知现象的态度,给予评价反馈。(2)对于回答错误或不能解释现象的学生,教师引导学生运用已知科学原理解释未知现象的态度,给予指导反馈。

2. 提出问题

师:今天我要给大家表演一个有趣的节目,给你们的土豆施一点"小魔法",让土豆从水中浮起来。

教师演示

师:你们认为我的"魔法"在哪里?为什么用这些方法行呢?如果你们有盐水也能让土豆浮起来吗?

学生提出假设并解释

(教师评价)

(二)实验研究

1. 研究土豆在盐水中的沉浮

师:你们要想让自己的土豆"小弟"、土豆"大哥"浮起来,准备怎样做?学生汇报计划

(教师评价)

学生活动,教师在小组活动中指导。

学生汇报活动情况,教师针对学生活动情况进行实验失败原因分析。

师:请同学们解释一下,土豆在盐水中浮起来的原因是什么?

学生汇报

(教师评价)

2. 研究土豆在其他物质溶液中的沉浮

师:刚才大家是在水中放了盐使土豆浮起来的,如果给你点别的东西放到水里,也能使土豆浮起来吗?

学生汇报

(教师评价)

……

评析:

1. 互动的评价活动,促使学生积极反应

本案例中教师设计了许多以学生为主体的评价活动来激发他们自我学习的动机,如实验研究阶段设计了小组活动,鼓励学生自己动手让土豆浮起来,之后专门设置了交流研讨的环节,为学生安排了充足的时间来进行彼此的交流和评价,不仅吸引小组每个成员参与到活动中,而且可以使学生在评价别人时不断审视自己,获取知识;另外在其他教学环节中,教师注意和学生一起对发言的学生给予鼓励和表扬,这不仅激发了全体学生的一种竞争意识,而且在学生获得教师肯定时,获得了同伴的认可,促使学生积极反应。

"积极反应"原则认为,在程序教学过程中,必须使学生始终处于一种积极学习的状态,只有保持对教学内容的高度兴趣,才能更好地吸收知识。为了保持学生进行积极的反应,教师可以使用多样的强化手段来达到这个目的,如提高评价的互动性,让学生参与到评价中来。本案例中,鼓励学生之间进行自我评价、学习小组间进行互相评价,提高了评价过程的互动性。

2. 指导性的评价,保证学生"小步子"完成学习目标

本案例中,教师提前预测了每一活动后学生可能达到的行为目标,在实施教学后,均以不同的评价标准进行了针对性的评价。如果学生回答正确,教师给予激励的评价;如果不能给出合理的解释,教师给予指导性评价。指导性评价给予学生有力的知识支撑,保证不同基础的学生在每个步骤后习得的行为差异不大。这样分步完成教学目标的"小步子"教学既降低了学习难度,又能保证较好的完成教学总目标。

3. 即时评价,给予学生即时反馈

在该课中,教师根据教学目标将教学活动分解为猜想、计划、思考、交流等探究环节。教师在设计每个教学环节时基本上均采用以下四步的教学流程,引导学生探究学习——提出相关问题——学生作出反应——给予即时评价。此类即时性的评价,让学生即刻将自己的行为和教师的评价联系起来,在每个环节后都能立刻意识到自己的长处与不足,迅速调整行为状态,更好地投入到下一个环节中。

"即时反馈",就是让学生立即知道自己的答案是否正确,当学生对学习过程的某一步能作出反应(回答)时,要立即给予学生反馈。程序教学将教学目标化整为零,降低教学难度,有利于让学生循序渐进地掌握知识,但如何保证学生很好地掌握每个教学分目标?这就需要在各个教学步骤中利用不断的、即时的强化来保持学生的行为强度,对学生的反应作出的反馈越快,强化效果就越大。

(张屹. 小学科学案例研究[M]. 北京:高等教育出版社,2008:217—220.)

3.2.3 建构主义和科学教育改革

案例研究

"让灯泡亮起来"课堂实录

湖北省武汉市武昌实验小学 纪 萍

一、情景导入

1.（出示手电筒,打开）

问题:你们看到了什么?(手电筒里的小灯泡亮了)

2. 除了手电筒里有灯泡,还有哪儿有?

学生汇报(教室里、家里、冰箱里、玩具上)

二、认识灯泡的构造

1. 那么,灯泡是怎样的呢?

提出要求:仔细观察灯泡的各部分,每一小组同学在纸上画一个,边画边给每一部分起个名字,注意尽量画大一点。

2. 小组活动:(用彩色笔)在纸上画灯泡,并将画好的图贴在黑板上。

3. 集体评价,哪些小组画得准确?

请同学汇报灯泡的构造,其他同学进行补充。

4. 教师小结:通常我们将灯泡的这些部分叫做:玻璃泡、灯丝、螺纹、接触点、发光球。(同时板书)

三、探究怎样使灯泡亮起来

1. 过渡语:我们已经认识了灯泡,你们现在最想让小灯泡做什么呢?(使灯泡亮起来)

2. 问题:要使灯泡亮起来,需要些什么?(电池、电线等)

3. 出示电池、小灯泡、电线等,怎么使小灯泡亮起来呢?

4. 猜想

（1）要求:每一小组的同学可能都有不同的想法,请你们先商量一下,将你们的想法画在纸上,有几种想法就画几种,并将它们编上号(注意:不要出现重复的想法)。为了方便,这儿有剪好了的灯泡和电池模型图,(出示样图)直接贴到纸上再用黑色笔连接起来,然后写上你们的组号和编号,并贴到黑板上。

（2）分小组活动,画模型图,并贴在黑板上。

（3）小组汇报描述连接的方法:你们是怎样连的?强调学生描述清楚连接灯泡、电池的具体位置。

(4) 讲述：通过这样一些图，我们很快就能明白别人的想法。所以，在研究问题的时候，把自己的方法和发现记下来或者画下来都非常重要，这样不仅能让别人很快明白你的意思，更重要的是能让你的脑子更清楚，帮你更快地将问题弄清楚。科学家们进行科学研究时也经常使用这样的表达方式，在今后的学习中我们也可以学习使用这种形式来表达我们的想法。

5. 实验探究，验证自己的想法。

要求：严格按照你们刚才的这些想法来做，做了实验后如果小灯泡亮了，就在黑板上的图上用红笔打"√"，如果没有亮，就在图上用红笔打"×"。

(1) 小组活动，连接电路，并在图上做记号。
(2) 小结：实验完毕后，将能亮和没亮的图分开。

6. 整理、分析、归纳

(1) 讲述：通过刚才的研究，我们获得了这么多信息，科学家们在实验后往往也会得到很多信息，这时候，他们会坐下来，共同整理获得的信息，看看这些信息都告诉我们什么？

(2) 观察这些亮了的方法，哪些是相同的？将相同的方法归到一起。

对于有疑问的连法，就请本小组上来演示连接方法，检验是否亮了。

(3) 分析：这些方法有什么相同点？亮的方法和不亮的方法有什么不同？

(4) 修改不亮的方法，使灯泡亮起来。

(5) 归纳：那么怎样连接能使灯泡亮起来呢？连接哪些地方很重要呢？

(6) 师生共同小结：要使灯泡亮起来，必须让灯泡的螺纹和接触点分别与电池的正负极连接起来。

四、应用

1. 连接对的小组，请再想一想，还有没有新的连接法？连接错的小组，你们有没有信心将你们错误的连接法拿回去修改一下，让小灯泡亮起来呢？

2. 汇报：还有什么新的连接方法？小灯泡亮了吗？你们是怎样修改的？

评析：该案例中，教师通过生活中常见的物体——手电筒直接切入，引出小灯泡，再通过开关将小灯泡发亮，让学生联想到生活中的灯泡实例，创设这样一个情境有利于学生同化当前学习的知识，从而对学生后面的自主探究记录打下铺垫。

在探究怎样让小灯泡亮起来的过程中，学生首先自主探究记录，然后与其他伙伴的合作讨论对自己的记录进行分析和改进，将最后的结果记录下来并得出一般的规律。通过协作，学习者的思维和智慧可以被群体共享，这样有利于学习者对新知识的意义建构。教师组织全班同学分组讨论实验，这是培养自主学习和交往、表达能力的重要环节。

探究过程中，教师准备了一套小灯泡各个部分的组合件纸样以及真实的小灯泡、电池等，使学生对小灯泡的组成部分以及需要连接的部件有了更形象的认识，为学生后面自主探究记录小灯泡的连接方法奠定基础。在探讨如何使小灯泡亮起来的过程中，教师组织学生分成若干个实验小组，为学生的探究学习营造一种良好的合作环境，在这个环境中，学生不仅能得到教师的帮助与支持，而且学生之间也可以相互协作和支持。良好的学习环境，有益于激发学生兴趣和探究欲望，引起学生思维和想象的活动。

学习过程中，每位学生都建立了一个科学记录本，先画出小灯泡的结构，然后记录小灯泡亮起来的方法，最后验证其方法。学生将自己科学探究的过程，思维方式以及实验得出的结论就在科学记录本上，从而自主完成意义建构的过程。整个教学过程教师引导学生完成和深化对所学知识的意义建构。

(张屹. 小学科学案例研究[M]. 北京：高等教育出版社, 2008：198—202.)

与认知主义相比，建构主义更重视学习活动中学生的主体性作用，重视学生面对具体情境时进行的意义建构。与实际教学活动的密切联系常常被视为现代建构主义的一个重要特点，建构主义反映在科学教育上，简单地说，就是科学地学习是学生主动建构意义的过程。也就是说，学生对科学对象的认识并非一种被动的反应，而是主体以已有的知识和经验为基础的主动建构，学生对科学对象的观察、记忆和思考，都应是一种主动建构的过程。

名师论教

建构式科学教育的基本原则

建构主义的科学教学观与传统教学观的区别首先基于对科学知识看法的差异。传统的教学观是建立在客观主义或归纳主义的基础上。客观主义者力求把人的主体性与实在的事实分离开来,并且从教育话语中取消价值和情境因素。因而,依据这种范式,科学知识是客观实在的反映,而科学教育的目的就是把科学家们所获得的知识传递给学生。然而,在建构主义看来,在教学过程中,科学知识永远只是主体建构活动的结果,因此,它是不能传递给被动的接受者。科学知识必须由每一个认知者主动地建构。从建构主义的观点来看,教师的讲授表面上好像是在传递知识,但实际上只是在促进学生自己建构知识而已。

根据建构主义理论,可以得出以下建构主义的学习原则:

(1) 提出与学生相关的问题

这不是说学生可以随心所欲地想学什么就学什么,而是说教师备课和教学必须使学生觉得有兴趣。例如,可以采用一个使学生感到惊奇的演示、一次有趣的活动或一个好问题。建构主义者对好问题的标准是:① 要求学生作出一个可检验的预测;② 利用不很昂贵的设备或器材;③ 有一定的复杂性,可以使学生提出多种解决问题的途径;④ 适合于小组活动。总之,问题必须是学生所关注的、引起他们兴趣的。

(2) 围绕基本概念组织学习活动

建构主义强调完整地学习科学的基本概念。在这一点上,建构主义者与后现代主义课程理论家多尔一样,主张课程的内容必须是"少而精"的。"少"强调的是最基本的科学概念、理论、模式等等,类似于布鲁纳的学科结构的概念,而与布鲁纳观点不同的是,建构主义主张在情境中进行教学,而不是学习抽象的、理论化的、脱离情境的知识。"精"则是要求学得深、学得透,使学生掌握思想、过程和方法,理解科学的本质,因而终身受益。

(3) 引出并重视学生的观点

这是体现建构主义教学思想的最重要的策略。教学虽然可以促进知识的建构,但知识的建构不是直接教的结果。在教学过程中,学生能否理解知识、获得知识关键在于通过教师的引导和启发学生能否主动地建构。而在这种建构过程中,学生已有的思想和观点揭示了许多其当前的观念和思维过程。教师若不真正了解学生正在想什么,教学就没有针对性,其结果就是教师和学生都白费了力气。因此,为了了解学生正在想什么,教师必须倾听学生说什么,这不仅仅是为了确定对与错,更重要的是为了懂得学生正在思考什么,是怎样思考的,其假设是什么,并有针对性地教。

(4) 改编课程,针对学生的观点进行教学

因此,教师主动地了解学生的思考并据此而备课就非常重要。这样,教师的教就有了一个"起点"。备课的灵活性,满足学生的需求是极为重要的。

(5) 在教的情境中评价学生的学习

评价的真正目的在于使教师确定学生是否掌握了所教的概念。这应该是一个连续的过程。因此,在上课时,教师就要监测学生是否理解。如果教师感到学生并没有理解,就要确定学生缺乏理解的原因,并调整教学,针对他们的问题进行教学。

总之,建构式的科学教育更加强调的是探究问题,而不仅仅是了解问题的答案;是批判性思维,而不仅仅是记忆;是在情境中理解,而不仅仅是获得一点信息;是促进学生合作学习、互动和分享思想和信息,而不是无益的竞争。

(丁邦平.建构主义与面向 21 世纪的科学教育改革. http://www.pep.com.cn/xxkx/xxkxjs/xkxsyj/jyll/200703/t20070328_380614.htm.)

3.3 新课程与学习方式的变革

一年轻老师的第一次教学,在组织学生进行合作学习时,对于学生自己要干什么事感到迷茫。时不时有学生说:"老师,他不让我玩。""老师,这怎么做啊?""老师,我不要记录!"搞得自己也在整个教室里东奔西跑。

课后有老师向他建议,可以把学生在自己的小组中分工,谁干什么指定好,然后让学生各司其职。

在第二堂课中这位年轻的老师一上课就对学生说:"老师这儿有几个岗位,你们谁想试试?"学生非常热情,纷纷举手,但都要做操作员,而记录员这一岗位却无人问津。最后只能规定一个人来做。

实验中,却发现了另一种情形:记录的想着如何记录,操作的想着如何正确操作,到底是谁在专注地思考问题呢?

此案例中小组合作学习成了一件外衣,"只是虚有其表",而实质性的内容却在无形中淡化,到底应该怎样才能使合作实实在在地展开呢?

我国的教育工作历来很重视如何"教"的问题,近年来也日益关注学生如何"学"的问题。学习的性质、学习的过程、学习的方法、学习的动机以及学习的迁移等问题,现已成了教育理论工作者的热门课题;而对学生学习方法的指导,则已成了教育实践工作者的一项义不容辞的工作,并取得了相当好的效果。

教学过程是师生的双边活动,学与教是互动且不可分割的过程。在教学过程中所采用的方式方法,从教师的角度讲是教的方法,从学生的角度讲是学的方法。教师的责任在于,引导学生找到适合自己的学习方式,使学生学会学习。

3.3.1 新课程强调学习方式的改变

自主学习、合作学习、探究学习是我国基础教育课程改革中极力倡导的三种学习方式,也是当今学习研究的重要主题。现代教育的发展形势要求教师要切实改变传统的教学方法,按照学生自学的方法精心设计相应的教学方案,寓学法于教法之中,使教法和学法融为一体。

活 动

哑巴分组

目的:让组员体会沟通的方法有很多,当环境及条件受到限制时,你是怎样去改变自己,用什么方法来解决问题。

实施程序:

(1)给每人一个折好的纸条,上面有一个组名,例如"蜗牛",但这个组名只有本人知道(水火箭、陀螺、凤仙花、蜗牛、不倒翁)。

(2)大家要在 10 分钟内找到自己的组员,全过程不能说话,也不能借助其他工具(例如:纸,笔等),只能用肢体语言表达自己组名的意义。

(3)当全体成员都认为找到自己的同伴时,宣布游戏结束,大家可以重新说话,检验分组的正确性。

分工:

召集人,记录人,发言人,声音控制人,时间控制人,"挑战者"。

每种学习形式和方法都有各自的优点和不足,以及适用范围。学习方法还有辩证统一性,各种方法相互渗透,从各方面相互作用。因此,教师应根据相应阶段的任务、教材内容的特点、学生学习的特点以及教师运用各种方法的可能性来对学生进行学法指导,并对教学方法进行最优组合,配合运用。

3.3.2 新课程倡导的学习方式的主要特征

3.3.2.1 自主学习

自主学习是学生在学习活动中自我决定、自我选择、自我调控、自我评价反思,发展自身主体性的过程。自主学习强调学生是学习的主体,提倡学生参与确定学习目标、学习进度和评价学习目标,在学习中积极思考,在解决问题中学习。新课程注重与学生生活实际相联系,在结构形式和内容呈现方式上也注重学生的自主学习,使学生的活动时间和空间在课业进程中有合法的地位。

作为教师应当帮助学生制订适当的学习目标,并确认和协调达到目标的最佳途径;指导学生形成良好的学习习惯,掌握学习策略;创设丰富的教学环境,激发学生的学习动机,培养学生的学习兴趣。

案例研究

《长江》教学片段

教师利用多媒体手段展示——98抗洪背景中,波涛汹涌的长江水已超越长江警戒线水位,战士们一个个跳入长江手拉着手组成一道道人墙,用自己的肉体唱响了一首"人民战士爱人民"的战歌,然后把背景定格下来。画面定格后,在背景下面拖出一行文字:"长江什么地段最易发生洪水?"

师(面向全体学生,微笑着强化上面的问题):想一想,长江什么地段最易发生洪水?

学生被画面所吸引,进而被问题触动,开始在图上、书上查找长江的内容,边阅读边进行思考、判断,得出各自的结论,然后同伴间交头接耳,开始有了异动。

师(在观察到学生完成上述活动后):谁愿意将自己的判断告诉大家?

生1:长江中游最易发生洪水。

生2:长江上游最易发生洪水。

师:同学们的意见呢?赞成长江中游最易发生洪水的请举手。噢,只占三分之二,你们能说出判断理由吗?

生1:长江中游河道弯曲,荆江号称"九曲回肠",遇到涨大水、下大雨,水来不及排泄易产生洪水。

师:赞成长江上游易产生洪水的同学,你们判断的理由是什么?

生2:长江上游山高谷深,坡陡水急易产生洪水。

师:请同学们根据材料分组讨论,试从各个方面说明中游易发生洪水的原因?

(学生积极查阅资料、思考、判断,并与周围的同学互相交流)……

评析:以上虽然只是一节课堂教学的片段实录,虽然只是关于长江什么地段最易发生洪水的短短的教学过程,但却可以反映出我们提倡的课堂教学的全貌,反映出实现自主学习的课堂教学方式和途径。

从过程看:首先呈现问题情景,让学生明确地把握情景中包含的信息,如长江发生洪水的时间、水位、抗洪的场面等;其次引导学生抽取出问题的实质,如长江什么地段易产生洪水?为什么?最后引导学生独立运用所学知识找出解决问题的办法。如果学生不能独立解决,引导他们讨论。从全过程看教师是真正的导演,其作用是点拨、引导、指导,学生是学习主人,其间经历了感知客观事实,产生问题,阅读材料,分析思考,归纳判断,解决问题的过程;从时间分配来看,学生的"活动"占据了大部分,学生成为课堂的主角;从学生的积极程度看,探索、表述、争论,处处体现了强烈的探究欲望。

这个片段分五个部分:一是声情并茂的98抗洪画面的展示;二是问题的提出;三是学生查书、思考、判断;四是学生表述自己的观点,争论的过程;五是老师提供问题,让学生应用的过程。这五个部分由"创设情景—提出问题—引导探究—交流合作—尝试运用"所构成的学习过程,可以说是学生自主学习展现。

("双自主双发展"教学模式培训材料[EB/OL].[2009-02-18].http://www.hardf2.cn,jiaoan/html/? 534.html.)

自主学习具有能动性,独立性和异步性三个基本特点:

(1) 自主学习的能动性。自主性学习是把学习建立在人的能动性基础上,它以尊重、信任、发挥人的能动性为前提。能动性的表现形式有:自觉(自律)与主动(积极)。自主学习是一种自律学习,一种主动学习,这一转,转出了学生无可推诿的主体责任,也转出了原来处于压抑状态时的那种不能自己决定、自己判断的智慧。自主学习使学生的学习状态发生了根本变化:从他律到自律、从被动到主动、从消极到积极,不仅开发出了学生的潜能,而且培养了学生学习的责任心。

(2) 自主学习的独立性。自主学习把学习建立在人的独立性基础上,自主学习的实质就是独立学习,独立性是自主学习的灵魂,要求学生能够不依赖教师和别人,自主独立地开展教学活动。

(3) 自主学习的异步性。自主学习尊重学生的个别差异,学生在充分了解自身的客观条件,并进行综合评估的基础上,根据自身的需要,制订出具体的学习目标,选择相关的学习内容,并对学习结果做出自我评估。学习的异步性;使不少学生脱颖而出,使暂时落后的学生能够在教师的指导和帮助下尽快赶上来。

总之,自主学习是一种学生把自己置于主人地位上的学习,学习也就变成自己的事,自觉自愿的事。学习积极性的根源在于学生内部学习动机,而这种积极性一旦被调动起来,学生将主动参与到学习活动中去,学习也将是高效的。教师要放手给学生必要的个人空间,为学生创造、发现、表现提供更多的机会,特别是为不同个性特点的学生提供必要的发展空间。

可以说自主学习不仅能开发出学生潜在的能力,而且能激活、诱导出学生学习的积极性,养成良好的学习态度和学习习惯。"一切天赋和诺言都不如习惯更有力量。"

3.3.2.2 探究学习

探究性学习是一种在好奇心驱使下的,以问题为导向的,有高度智力投入且内容和形式都十分丰富的学习活动。这种学习活动的实质是开展科学探究。科学课程中的科学探究使学生积极主动地获取科学知识、领悟科学研究方法而进行的各种活动。科学探究通常包括:提出问题、作出假设、制订计划、实施计划、得出结论和表达、交流。开展这种类似科学研究的学习活动,是为了使学生学会主动地获取科学知识,体验科学过程与方法,形成一定的科学探究能力和科学态度与价值观,培养创新精神。

案例研究

"气体的热胀冷缩"教学设计

教 师	学 生
创设情境 　①同学们,今天我和卢老师打乒乓球,不小心把乒乓球踩瘪了,但没有破,谁能帮老师想办法让它鼓起来? 　②教师演示:把乒乓球放热水中一烫就鼓起来。 　③讨论:看到这种现象,你想提出什么问题吗?	1. 提出问题:为什么乒乓球用热水一烫就会鼓起来? 　让学生发散思维自由想办法,教师不加评论。教师根据教室现有条件可选择用热水方法亲自试一试。
2. 启发思考:请同学们猜想一下,是什么原因使乒乓球鼓起来的? 　要弄清乒乓球为什么会鼓起来,你认为应该先解决什么问题?	2. 猜想假设:让学生在原有知识基础上大胆猜想,如,可能是球内气体受热膨胀把皮鼓起来,也可能是球的外皮膨胀变鼓等。学生的想法不见得只有这两种,不要限制学生的思路。 　学生:先解决气体有没有热胀冷缩的性质。
3. 指导探究 　①各组实验桌上有老师和同学们准备的各种材料,对于这些材料你有什么不认识、不清楚的吗? 　②请各小组利用这些材料自行设计实验研究气体有没有热胀冷缩的性质。	3. 自行探究 　①学生质疑 　②学生根据所给材料,以小组为单位,制订实验计划,并亲自观察实验。
4. 组织研讨:你是怎样做的实验?看到了什么样的实验现象?你设计的实验说明了什么?	4. 分析研究:每个同学收集并整理在实验中获得的信息,并把自己所看所想的先在小组内交流,在全班交流。
5. 引导归纳:以上实验说明了什么? 　解决问题:既然气体、外皮(固体)都有热胀冷缩的性质,那么到底是谁的膨胀才使球鼓起来呢?	5. 得出结论:气体有热胀冷缩的性质。 　学生讨论并实验:可以把漏了气的乒乓球放入热水中,发现不会鼓起来,从而证明是球内气体把外皮胀鼓的。

　评析:本案例采用了典型的引导—探究法,气体的热胀冷缩这一内容学生已有一定的生活经验感知,提供给学生较多的有结构的材料,在教师的恰当引导下更多地让学生自行探究,完全可行。案例中的探究法采用的程序是:提出问题、猜想假设、制订计划、观察实验、收集整理信息、思考与结论、表达与交流。当然根据不同的内容,在具体的教学实施过程中,引导—探究法可以是全过程,也可以涉及科学探究的某一个或某几个环节。

　(农村中小学教师素质提升工程,教学设计与案例分析《小学科学》. http://www.zjteacher.net/wlkc/kecheng/anlifenxi/1-3-13/Untitled(1—2).html.)

探究学习的特征：
(1) 学生对自然事物与现象主动地去研究,经过探究自然的过程获得科学上的知识。
(2) 为了研究自然而培养所需要的探求能力。
(3) 有效地形成认识自然基础的科学概念。
(4) 培养探究未知自然的积极态度。
(5) 通过探究活动而学得的知识是科学概念而不是文字知识。

探究学习的注意事项：
(1) 时间与空间：探究要有一定的时间与空间。
(2) 从挑战性问题出发：并不是任何的问题都可以引起学生的兴趣与探究,只有富于挑战性的问题才能激发学生的探究兴趣。
(3) 关注过程：在探究的过程中不只是学习知识,同时也让学生有了多种体验。

3.3.2.3 合作学习

合作学习是指在教学过程中,以学习小组为教学基本组织形式,教师与学生之间、学生与学生之间,彼此通过协调的活动,共同完成学习任务,并以小组总体表现为主要奖励依据的一种教学策略。它强调组员之间积极的相互支持配合,强调发挥每一个学生的积极性。为了实现这种互动式、交流式的学习方式,作为课程应为不同层次的学生提供参与学习、体验成功的机会,增进学生之间能有效地沟通与交往。作为教师除了充分地开发好课堂的空间,更要组织好课外活动和活动课程的活动项目。

在本节开始的案例中,老师该做什么呢？在组织小组合作学习中,教师第一步要做的就是：制定规则。组织教育活动的规则不是越多越好,而是越简洁越好。那么,合作学习中我们需要制订哪些规则呢？

1. 独立思考的规则

(1) 目的：小组合作学习是为了让每一位学生参与学习的全过程,给每一位学生提供展示的空间,使学生能够充分表达自己的观点,通过组内的交流、探讨,了解别人的思路、观点,同时也使没有考虑好的同学得到启发。但是,这些成立的基础就是：学生的独立思考,合作学习不是自己不用动脑筋,大家一块儿解决问题,学生应在自己独立思考的基础上参与小组学习,获得最大的发展。

(2) 建议：让习惯于吃"大锅饭"的孩子独立思考,最难的是第一步"从何想起"。教师在教学中应注意思路、思考方法的指导,从扶到放,和学生一起分析思考的方向,激发学生思考的欲望,培养学生思考的习惯。

2. 分工合作的规则

(1) 目的：小组合作学习不再是一种个人的学习行为,而是一种集体行为,这需要学生有足够的团队意识。因此,要想成功开展合作学习,建立分工合作的意识是必不可少的。

(2) 建议：第一是分工,例如"测气温"一课中,在测量空气温度时,需要有人测量,也需要有人记录,这时就需要大家先分工,决定谁来测、谁来记,然后才能合作。分工,也就是让组内每个同学各司其职,可这并不容易,因为需要解决的问题不同,所以分工的方式也不同,在小组建立之初这个问题尤为突出,解决这个问题的方法就是在小组内要建立民主协商的氛围,教师可以进行引导和榜样暗示,教会学生解决问题的办法。

第二是合作,合作意识的培养应该从营造合作氛围的开始。例如在认各种大米时,每个小组有一个小盒子,里面有粳米、籼米、杂交米、糯米,让一个学生按小组其他同学的要求从袋中取出对应种类的大米。这个活动就使得他们必须合作才能完成,为合作意识的培养提供了物质环境。

3．交流的规则

(1) 目的：交流是在合作学习中的重要表现形式，通过交流而展现自我、探索真理；交流的过程即个体从狭隘走向广阔的过程，它带来视界的敞亮。交流由于其具有平等性、无拘无束和非强制性，能更好地促进学生的主动性、创造性和民主平等的精神的发展，也使得学生个体的思考通过交流成为集体智慧。

(2) 建议：第一，表达自己的见解。就是"说"，就是将自己的观点通过语言准确地表达出来，让别人理解。这种"说"的能力包括思维的逻辑性、语言的组织能力等，需要教师在教学中甚至生活中不断地提供练习的机会。第二，尊重别人的发言。就是"听"，就是认真听取别人的意见。"听"是一种涵养，也是一种学习的技巧。不仅要让学生肯听，更要让学生会听，能够听出别人说的重点、问题。第三，小声交流。小声交流的目的是给大家提供一个良好的学习环境，避免互相干扰。

 案例研究

"常见材料"课堂实录

师：今天冯老师很高兴能和小朋友一起来上一节科学课，你们欢不欢迎？

生：欢迎！

师：我还特别打扮了一下，谁能用简洁的语句来描述一下老师？

师：谁能说说老师身上的穿戴分别是由什么做的？

师：(根据学生的回答，一一板书：丝绸、布、皮、橡胶、金属、塑料等)像这些我们称为"常见材料"(板书课题)。

师：刚才我们已经研究了老师身上的穿戴是由一些常见材料做成的，在我们教室内还有许多的物品，你们想不想小组合作研究它们是由哪些材料做成呢？

生：想。

师：那么在研究过程中我们要注意些什么呢？

生：要认真仔细地观察。

生：要和小组成员分工协作。

生：我认为对一些难辨别的，要反复比较，再辨不出来可以请教同学或老师。

生：要注意安全，如研究热水瓶要防止烫伤、研究开关时要防止触电。

师：(出示研究记录卡)还有呢？

生：还要做好记录。

师：确实，研究的记录很重要(结合"记录卡"讲解记录的方法)。听清楚了没有？现在我们就开始研究吧！

(学生分组进行研究)

师：研究好了没有？哪一小组愿意把你们的研究情况向大家汇报一下？不过汇报时我们还应该注意些什么？

生：要耐心地听，对别人汇报的结果有疑问的要提出来。

生：可以给他们评一评。

生：汇报的同学声音要洪亮些。

生：我认为别人汇报过的，没有疑问的不要再汇报了。

师：说得很好！别的同学汇报过的我们可用"★"作个记号，避免重复讲。好！哪一小组先来？

生：我们研究了黑板是由木头和玻璃做成的；窗户是由金属、玻璃和橡胶皮做成的；课桌是由木头和油漆做成的。

生：教室的地面是由石头和水泥做成的；热水瓶是由塑料外壳、木头塞子、玻璃胆做成的。

生：我补充一点，热水瓶胆上还有金属银。

生：不对！应该是水银。

师：这位小朋友知道的真多！确实是水银。

生：我们还研究了铅笔是由木头、油漆和铅芯做成的。

生：铅笔芯应该是石墨做的。

师：同学们研究得真多！"物品是由什么材料做成的"这一问题我们就研究到这里，关于"材料"还有很多其他方面的问题，你们想不想研究？

生：想。

师：请各小组讨论，提出你们最想研究的1～2个问题。

（学生小组讨论）

师：讨论好了没有？谁来说说你们最想研究"材料"的什么问题？

生：水银和银有什么区别？

生：为什么有的材料比较硬而有的材料却比较软？

生：人造材料是怎么回事？

生：老师，我想研究一下投影幕是用什么材料做成的？

生：超导材料是什么？

生：陶和瓷有什么相同和不同。

生：纸是我国古代"四大发明之一"，我想了解纸是怎样做出来的？

生：我们想研究常见材料除了黑板上写的几种外，还有哪几种？

师：小朋友们真会动脑筋！提出了这么多的问题，我们将在以后的几节课中继续研究，你们也可以利用今天的研究方法在课外进行研究，好不好？

生：好！

师：下课！

评析：此案例教学中施教者始终关注学生，注意对小组合作学习中探究的方法、规则的指导和点拨。在小组合作探究前先让学生说说"研究过程是我们要注意些什么？"简单描述自己的设想，这对更好地完成小组合作学习很重要。汇报交流前也让学生说说"交流汇报时我们要注意些什么？"使学生体会到交流汇报是在分享劳动成果，要学会赞美，学会理解。更重要的是，去品尝到成功的快乐，坚定了继续研究、探讨的信心。同时，也把小组合作学习中的一些规则自然而然地渗透其中。

（冯君等.《常见材料》的课堂实录与评析. http://www.hlgsyxx.com/kexue/Article/ShowArticle.asp? ArticleID=7.）

有人认为合作与竞争是相互排斥的，不可融合的。在学习过程中也存在合作和竞争形态。美国著名合作学习研究者多伊奇认为：

(1) 合作学习的目标结构是个人达到目标的努力可以帮助他人达到目标；

(2) 竞争学习的目标结构是个人达到目标的努力会妨碍他人达到目标；

(3) 竞争学习的目标结构是个人达到目标的努力与他人达到目标无关。

具体三者的关系比较见表3-1。

表 3-1 合作学习与竞争学习、个人学习的比较

	合作学习	竞争学习	个人学习
学习目标	目标是重要的	目标对学生而言并非最重要,他们关心的是输赢	目标与个人同样重要,人人期望最后达到自己的目标
教学活动	适用于任何教学工作,愈复杂与抽象的工作愈需要合作	着重于技巧的练习、知识的记忆和复习	简单的技巧或知识的获得
师生互动	教师督导、参与学习小组教导合作技巧	教师是协调、反馈、增强和支持的主要来源;教师提出问题,澄清规则,是争议的协调者和正确答案的判断者	教师是协助、反馈、增强和支持的主要来源
学生互动	鼓励学生互动、帮助与分享,是一种积极的相互依赖关系	依照同质组成小组以维持公平竞争,是一种消极的互相依赖	学生之间没有相互依赖
学生和教材之间的关系	按照课程目标安排教材	为小组或个人安排教材	教材的安排及教学纯粹为个人而做
学习的空间安排	小团体	学生在小组内学习	有自己的作业空间
评价标准	标准参照,学生的学习与既定标准相比较,以决定其成绩	常模参照,通过相互比较学生的学习结果,决定其成绩	标准参照

从上述三者的关系比较中我们可以看出,合作学习有其自身的优越性,是当今社会最重要的一种学习模式。合作学习模式弥补了传统学习模式中的不足,加强了学生之间积极的同伴互助关系,正是这种积极相互依赖关系,不只是在学校学习过程中,而且在促进学生的情意和社会性的发展方面都会对学生产生积极而又重要的作用。合作学习的倡导者还认为:合作和竞争是可以同时存在于教学活动中的。合作学习并没有否认竞争与个人活动的价值。他们认为合作与竞争是矛盾统一的范畴,为了完成复杂的任务就必须合作,而为追求更完美的结果又必须竞争,即在小组内以"合作"为主,但不排除竞争,尤其是组间竞争可促进小组内部更好的合作。合作学习的基本理念之一就是强调"组内成员合作,组间成员竞争";合作学习与个人学习也是互不排斥的,有研究表明,有效合作学习的前提是个人学习,每个学生只有具备了个人学习能力,才能确保合作学习的实效性。

3.3.3 让学生在"自主·探究·合作"学习中成长

自主学习、合作学习、探究学习这三种学习不是孤立存在的,而是并行存在的,相辅相成。学生自主参与小组的合作学习,在探究中获取知识。

案例研究

《蚂蚁》课堂实录与评析

一、揭示课题

师:课前老师请同学们捕捉几只小蚂蚁,你们捉到了吗?

生:捉到了。

二、引导探究

师：你们是怎么去捕捉的？

生：我用饼干来引诱。

生：用糖块来引诱。

师：看来同学们捕捉蚂蚁的方法真不少，也捕捉了许多小蚂蚁。现在老师请你用笔画一只小蚂蚁，你行吗？

生：行。

师：好，我们画得最快的五位同学把画好的小蚂蚁贴到黑板上给大家展示。

（学生画蚂蚁，然后到黑板贴蚂蚁）

师：我们捕捉来的小蚂蚁是不是与他们画的小蚂蚁一样有那么多的节？那么多的脚？

（点评：教师这一问，引起了学生的注意，我们捕捉来的小蚂蚁到底是怎样的？促使学生从内心出发迫不及待想去观察。）

师：那么我们看看捕捉来的小蚂蚁？

（学生观察小蚂蚁）

师：哪位同学代表小组来说说？

生：小蚂蚁有八只脚。

生：不对……

师：看来，小组间同学出现分歧了，是不是在观察中碰到困难？

生：是的。

师：什么困难呢？

生：蚂蚁很小，看不清楚。

生：蚂蚁还要爬来爬去，很难看清楚。（教师板书：太小、乱爬）

师：怎么办呢？各小组可以讨论一下。想出一种方法就在纸上打一个"☆"，比一比哪个小组的办法多而且好。

（点评：问题不是老师给的，是学生自己在观察中生成的，新的问题促使学生去探究。）

师：你们小组得几个"☆"？

生：得了三个"☆"

师：有没有比他们得到更多一点的组？

生：我们组得了八个"☆"

师：比他得到还要多的组吗？没有，那请你们小组来介绍一下最好的三种方法，其他的组听仔细，有没有说到你们的方法，如果没有，一会儿你可以来介绍。

生：第一种方法是拿食物来引诱它，不让它乱爬。第二种方法是用毛笔上的毛夹住蚂蚁，然后用放大镜来观察。第三种方法是用胶水粘住蚂蚁来观察。

师：还有其他方法吗？请你们小组说说。

生：把小蚂蚁放在水中的泡沫上观察。

生：把放大镜直接盖住杯子来观察。

（点评：教师充分放手，让学生尝试自主、合作、探究的学习方式，放开了学生的思维。从实际情况看，学生虽小，但其创造力和想象是很丰富的，不可限量，这是教师意想不到的。）

师：这个方法不错，老师这里就有这样的观察器具（出示），它叫昆虫观察盒，只要把小蚂蚁放在里面，便直接可以观察了。现在，我们每个小组选择一种观察方法。需要的器材请各组小组长选择领取，看看蚂蚁到底是怎样的？它有多少节？多少脚？脚长在哪里，观察到的结果可以画图，可以用物体或用语言等来表达。

学生观察,教师巡视参与活动

师:谁能代表自己小组说说小蚂蚁的身体是怎样的?

生:蚂蚁身体分三节,而且有三对足,头上还有触角。

生:是四节。

生:(多数同学)三节。

师:其他组呢?

生:我们认为蚂蚁的身体是这样的。他们把观察中画的画贴到了黑板上。

师:有意见吗?

生:触角太多,而且短了。

生:不对,3对足应该长在胸部。

师:那你来替他们改一下。

(学生改画,全班注视)

师:有没有用搭火柴的方式来表示小蚂蚁的?

(指点)请你们到幻灯机上来摆一下。

(学生搭蚂蚁,全班注视)

(点评:学生经过探究,设计出许多观察蚂蚁的方案,教师适时提供"自助餐式"探究材料,各小组在尝试中找到了比较好的观察方法。在观察结果的表达方式上,教师充分地尊重学生的意愿,真正地把课堂主动权交给学生,实现学习的多元化、自主化。)

评析:这个案例课题为《蚂蚁》,主要对蚂蚁进行观察,想办法解决在观察中遇到的困难。基于这样的教学内容,它的这个过程没有像《热胀冷缩》那样经历科学探究的全过程,而只是经历了科学探究的几个环节。在这几个环节中,小组合作学习作为基本的学习方法贯穿始终,并且穿插了观察法、实验法、比较法、交流研讨法、评价法。学生的自主学习一直与合作紧密地联系在一起。在探究观察小蚂蚁的过程中,学生围绕解决初次观察中生成的问题,老师给学生较多探究的空间,让学生以小组为单位充分地、自主地展开讨论和交流,学生在自由、轻松的学习氛围中,在老师的激励评价之中,讨论非常热烈,许多同学自信地举起了小手。从他们的汇报来看,他们的确设计出了许许多多观察蚂蚁的方法。这样的课堂,不仅使学生经历了科学探究的过程,而且也使学生得到了良好的情绪和情感体验。在学生不断改进观察方法的进程中,教师适时提供"自助餐式"探究器材,为学生提供开放的空间,自主的余地,个性化的选择,实现了学习的多样化。在观察结果的表达上教师同样鼓励学生多样化的表达自己的观察结果。

[莫建国,钱金明.《蚂蚁》课堂实录[M].科学课:小学版,2003(10):10—11.]

3.3.3.1 帮助学生学会提出问题的策略

(1) 将兴趣转化为适合合作探究的问题。

(2) 创设情境引发、引导学生提出问题的兴趣。

(3) 呈现矛盾的现象及其不同解释,如演示出乎学生预测、引发学生疑问的现象。

(4) 头脑风暴——鼓励学生尽量提出问题,互相启发,而不做任何评判。

(5) 故意唱唱反调,或反问几句,或问问为什么,使问题深化、清晰。

(6) 引发学生的不同观点,产生争议性问题。

(7) 提供提出问题的范例。

(8) 问题枝干训练:要求学生利用一些问题枝干来提问,以此来训练学生提出不同类型的问题。

3.3.3.2 促进合作过程中的积极互动的策略

(1) 给小组设计富有特色的队名。

(2) 确定小组学习的共同目标。
(3) 进行角色分配,使每个人的角色互补或相关,如组长、观察员、记录员、报告者等。
(4) 进行工作分工,使每一成员所负责的任务成为其他成员完成相应任务的基础。
(5) 共享资源,使每人只拥有完成整体任务的一部分或全组只有一项共同使用的资源。
(6) 建立互相制约的奖励系统等。

3.3.3.3 指导学生合作的技巧

(1) 通过海报、布告或班级公约等形式强调合作技巧的重要性。
(2) 通过教师示范、让学生进行角色扮演或自由表达等方式,以确定学生是否理解了合作技巧。
(3) 安排适当情境,提供学生进行合作的练习机会,每次练习一两项,待熟练后,再练习新的合作技巧。
(4) 通过小组或全班的形式,给学生提供反馈,让他们进行反省和改进。

3.3.3.4 指导学生沟通的技巧

(1) 批评对事不对人。
(2) 描述自己所了解的内容,不急于对别人的观点作判断。
(3) 针对具体事例,而非抽象概念进行讨论。
(4) 进行角色转换,去除自我中心,整合不同观念等。

活 动

1. 在下列11种学习方式中,即背诵、实验、考试、参观、听讲、看电视、作业练习、去图书馆、读课外书、运用电脑、与朋友聊天中,你最喜欢的学习方式是什么?最有效的学习方式是什么?
2. 讨论让学生分成小组学习就一定是合作学习吗?

本章小结

1. 脑科学
2. 行为主义把学习看做是S—R联结的过程,在这个过程中,学习者的学习是可以观察的外显反应,这个反应成为习惯是后效强化的结果。
3. 认知主义认为心理学研究不应只局限于可见行为,还应涉及内在的心理过程,它把学习看做是对事物进行认识、辨别、理解,从而获得新知识的过程。
4. 建构主义认为,学习者的知识是在一定情境下,借助于他人的帮助,通过意义的建构而获得的。
5. 自主学习、合作学习、探究学习是我国基础教育课程改革中极力倡导的三种学习方式,也是当今学习研究的重要主题。

学习链接

1. 中国基础教育网:http://www.cbe21.com.
2. 全国中小学教师继续教育网:http://www.teacher.com.cn.
3. 新思考网/中国教育资源服务平台:http://www.cersp.com.
4. 合作学习在小学教育中的实践研究专题网站:
http://218.13.33.18/hz/Article_Show.asp?ArticleID=90.

5. 浙江小学科学网：http：∥www.zjxxkx.com/Index.html.
6. 浙江中小学教师继续教育网网络课程：
http：∥www.zjteacher.net/wlkc/kecheng/anlifenxi/1-3-13/index.html.
7. 刘宏武.选择适合的学习方式[M].北京：中央民族大学出版社,2004.

检测—拓展

检测

1. 教师在"自主·合作·探究"学习中的作用与在直接教学中的作用有何不同？
2. 建构主义的学习观有什么特点？请举例说明。
3. STSE教育在科学课程中有什么意义？

拓展

1. 在你的教学过程中,你怎样保证合作学习的有效进行？
2. 你的课程如何应用脑科学？
3. 你是否完全赞同建构主义的观点？如果不是,请具体谈一谈自己的想法。

参 考 文 献

[1] 施良方.学习论——学习心理学的理论与原理(第一版)[M].北京：人民教育出版社,1994.

[2] 陈允成,理查德·D.帕森斯.教育心理学[M].上海：上海人民出版社,2007.

[3] 中华人民共和国教育部.全日制义务教育科学(3—6年级)课程标准(实验稿)[M].北京：北京师范大学出版社,2001.

[4] 中华人民共和国教育部.义务教育初中科学课程标准(2011年版)[M].北京：北京师范大学出版社,2012.

[5] 吴永军.新课程学习方式[M].南京：南京师范大学出版社,2005.

[6] 联合国教科文组织国际教育发展委员会,比较教育研究所译.学会生存——教育世界的今天和明天[M].北京：教育科学出版社,1996.

[7] 袁运开,蔡铁权.科学课程教学论[M].杭州：浙江教育出版社,2004.

[8] 琼·所罗门著,郭玉英,王琦译.国外中小学教育面面观：科学—技术—社会教育[M].海南：海南出版社,2000.

[9] 张建伟,陈琦.认知建构主义与教学[J].北京师范大学学报(社科版),1996(4).

[10] 袁维新.国外基于建构主义的科学教学模式面面观[J].比较教育研究,2003(8).

[11] 袁维新.科学史教育的教学价值与教学模式[J].科学教育研究,2004(7).

第4章　科学课程教学过程与模式

学习目标

当你掌握本章内容后,你可以:

1. 了解现代科学教学的基本特点,认识实施科学教学的新理念,结合案例理解科学课程教学过程的概念。
2. 了解科学课程教学过程的特点及原则,知道科学课程教学过程的组成。
3. 掌握科学课堂教学的基本方法和实施策略。
4. 理解科学课程教学的基本要求,掌握科学教学中常用的教学模式和教学方法。
5. 结合案例理解新课程科学教学模式的理念及内涵。

本章内容结构图

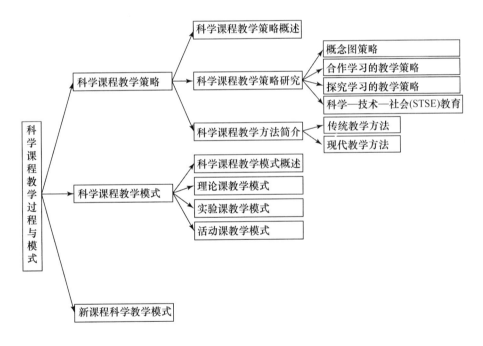

关键术语

◆ 科学教学理念　　◆ 科学教学策略　　◆ 科学教学模式　　◆ 科学教学方法
◆ 新课程科学教学模式

> **本章序幕**

你经历过这样的课堂吗？

可能你的课堂是这样的：Velasquez 先生在你们教室的前面,在他的桌子旁有一个热的盘子。通常,他把咖啡放在盘子上,但今天放在上面的是一个易拉罐,Velasquez 先生说道:"这个易拉罐是空的,但我把它洗干净并加入 2 厘米高的水。你们可能看到蒸汽从罐的上方冒出,有些人还能听到罐中水沸腾的响声。下面用这些热的垫子把这个罐子从热盘子里拿出来并迅速把它翻倒在这个装了冷水的平锅中。我要求你们观察发生的现象并试着推测接下去会发生什么。"你认为它可能会爆炸;毕竟,它里面的水在沸腾。在你观察时,Velasquez 先生把罐子放进了冷水中。几乎同时这个罐子便向内凹陷变皱,就好像是被一种巨大的力量挤压了一样。"好的,你们是怎样想的?"Velasquez 先生提问道。像往常一样。Bobby Wilson 迅速地举了手。"好的。"Velasquez 先生说道,他不会等着让其他同学去思考。你可能会有一些想法,但它们在你的脑子里还未成形。Wilson 脱口回答道:"这是一种吸引力;当罐子变冷时,罐子里的某种东西把罐子向内吸了!""好的。"Velasquez 先生说道,"这个变化的确与罐子的变冷有关,你们仔细想想,当罐子变冷时,水蒸气变成水,于是体积减小了。实际上,使罐外的空气把罐子压变形的是空气压力的作用。"这天,你记住了这个戏剧性的演示。

我们称这种方式的教学为"直接讲授"。老师在这样的教学中提供一些直接的答案,有时会有一些演示。虽然对于基础课来说,演示是很有力度的,但在这个情境中,老师仅仅是告诉学生他们所看到的东西。仅仅因为学生已经看过了演示,老师就期望学生能理解告诉他们的这些概念。

在你的学习生涯中,你经历过这样的课堂吗?你喜欢这样的教学方式吗?如果你是 Velasquez 先生你会怎么做呢?

([美]克拉耶克,查尔内克,巴杰著.中小学科学教学:基于项目的方法与策略[M].王磊等译.北京:高等教育出版社,2004:5.)

4.1 科学课程教学策略

科学课程的教学对于教师来说是一种创造性活动,它要求教师充分发挥自己的聪明才智,科学而又艺术地实施教学。因此,在运用所选定的教学策略时,必须反省思考,再度考虑所构建的教学策略是否恰当？能不能够发挥出应有的教学效果。以下几个问题值得我们在运用教学策略时注意：

(1)教学策略的运用能够在教学活动中起到促进师生共同以科学的态度和方法,积极主动地去探索和认识自然界吗?

(2)所选择的教学策略有利于发展和提高学生的科学素养吗?

(3)要运用的教学策略注意了发挥学生的主体作用,关注了学生学习中存在的困难和问题吗？能够激发学生的学习兴趣,并引导和帮助学生去探究解决这些问题吗?

明晰这几个问题,对于我们理解科学教学的特点,实施好科学教学有着重要的帮助作用。

4.1.1 科学课程教学策略概述

科学教学策略是根据科学教学目标和教学条件选择、组织各种基本活动方法、调节、控制主题的内部主义、感知、思维和操作活动,对教学活动进行内部定向指导、调控的认知知识和技能。科学教学策略常常依据一定的教学理论或假说制订,是科学教学活动的指导思想、行动规则和组织依据,是科学教学方法的精髓、灵魂和本质特征。因此,科学课程教学过程除了符合上述一般教学过程的基本特点外,还具有其自身的特点。

4.1.1.1 科学课程自身的特点

1. 情境性

亲身经历以探究为主的学习活动是学生学习科学的主要途径。因此,科学课程教学过程应创设科学探究情境,为学生提供充分的科学探究机会。在科学课程教学过程中创设的情境应当是学生熟悉的、能直接引起他们学习兴趣的、精心选择和设计的、具有典型科学教育意义的。通过这些情景的创设,可以让学生亲身体验科学发现、科学探究、科学创造的过程,使他们在像科学家那样进行科学探究的过程中,获取科学知识,发现问题,感受科学过程,获取事实证据,检验自己的想法和科学理论,逐步形成科学的态度、情感与价值观。

例如,在探究植物的蒸腾作用发生的主要场所中,学生将植物的叶片用小塑料包起来,然后在整个植物的外面套上一个大塑料袋,过一段时间观察,并与叶片不包小塑料袋的植物进行比较,从实验现象中发现问题,创设问题情境,并进行探究。

2. 人文性

当代科技发展的显著特点是学科既高度分化又高度综合。自然科学技术的发展为人文、社会科学提供了越来越多新的研究方法和技术手段,同时,科学技术的发展以及许多社会问题的解决也有赖于人文、社会科学的通力合作,自然科学发展战略、目标、规划等的确立和实施需要人文、社会科学的指导和帮助。为了适应这一现代科学发展的大趋势,世界各国教育都把文理兼通、视野开阔、富有综合创造能力的复合型人才作为培养目标。因此,科学课程教学必须将科学教育与人文教育相结合,正确合理地将人文精神渗透于我们的科学教育教学中,使学生养成符合现代需要的科学素养。

例如,在"植物的一生"单元教学活动中,让学生尝试稻谷、菜籽、凤仙花种子等植物种子的种植活动,经历发芽、出苗、长叶、开花、结果的过程,进行开垦、浇水、除草、施肥的实践,使学生在了解生命发展规律的同时,懂得植物生长的不易,逐步形成爱护花草树木的意识。

3. 系统性

科学课程知识系统以"综合"为特性,是建立于物理、化学和生物等分科科学知识的基础之上的,综合科学课程知识系统是分科科学知识的有机融合和系统重组。在此基础上,科学课程教学过程也必须是系统的。科学课程教学过程的系统性主要包括两个方面:

(1) 教学内容的系统性。科学课程教学过程中,各分科科学内容要保持前后衔接的系统性,各分科科学内容之间也要有机融合形成系统。

(2) 教学方法的系统性。物理、化学和生物学科的研究方法和教学方法各自不同,在综合科学课程教学过程中,各学科教学方法要融合形成系统。

4. 探究性

科学学习要以探究为核心,科学探究活动是培养科学观念与能力的最关键的途径,也是培养创新精神与实践能力最有效的手段。在科学教学过程中要全面提高学生的科学素养,将科学知识与技能,科学态度、情感与价值观,过程、方法与能力进行结合与渗透,并力求反映科学、技术与社会的互动与关联。

由于科学课程教学过程具有上述特点,结合这些特点,科学课程教学过程应遵循以下教学原则:

4.1.1.2 科学课程教学过程应遵循的教学原则

1. 科学精神与人文精神相结合原则

科学精神与人文精神相结合原则是指科学教育在教学生掌握科学知识的同时还要教学生正确地对待科学,即着重培养学生用科学的态度来对待人生,完善心智,理解人生的意义与目的,找到正确的生活方式。这不仅关系到一个地区、国家国计民生的问题,而且也关系到整个人类与自然界共存的问题。为此,科学精神与人文精神的结合是科学教育中课堂教学的根本性原则。

科学精神与人文精神相结合的原则体现在科学教育的课堂教学中绝不是科学与人文的简单相加,而是指在新的教育思想指导下,促使它们相互整合,构成一个完整的有机整体,作为一种独特的精神文化来教,既传授科学知识,又渗透科学方法,更要突出科学文化精神的传播与养成。在课堂教学中尤其要注意挖掘科学的人文价值,沟通"科技"与"人文"的结合,如科学所体现的客观、求实、严谨与不盲从等品质。科学作为探索真理的过程,本身就蕴含着负责、坚持、毅力、勇于坚持真理、实事求是等人文精神,这些都可以通过教育活动内化为学生的个性品格,成为他们今后行动的规范与价值取向。

另外,在科学教育中开设沟通科学与人文的有关课程,提高教学内容的社会针对性,组织学生研讨科学所涉及的一些重大伦理道德问题,抓好校园文化建设,对培养学生的科学精神与人文精神也有着十分重要的作用。

2. 师生互动原则

在课堂上,教师的教和学生的学都不是孤立地进行的。教师以教影响学生,引起学生知识结构、能力、品德等各方面的变化,而学生又将自己的理解程度,情感体验等信息以自身的表情、动作等行为方式反馈给教师,对教师的教学造成一定的影响。这种课堂中师生间的相互作用、相互影响的过程就叫做师生互动。

师生互动的原则体现在科学教育的课堂活动中是指教师在充分发挥主导作用的同时,还要充分调动学生学习的主动性和积极性,使教学过程完全处于师生协同活动、相互促进的状态之中。

在科学教育中提倡师生互动具有十分重要的意义。这是因为在传统的教育中教师控制教育活动的一切,学生只是消极地被动接受,师生关系变得紧张而不协调。而科学教育中的师生互动原则就是要改变上述情况,使学生成为科技活动真正的主角,教师则是设计与指导者。教师和学生朝着一个共同的方向,互相配合,协调一致,共同完成探索任务。

3. 过程原则

过程原则也是科学教育的课堂原则之一。它是指课堂教学的中心问题不是简单的知识或内容的传授,而是过程或程序。这种教育不是将结果或内容直接灌输给学生,而是强调通过教育过程的设计、组织、控制、引导,使学生积极参与教学活动和实践探索,从而培养学生获取信息、处理信息,以及运用信息解决实际问题的能力。过程教学要求学生在教师所创设的环境和程序性活动中,主动地去发现问题,积极探索形成体验,并内化成知识或技能。

科学包括科学发现的结果与过程两方面。结果是科学家已经发现的东西,即科学知识。科学发展的过程即科学家为获得科学知识而进行的观察、分析、比较、概括等研究过程。在科学教育中,教师精心设计科学活动的过程,让学生重演科学家发现的过程,比直接传授科学知识要有意义得多。过程原则的特点是:① 教师不是把知识和结果直接告诉学生,而是提出问题或提供线索,让学生一步步自己去探索,最后找到解决问题的办法;② 过程教育不着重于教学内容,而在于学生学会知识的方法和本领;③ 比较重视学生探求的过程,重视学生对于科学探索过程的体验、科学价值观和精神的形成,而不苛求学生探索的具体结果。

4. 开放原则

开放原则是相对封闭式的课堂教学原则而言的。科学教育的课堂活动常常是为学生创设操作环境,让学生自己去实践、研究;给学生探索的线索,但不直接给定探索的方向;鼓励学生产生多种多样的想法,允许学生得出不同的结论。总之,在科学教育过程中贯彻开放原则,是由科学教育的本质特征决定的。

开放式课堂教学没有千篇一律的固定程式,强调根据具体的教学内容和教学对象灵活多变和具有伸缩性,它否定对学生的严格控制,倡导学生按自己的想法去寻找结论。鼓励学生走出课堂,面向生活,将课内课外、学校与社会、学习与生活、现在与未来互相联系,使学生在积极探索、教师适当指导点拨的自由气氛中进行自主的学习。

开放原则体现在教学内容上,强调科学知识的传授,要联系社会实践和学生的生活实际,有利于学生从课堂、从书本中走出来学习科学,在生活中创造应用。首先,科学教材的内容要渗透时代精神,体现现代科学技术发展的新成就。其次,要沟通教学内容的纵横向联系。横向是指各学科之间的相互联系,如数学中的溶液配比运算与化学中的溶液浓度问题,植物学中的植物生长条件与地理学中的土壤、水域、大气等问题,使之相互联系。教学内容的纵向联系是指要把握科学教育内容的历史性,使各年级教学内容相互衔接和逐步递进加深。开放原则体现在教学方法上要求教师精心设计教学情境,给学生创造开放的学习心理环境,提出能启发学生思维的问题。开放原则体现在教学组织形式上要沟通课内、课外、校内、校外的联系,使课堂教学向广阔的社会生活延伸和开放,使学生从单一的课堂教学中走出来。在课外兴趣小组、科技活动小组、少年宫、少科站等各种形式中接受科学教育。

5. 形象原则

学生的认识遵循"具体—抽象—具体"的发展规律。科学是一门抽象性比较强的学科,要想让学生学习并理解科学,就要加强对科学知识的感性认识,帮助学生完成从直观形象、感觉知觉到逻辑思维的认识过程。因此,教师在教学过程中要借助实验、信息技术和实地观察等多种手段,形象化地为学生呈现科学知识和科学探究过程,帮助学生更好地学习科学。此外,教师的语言也是教学形象化的重要因素。

4.1.2 科学课程教学策略研究

实施科学教学需要选用恰当的教学方法,也需要组织好教学活动,但由于教学过程是一个动态变化的过程,常常会因内容、学生对象、教学条件等诸多因素的影响而发生变化。所以,在实施教学的过程中,尤其是在设计教学时,我们总会在考虑这些影响因素的基础上,为提高教学的效率而有目的的制订应对的教学措施。那么针对科学课程的特点,常用的教学策略主要有以下几种:

4.1.2.1 概念图策略

概念图的研究以奥苏泊尔提出的"认知学习的同化理论"为基础,源自美国学者诺瓦克和高文的《学习如何学习》(Novak & Gowin,1984)。这种基于概念与概念间的命题关系结合而形成概念及其相互联系关系的网状构图的教学策略,对于帮助学习者认识和理解概念直接的关系,将新概念的学习和谐地融入原有的认知结构之中有着积极的意义。

这一策略的运用特点是注重从"点"到"面"、从简单的概念关系不断衍生形成复杂的概念关系。这里以科学课程中"构成物质的微粒"这一单元内容的教学为例,来说明采取概念图教学策略时,其教学设计的一些主要特点和运用的步骤。

(1) 首先确定起始概念和认识发展的线索。在这一个单元里要考虑的是从宏观认识开始呢,还是从微观认识开始。如果从宏观开始,则"物质"是起始概念,"微粒"是具体概念,由此形成了第一层概念构成和发展的关系,如图4-1所示。

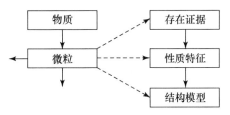

图4-1 "构成物质的微粒"的概念图教学策略第一步

（2）建构概念的层次递进关系和相互关联关系，形成概念发展的中心线索。例如，本单元中"各种微粒"就是学习的中心概念，这些概念包括分子、原子、离子，由此可形成一个联系和发展的概念图。这样不断的建构下去，就可以形成一个反映知识发展和联系关系的构成图示，建立起概念知识之间的学习关系体系，如图4-2所示。

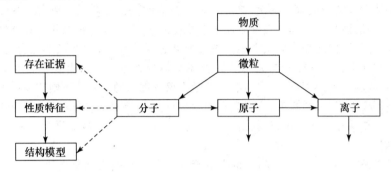

图4-2 "构成物质的微粒"的概念图教学策略第二步

（3）在形成和发展概念图的基础上，探讨和学习相关的知识内容。在概念图教学策略的运用过程中，还要求教师要重视学生对学习要求的理解。除了要利用这种图示的关系来帮助学生建构知识的关系外，还需要教师特别注意把如何提出问题、如何选择探究的方法、如何获取概念认识的证据，以及如何运用知识解决问题、认识知识的实际应用价值融入教学的过程之中，以促进学生运用概念及其关系来分析和解决问题，从而扩展认识的视野。

1. 促进概念理解的教学策略与《科学课程标准》提出的"不过分强调概念的严密性和系统性"有矛盾吗？谈谈你的看法。

2. 基于概念图的教学策略有什么样的应用特点？

3. 概念是什么？

材料：书写工具

步骤：

（1）想象"狗"这个词，你的脑海里出现了什么？你看到了什么形象？闭上眼睛，再想一下"狗"这个词。睁开眼睛，写下可以描绘你所看到的情景的所有词。

（2）与小组成员分享这张清单。你们的观点有什么不同吗？

（3）现在对其他的词汇做同样的事情，如氧化、光子、气孔或干燥地带的植物。闭上眼睛，写下可以描绘你所看到情景的所有词汇。

（4）与小组成员分享这张清单。你们的观点有什么不同吗？

（5）在你的本子上记录这些。

名师论教

给中国读者介绍一些我所推广和应用概念图的经验

约瑟夫·D·诺瓦克(Joseph D. Novak)

结合一个学生已经熟悉的主题来介绍概念图是最好的办法。教师也必须用熟悉的例子来定义概念、命题和连接词。构建一个主题(Focus Question)框架对设定概念图创建的情境、帮助定义概念图的范围也是有帮助的。例如,我们经常以"植物是什么"这个主题为例介绍概念图。首先,我们让学生自发地说出一些相关的概念,如叶子、茎、花、根、绿色、水分、光、养料等。这些概念可以罗列在黑板上或用投影仪投到屏幕上。接着是找出最一般、包容性最广的概念,并将它放到概念图的最顶端。然后是确定2~4个次级的概念,并将它们放在形成中的概念图的第二层。这时,小组需要确定恰当的概念间的连接词,以形成与植物相关的有意义的命题。这时候就能得出一个简单概念图。学生可以个人或小组的形式往这个框架上添加一些其他的概念和连接词。像这样的训练通常足以让学生学会制作优秀的概念图,特别是在学生应用 CmapTools 软件时更是如此,因为它使概念图的建构和修改变得如此简单。

[希建华,赵国庆."概念图"解读:背景、理论、实践及发展——访教育心理学国际著名专家约瑟夫·D·诺瓦克教授[J].开放教育研究,2006(1):4—8.]

4.1.2.2 合作学习的教学策略

合作学习是20世纪70年代初兴起于美国,并在70年代中期至80年代中期取得实质性进展的一种富有创意和实效的教学理论与策略。由于它在改善课堂内的社会心理气氛,大面积提高学生的学业成绩,促进学生形成良好非认知品质等方面实效显著,很快引起了世界各国的关注,并成为当代主流教学理论与策略之一,被人们誉为"近十几年来最重要和最成功的教学改革"。我国自20世纪80年代末、90年代初开始进行合作学习的研究与实验,并取得了一定的效果。目前,合作学习是国家基础教育课程改革所强调和提倡的新型学习方式之一,是新课程改革中的一个亮点。特别是科学课程,因为倡导探究式学习方式,所以合作学习方式也是一个非常重要的学习方式。

当今世界上几乎每个国家都有研究者在从事合作学习原理的应用研究,并且有许多合作学习方法正在实践中得到充分的运用。现将目前研究最深入、运用最广泛的基本合作学习方法做简单介绍。

1. 学生小组学习

学生小组学习(student team learning)特别强调运用小组目标(group goal)和小组成功(group success)。在这里,学生的任务不是以一个小组的形式去做(do)某些事,而是去学会(learn)某些事。

(1) 学生小组成绩分工(student team achievement division,STAD)。学生分成4人一组,要求成员在成绩水平、性别、种族等方面具有异质性。教学顺序是先由教师授课,然后学生在他们各自的小组中进行学习,使所有小组成员掌握所教内容。然后,所有学生都就所学内容参加个人测验,此时,不允许他们再互相帮助。学生的测验得分用来与他们自己以往测验的平均分相比,根据他们达到或超过自己先前成绩的程度来计分。然后将小组成员的个人分数相加构成小组分数,达到一定标准的小组可以获得认可或得到其他形式的奖励。整个活动的周期大致为3~5个课时。

(2) 小组—游戏—竞赛(team-game-tournament,TGT)。这种方法运用了与 STAD 一样的教师讲授和小组活动,不同的是它以每周一次的竞赛代替了测验。竞赛以不同小组中学生成绩有相似记录的3人进行,并不断进行调整。成绩优异的小组获得认可或其他形式的奖励。在竞赛的过程中组员之间是不能相互帮助的,以保证个体责任的落实。

(3) 小组辅助个人(team assisted individualization,TAI)。运用4人能力混合学生小组和对成绩

优异者给予认可的办法来展开活动。TAI把合作学习和个别化教学融合在一起。在TAI方法中,学生们根据安置测验的结果进入个别化的程序,按自己的学习速度进行学习。一般,小组成员都学习不同的单元。小组成员根据答案相互检查作业,在遇到问题时相互帮助。最后单元测验时,小组成员不能互相帮助,评分工作由学生班长进行。教师每周统计所有小组成员学完的单元总数,根据最后通过测验的人数对超过标准分的小组进行认可或给予其他形式的奖励。

细胞有丝分裂过程的合作学习

学习目标:
　　掌握动物细胞有丝分裂过程、细胞形态的变化、染色体形态和数目的变化。
学习材料:
　　有丝分裂过程
组织形式:
　　随机分组
活动过程:
　　首先,50人的班级,随机分成5组,强调每组的目标是完成动物有丝分裂过程的动画,并展示完成情况,最后进行评比。然后,从每一组中随机抽出2人组成5个新组,随机分配给每一组有丝分裂间期、分裂期四个时期中的任一个,每个小组中的成员必须准确地画出标记有丝分裂所分派特定时期的三个连续动画,此时小组成员间应相互帮助、纠正所画图形的错误,确保每一位成员所画的同一时期的细胞分裂图准确无误。每一组完成任务后,让他们回到原来的小组中,向其他同学展示动画的同时讲解他们所学习的这一细胞分裂时期的特征,直至每一位小组成员都掌握其过程。
评析:
　　以小组为单位,将5个小组组成的5个完整的细胞分裂周期动画展示出来进行评比,评比过程中随机抽出一位小组成员作为代表描述其过程特征,对动画本身和讲解过程给予适当的评价。

(叶小红.合作学习的形式及注意事项[J].教学与管理,2003(08):45—46.)

2. 其他的合作学习方法

(1) 切块拼接(jigsaw)。由6人构成小组,学习事先已分配好的学习材料。各小组中同一材料的学生组成"专家组",进行讨论直至掌握内容,然后返回各自小组教自己的组员所学部分的内容。各自参加测试,按STAD计分方法来计算小组得分,达到预定标准的小组获得认可。

(2) 共学式(learning together,LT)1～5人的异质小组学习指定的作业单。每小组上交一份作业单,以小组的成绩接受表扬和奖励。

(3) 小组调查(group investigation,GI)。学生们在小组中运用合作性探究、小组讨论和合作性设计展开学习活动。组成2～6人小组,从全班都学习的单元中选出一个子课题,各小组又分配个人任务,开展必需的活动以准备小组报告。最后,各小组做介绍或展览,向全班交流他们的发现。

角色如何促进合作学习?

材料:
　　选定一个科学主题,找到与之相关的一些多媒体材料。
　　使用该多媒体所需的硬件。

> **步骤:**
> 1. 利用相应的材料,学生通过合作学习的方式完成一节有关上述主题的课。
> 2. 分析小组中每个人的角色以及他们在解决活动中出现的迷惑性问题时是如何为小组的成功作出贡献的。若缺少一个角色,困惑的问题是否还能顺利地得到解决?说明你的观点。
> 3. 一个具体的角色对你的成就、社会技能和自尊有何贡献?你认为这样的角色会如何影响学生参加活动?
> 4. 在本子上记录你的想法。

3. 合作学习法的共同特征

合作学习法的形式千差万别,但具有共同的特征:

(1) 小组目标(group goal)。大多数合作学习法都运用某种形式的小组目标,以给达到标准的小组认可。

(2) 个人责任(individual accountability)。可以把个人测验分数或其他评价分数的总和或平均分作为小组分数,或通过任务分工,使每个学生对小组任务中的一部分承担独立的责任。

(3) 成功的均等机会(equal opportunity for success)。运用一种确保所有学生有着均等的机会对小组作出贡献的计分方法。

(4) 小组竞争(team competition)。即组内合作,组间竞争。

(5) 任务专门化(task specialization)。指将独立的子任务分配给小组成员。

(6) 适应个人需要(adaptation to individual need)。例如,小组辅助个人法就是一种适应学生个人需要的教学方法。

合作学习在探究学习等学习方式中已有大量的体现,因此这里只介绍合作学习的主要方式与方法,以便将合作学习有效地运用于科学教学之中,为实现科学教学的目标服务。

合作学习的具体操作过程是多种多样的。为了更好地说明合作学习的一般程序和方法,这里提供一个案例,提供其教学教案设计的主要内容,重点说明合作的过程。

案例研究

主题:有机物的制造——光合作用		
设计者:吴振华	单位:罗汉中学	
教材版本:武汉版	年级:八年级	所需时间:2课时

一、学习内容分析

1. 光合作用是植物的生理功能,学生在小学时对光合作用也有一定的认识,在此基础上对光合作用的实质作进一步的探讨,让学生如何理解植物光合作用的概念、实质和意义。教材从学生的认知概念入手,通过提问的方式让学生想一想植物是如何进行光合作用的?通过两个实验验证光合作用的产物是淀粉和氧。从而归纳出光合作用的概念、实质和意义。

2. 学生实验是本节教学的难点。

"绿叶在光照下合成淀粉"的实验,前期准备工作要充分。尤其是对天竺葵的暗处理以及实验过程的操作,学生看书不一定就能解决,教师可先演示实验,让学生掌握各步骤的操作要领。对实验的预期效果也要有补救措施。

"光合作用产生氧气"的实验较适合学生进行合作学习。实验的难度不大,易于掌握。可让学生进一步思考:光合作用产生的条件是什么?激发学生的分析、思维能力。

3. 实验后的归纳和总结,是学生合作学习的有效途径。教师共同归纳出:
(1) 光合作用的概念:
绿色植物通过叶绿体,利用光能,将二氧化碳和水转换成贮藏能量的有机物,并释放出氧气的过程。

$$表达式:CO_2 + H_2O \xrightarrow[叶绿体]{光能} 有机物(储存能量) + O_2$$

(2) 光合作用的实质:
物质转化:将简单的无机物转化为复杂的有机物。
能量转化:将光能转化为贮藏在有机物中的能量。
(3) 光合作用的意义:
是人和动物的食物来源;是人和动物的能量来源;是各种生物进行呼吸作用氧的来源。

二、学习者分析

学生在小学时就已知植物能在光照条件下,利用水和二氧化碳制造有机物。在此基础上让学生进一步了解光合作用的概念、实质和意义,符合学生的认识水平。而"绿叶在光照下合成淀粉"的实验是教学的难点,以学生现有的知识水平难以理解为何要将叶片放在酒精里,如何隔水加热,为什么要隔水加热,要求学生看懂书本上的实验步骤让学生进行实验操作就有点勉为其难了。而学生对"光合作用产生氧气"的实验就易于掌握,他们对氧气的性质有所了解,对光合作用产生的气体是氧气易于理解,易于验证,实验也易于操作。
学生可先自主阅读实验步骤、然后观察老师的演示过程、最后分组实验来完成对教学目标的学习。

三、教学目标分析

【教学目标】
1. 科学探究
(1) 学会验证光合作用的条件及产生的过程、掌握实验器材的操作方法。
(2) 认识光合作用的过程,培养学生实验观察能力和分析思维能力。
2. 科学知识与技能
(1) 理解绿色植物光合作用的原料、产物和条件。
(2) 了解光合作用的实质和意义。
(3) 初步培养设计实验和操作实验的能力。
3. 情感、态度与价值观
培养学生热爱自然,爱护自然的良好习惯;尊重客观事实的科学态度以及与人合作的良好品质。

【学法指导目标】
(1) 如何设计实验,证明光合作用的产物。
(引申:如何收集人呼出的气体,并验证呼出的气体中二氧化碳的含量比吸入气体中二氧化碳的含量高,培养学生运用知识的能力。)
(2) 与同学合作完成实验,培养学生与人合作的能力。

四、学习方法的选择

自主学习、合作探究、讨论归纳。
课前做好准备实验器材的工作。
知识回顾:氧气的基本性质,实验验证氧气的方法。光合作用能产生氧,这是学生已知的知识,由此提出问题:你如何设计实验来验证光合作用产生的是气体是氧气?由问题入手,引导学生思维,激发学生探究热情。组织学生自主学习"光合作用产生氧气"的实验步骤,小组制订方案进行实验,组内讨论完成"分析与思考"内容。
在进行"绿叶在光照下合成淀粉"的实验之前,指导学生阅读实验步骤,处理实验步骤1,提出问题:为什么要将天竺葵放在黑暗处一昼夜?步骤2中,为何要用黑纸片将叶片的一部分两面对应遮光?通过讨论让学生理解这样做的目的。步骤4中用酒精的目的是什么？如何隔水加热？书本上也没有参照的图片,学生讨论后也难以解决,这就要求教师边演示边讲解,为学生顺利完成实验提供正确的指导。分组实验时,小组完成实验前的准备工作(实验器材的使用),制订实验方案(可参考教材实验步骤),提醒学生在做实验时注意安全。

通过实验引发学生思考：绿色植物进行光合作用需要什么条件？光合作用的原料、产物分别是什么？在此基础上归纳出光合作用的概念、实质和意义。引导学生识记："一个公式,两个转化,三个来源"的内涵。

五、合作学习活动设计

1. 学习目标的具体化

① 学生能通过实验加深对绿色植物光合作用的正确理解,认清光合作用的实质和意义。
② 进一步学会和掌握实验器材的使用。学会验证光合作用产生有机物和氧气的方法。

2. 教学前的决策

实验器材的准备要充分。实验材料(凤仙花、一串红、天竺葵)的暗处理、叶片遮光部分的操作在课前可引导学生完成。

将学生分为6～8组,每小组6～8人。因为有两组实验,每小组内可分工合作完成实验。每小组推荐一名小组长负责本组成员的工作任务。

3. 构建任务和积极互赖

设计教学材料：通过暗处理的盆栽天竺葵(或凤仙花、一串红)5盆,并选取2～3片叶进行遮光处理。水绵或衣藻若干分装在8个水槽中。

分配角色：指定小组长,由组长安排组内成员的分工合作任务。成员可自荐为操作者,并可选取与谁合作完成实验操作过程。其他成员可作为检查者和记录者,操作者可先向同伴讲明操作的过程、观察到的现象,与同组成员进行交流。

解释学术任务：每个小组成员能正确讲述氧气的基本性质以及收集氧气的方法和检验方法;能通过实验现象说明光合作用的产物和产生的条件。

建立积极的目标互赖：两组实验方案可参考实验步骤,也可在小组中交流讨论后口头交流设计出实验步骤。实验完成后交换操作者再次进行实验操作,使每组成员都能体会到成功的喜悦。推荐出中心发言人,中心发言人可互换,回答不同问题,并在全班进行交流,分享成果。

建立个人责任：小组成员分工要明确,采取自荐或推荐的方式确定各自的任务。实验材料的处理可在课前合作完成。

建立组间合作：除在组内进行角色互换外,也可与其他组进行合作与交流,将自己成功的经验和观察到的现象进行交流。取长补短、互相学习。

确定成功的标准：收集的气体能使带火星的木条复燃;脱色处理的操作过程基本正确,滴加碘液后在一张叶片上能看出不同颜色的两大部分,并能对其进行合理的解释。

把预期要达到的行为具体化：能纠正操作过程中对器材的不适当使用。能对操作者的实验过程作出正确的评价。每位同学都能参与合作完成两组实验,在小组中能积极发言,阐明自己的观点和经验。

4. 监控和介入

(1) 监控学生的行为：教师把握好学生方案的制订过程和实验操作过程,观察学生实验时是否全员参与、合作互助。以体现全面全体学生的教学宗旨。

(2) 提供帮助：教师巡回指导,提醒学生酒精的安全使用,氧气的收集方法及检验时的注意事项等。为学生提供技术指导,适时解答学生提出的各种问题,引导学生正确完成实验任务,启发学生创新思维。

(3) 介入并教授合作技能：教师可参与到实验有困难的小组,成为该小组的一员,在为学生提供有效的合作方法的同时,启发学生多思考,这样做可行吗？还有没有更好的方法等。

(4) 总结：小组活动结束时,每小组指派中心发言人对本组实验过程作总结。如本组学生参与情况、实验成功和失败的次数、实验得出的结论、实验过程中遇到的困难、本节课你学到了哪些技能等。

5. 评价学习与自评相互作用

(1) 学生间的互评：小组内部成员之间可以互评，谁做的效果较满意，谁做的还不够完善。学生也可对其他小组的实验过程和结论进行评价、提出质疑，让他们进行合理的解答。促进学生对知识的巩固和提高，培养学生思维能力和表达能力。

(2) 教师对学生评价：根据自己的观察情况评价各小组学习情况，对学生实验过程中出现的问题进行点评和总结，对表现突出的小组和个人提出表扬，对学生参与活动的学习热情表示赞赏，对学生的学习效果表示肯定。

六、教学过程设计

情景设置及学习任务	学习流程（学生的合作学习行为）	教师的引导和帮助（合作学习指导策略）	学习反馈	设计意图
课前准备	① 完成分组、分工，指定小组长。② 对盆栽植物进行暗处理，对植物叶进行遮光处理。	① 为学生提供实验所需的各种器材和盆栽植物。② 与学生共同采集水绵若干分装在水槽中。	① 学生是否全员参与。② 学生对科学实验是否有浓厚的兴趣。	缩短师生的距离，增进师生之间的友谊，提高学生实验探究的积极性。
① 师生共同回顾已学知识。② 完成"光合作用产生氧气"的实验。	① 小组成员讨论后归纳出氧气的性质。② 结合老师的讲解，在室外合作完成氧气的收集和验证过程。③ 组内互助、组间交流，中心发言人对本组实验过程作总结。	① 根据氧气的性质及密度知识，引导学生学会收集氧气的方法。② 巡回指导，对学生及小组进行适时点评。	① 能正确讲述氧气的基本性质及检验方法。② 遇到的问题是如何解决的；有何成功的经验等。	① 加深对所学知识的了解。② 学会收集氧气的方法。③ 提高学生口语表达能力。
① 完成"绿叶在光照下合成淀粉"的实验。② 能解答"想一想"及"分析与思考"的内容。	① 观察教师的演示，掌握隔水加热的方法。② 设计好实验步骤，共同完成实验。③ 合作交流并完成"分析与思考"及"想一想"中的内容。	① 演示实验过程。强调酒精隔水加热的方法，正确引导学生完成实验。② 讨论实验步骤①、②，提出为什么要这样做。③ 参与学生的实验，成为学生中的一员，观察学生的实验过程，为学生提供必要的帮助。	① 能指出通过脱色处理、滴加碘液后，叶片遮光部分和未遮光部分颜色的变化。② 能合理解答光合作用的动力、原料和产物。"绿色工厂"、"车间"和"机器"分别指的是什么？	培养学生实验操作能力、分析思维能力
交流与总结	交流讨论后，中心发言人对本小组实验过程及结果作陈述。	对学习小组及个人提出表扬。与学生共同归纳光合作用的概念、实质和意义。	能识记光合作用的"一个公式"、"两个转化"和"三个来源"。	学会归纳与总结。加深对知识的理解和记忆。

七、学习评价

1. 自我评价

【思考题】

1. 绿色植物进行光合作用的部位是叶片。你认为是否正确,为什么?

(不正确。绿色植物的叶是进行光合作用的主要部位,但不是唯一部位。绿色的茎也能进行光合作用,因为绿色的茎内也有叶绿体。)

2. 经过脱色处理后,滴加碘液叶片遮光部分和未遮光部分颜色有何变化?

(未遮光部分变蓝,这部分在光照条件下有淀粉生成,而碘液遇淀粉变为蓝色。遮光部分不变蓝色或与碘液颜色相同。)

2. 评价量表

一级指标	二级指标	评价等级		
		3分	2分	1分
学习动机	了解光合作用的实质和意义。			
	学会验证光合作用的产物方法,知道光合作用产生的条件。			
	掌握实验器材的操作技巧,为今后的实验探究打好基础。			
学习态度	积极参与完成课前准备的分组及制作任务,学习科学的兴趣浓厚。			
	与同学合作完成课堂实验,并交流成功的经验和遇到的困难。			
	独立完成课后思考及各项学习活动。			
学习过程	能认真完成课前的准备工作,积极参与本小组的实验探究。通过实验对光合作用的实质有所了解。			
	探究过程中能与同学交流讨论,提出合理化的意见,设计好本小组的实验方案,圆满完成探究任务。			
	能独立完成或合作完成思考练习题。			
学习结果	知道了光合作用的产物,学会了其验证方法。			
	从实验中还能知道光合作用的原料和条件。			
	能类比出"绿色工厂"、"动力"、"车间"和"机器"是什么。			
	产生对植物其他器官的探究激情并制订计划。			
	分析思考解答正确无误。			
学习创新	制订的实验方案合理有创新,并能在实验中得到运用。			
	在交流合作中能提出独到的建议。对思考题的解答有不同的观点。			
定性评价				

案例提供者:罗汉中学吴振华.

活 动

下面这些做法是不是合作学习?

1. 当学生们做作业时,让他们坐在一起相互交谈。
2. 给每个学生布置任务,并让那些先完成的学生去帮助那些未完成的学生。

3. 给每个小组布置一份报告,有一个学生完成这项工作,而其他人只在上面签个名。

合作学习不仅仅是让学生在距离上与其他学生靠近,或者让学生一起讨论学习材料,互相帮助,或一起分享学习资料。虽然这些方面都很重要,但对合作学习来说仍然不够。

4.1.2.3 探究学习的教学策略

研究表明,不论是直接的还是间接的教学策略,都需要创设问题情境。因为最符合建构主义认知过程和科学推理特征的教学策略,是将组织学习作为一种处理学生认为值得思考的问题情境,其基本目的是让学生成为知识建构的主体。美国学者加里·鲍里奇认为:"任何口头的说法或者手势,只要引起了学生的回应或回答,就被看做是问题。如果这种回应或回答能让学生更积极地参与学习过程,那么这个问题就是有效的问题。"①

问题设计的目的主要反映在:① 引起兴趣和吸引注意力;② 发现问题及检查;③ 回忆具体知识或信息;④ 课堂管理;⑤ 鼓励更高层次的思维活动;⑥ 组织或指导学习。这六条归为一点就是:以触发或形成学习者的回应为目标。

针对不同的学生,还应当在设计教学时注意问题设计的复杂程度,包括识记、理解、应用、分析、综合和评价类型的问题。识记型问题要求学生对记忆中已有的知识进行回忆、描述或识别;理解型问题要求学生对已学过的知识进行解释、归纳和说明;应用型问题要求超越记忆中的知识,在新的不同环境中应用已有的知识;分析型问题要求学生能将问题分成几个组成部分,并在各个部分之间建立起联系;综合型问题要求学生针对新的问题设计出独特的回答;评价型问题要求学生形成判断并作出决定,评价使用某个标准来判断所做回答的科学性和合理性。

在探究式学习中,还有一种问题称为探询式问题,即当要求进行澄清或学习新的内容时,以及对学生的回答进行重新导向或组织时,在学生作出回答后继续追问的问题。总之,教师设计问题的出发点应当是如何能够促使学生作出积极的思考,并主动参与对问题的探究和解决。

1. 概念学习的问题设计与实验学习的问题设计有什么差异?
2. 为"构成物质的微粒"的教学设计一个由问题引起的教学案例。
3. 问题设计的最重要的出发点为什么是促进学生积极思考?

金属活动性的探究实验可以这样安排:
1. 明确实验目的:通过金属与酸反应的剧烈程度,判断金属的活动性。
2. 提出科学问题:是不是各种金属都能与酸反应,如能反应,反应剧烈程度是否一样?剧烈程度与金属活动性有什么关系?
3. 猜想与假设:盐酸(硫酸)能与镁、铝、锌、铁、铜等反应,反应剧烈程度不一样,反应越剧烈金属越活泼。

---

① 加里·鲍里奇.有效教学方法[M].易东平,译.南京:江苏教育出版社,2002:209.

4. 制订计划,设计实验:要求学生运用所学的知识和自己的器材大胆设计一些论证性实验,让他们各抒己见,敢于标新立异,然后让他们评选两个最佳方案,并动手操作。

5. 实验完毕进行小结,小结后写出实验报告。

评析:在此案例中,既能使学生全程投入,又开拓了学生的思维,从而有利于学生创新精神的培养和创新能力的提高。

[汪甜,崔鸿,刘胜祥.在实验探究中培养学生的科学素养.中小学教师培训[J].2006(10):44.]

相对于科学的动态性,科学方法具有一定的稳定性,见图 4-3。

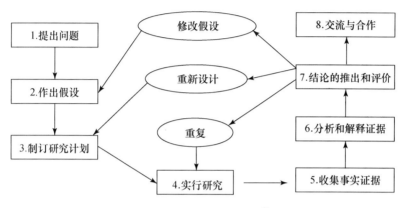

图 4-3 科学探究的过程①

其中提出问题、作出假设、制订计划、实施计划、得出结论和表达、交流,是探究过程的要素,而不是固定的规范。探究学习的方式,是一种相对性的方式。探究的本质就是动态的、开放的,因此,在实践中探究学习是"千姿百态"、"不拘一格"的。要对探究学习的方式进行分类,也只能是按照实践中探究学习的具体开展进行总结归类。借鉴美国30多年的探究学习的研究,依照探究学习中学生经历的探究阶段的不同、探究难度的不等,归纳为以下较为普遍的四种方式。

1. 萨其曼探究教学方式

萨其曼(Suchman)探究教学方式一般由一个惊异事件或现象开始教学;接着让学生对他们所观察的现象提出"是"或"否"之类的问题,以收集数据;当学生对观察结果做出推测性解释(假设)后,他们进一步通过"是"或"否"之类的提问来检验自己的假设。无论在哪一阶段提出"是"或"否"之类的问题,都必须是操作性的,即能用实际经验或实验来回答。在这种教学中,学生的探究学习主要体现在不断的脑力劳动上,即学生要不断地对教学情境进行反应;教师的工作是创设良好的探究环境,将探究的问题设计在一个富有刺激性、具有强吸引力的事件中,并在教学过程中不断地滋长学生的探究欲望。

---

① 袁运开,蔡铁权.科学课程教学论[M].杭州:浙江教育出版社,2004:105.

水污染的秘密

教师设置情景,提出问题:水力发电厂附近的河里,发现成千上万的鱼在非常短的时间内死亡,从表皮向外流血冒泡(通过计算机网络展示有关图片)。死鱼包括斜齿鳊和鲤鱼。河水看上去并无异样和怪味,把水样过滤后未发现有特别物质,表层也没有浮游物。造成鱼突然死亡的原因是什么?

评析:运用"头脑风暴法"组织学生开展讨论,提出假设:水污染造成鱼大量死亡。引导学生进行异质分组,4人一组,制订探究计划。首先要确定鱼死亡的原因有哪些,再查寻资料分析验证。教师将有关资料制成课件,供学生自行搜寻。以图表的形式提供资料,包括河水的离子浓度、河里常见鱼可生存的最高温度、河水的pH、水中氧气的溶解度曲线、河水每月最高温度和氧气溶解量、适于鱼生存的氧气浓度和温度情况等。

各小组在分析讨论时发现鱼的死亡与河水无关,或有的小组起先认为假设成立,经其他小组的提问讨论,发现假设不能成立。那么,是什么原因造成鱼的死亡呢?假若学生能迅速建立新假设:与水压有关,就可以较为顺利地继续探究,如果不能联想到水压问题,可在第2节课内经教师的演示提示,继续探究。

(开展探究性实验,培养学生创新和实践能力[EB/OL]. 杭州市余杭区良渚中学. http://www.liangzhong.cn/ziyuan/ShowArticle.asp?ArticleID=2650.)

2. 有结构的探究学习方式

教师提供探究的问题,解决问题所要使用的方法和未经处理的材料,学生自己根据收集到的数据进行概括,发现某种联系,找到问题的答案。在这类教学中,学生的探究主要是对信息的处理分析,信息的获得可以通过实验,也可以查阅文献资料,并以此推出结论,教师除了精心设计提供给学生的问题、方法和材料外,在学生自主探究时,一般要帮助学生进行小组合作学习。

种子萌发的条件

这节课是"种子"的第2课时,教师课前要求学生收集一些种子萌发的资料,或者了解"春种"时农民要做的事。在复习回顾种子的结构后,教师借助学生介绍"春种"的情景,还有不少同学在家里试验种子萌发的结果,引出探究的问题:种子的萌发需要哪些环境条件。学生大胆猜想,最后选择"种子萌发需要充足的水"、"种子萌发需要氧气"、"种子萌发需要合适的温度"三个假设进行实验设计。

评析:在学生合作设计实验方案前,教师播放一段种子萌发的多组对照实验录像,给予学生提示。各小组完成实验设计后,开展讨论,修正实验方案,课后执行实验方案。

(曙燕. 加强学生合作,构建和谐课堂[EB/OL]. 诸暨教育网,[2007-12-27]. http://www.2jjy.com/tbzl/msmxzlt/2007-12-27/24226.html.)

3. 指导型探究学习方式

教师提供探究的问题,有或没有提供相关材料,学生必须自己对收集到的数据进行概括,自己探询方法回答探究问题。因此,在这类教学中,教师要及时有针对性地给予学生个别指导,以确保学生探究的开展。学生在这种探究活动中,除了不用提出问题,其他的探究能力都能得到锻炼和发展。

影响浮力大小的因素

教师由生活中常见的炸油条时油条能浮在油面上而不下沉的现象引出探究的问题,学生依据自己的生活经验和相关基础知识大胆猜想,借助简单演示实验或口头语言,学生交流总结出影响浮力大小的四个因素:浮力大小可能和物体浸入液体的深度有关,浮力大小可能和物体相对密度大小有关,浮力大小可能和液体相对密度大小有关,浮力大小可能和物体浸入液体的体积有关。

评析:在第2课时学生进行小组合作学习,依据自己的假设,设计实验验证。实验结束后,各小组分别将自己的实验结果向全班学生展示,解说实验过程并回答其他学生的提问。在学生交流讨论的过程中修正和完善对影响浮力大小因素的认识。

(来源:攀海因.在物理教学中如何引导学生提出问题[EB/OL][2008-2-22].http://www.gqedu net/gqjy/Article/ArticleShow.asp? Article ID=23.)

4. 自由探究学习方式

在探究活动中,学生必须自己独立完成所有的探究任务,包括问题的提出。这类探究学习需要较长的教学时间,因为从具体的现实中提炼出值得探究的问题是较难的,很花费学生的时间和精力。一般探究学习采取这种教学方式。在学科课堂内要运用这种方式,可以选择学生熟悉的背景知识来探究,以降低问题的难度。

影响蔗糖在水中溶解快慢的因素

教师创设情景:小明在配制不同溶质质量分数的蔗糖溶液,发现蔗糖固体溶于水时,不同情况下完全溶解所用的时间不同。从小明的发现中,我们可以研究什么问题?

评析:每位学生在探究实验报告单中书写要探究的问题,全班讨论后,选定探究蔗糖在水中溶解快慢的影响因素。然后学生对问题进行猜想,一一列在黑板上。学生总共列出9个因素:搅拌、温度、水的质量、蔗糖的质量、蔗糖质量与水质量的比值、蔗糖的颗粒大小、先放糖还是先放水的操作顺序、杂质、溶液的酸碱性。学生4人一组,选择一个猜想,作出假设,再设计实验进行验证。学生在探究过程中都要填写探究实验报告单,实验结束后,借助报告单,各小组进行交流讨论。最后学生和教师一起对各小组实验进行评价。

(来源:罗昌志."引导"在初中科学探究教学中的运用[EB/OL][2007-8-29].http://www.wh111.com/teacher/jiaoyan-lw/hv/200708/11173.html.)

  活 动

豆科植物的萌芽

步骤:

1. 下面情境描述了一组学生所做的一个实验:研究湿度对种子萌芽的影响。

三个学生想知道湿度是怎样影响豆科植物萌芽的。他们决定先把一些湿纸巾放到两个打开后能重新盖紧的包里,每个包里放5颗浸泡过的菜豆种子和一个温度计。然后把一个包放到窗台上加热板的顶部,另一个就直接放在窗台上。

每天他们都观察两个包里的菜豆,分别记下温度,并把纸巾打湿。

2. 该实验中的独立变量和非独立变量是什么？被控制的变量是哪些？
3. 该过程是否完整？丢了哪些东西？如果可能，还有哪些东西会对豆科萌芽产生影响？
4. 这个计划和设计还有什么优缺点？
5. 你会怎样修改这个方案以便更好地测量温度对豆科植物的影响？
6. 把你的想法记录在本子上。

4.1.2.4 科学—技术—社会—环境(STSE)教育

"科学、技术、社会、环境的关系"是我国科学课程的一个重要内容。新科学课程标准提出"科学、技术、社会、环境的学习对培养学生理论联系实际，认识科学技术对社会发展的深刻影响，形成参与社会决策的意识，形成可持续发展观念等都有其独特的作用"。因此，科学课程标准把"科学、技术、社会、环境"单独设置为一个学习领域。正是因为这一内容领域在科学课程中的重要地位，需要我们对这一内容领域教学特征、实施的目标、实施要求有所了解和研究，并根据科学课程的基本理念和科学教育的理论，对"科学、技术、社会、环境的关系"领域教学实施的教学理念、方法、途径和实施的策略等问题进行探讨，以深刻认识"科学、技术、社会、环境的关系"对于培养和发展学生的科学素养、理解科学的价值所起的重要作用，懂得在这一内容领域的教学实施中可采取哪些行之有效的教学实施措施。

在《科学课程标准》中，"科学、技术、社会、环境"内容领域由科学、技术、社会、环境的关系，科学技术史，技术设计和当代重大课题四大主题构成。各主题和专题的目标要求和教学实施要求明确，不仅给出了有关内容构成特点方面的说明，而且提出了进行科学知识，科学方法，科学思想，科学情感态度与价值观，以及进行 STSE 教育的原则性要求。"科学、技术、社会、环境"内容领域的构成及其目标要求如表4-1所示。

表4-1 "科学、技术、社会、环境"内容领域的构成

主题	主要内容	目标要求
科学、技术、社会、环境的关系	1. 科学与技术 2. 科学与社会 3. 技术与社会 4. 社会与环境	1. 初步了解科学与技术的区别 2. 知道科学能促进技术的发展，技术也为科学的发展提供有力的支撑 3. 知道科学是全社会的事业，它的发展需要社会多方面的关心和支持 4. 知道科学进步是推动人类文明发展的重要动力 5. 知道技术创新是现代社会经济发展的动力 6. 了解环境保护对人类社会可持续发展的重要性及其主要措施 7. 关注科学、技术和社会的发展对环境的影响
科学技术史	1. 科学技术史在科学课程中的地位与作用 2. 科学技术史融入科学课程的若干建议	培养探索精神和科学态度，促进和改善学生对相应的科学思想方法的理解

续表

主题	主要内容	目标要求
技术设计	1. 知道技术设计在技术活动中的重要性 2. 知道技术设计活动过程的主要环节 3. 能初步按技术设计过程来制作简单的作品或提出设计方案	培养学生的技术设计能力
当代重大课题	1. 环境与资源 2. 现代农业与基因工程 3. 通信与交通 4. 材料 5. 空间技术	形成关注环境、资源等社会重大问题的意识,知道应当用科学的原理和方法解释自然现象和解决生活中遇到的实际问题,逐步养成科学的生活态度与习惯

从科学课程标准对"科学、技术、社会、环境"领域的设计理念看,这一部分内容重在与各学科领域交叉、渗透,在具体内容的学习过程中反映出 STSE 的观念、思想、方法和运用的途径,并不一定要求在教材中设置专门的学习单元。因而要求科学教师"在涉及本领域内容的教学时,应结合具体的情景或实例,引导学生通过探究的途径,将科学、技术、社会、环境联系在一起,将人、自然与社会有机地关联在一起,将科学精神与人文精神紧密地结合起来"。

什么样的教学策略才更有利于"科学、技术、社会、环境"的教学实施呢?在教学实施的实践中,人们认为,不能采取单一的教学方式和途径,应注意教学活动的灵活多样,尤其是多种教学方法的综合运用,并且与实践活动紧密结合起来,而且还需要在教学实施的过程中构建不同的教学策略,使用多种策略来展开教学活动。

在实际运用中,STSE 教学广泛使用的策略有:① 扩散性思考;② 小组工作性讨论;③ 以学生为中心的教育价值讨论;④ 解决问题;⑤ 模拟 STSE 问题;⑥ 产生矛盾与冲突,进行辩论;⑦ 在争论中做决策;⑧ 使用媒体资料和相关的社区信息;等等。从我国科学课程中有关"科学、技术、社会、环境的关系"领域的特征和教学的要求出发,这里主要探讨以下几种常用的教学实施策略。

1. 问题解决教学及其实施策略

问题解决是实施"科学、技术、社会、环境"教学的重要途径,也是有效的教学实施策略。从教学实施策略的角度来看,问题解决的重要特点是以认识或提出问题、理解问题和解决问题为实施教学的基点。因而设计什么样的探究问题、如何构建引出问题的情境、如何启发和鼓励学生提出问题、如何针对问题提出解决的假设和途径、如何讨论或辩论问题、如何合作收集数据、如何进行价值判断等,是运用问题解决策略的关键。从实施的过程看,问题解决教学策略的运用通常有以下具体的环节:

(1) 提出问题和形成可探究的问题。应清楚探究的是什么问题。为了引出问题,教师应注意选择能引起学生兴趣的题材,如图片、简报、评论文章等作为讨论问题的背景材料,其目的是引发学生思考并提出探讨的问题。

(2) 设计获取证据的途径。这主要是选取解决问题的方法和道路,预测可能的解决结果。因而需要懂得如何设计调查研究、如何进行观察、测试和如何进行访谈记录,以及怎样整理所获得的数据、资料。

(3) 分析证据,推导结论。着重要引导学生对问题进行举证及寻找解决方案。这主要涉及运用分析、综合和推理概括的方法,以及理解科学证据之间的关系、表述与证据相符的结果。

(4) 评价证据,解释结果。

(5) 进行总结和交流。

运用问题解决教学策略应注意以下几方面的事项:

第一,应尽量使问题解决过程的设计与学习者的认知风格和参与实践活动的习惯相接近。例如,学生对科学、技术与社会相联系的学习是倾向于喜欢阅读科技时事报道型的材料呢,还是喜欢采取图片展示的方式?或是喜欢通过实践活动的方式来学习?了解这些认知风格和参与习惯,对于我们设计和组织好教学活动有重要的参考价值。

第二,重视提出问题和解决问题过程中学生之间的合作和交流,教师还要特别注意追问和引导学生分析问题。

第三,教师需要在问题解决的过程中加强指导,在问题解决以后为学生总结解决的要点、运用的方法和简捷的途径。

噪声污染及其控制

朱清时主编的《科学》(第2册)教材(浙江教育出版社)中设计的一个研究性学习课题中提出了4个调查研究问题:

(1) 调查本地区哪些部门噪声污染较严重。

(2) 调查噪声对人和生物会产生哪些危害。

(3) 调查或查阅有关控制噪声污染的方法。

(4) 写成调查报告并相互交流。

这些调查研究问题的设计体现出了什么样的特点和培养目的呢?请你做出分析并说明。

2. 案例教学及其实施策略

案例教学是以"案例"作为教学材料来实施教学的一种方式。因此,"案例"既是教材,也是情景素材。通过"案例"可以把现实世界中已发生过的真实事情作为学习和研究的内容再现出来,通过案例分析可"重新"认识和探讨曾经发生过的典型事件,不仅能够为学生的学习提供一种"真实的情景",而且有利于学生有针对性地去认识和探讨现实中的问题,这对于培养学生的科学思维能力、探究的意识和分析问题、解决问题的能力有着积极的意义。

在教学实践中运用案例教学主要有以下几个环节:在提出探讨问题的基础上展示案例;阅读并引导学生了解和分析案例;组织学生讨论并探究解决案例中涉及的各种问题;引导学生进行交流、发表见解和讨论问题解决的结果;撰写"案例研究报告";对案例解答的结论和过程进行小结评价。

在"科学、技术、社会、环境"领域的教学中运用案例教学时,应当重视这样一些教学实施的策略:一是可选择那些在科学史上有代表性的典型史例、现代科技发展中的著名案例、社会生活中的突出事件等作为基本的素材。二是重视案例的分析、设计实验、推理论证、讨论和交流,并注意把案例的分析探讨与实践活动结合起来,以让学生在认识"事件"学习科学知识的同时,知道怎样运用科学知识、科学方法和科学观念去认识和探讨实际问题,以及怎样面对复杂的问题和限定的条件做出科学合理和理智的判断。这样有利于培养学生的科学洞察力和实事求是的科学态度和探索精神。

案例教学策略的运用

在袁运开主编的《科学》教材(华东师范大学出版社)中设计了这样一个研究性学习问题,要求学生根据铁矿区示意图回答:

(1) 有一个公司想在 A 处建造一座钢铁厂,你能说出这样选址的好处和坏处吗?

(2) 你能在 B、C 两处中选择比较适合建钢铁厂的一处,并说出选择的理由吗?铁矿区示意图如图 4-4 所示。

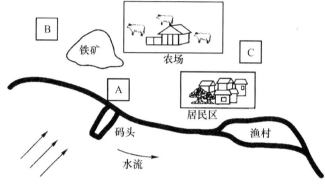

图 4-4 铁矿区示意图

这是一个理论联系实际的问题,涉及生命科学领域、物质科学领域与地球、宇宙和空间科学领域的整合,整合点为科学、社会与技术的关系。学生要正确回答此问题,必须整合不同学科领域的知识,多角度地进行分析。考虑运输方面,A 处靠近码头,运输成品方便;靠近铁矿,获取原料方便。考虑对空气、水的污染情况,A 处在河流的上游,工厂污水会影响居民和渔村;风还会将工厂废气吹向农场和居民区。综合各个因素的利弊。在 C 处建造工厂较好。

根据这个案例及相关说明,请你进行教学实施策略的探讨:

(1) 怎样在教学过程中呈现这个案例?方式和途径是什么?

(2) 怎样指导学生分析和解答这个案例中提出的问题?

(3) 怎样从"科学、技术、社会、环境的关系"的角度引导学生认识问题的实质?

(4) 怎样在教学小结中总结知识、方法和观念运用的特点?

3. 讨论或辩论的教学实施策略

在"科学、技术、社会、环境的关系"的教学中,运用讨论或辩论的方式来实施教学是一种比较有效的策略。讨论可分为小组讨论和全班讨论两种形式,并有主题讨论和自由发挥两种运用方式。在"科学、技术、社会、环境的关系"的教学中选择运用什么样的形式则要根据所教的内容和学生群体普遍的学习参与风格来决定。趋于活跃的班集体可多运用讨论或者辩论的教学策略。

在运用讨论或辩论的策略时,教师需要注意提出有讨论或辩论价值的主题。在辩论式的教学中,要注意根据辩论的目的和要求组织辩、驳双方,围绕辩论主题查阅资料、进行辩驳论题的准备。在辩论的过程中教师则要成为一个组织者,适时地提出一些指导性建议或者穿插一些评语,以帮助学生把握辩论的节奏和不脱离辩论的主题。在辩论结束以后,教师更要对整个辩论活动,尤其是内容、结论、思想观点、认识方法等进行全面总结评价,指导学生懂得什么是论点？什么是论据？什么是论证？怎样进行讨论的归纳总结、形成讨论的结论。以促进思想观念、认知方法和解决问题方式的形成。使学生通过辩论提高对科学、技术与社会关系的深入认识和理解。

4. 运用调查研究等实践形式于教学之中的实施策略

调查研究与社会实践考察是科学教育中两种常见的实践活动形式。在"科学、技术、社会、环境的关系"内容的教学中运用这两种活动形式更为有效,因而也是施教的两种重要策略。

调查研究法是研究者有目的、有计划地通过实地考察、接触来了解认识对象、收集相关资料进行分析研究以获得科学结论的一种研究性学习方法。在科学教学实践中运用的调查研究主要有三种形式：问卷调查、访谈和实地调查。

调查研究包括确定课题、拟订计划、前期准备、实施调查、撰写报告、交流展示等基本环节。要求教师有周密设计调查研究的过程,使其有序、真实和典型。

(1) 确定调查研究的课题。研究课题可以由教师提出,也可以由学生提出,或者师生双方通过合作来确定一个有价值的课题。在"科学、技术、社会、环境"内容领域中的调查研究课题主要有三大类：一是学科学习中产生的某些概念性问题,如"调查遗传和变异现象"。二是社会生活中有影响的热点问题。如"焚烧秸秆对大气的污染和对飞机起降的影响"。三是影响社会发展的某些科技应用问题,如"克隆技术对人类未来的影响"。选择调查研究的课题一般要尽量与学生的学习、生活和关心的问题相关,小而具体的课题较容易实施。

(2) 制订调查研究的计划。其教学指导的重点是怎样构建、实施和评价调查研究的结果。因此,所拟定的调查研究计划应当包括这样几个具体方面：调查研究的目的;调查研究的方法;内容设计(问卷和访谈计划的设计);时间安排、成员分工;素材(数据、事实材料)处理、预期成果及其表达方式等;如果出现意外情况如何处置等。一个调查研究计划是否有效还要看其选取的课题能否有效反映所要研究的问题,项目构成是否合理简便,以及是否有较为完善和可操作的调查研究提纲。

(3) 调查研究实施的预先准备。由于调查研究是一项需要多方面配合的实践性工作,所以为了提高调查研究的质量,并保证实施的安全性,科学教师必须做好实施前的各项准备工作,尤其是实施调查所必需的工具、技术和事务方面的组织准备工作,以及学生心理和体力方面的准备。同时,还有做好调查采访的知识和技能的培训、做好调查工具(笔记本、照相机等)的准备,以及调查问卷和访谈提纲,并事先联系采访的对象、确定调查的场所和时间,安排好到调查目的地的路线。为了使调查研究活动万无一失,还需要教师制订备用方案,充分预计到可能遇到的问题和困难,并给出相应的解决对策。

(4) 实施调查研究。这是实现调查目的的中心环节,也是获取调查研究数据资料的核心过程。所以,根据调查研究的方法特征,调查实施的主要途径有问卷调查、访谈调查和实地考察等方式,并以如何获得研究问题所需要的第一手材料为目的。这就要求科学教师要在调查实施的过程中注意让学生学会如何进行真实的考察、访问,如何如实地记录事件发生的过程,如何收集调查的数据和事例,如何利用各种工具(照片、录音等)来获取原始的资料。此外,也要求在调查实施的同时向被调查对象索取有关的信息资料,以便进行综合分析。只有获得丰富和翔实的第一手素材,才有可能做出高质量的调查研究结论。

(5) 撰写调查研究报告。调查报告一般由调查的目的、方法、内容、过程、结论与建议和附件等6个部分组成。调查的目的主要回答为什么调查,内容则指明调查什么,方法指明调查采用的途径和形式,过程要求列出调查什么样的对象、在什么样的范围内实施、选择什么地点和时间,以及调查有哪些阶段、每一个阶段又有哪些环节及步骤等。撰写调查研究报告则要求对调查所获得的各种信息资料和数据进行分析处理,做到数据确凿、事例典型、材料可靠、观点鲜明。同时,还要求常使用适量的图表、案例使调查报告的内容形象、直观和有说服力。结论则是根据调查研究对研究问题做出的解释性说明,建议则是对如何解决问题提出的构想和途径。

(6)调查研究结果的展示与交流。即将调查研究报告和其他相关成果公开展示出来。如调查报告文稿展板、调查图片说明、调查过程实景影像、调查研究专题墙报等。为了充分展示学生在考察"科学、技术、社会、环境的关系"学习中的调查研究成果,科学教师应当重视让学生组成各种活动小组,利用课外活动或者专题活动的时间举办有关调查研究的成果展示和交流汇报,使学生在实践体验后将获得的成果与他人分享,创设一个普及科学技术的校园文化及交流的氛围。

一次专题调查研究活动的策划

【调查主题】 当地退耕还林与生态保护和恢复现状的调查

【策划要求】

(1)专题调查研究活动的具体实施目标;

(2)专题调查研究活动的组织方式;

(3)专题调查研究活动的过程与实施细节;

(4)专题调查研究活动的宣传形式。

请你根据上列调查研究活动的主题和策划要求,以及进行调查研究的方法和过程特点完成组织学生实施此次调查研究的实施方案,并与同学交流讨论你的实施方案。

4.1.3 科学课程教学方法简介

科学教学方法是教师和学生为了实现共同的科学教学目标,完成共同的科学教学任务,在科学教学过程中运用的方式与手段的总称。选择科学教学方法要结合具体的科学教学内容,以下我们介绍几种常用的传统的和现代的教学方法。

4.1.3.1 传统教学方法

1. 与获得认知类学习结果有关的教学方法

(1)讲授法

讲授法是指教师通过口头语言,辅以板书等向学生传授言语信息的方法,是一种教师讲、学生听的活动。讲授法具体又可分为讲述、讲解和讲演三种。讲授法的优点是能在短时间内让学生获得大量系统的科学知识;缺点是学生比较被动,师生都难以及时获得反馈信息,个别差异也很难全面照顾。

(2)演示法

演示法是指在教学中围绕某些能被感知的事物,让学生明白事理的方法,是一种教师演示、学生观察的活动。演示法使学生从感性上认识一定的客观事物,为理性认识打下基础。演示一般还可以分为静物演示和动态自然现象的演示。

(3)谈话法

谈话法是教师通过连贯地提问来引导学生的思维,促使他们独立得出结论的方法。它能充分激发学生的思维活动,有利于训练学生的语言表达能力。运用谈话法必须具备以下条件之一:① 学生对教师提出的问题已具有一定的知识基础;② 学生对教师提出的问题已具有某些实际的生活经验或表象;③ 学生对教师提出的问题虽无一定的知识基础和必要的生活经验,但能够用观察、实验、直观教具、逻辑推理或者用已知的现象作对比。因此,谈话法较适用于使学生从"已知"到"未知",需要教师对学生的知识现状比较了解,并设计和组织好谈话得以进行的"问题"。

(4) 讨论法

讨论法是在教师指导下,由全班或小组学生围绕某一中心议题发表自己的看法,从而进行相互学习的方法。讨论法的用途十分广泛,除了能促进学生加深对知识的理解外,还能为学生提供群体思考的机会。学生在群体讨论过程中进行思维碰撞,互相启发,互相补充,有益于摆脱自我中心、增长才智。讨论法还可以促进学生的交往,促进他们掌握各种社会技能,如参与倾听、表达、协作、竞争等;运用讨论法需要学生具备一定的理解能力和独立思考能力,因此适用于较高年级。

(5) 练习法

练习法是在教师指导下,学生运用所学知识、技能解决同类课题的方法。学生通过其他方法学会的知识和技能往往比较抽象、概括,而在练习法中,学生通过对课题中的具体事物进行一系列的分析,从中找出与抽象的知识、技能所反映的这类事物的本质因素等环节,达到对知识、技能的深入理解和巩固。此外,它在培养学生克服困难、形成认真的工作态度方面也有重要作用。

(6) 实验法

实验法是教师指导学生运用一定的仪器设备,按照指定的条件去进行独立作业的方法。这种教学方法的目的在于通过学生的操作,让学生通过观察、探究来获得知识。因此,它对培养学生严谨的科学态度和求实精神方面有重要作用。在实际运用时,如果实验的目的是使学生获得感性认识,作为掌握理论的基础,可以在理论教学之前进行;如果实验的目的是验证理论,加深对理论的理解,可以在理论教学之后进行。

(7) 实习作业法

实习作业法是教师组织学生在校内外进行实际操作,把从课堂上、理论上习得的知识、技能运用于实践的方法,如数学课的实地测量,物理、化学课的生产操作,生物课的植物栽培、动物饲养等。它的作用在于理论联系实际,培养学生运用书本知识的技能。实习作业主要也是解决同类课题,但为了培养学生创造性解决问题的能力,应加强同类课题的情境的变换。

2. 与获得动作技能有关的教学方法

(1) 示范—模仿法

示范—模仿法是通过教师示范和学生模仿,来教与学如何运用内外部肌肉的动作的方法。一般的动作技能,如实验技能、操作技能、演奏技能、朗诵技能等,由于示范较易外显,学生模仿起来也较容易。为了让学生加深对动作要领的理解,防止学生机械、盲目的模仿,教师的示范要与适当的讲解相结合。

(2) 练习—反馈法

动作技能是构成行为的基础,其结果反映动作的速度、准确性、力量或身体的平衡机能。最好的掌握方法是不断地练习,而且对每次练习要提供反馈信息,让学习者知道自己的动作与期望的动作之间的差距,以改进、提高动作技能。有不少动作技能也取决于学习者内部的反馈,即取自自身肌肉和关节的刺激形式所产生的知觉。使用这种方法时,常可利用录像技术把练习动作摄录下来然后重放,提供反馈信息,供教师和练习者本人检查分析。

3. 与情感、态度有关的教学方法

运用一定的教学方法以促进态度的形成和改变已成为当代教学设计的一项重要任务。适合于态度学习的条件和产生态度转变的教学方法是相当复杂的,为树立所期望的态度而采用的教学方法完全不同于认知类和动作技能类。通常可采取直接和间接强化两种方法。

(1) 直接强化法

正确态度的建立表现在学习者对一系列期望行为的选择上。直接强化法正是在学习者经过内部思考后选择某一期望的行为时,给予及时的肯定和鼓励;或者是在某些期望行为产生后,帮助学习者达到目标,使他们获得成功的喜悦。这样,对期望行为的不断强化便能促进学习者逐渐树立起正确的态度。

(2) 间接强化法

间接强化法是让学习者从许多模范人物身上观察和学习"态度"。为了使态度的学习有效,就要让学习者亲眼看到或通过电影、电视、书报等媒体观察到模范人物在产生期望行为后得到的表扬和奖励,使他们间接感受到对正确态度的强化。要注意的是被强化的模范人物必须是被学习者尊重的人。除这两种方法以外,教师也常创设一些类似真实的情境,即社会情境、自然情境等,让学生"身临其境"或是扮演一定的角色,使他们在与"情境"及他人的相互作用中去感受体会,这对于某些社会情感、鉴赏力的培养也是有益的。

4.1.3.2 现代教学方法

1. 支架式教学方法

根据欧共体"远距离教育与训练项目"的有关文件,支架式教学(scaffolding instruction)被定义为:"支架式教学应当为学习者建构对知识的理解提供一种概念框架(conceptual framework)。这种框架中的概念是为发展学习者对问题的进一步理解所需要的,为此,事先要把复杂的学习任务加以分解,以便于把学习者的理解逐步引向深入。"[①]很显然,这种教学思想是来源于苏联著名心理学家维果茨基的"最近发展区"理论。维果茨基认为,在儿童智力活动中,对于所要解决的问题和原有能力之间可能存在差异,通过教学,儿童在教师帮助下可以消除这种差异,这个差异就是"最近发展区"。换句话说,最近发展区定义为,儿童独立解决问题时的实际发展水平(第一个发展水平)和教师指导下解决问题时的潜在发展水平(第二个发展水平)之间的距离。可见儿童的第一个发展水平与第二个发展水平之间的状态是由教学决定的,即教学可以创造最近发展区。因此教学绝不应消极地适应儿童智力发展的已有水平,而应当走在发展的前面,不停顿地把儿童的智力从一个水平引导到另一个新的更高的水平。建构主义者正是从维果茨基的思想出发,借用建筑行业中使用的"脚手架"(scaffolding)作为上述概念框架的形象化比喻,其实质是利用上述概念框架作为学习过程中的脚手架。如上所述,该框架应按照学生智力的"最近发展区"来建立,因而可通过这种脚手架的支撑作用(或称"支架作用")不停顿地把学生的智力从一个水平提升到另一个新的更高水平,真正做到使教学走在发展的前面。

支架式教学由以下几个环节组成:

(1) 搭脚手架——围绕当前学习主题,按"最近发展区"的要求建立概念框架。

(2) 进入情境——将学生引入一定的问题情境(概念框架中的某个节点)。

(3) 独立探索——让学生独立探索。探索内容包括:确定与给定概念有关的各种属性,并将各种属性按其重要性大小进行顺序排列。探索开始时要先由教师启发引导(如演示或介绍理解类似概念的过程),然后让学生自己去分析;探索过程中教师要适时提示,帮助学生沿概念框架逐步攀升。起初的引导、帮助可以多一些,以后逐渐减少——愈来愈多地放手让学生自己探索;最后要争取做到无须教师引导,学生自己能在概念框架中继续攀升。

[①] 支架式教学[EB/OL][2006-06-20]. http://baike.baidu.com/view/292765.htm.

(4) 协作学习——进行小组协商、讨论。讨论的结果有可能使原来确定的、与当前所学概念有关的属性增加或减少,各种属性的排列次序也可能有所调整,并使原来多种意见相互矛盾且态度纷呈的复杂局面逐渐变得明朗、一致起来。在共享集体思维成果的基础上达到对当前所学概念比较全面、正确的理解,即最终完成对所学知识的意义建构。

(5) 效果评价——对学习效果的评价包括学生个人的自我评价和学习小组对个人的学习评价。评价内容包括:① 自主学习能力;② 对小组协作学习所作出的贡献;③ 是否完成对所学知识的意义建构。

案例研究

动物的行为

1. 搭脚手架

把学生分6个学习小组,每个组负责开发一种动物行为的多媒体演示。让每一位学生自己选择:愿意开发哪一类动物行为;是愿意收集有关的动物资料,还是愿意为资料写出相应的文字说明;或是直接用多媒体工具去制作软件。

2. 进入情境

在此基础上把同学们编入不同的学习小组。这样,每一类动物的行为就成为学生的研究对象,同学们都围绕自己的任务努力去搜索材料,例如:去动物园相应展区去实地观察动物的生活习性、行为,并拍摄录像;到图书馆和Internet上去查询有关资料,以获取动物图片和撰写说明(将学生引入一定的问题情境——使学生处于概念框架的某个节点)。

3. 独立探索

教师则对如何到图书馆和Internet上收集素材适时给学生以必要的帮助,指导学生对收集的素材重要性的进行分析(帮助学生沿概念框架上升),并指导学生将材料制作进入网页。

4. 协作学习

组织全实验班的学生在网络课室通过局域网交流和讨论。

5. 效果评价

教师根据学生已有能力,连续提出问题,并对学生的回答作出评价,提出建议。

[张召.建构主义理论下的生物学教学探讨.渝西学院学报[J].2004.(6):72.]

2. 抛锚式教学方法

抛锚式教学方法(anchored instruction)要求建立在有感染力的真实事件或真实问题的基础上。确定这类真实事件或真实问题被形象地比喻为"抛锚",因为一旦这类事件或问题被确定了,整个教学内容和教学进程也就被确定了(就像轮船被锚固定一样)。建构主义认为,学习者要想完成对所学知识的意义建构,即达到对该知识所反映事物的性质、规律以及该事物与其他事物之间联系的深刻理解,最好的办法就是让学习者到现实世界的真实环境中去感受、去体验(即通过获取直接经验来学习),而不是仅仅聆听别人(如教师)关于这种经验的介绍或讲解。由于抛锚式教学要以真实事例或问题为基础(作为"锚"),所以有时也被称为"实例式教学"或"基于问题的教学"。

抛锚式教学由这样几个环节组成:

(1) 创设情境——使学习能在和现实情况基本一致或相似的情境中发生。

(2) 确定问题——在上述情境下,选择出与当前学习主题密切相关的真实性事件或问题作为学习的中心内容(让学生面临一个需要立即去解决的现实问题)。选出的事件或问题就是"锚",这一环节的作用就是"抛锚"。

(3) 自主学习——不是由教师直接告诉学生应当如何去解决面临的问题,而是由教师向学生提供解决该问题的有关线索(如需要收集哪一类资料、从何处获取有关的信息资料以及现实中专家解决类似问题的探索过程等),并要特别注意发展学生的"自主学习"能力。自主学习能力包括:① 确定学习内容表的能力(学习内容表是指为完成与给定问题有关的学习任务所需要的知识点清单);② 获取有关信息与资料的能力(知道从何处获取以及如何去获取所需的信息与资料);③ 利用、评价有关信息与资料的能力。

(4) 协作学习——通过讨论、交流进行不同观点的交锋来补充、修正,进而加深每个学生对当前问题的理解。

(5) 效果评价——由于抛锚式教学要求学生解决面临的现实问题,学习过程就是解决问题的过程,即由该过程可以直接反映出学生的学习效果。因此对这种教学效果的评价往往不需要进行独立于教学过程的专门测验,而只需在学习过程中随时观察并记录学生的表现即可。

案例研究

凹透镜成像规律

1. 创设问题情境

教学一开始,复习凸透镜成像规律,使学生巩固上节课所学的内容,然后引导学生提出各种关于凹透镜成像特点的猜想,联系近视眼镜片体验一下凹透镜成像的粗略特点。

2. 确定发现问题

有的学生(特别是近视眼患者)通过对镜片的成像发现:凹透镜成的像是缩小的虚像,不能成其他性质的像,此时再引导学生确定"凹透镜成的像是缩小的虚像"这一最想探讨的问题,这个发现即成为本节课的学习的中心内容。此问题即是"锚",这一阶段就是"抛锚"。

3. 自主解决问题

当学生提出上述问题,教师不是直接告诉学生们应当如何去解决这一问题,而是提示上节课所学的知识,让学生回想在上节课的学习中教师是如何去解决"凸透镜成像规律",然后让学生分组自行设计实验方案,自寻探索。

4. 协作归纳问题

当学生分组找到实验方案时,通过自行实验,分析实验数据,互相讨论、交流,来对"凹透镜成像规律"这一问题进行修正、完善,最终使学生掌握"凹透镜成像规律"。

5. 效果评价

在前四步的教学指导中穿插进行。

(徐祝林.探究式教学案例《凹透镜成像规律》. http://www.chinaschool.org/kcgg/jiaofa/031014_01.htm.)

3. 随机进入教学方法

由于事物的复杂性和问题的多面性,要做到对事物内在性质和事物之间相互联系的全面了解和掌握,即真正达到对所学知识的全面而深刻的意义建构是很困难的。往往从不同的角度考虑可以得出不同的理解。为克服这方面的弊病,在教学中就要注意对同一教学内容,要在不同的时间、不同的情境下,为不同的教学目的、用不同的方式加以呈现。换句话说,学习者可以随意通过不同途径、不同方式进入同样教学内容的学习,从而获得对同一事物或同一问题的多方面的认识与理解,这就是所谓的"随机进入教学"(random access instruction)。显然,学习者通过多次"进入"同一教学内容将能对该知识内容进行比较全面而深入的掌握。这种多次进入绝不是像传统教学那样,只是为了巩固一般的知识、技能而实施的简单重复操作。这里的每次进入都有不同的学习目的和不同的问题侧重点。因此多次进入的结果,绝不仅仅是对同一知识内容的简单重复和巩固,而是使学习者获得对事物全貌的理解与认识上的飞跃。

随机进入教学的基本思想源自建构主义学习理论的一个新分支——"弹性认知理论"(cognitive flexibility theory)。这种理论的宗旨是要提高学习者的理解能力和他们的知识迁移能力(即灵活运用所学知识的能力)。不难看出,随机进入教学对同一教学内容,在不同时间、不同情境下、为不同的目的、用不同方式加以呈现的要求,正是针对发展和促进学习者的理解能力和知识迁移能力而提出的,也就是根据弹性认知理论的要求而提出的。

随机进入教学主要包括以下几个环节:

(1) 呈现基本情境——向学生呈现与当前学习主题的基本内容相关的情境。

(2) 随机进入学习——取决于学生"随机进入"学习所选择的内容,而呈现与当前学习主题的不同侧面特性相关联的情境。在此过程中教师应注意发展学生的自主学习能力,使学生逐步学会自主学习。

(3) 思维发展训练——由于随机进入学习的内容通常比较复杂,所研究的问题往往涉及许多方面,因此在这类学习中,教师还应特别注意发展学生的思维能力。其方法是:① 教师与学生之间的交互应在"元认知级"进行(即教师向学生提出的问题,应有利于促进学生认知能力的发展而非纯知识性提问);② 要注意建立学生的思维模型,即要了解学生思维的特点(例如,教师可通过这样一些问题来建立学生的思维模型:"你的意思是指?""你怎么知道这是正确的?""这是为什么?"等);③ 注意培养学生的发散性思维(这可通过提出这样一些问题来达到:"还有没有其他的含义?""请对 A 与 B 之间做出比较?""请评价某种观点"等)。

(4) 小组协作学习——围绕呈现不同侧面的情境所获得的认识展开小组讨论。在讨论中,每个学生的观点在和其他学生以及教师一起建立的社会协商环境中受到考察、评论,同时每个学生也对别人的观点、看法进行思考并做出反应。

(5) 学习效果评价——包括自我评价与小组评价。评价内容与支架式教学中相同。由以上介绍可见,建构主义的教学方法尽管有多种不同的形式,但是又有其共性,即它们的教学环节中都包含有情境创设、协作学习(在协作、讨论过程中当然还包含有"对话"),并在此基础上由学习者自身最终完成对所学知识的意义建构。这是由建构主义的学习环境所决定的。如前所述,建构主义的学习环境包含情境、协作、会话和意义建构四大要素。既然上述各种教学方法都是在建构主义学习环境下实施的,那就不能不受到这些要素的制约,否则将不称其为建构主义理论指导下的教学过程。

探索艾滋病的流行与防治

1. 呈现基本情境

观看艾滋病患者图片和一组我国卫生部提供的艾滋病蔓延趋势数据资料。

艾滋病在近 20 年间发展蔓延的原因何在?——为随机进入教学创造条件。

2. 随机进入学习

围绕"艾滋病的流行与防治"主题,通过学生讨论法确定不同的探究子问题。

(1) 艾滋病的发现与传播途径;

(2) 艾滋病的临床表现;

(3) 艾滋病毒 HIV 入侵的分子机制与浸染过程;

(4) 艾滋病防治研究。

3. 思维发展训练

学生自主选择小课题,随机分成若干组,各组推选组长,组内讨论活动计划、具体分工。在学习探究过程中,学生可通过文献资料法、互联网搜索、社会调查来收集资料,并可互相交流沟通,从不同侧面加深对自己子课题的认识与理解——随机进入学习。

4. 小组协作学习

在上述独立探索的基础上,开展基于网络的专题讨论。各小组利用网络和多媒体展示探究成果,内容新、科研性强,并拓展了课内有关遗传物质(只介绍 DNA)复制的知识,对学习遗传物质(RNA)的复制及 RNA 逆转录指导合成 HIV 病毒的外壳蛋白有重要的意义。学生在协作学习中获得了艾滋病传播媒体、发病内因以及防治方向等知识,摒弃了"恐艾症"、"麻痹症",形成了正确的认识和科学客观的态度。在研讨交流中教师通过个人主页和 E-mail 对学生讨论交流中的观点进行评判和个别辅导。

各小组分别就艾滋病的发现与传播途径、艾滋病的临床表现、艾滋病毒 HIV 入侵的分子机制与侵染过程、艾滋病防治研究,展示了研究成果。围绕"艾滋病的流行与防治"安排了社会上流传甚广的许多现象,请同学利用探究结果加以分析判断,实现知识迁移,鼓励学生深化探究,达到知识的升华。探究式教学过程培养了学生科学的探究精神,交流了探究方法,有利于形成独立自主的创造性学习品质。

(探究式教学在生物课改中的实践与思考[EB/OL].[2006-06-19]. http://www.6edu.org.cn/news/ReadNews.)

4.2 科学课程教学模式

教学模式是指在一定的教育思想、教学理论和学习理论指导下,在一定的环境中,教与学活动各要素之间的稳定关系和活动进程的结构形式。教学模式既是教学理论的具体化,又是教学经验的一种系统概括。一个成功的教学模式具有理论与实践的双重功能。理论功能表现为教学模式能以简约的形式表达一种教育思想或教育理论。实践功能则表现为教学模式能为教师和学生提供实现教学目标的条件和程序,预示教学结果,增强教学工作的系统性以及教师对课程及教材总体把握的自觉性,增强教学过程中师生的双向互动,从而增强教学效果,提高教学质量。

教学模式的设计主要包括以下几部分:① 明确指导思想,体现先进理论;② 多分析教学内容,确定教学目标;③ 设计、选择和利用网络环境与资源;④ 设计教师的主导活动和学生的主体活动;⑤ 设计活动进程关系,形成稳定结构形式。

查有梁在《新教学模式之建构》中提到"模式建构"是一个过程。

从"原型"出发,建构模式的过程是:

从"问题"出发,建构模式的过程是:

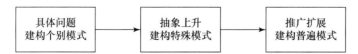

从"理论"出发,建构模式的过程是:

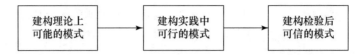

4.2.1 科学课程教学模式概述

科学课程教学模式是指在一定的教学理论指导下,在科学课程教学实践的基础上,对科学课程教学的任务与目标、科学课程教学过程与科学课程学习类型概括化的结果所形成的科学课程教学范式。以下我们列举一些目前比较成熟的教学模式。

4.2.1.1 启发式教学

启发式教学是我国教育历史发展进程中积淀下来的优秀教育遗产,在今天的教育实践中仍然有着巨大的应用价值,尤其是在常规的科学教学中用于启发提问、启迪学生积极思维依然有着不可替代的作用。

什么是启发式教学?孔子曾形象地说:"吾有知乎哉?无知也,有鄙夫问于我,空空如也,我叩其两端而竭焉。"这里的"叩其两端"就是启发。《学记》中还专门指出"能博喻,然后能为师"。这里的"博喻"就是启发,只有善于启发才能够成为教师。我国古代的教学观还认为:"君子之教,非教也,喻也"(王闿运),即是说教师的施教不在于能教,而在于怎样启发学生思维。

启发式教学的特点是什么?就是"不愤不启,不悱不发"。人们把它的特点具体总结为这样几点:一是设疑善诱,诱是关键;二是引导发问,导是关键;三是探讨追问,追问是关键;四是解疑促悟,促是关键。因而启发式教学理念下的教学过程常有以下几个重要的环节:

(1) 设疑提问,即首先要为学生学习设置疑问。
(2) 循循善诱,即教师要不断地引导学生、启发学生去思考、剖析面临的学习问题。
(3) 探讨解疑,即通过启发,探讨解决问题。
(4) 追问揭疑,即在探讨的过程中再发问,使学生深入认识和理解。
(5) 交流再启,在师生之间、学生之间的交流中,教师根据学生认识、理解的程度再度提问,把学习引向纵深。

可见,启发式教学并不仅仅是提提问题而已,也是一个探讨学习的过程,并在探讨之中不断地深入挖掘问题,以达到对问题的解决和对其本质的认识。因此,在运用启发式教学的过程中,也要求教师要重视创设形成问题的情景,并巧用提问诱导来揭示矛盾,启发学生分析解决问题,通过追问而促进学习深化和发展。所以"教者有善诱之功,学者有欲罢不能之意"(戴溪),善问、善追问、善解"问"和善待错问的学生是科学教师应当具备的基本素养。

4.2.1.2 问题解决教学

问题解决教学方法是在现代科学教育中运用广泛的一种教学模式。这一教学模式的重要特点是从问题出发实施教与学活动,通过问题解决促进学生认识和理解科学知识、掌握科学的方法。

问题解决教学方法的实施构成有什么样的特点呢?巴纳德(D. Barnard)等人在研究学生问题解决特征的基础上,把这一过程划分为7个基本的阶段:领会问题的意义;分析问题;从各种资料中发现与问题相连的关系;组织获得的资料;解释经组织后的资料;建立假说与验证;得出结论。

在运用问题解决教学的过程中,教师应当特别注意如何提出一个有意义的问题,并要注意根据学生的知识水平和教材内容的特点精心设计问题;在实施问题解决的过程之中,也要重视启发学生对问题的理解、分析和构建解决问题的途径,并注意帮助学生扫清解决问题时的负迁移,让学生探究解决问题的思路正确、简捷和有效。在问题解决之后,教师还应当进行评讲,并针对不同的学生群体总结他们在探究问题和解决问题的过程中的思维和运用方法的特点,帮助学生总结形成具有自己认知风格的问题解决模式。这样会有利于培养学生分析问题、解决问题的能力和创新精神。

4.2.1.3 探究教学

探究教学是现代科学教育的重要理念,也是科学教学的基本方式,更是培养学生科学探究能力的重要途径。作为一种教学理念和教学方法的探究教学有什么样的模式和构成特点呢?美国科学教育家施瓦布曾把探究教学的过程归结为5个基本的步骤:① 明确问题;② 收集资料;③ 提出假说;④ 验证假说;⑤ 导出结论。在当代的科学教育改革中,随着培养学习者的科学素养成为科学教育的中心理念,探究成为科学课程和科学教学的重要方式。

科学课程标准提出的运用在科学教学中的探究学习的基本要素包括:提出问题;猜想与假设;制订计划,设计实验;获取事实与证据;解释、检验与评价;合作与交流。

在教学的实施中运用探究教学时,一方面要让学生在经历科学探究的过程中体验科学探究的曲折和乐趣,以激发他们对自然的好奇心和对科学的求知欲。另一方面,也要促进他们学习科学方法,理解科学知识,并通过探究接触生活和社会,加深对科学、技术与社会关系的认识。同时,教师也要认识到科学探究虽然是学生学习科学的重要方式,但不是唯一的方式。因而需要根据不同的教学内容,选择不同的探究形式和组织不同的探究途径,并运用各种教学方式与策略,让学生将探究式的学习与其他方式的学习结合起来,使探究学习呈现出不同的风格和过程。以便让学生通过探究获得最佳的学习效果,增强他们的探究意识和能力,而不只是简单地接受一些科学的事实和结论。

此外,还有范例式教学法,分组学习指导教学法,读、议、讲、练教学法等多种多样的教学方法运用在科学教学的实践过程中,这里不再一一介绍。

活 动

这三种教学模式的教学理念有什么共同性和差异性?
这三种教学模式有什么样的适用条件?谈谈你的看法。

4.2.2 理论课教学模式

建构主义认为,学习是学习者通过原有认知结构与从环境中接受的感觉信息间的相互作用,进而建构信息的意义的过程。学生在学习科学课程之前,头脑中并非一片空白。他们通过日常生活的各种途径,已经形成了对客观世界中各种事物的看法,并在无形中形成了自己特有的思维方式,人们一般称这些看法和思维方式为前概念或原始概念(prescientific conception)。这些前概念大多是不够全面、不够深刻的,有的则完全与科学概念相悖,因此,人们一般把前概念称为错误概念(misconception)。例如,根据对日常生活中自然现象的观察,许多学生错误地认为"重的物体比轻的物体下落速度更快",有的认为"没有力便没有运动"、"地球是一个平面"、"会飞的动物一定是鸟,因而蝙蝠是鸟,而鸡则不属于鸟类"等。这些错误概念貌似正确且根深蒂固,从而严重妨碍了学生对理科知识的学习。

如何使学生抛弃错误概念形成科学概念呢?西方一些研究科学教育的学者根据建构主义思想,提出了概念转变学习(conceptual change learning)理论,认为学习就是学生原有概念的转变、发展和重建,就是学生的前科学概念向科学概念的转化过程。因此,教学的主要任务就是帮助学生像科学家那样去理解事物。发生在学生头脑中的观念转变如同科学发展中的范式转换那样,因此,必须让学生自主发现自己的原有经验与新发现的现象或事实之间的不一致或矛盾冲突,从而反思和修改自己的原有经验和认识,提出或接受(重建)科学的观念(新解释、新假设、新概念)。这是学习者自主建构的过程,是"同化"与"顺应"的统一的过程。在这一过程中,学生才能自主建构起新观念(新解释、新假设、新概念),才能形成科学的认知结构。

如何促进学生的概念转变呢?德赖弗(R. Driver)借助于概念转变学习理论作为设计建构主义教学的基础,提出了概念转变学习的建构主义教学模式。概念转变学习模式的一般程序是:

(1) 定向。教师创设特定的探究性问题情境,为学生的自主探究学习定向。

(2) 概念引出。引导学生用自己的不充分的思想(错误概念)尝试解释问题,从而引出学生对此主题的先前概念。

(3) 概念重建。此阶段是建构主义教学程序的核心组成,包括三个环节:① 澄清与沟通。学生经由小组讨论、对比、解释彼此先前概念的异同,并与教师的意见交换、沟通,呈现可能的认知冲突,进行同化与顺应。② 建构新的想法。依据上述的讨论,学生可比较不同的现象、理论解释与验证的形式,以发展概念或转变概念。③ 评价。经由实验解释或自我思考与探究,学生可能找到新概念的含义,并知觉到旧有概念的不足。这一环节可以通过实验、讨论、澄清和交换概念,揭示和解决冲突情境,建构新概念,并做出恰当评价。

(4) 概念应用。学生应用新概念解决新情境问题。

(5) 反思概念变化。通过将新概念与自己先前已有概念的比较,反思概念转变学习的过程。

概念转变学习模式中所渗透的教学思想是:① 建构主义教学理论;② 皮亚杰(J. Piaget)认知发展理论。

瑞士心理学家皮亚杰认为,发展就是个体在与环境的不断相互作用中的一种建构过程,其内部的心理结构是不断变化的。为了说明这种内部的心理结构是如何变化的,皮亚杰首先引出了图式(schema)的概念。所谓图式,在皮亚杰看来就是人们为了应付某一特定情境而产生的认知结构。最初的图式来源于先天的遗传,表现为一些简单的反射,如握拳反射、吸吮反射等。为了应付周围的世界,个体逐渐地丰富和完善着自己的认知结构,形成了一系列的图式。同时皮亚杰认为图式的变化是通过同化(assimilation)和顺应(accommodation)两个过程完成的。同化就是把外界元素整合到一个正在形成或已经形成的结构中,也就是说,当有机体面对一个新的刺激情境时,如果主体能够利用已有的图式或认知结构把刺激整合到自己的认知结构中,这就是同化。顺应就是同化性的结构受到所同化的元素的影响而发生的改变,即当有机体不能利用原有图式接受和解释新的刺激情境时,有机体就会对自身图式做出相应的改变,以适应新的情境。皮亚杰认为心理发展就是个体通过同化和顺应日益复杂的环境而达到平衡的过程,个体也正是在平衡与不平衡的交替中不断建构和完善认知结构,实现认知的发展。

皮亚杰的认知发展理论的价值在于:按照个体思维方式实施知识教学;遵循个体认知发展顺序设计课程;针对个别差异实施个别化教学等。

4.2.3 实验课教学模式

在学校科学教育中,实验不仅是科学课程的重要构成内容,也是实施科学教学的重要途径,科学实验教学对于培养学生的科学素养,尤其是掌握科学实验的方法和技能、培养科学探究的能力、科学的态度和探究精神具有重要价值,在科学教育过程中具有重要地位。因此,备受科学教师的重视。实验及实验教学的改革也因此成为科学教学理论和实践研究的一个重要领域,科学教师不仅要理解科学实验在科学教育过程中的作用,更需要掌握实施实验教学的基本技能和组织指导科学实验教学的种种有效途径。这就需要我们对科学实验及其教学的基本规律问题进行研究,并结合科学课程的培养理念,对科学实验的教学目的、实施的基本要求,以及如何通过科学实验教学培养学生的科学素养等问题进行探讨。

在科学课程中,实验教学内容是根据科学课程目标来选择安排的,其内容丰富,形式多种多样。从课程标准和科学教材所编选实验的特点和总体分布来看,实验的类型主要有观察—测量型实验,验证型实验,探究型实验,设计与制作型实验等四大类。

1. 观察—测量型实验

这一类实验在科学课程的各个内容领域中都有安排,所占比例最大,其目的是培养学生通过观察获取科学证据的能力。义务教育科学课程中编选的这类实验又主要分为两种类型:一种是简单观察型实验,以观察"有什么现象"、"是什么现象"为特征,即以定性为主的观察,例如观察水的沸腾现象,观察常见生物,描述其形态和生活习性,用天文望远镜观察太阳黑子和月球等。另一种是在观察的同时要进行测量和记录,强调观察变化的尺度或精度,例如,观察常见的、比较典型的生物(如蚯蚓);或养殖小动物或种植植物,对其形态、生活习性进行观察;撰写观察报告。观察两种物质混合后体积的变化,并用粒子模型解释。这里列举各内容领域中一些较典型的观察型实验,如表 4-2 所示。

表 4-2 各内容领域中的观察型实验举例

内容领域	实验举例	实验目标
生命科学	生命系统的构成层次	用放大镜、显微镜观察池塘或土壤中的微小生物;或观察常见的、比较典型的生物(如蚯蚓);或养殖小动物或种植植物,对其形态、生活习性进行观察;撰写观察报告	学会使用放大镜、显微镜等观察、测量工具 观察常见生物,描述其形态和生活习性 观察和描述常见生物的生活环境,感知生物对环境的适应
物质科学	水	观察活性炭和明矾的净水作用	区别悬浊液、溶液和乳浊液
地球、宇宙和空间科学	太阳系与星际航行	用天文望远镜观察太阳黑子和月球	知道太阳和月球的概况关注太阳活动对人类的影响

2. 验证型实验

这一类实验以验证科学事实、获取科学现象为主要特点,是以动手操作为特征,以验证科学事实、获取科学现象为主要特点的实验。这类实验在科学课程中占有较大的比例,比单纯的观察实验进了一步,在实验中往往要涉及运用多种实验方法,不仅有观察,还有实验操作、测量、记录、控制变量等,有的实验还要求有一定的设计、数据分析和处理等。这里列举一些各领域中比较典型的实验,如表 4-3 所示。

表 4-3 各内容领域中的验证型实验举例

内容领域	实验举例	实验目标
生命科学	绿色开花植物的新陈代谢	进行缺乏水分和某些无机物(如氮、磷、钾、铁等)对植物生长的影响实验	知道无机盐和水对植物生命活动的作用
物质科学	物质的分类	用纸上层析方法对染料、墨水进行分离	区别纯净物和混合物,学会混合物的分离技能(过滤、蒸发和纸上层析)
地球、宇宙和空间科学	土壤	用实验验证不同性状的土壤对植物生长的不同影响	知道不同的土壤对植物生长有不同的影响,植被对土壤有保护作用

3. 探究型实验

这一类型的实验在科学课程中也占有一定的比例,其目的是培养学生综合运用科学知识、方法设计实验去探究解决实际问题的能力。因此,在这类实验的教学之中,要求特别重视培养学生选择实验方法、设计实验方案和进行独立操作的能力,让学生学会如何根据所提出的探究问题收集资料、构思探究的途径,以及在实验的过程中控制条件、获取数据,并在实验探究后写出实验报告、发表实验探究的结果。科学课程的教材中编选的这类实验如表4-4所示。

表4-4 各内容领域中的探究型实验举例

内容领域		实验举例	实验目标
生命科学	生命活动的调节	探究植物的向光性、向地性、向水性	列举植物的感应性现象
物质科学	常见的化学反应	探究化学反应中的质量守恒	理解质量守恒定律,能用它来解释常见的现象
	运动和力	探究物体受到的浮力大小与哪些因素有关	通过实验认识阿基米德原理和浮沉条件
地球、宇宙和空间科学	地球	观测和记录正午太阳高度角和昼夜长短随季节而变化的差异	知道当地正午太阳高度角和昼夜长短是随季节而变化的

4. 设计与制作型实验

设置这类实验的目的是培养学生的动手能力,通过实验运用科学原理和技术手段来解决一些实际问题。在科学课程中这类实验数量较少,但却是培养学生实践能力不可缺少的内容。各内容领域中的这类实验如表4-5所示。

表4-5 各内容领域中的设计与制作型实验举例

内容领域		实验举例	实验目标
生命科学	种群、生物群落、生态系统和生物圈	制作生物学模型	制作生态球
物质科学	光	制作简易照相机	应用凸透镜成像特点解释照相机、放大镜和人眼球的作用
地球、宇宙和空间科学	地球	设计与制作有关利用能源的模型或方案,如简易太阳能集热器、节能型房屋、节能型台灯、节能型汽车等	知道当地正午太阳高度角和昼夜长短是随季节而变化的
科学技术与社会	技术设计	设计和制作一个地球仪模型等	能初步按技术设计过程来制作简单的作品或提出设计方案

1. 上列4类实验在教学实践中有什么样的实施要求?思考并发表你的见解。
2. 为什么把"设计与制作"也称为实验?

现代的实验教学强调实验的探究价值,注重培养实验探究的能力。因此,现代的实验教学重视采取实验探究、设计实验、非指导性实验、比较性实验、开放性实验等多种实验指导的方式和策略。根据义务教育段科学课程实验构成的实际情况,这里着重介绍四种常用的实验教学方式和实施策略。

1. 实验探究教学的方式和实施策略

"实验探究教学"是以课题研究的方式来实施实验教学的一种模式。这种实验教学模式的特点是注重分析问题、提出实验探究假设和设计解决问题的方式、原理和实验途径。其实施的过程如图4-5所示。

图4-5 实验探究教学的方式

运用这一教学方式时,可采取以下几种具体的实施策略:

(1) 问题导向、融问题的思考与实验试探于全过程之中的实施策略。即把理解、思考、试探、反思"实验探究问题"和构建"问题"解决的条件、方法和途径,以及如何最有效地运用这些条件、方法和途径来获得实验的结果作为实验探究的基本实施原则和方式,并贯穿在实验教学的全过程。

(2) 创设情景、构思假设,尝试多种试探途径的实施策略。即在实验探究的过程中,凸现构建多种实验探究假设和试探解决途径在实验探究全过程中的中心地位和牵引作用。这要求教师要加强指导,重视实验操作前的探究讨论,启发学生尝试构建不同的实验解决假设、构思不同的探究途径,并运用实验对各种解决途径进行尝试,然后通过比较形成相对较优的解决方案,获得探究的结果。尽管这一实施策略可能会花费较多的时间,但对于培养学生的实验探究能力有较好的效果。

此外,在实施实验探究教学的过程中,采取独立探究与个别指导相结合、形成课题实验研究组等组织形式,也都是行之有效的教学实施策略。

2. 合作分组实验及实施策略

这是指导学生在实验室进行实验探究学习时主要采用的一种教学方式,其具体形式就是把学生分为相互合作的实验小组,一般以2~3人为宜。在实施过程中可采取以下一些指导策略:

(1) 集体讨论与个别指导相结合。即教师要把实验前的集体讨论作为实施教学的一种策略。通过讨论明确实验探究的目的和方法,而加强对学生的个别指导不仅有利于实验的顺利进行,也有利于培养学生的独立探究能力。

(2) 引导探究与试错相结合的策略。即在实验探究的过程中,教师在充分注意实验安全的前提下,引导学生尝试各种不同的实验探究途径,即使是有方法错误,也让学生去尝试。通过试错、纠错,学生知道错误产生的根源,从而获得正确解决问题的方法和途径。这样会给学生留下更为深刻的印象。但试错指导的策略不宜运用在有危险的实验中。对于学生的试错实验方案教师必须严格审查,只有安全可行时,才能同意进行。

3. POE实验教学模式及实施策略

"POE"是"预测"(prediction)、"观察"(observation)、"解释"(explanation)三个英文的缩写,是指由这三个典型环节构成的教学实施模式。其特点是师生互动,通过"预测"、"观察"、"解释"的连续运用,使学习者将他所获得的知识、方法用于预测实验的现象、构想解决问题的途径。根据预测进行实验和观察,获取解释问题的证据,对问题进行充分的解释,从而形成解决问题的结果,最后建构解决问题的方法,形成学习经验。这一教学模式的实施环节和特点可如图4-6所示。

图 4-6　POE 实验教学模式

(1) 预测。教学由做"预测"开始,教师要首先提出实验学习的问题,让每一位学生提出他们个人对问题解决的可能性预测,并做出支持他们自己所提预测的理由,教师可以用不同的假设选项或提供开放式的回答与学生探讨。

(2) 观察。实验活动开始之后,教师要求每位学习者写下个人的观察记录,所记录内容要实事求是、具有观察的客观性。如果学习者对获得的观察结果不立即记录,可能会因听取他人的描述而改变自己的观察结果。

(3) 解释。根据观察实验所获得的证据来解释所做出的预测,使预测与观察之间的矛盾趋于一致。因此,在这一过程中,教师应鼓励学习者思考任何可能的解决答案,并加以解释和说明。

在实验教学实践中运用 POE 模式时,可采用以下一些具体的实施策略:

(1) 从营造预测问题的背景出发、提出具体明确的实验任务。教师在实验教学开始时应确认每一位学习者都了解他们所要预测的问题背景,因此对于问题处于的情境,教师应叙述明确、具体,但又要避免过多的引导,要让学生充分发挥想象,不限制他们对于解决问题方向的探究思考。

(2) 小组合作、相互评价,在表达和交流个人想法的氛围中实验。由于 POE 模式以"预测"及"观察"引发学习者进行探究、解释事实与推导结论,所以促使学生组成实验探究小组,进行相互合作,并在合作的过程中鼓励每位学生都充分表达自己的想法,并相互交流、评价,使"预测"和"解释"正确、完善是提高实验学习效果的有效策略。分组最好让学生自己选择合作伙伴,这样有利于学生相互学习、交流或竞技。

(3) 集体探讨、结果辩论,重视相关科学概念的学习整合。实验探究的目的是获得解决问题的结论,由于 POE 教学模式重视获得了什么样的结果,怎样解释这些结果,所以以集体交流的方式让学生表述他们的实验结果,在争论和辩驳的过程中形成科学的概念和探究的方法是这一教学模式实施的重要策略。集体交流,重要的是让学生交流他们的实验方法和探究途径,纠正可能产生的迷思概念,因而有利于促进学生整合知识、建构新的学习经验。

此外,在 POE 教学模式的运用过程中,教师也应当注意实验探究过程中的指导和帮助,并对学生的实验探究进行及时的评价,在实验结束后的集体讨论中还应当注意对实验中的问题和简捷有效的做法进行总结、评述。

4. 5E 教学模式及实施策略

5E 教学模式是美国生物学课程研究(BSCS)开发出的一种基于建构主义教学理论的模式,包括参与(engage)、探究(explore)、解释(explain)、迁移(elaborate)和评价(evaluate)5 个教学环节,如图 4-7。

图 4-7　5E 教学模式

5E 教学模式依据教育理论的发展而产生,并随着探究式教学的出现而不断发展。该模式运用于实验教学实践中的具体过程和实施策略如下:

（1）参与。教师创设一定的教学情境，学生根据教师提供的实物、问题、现象等情境进行思考，并暴露出前概念，这是学习科学概念的重要基础和前提。学生的前概念与教师创设的情境之间产生了认知冲突，激发学生的认知欲望，这是实现概念转变的重要策略之一。

在"参与"环节，可以采用创设情境，引发认知冲突的策略。教师在课前需要了解学生对即将学习的内容已经形成的前概念，分析原有概念与科学概念之间的差距及原因。通过创设一定情境，将现实生活与教学内容联系起来，引发认知冲突，吸引学生的注意力并激发学习兴趣。

（2）探究。教师根据认知冲突，引导学生进行探究。在探究活动中，学生的前概念、方法、技能等进一步暴露，为之后的概念解释创造条件。学生通过探究活动，观察现象、建立事物之间的联系、概括规律、识别变量，这是引入新概念或术语的重要前提。

探究的过程中，学生是探究活动的主体，教师是学生学习活动的促进者。在这一过程中，教师需要提供一定的背景知识或实验材料、仪器等资源。通过先行组织者策略，使学生的新旧知识建立联系，帮助学生理解实验。

（3）解释。学生要用自己的语言对探究的过程和结果进行解释、推理和分析。教师根据学生的解释，将学生的前概念和科学的解释、术语或概念相比较，帮助学生更改、重建或放弃现有的概念，建立对科学概念和解释的新理解。这是使新概念、过程或方法明确化和可理解化的过程。

解释环节，教师主要通过讲授，并结合视频、多媒体软件等多种形式，辅助学生理解学习内容。

（4）迁移。教师引导学生利用科学概念解决问题或解释现象，发展学生对概念的理解和应用技能，扩充概念的基本内涵，帮助学生将新概念与原有知识进行整合。

迁移环节，教师可以采用任务驱动和小组合作策略。教师可以给学生安排一个学习任务，要求学生以小组合作学习的形式进行讨论，制订解决方案。学生可以从教师、书籍、专家、网络资源、数据库、实施实验等多种渠道获取信息，进而解决问题。学生通过对新知识的应用，将其纳入已有认知结构。

（5）评价。教师用正式或非正式的方法评价学生对新概念或新方法的理解和应用能力。同时，教师还应鼓励学生进行自评和互评。教师可以通过提问、小组讨论、记录学生的动手操作能力、纸笔评价等多种形式对学生进行综合评价。

案例研究

植物的感应性探究实验

植物受到刺激会产生反应，如地球引力、水、光和接触都会对植物产生刺激作用。怎样验证呢？教师将班级学生进行分组，要求以组为单位设计不同实验，并展开观察。

第一组的学生提出了研究植物对光的反应的实验设计方案，请教师给予指导。他们准备了如下材料：鞋盒、盛土的小盒子、发芽的马铃薯块茎、剪刀、泥土。

他们是这样开始实验的：

在两个一样的盛土的小盒子里分别放上发芽的马铃薯块茎，芽苞朝上。

1. 将鞋盒一端开一个直径 3 厘米的洞，另一端放一个装有马铃薯块茎的小盒子，盖上鞋盒盖。

2. 将鞋盒放在有阳光的地方。将另一个装有马铃薯块茎的小盒子放在鞋盒外作为实验对照。做好这些以后，他们开始了观察并写观察记录。

几天后鞋盒里的马铃薯块茎长出了黄白色的细长幼芽，幼芽从开口的小洞伸出鞋盒外。而放在鞋盒外面的马铃薯块茎的芽粗壮，呈紫绿色。

于是,他们得出结论:植物具有向光性。

其他组也设计并进行了实验,分别研究了植物对地球引力的反应(向地性)、对水的反应(向水性)以及对接触的反应。

通过交流讨论实验观察结果,他们认识了植物的感应性及其对植物生存的意义。

根据以上案例,探讨下列问题:

(1) 本案例实验的主要实施意图和目的是什么?
(2) 本案例实验中着重要让学生应用哪些科学实验的方法?
(3) 谈谈你怎样指导学生进行这个实验?理由是什么?

讨论:1. 上列3类实验教学的方式与实施策略的特点是什么?思考并发表你的见解。
2. 为什么实验教学也要重视制订实施的策略?谈谈你的看法。

(国家课程标准专辑科学课程标准(7—9年级)附录[EB/OL].惟存教育—课程标准. http://www.being.org.cn/ncs/sci/m/sci-m05,htm.)

4.2.4 活动课教学模式

当代心理学研究表明,活动与人的心理形成发展有着十分密切的联系。著名心理学家皮亚杰认为,人对客体的认识是从课题的活动开始的,思维及认识发展的过程就是主体在实践活动中不断建构对客体的认识结构的过程。因而在科学教育的实施过程中设置形式多样的科学综合实践活动不但能起到促进学习者认知发展的重要作用,而且能够通过实施探究解决实际问题的实践活动来激发学生学习科学的兴趣,培养学生的探究能力、合作意识、求实精神、科学态度。所以,在当今世界各国的科学教育改革实践中,人们极为重视设置科学综合实践活动,并将其作为科学教育的一个重要的组成部分。在我国新一轮的基础教育课程改革实践中,也要求在中小学普遍设置综合实践活动。这一注重实践性的活动型课程开设以后,科学教师如何结合科学课程的学习来实施科学综合实践活动,充分发挥其培养功能,尤其值得深入探究。

科学综合实践活动的内容不像科学课程那样以教科书作为载体比较固定,其内容可以由学生自己选择确定,也可以由教师提供选题建议;可以来源于教科书和课堂教学,也可以来自学校生活、家庭生活或者社会生活;可以是对自然现象的研究,又可以是对科学、技术与社会之间关系问题的探讨。因而具有较大的自主性和灵活性。因此,与科学课程相比,科学综合实践活动在内容上更广泛、更灵活、更富有弹性。

4.2.4.1 科学综合实践活动的内容范围

依据科学综合实践活动的教育目标和定位,我们可以把科学综合实践活动的内容范围大致界定在如下方面:

(1) 有关人与自然的关系方面的活动。这是中小学生在现实生活中经常直接涉及的问题,主要涉及与人的生存环境息息相关的自然事物、自然现象和自然环境中的各种问题。相关的科学综合实践活动可以围绕诸如水资源及其状况问题、土壤资源及其状况问题、空气质量问题、能源开发与利用问题、植被与绿化问题、动物及其保护问题、自然灾害问题等方面来选择确定活动的主题或者课题。教师应根据学生的家庭所在社区和学校周围的自然环境状况,引导学生发现并选择与上述内容有关的课题开展探究。

(2) 有关科学、技术与社会关系方面的活动。可选择的主题包括:健康、食品、医药、环境保护与水污染、大气污染、臭氧空洞、酸雨、温室效应、白色垃圾、土地沙漠化、能源危机与开发新能源、人类基因组、克隆、AIDS预防、SARS防治等方面。通过这些主题活动,可促进学生对于科学、技术与社会之间关系的理解,培养学生参与社会决策的意识和能力,增强学生的社会责任感,形成可持续发展观和科学的价值观。

(3) 有关科学知识与技能探究方面的活动。这类实践活动的设计可以围绕科学教科书涉及的科学知识和技能的扩展和应用来展开。比如,植物栽培、生活实验、科学小实验、模拟实验、制作标本或模型或工艺品、开发代用实验装置等都是科学知识与技能维度的综合实践活动。

(4) 有关学生与自我关系方面的活动。对自我的正确认识,对自己个性与能力的了解,是中小学生生活中十分重要的学习内容。学生与自我关系维度的科学综合实践活动可以把学生在家庭生活、社会生活和学校的学习生活中亲身感受到的问题作为活动选择的内容。比如,围绕学生的学习习惯、饮食与营养、成长环境与安全等问题来选择、确定活动的主题或者课题。

应当指出的是,科学综合实践活动的内容是多维度的、开放的。教师应根据学生的不同年级、不同特点、合理地处理好不同维度内容的比例关系,有计划地设计和安排不同维度的科学综合实践活动的内容主题或课题,促进学生对自我、科学技术与社会、自然之间内在联系的整体认识与体验,谋求自我、社会与自然的和谐发展。

科学综合实践活动项目举例

资料卡片

※ 酿米酒

※ 毒品与戒毒

※ 仿生实验

※ "青春痘"和面部皮肤卫生

※ 无土栽培对蔬菜幼苗生长的影响

※ 制作帆船模型

※ 制作小直升机模型

※ 制作气动模型火箭

※ 可燃性粉尘爆炸与放火

※ 二氧化碳与灭火

※ 变色的金鱼,多彩的花

※ 彩色火焰蜡烛

※ 厨房中的化学实验

※ 你了解酸雨吗?

※ 冬季大气污染的调查

※ 环境保护模拟法庭

※ 地图的理解和绘制

※ 月球的目视观测

※ 人能跳过自己的影子吗?

4.2.4.2 科学综合实践活动的方式

根据科学综合实践活动的目标和要求,学生的科学综合实践活动的方式大致可分为以下几类:

1. 科学课题研究活动

课题研究(或主题探究)是综合科学实践活动最重要的一种类型,它要求学生模仿或者遵循科学研究的一般过程,选择一定的课题,运用调查、测量、文献资料收集、实验、实证等研究方法对课题展开研究,解决问题,并撰写研究报告或研究论文。科学课题研究活动一般包括课题的选择、研究方案的制订、研究实施、研究成果的交流与评价等环节。教师应成为组织者、指导者和促进者,为学生开展课题研究活动创造良好条件。

2. 科学考察活动

这是群体性的综合科学实践活动,可以是同一年级若干个班的学生参加,也可以是不同年级的学生参加。主要有以下几种形式:

(1) 野外考察。主要适用于与生物和地理有关的科学实践活动的开展。如举办"野生动物考察夏令营"、"昆虫夏令营"、"为了明天远足夏令营"等。这种形式让学生能够开阔视野,增长知识和才能,受到大自然美的熏陶,愉悦身心。

(2) 参观。这种形式有助于学生了解科学技术知识在工农业生产和国防建设等方面中的应用,扩大眼界,激发和增强学生的求知欲和对科学技术知识和技能学习的兴趣,有利于贯彻理论联系实际的原则,同时进行爱国主义教育。参观的内容很多,比如参观化工厂、发电厂、制药厂、科学研究单位、大学实验室、养殖场、博物馆、科学馆、动植物园等。

(3) 访问。可以为学生提供了解、接触社会的机会,同时学习先进人物的优秀事迹和敬业精神,激发为祖国的繁荣富强而贡献力量的热情、决心和斗志。访问对象可以是著名科学家、科研人员、企业家、技术工人等。

(4) 调查研究。有助于学生关心环境问题,提高环境参与意识,进一步理解科学知识和技能,提高解决实际问题的能力。如对当地动、植物资源情况的调查;对森林与气候的关系的调查;对城市污染对健康的影响调查;工厂对周围环境的影响调查,学校地区的生态环境与污染情况的专项调查等。

组织学生参加科学考察活动,应做到目的明确、准备充分、组织严密、保证安全,最后应做好总结或写出心得体会。

3. 科技实践活动

这是充分体现科学学科特点的一类科学综合实践活动。一般适宜于3～5人的小组活动。根据活动的具体内容,可分为两种形式:

(1) 实验。这是突出学科特点的活动形式,有利于巩固和深化知识,提高实验操作技能,训练科学方法,培养解决实验问题的能力以及科学探索精神等。包括趣味实验、生活实验、研究型实验、产品制作实验、模拟实验等。

(2) 制作。主要是组织学生就地取材,制作简易直观教具的活动,对于培养学生运用知识、提高动手操作能力、发挥创造才能等有积极作用。通常包括标本、模型、演示装置及代用实验仪器、工艺品、电化教具等的制作。

4. 生活科技活动

为了增进学生在科技社会中生活调适、价值判断、问题解决和创造思考的基本能力,以及勤劳、合作、爱群和服务的积极态度,可以开展生活中的科技运用、设计与创造活动。如居室装饰设计、生活建筑设计等活动内容。此类活动并非完全是技艺性的,其中包含着复杂的价值观问题,需要学生在设计与创造中进行价值判断。

5. 社会中的科学实践活动

科学社会实践活动的基本特征是社会参与性,即学生作为社会成员参与到整个社会生活之中,融入社会政治生活、经济生活、文化生活中。包括参加与科学、技术和社会有关的社区服务、科普宣传、社会考察活动、义务劳动、经济活动等。比如,参加或者组织内容丰富多彩、方式多样的社区的"科学周"、"科学月"、"科学之夜"、"科技集市"、"环境保护问题及对策"、"科技演示"、"科技发明展览"等。

此类科学实践活动一般要在特定的社会情景中进行,如农村或农场、文化古迹、社会有关机构、街道、商店、公园、社区福利院、孤儿院、小区等场所。

应当指出的是,科学综合实践活动的形式是十分丰富的,但无论采取何种形式,都应该紧紧围绕科学综合实践活动课程的目标。这就要求科学教师要根据学生的生理心理特点、知识水平、兴趣和需要,结合学校的具体条件,因地制宜,创造性地组织和开展科学综合实践活动,并在实践中不断总结经验,设计和开发出科学综合实践活动的新形式,使科学实践活动的内容更丰富充实,形式更活泼多样,充分发挥它在培养学生创新精神和实践能力方面的特殊作用。

案例研究

大气污染防治行动

【主题说明及活动目的】

随着现代工业的发展,工厂和人类日常生活向大气中排放的有毒气体种类越来越多,数量越来越大。目前,已引起人们注意的大气污染物已有100多种,其中威胁大的种类有粉尘、二氧化硫、一氧化碳等。面对这种状况,我们有必要组织一系列有关大气污染的调查、宣传活动,使学生认识大气污染的特点及大气污染对环境的严重危害,增强学生的环境保护意识,学会检测空气污染情况,并能根据周围空气污染的情况,提出防治或减少大气污染的途径和建议。

【注意事项】

1. 注意安全和文明礼貌教育,尤其避免与被调查单位(污染源企业)发生冲突。
2. 实地观察应选择不同的时段,如早、中、晚,并持续多日观察。条件许可,还可通过实验或仪器检测污染区大气的化学成分,了解其对自然环境和人类的危害。
3. 对观察记录的统计分析应确保客观真实性,避免以偏概全。

【活动过程的指导】

(一)组织形式和教师配备

1. 组织形式:以小组为单位。
2. 教师配备:专门配备1~2名教师,最好有化学教师。

(二)准备工作

1. 与本地区环保部门取得联系,请求技术指导并提供资料。
2. 学生分组,明确各自任务,写好计划。
3. 观察及监测方法的培训。

(三)活动过程与活动方式

参照"行动建议"和"出谋划策"。

(四)总结与评价

1. 总结方式:完成一份关于本地区大气污染情况的调查报告或以"问题讨论"、"专题辩论"方式总结。
2. 评价方式:以自我评价为主。关注学生在活动过程中面对困难的态度、处理问题的方法、与人交往的技巧。可开展以畅谈收获、发现、思考为主题的班队活动。

【拓展与延伸】

延续活动:了解废气净化的措施,并思考其原理与自己所学的哪些知识有关。

请根据以上案例探讨下列问题:

(1)这一科学综合实践活动有什么样的特点?

(2) 你认为活动的目的确定是否恰当？你有什么修改、补充和完善建议。

(3) 如果你来组织这个活动，你有什么样的构想？请写出你组织这次活动的"活动过程与活动方式"计划。

（大气污染防治行动 [EB/OL]. [2003-05-12]. http://www.pep.com.cn/kcs/alyj/cz/200305/t20030512_26298.htm.）

科学综合实践活动从学生参加的面来看，其组织形式可以是多种多样的，在学校中比较普遍采用的组织形式主要有以下两种。

1. 小组实践活动

小组实践活动是根据学生的兴趣和要求，由学生自愿组合参加的以某一课题或某一方面为内容的一种科学综合实践活动组织方式。其特点是小型分散、机动灵活，更适宜于发展学生的特长，更有利于因材施教。苏联著名教育家苏霍姆林斯基对此曾做过较高评价，指出："课外小组活动的价值，在于使每个学生在一段较长时间内尝试自己的禀赋和能力，在具体事中表现自己的爱好，找到自己心爱的工作。"因此，小组活动是科学综合实践活动的最基本、最主要的组织方式。在综合科学实践的小组活动中，无论是活动目标与计划的制订，还是信息的收集和整理或者实验探索，再到得出结论、解决问题，乃至最后成果的交流等等都是以小组合作的方式展开的。小组活动方式根据不同的组成人员可以以班级为单位进行，也可以以年级为单位，打破班级的限制，甚至还可以打破年级的限制，在全校范围内进行人员组合，形成特色活动小组。

2. 个人实践活动

个人活动是在教师指导下学生独立进行的一种科学综合实践活动方式。它能使每个学生的主动性和创造性得到更充分的发挥，更能培养刻苦钻研的精神，使有特殊才能的学生得以充分的发展。主要内容为开展家庭小实验、制作教具等科技实践活动，也包括课外科技题材阅读。但这种方式也有其缺点，如当课题过大时，一个人难以较好地完成任务，不利于合作意识的培养。因此，不宜在复杂课题活动的整个研究过程中采用个人活动方式，可以在某个课题研究的环节中使用。在学生个人完成活动后，应鼓励学生积极与他人进行交流与分享。

活 动

一次科学综合实践活动的策划与设计

根据下列要求设计一次科学综合实践专题活动，并与同学讨论：

【活动主题】对噪音污染环境状况展开调研、形成研究报告。

【活动要求】大学生和初中学生携手进行综合实践活动。

根据这些基本要求，编写综合实践活动的设计计划，并与同学讨论、交流。

4.3 新课程科学教学模式

不同的教学方法在科学教育的实践过程中有不同的适用情景和不同的针对性，任何单一的教学方法都难以全面而有效地完成一个综合性的教学任务。因此，在设计和实施教学时，必须根据教学的要求对教学方法进行选择。实践证明，教师能否根据实际情况正确选择和运用教学方法，也是影响科学教学质量的关键所在。在科学教学的实践中应遵循以下原则来选择教学方法：

4.3.1　依据科学教学的目标任务和教育新理念

任何教学都要在一定的教育理念的指导下，在一定的教学目标的约束下进行。所以，选择科学教学方法的重要出发点是如何使所选择的方法具有教学的针对性和可实现性。因而要求教师要熟悉《科学课程标准》对于科学教学提出的要求，尤其是要深入理解科学课程的新理念和新目标，充分考虑不同维度目标对教学方法选择的影响，体现出科学教学的"整合"和"探究"性特点。

例如，若所教章节的内容目标和构成是以认识和理解统一的科学概念和原理为中心，那么就可选用像演示法、讲授法、谈话法、讨论法等常规的教学方法，为了培养学生的科学探究能力还可选用问题解决教学的方法，以及探究教学的方法。若教学内容的主要出发点是为了训练学习者的实验技能，则必须重视选用实践性强的（如边讲边实验或学生实验室教学的）方法，以便加强练习和实践。

4.3.2　依据科学的内容及其教材编排的特点

教学内容和教材的编排方式也是制约教学方法选择的重要因素。从我国新科学课程突出"整合"和"探究"的特点来看，选择教学方法时需要注意以下几方面：

（1）学习统一的科学概念和原理对选择教学方法的影响。例如，生命科学领域的内容强调生命系统的构成层次、生物体的基本构造、生命活动的基本过程，以及人、健康、环境之间的相互关系。所以可选用观察、实验和实地考察等教学方法；而物质科学领域则突出物质的基本性质、物质的运动形态、物质运动及其相互作用过程中的基本概念和原理，建立关于物质运动和物质结构的观念是重心，所以宜选用问题解决、比较、分类、简单的模型解释、测量、实验的条件控制等实证性、实践性和探究性较强的教学方法。

（2）认识和学习不同科学领域的知识和技能、理解科学过程对选择教学方法的影响。例如，地球、宇宙和空间科学领域的内容强调了解地球、太阳系和宇宙的基本情况及其运动变化的规律，主要帮助学生了解在人类生存的地球环境中阳光、大气、水、地壳、生物和土壤等是相互联系、相互影响、相互制约的整体，建立人与自然和谐相处的观念。因而宜选用直观性和实践性较强的教学方法，如天文观测、野外考察、图像分析，综合实践活动、合作探究学习，以及计算机辅助教学等方法。其实，这些就是学科特征对选择教学方法的影响。

（3）教材编写的逻辑结构形式对选择教学方法的影响。例如，在教材中有的内容是以科学与生活为主线，有的是以科学史为主线，有的是以探究活动和探究能力发展为主线，还有的是以科学概念的逻辑体系为主线的形式来呈现的，因而就要根据这些不同的编排形式选用相应的教学方法。

（4）科学教材内容的开放性特征对选择教学方法的影响。例如，有的内容编排是引导学生将课内的学习内容与课外的实践活动、阅读、练习结合起来，有的是通过各种途径引导学生拓宽知识视野（包括了解一些科学上目前还没有解决的问题），有的是引导学生关注和参与讨论有关科学的社会问题来学习相关内容。这也就带来了不同的选择教学方法的出发点。比如，对于塑料利用的利与弊、温室效应的利与弊、核能的利用与安全等科学知识应用与科学价值观讨论相结合的内容的教学，就需要选择可以促使更多学生积极参与、发表不同看法、让学生做判断的讨论式或合作探究教学模式。

另一方面，在选择教学方法时，也要适当考虑教材设置的栏目，如"观察思考"、"实验探究"、"信息搜索"、"科学、技术与社会"等对运用教学方法和组织教学活动的影响，把这些学习形式也作为教学实施的途径之一。

4.3.3 依据学生的实际情况

学生的实际情况是选择教学方法的重要出发点,新科学课程特别强调面向全体学生,为学生的发展服务。所以,在选择教学方法时必须考虑所教对象的实际情况。一般来说,需要考虑以下三个方面:

(1) 当前所教学生集体的总体状况,如学习风气、学习科学的兴趣和热情、大多数学生的科学思维习惯和实验水平等。

(2) 学生的能力发展状况和比较普遍的学习风格、解决问题的基本方式,以及他们在教学活动中的活跃程度。

(3) 学生对科学探究和实践活动的积极参与程度,是否主动在学习过程中进行意义建构。

另一方面,学生的年龄特征、思维发展规律、知识基础和科学学习的习惯也是科学教师选用科学教学方法时需要考虑的因素。

4.3.4 依据教师的特长和教学风格

教师是教学过程的设计者,也是教学方法的执行者。对教师来说,课堂教学是一种高级的个体脑力活动,其自身特长与教学风格在一定程度上也影响和决定着教学方法的选择和发挥。因此,教师在选用教学方法时,要尽可能扬长避短,将教学方法与自身的特长及教学风格融为一体。其实,一个优秀的教师最突出的就是他独特的教学风格,而选择什么样的教学方法又与他的教学风格相关。所以,科学教师在自己的教学生涯中应当不断地吸收各种教学方法的精华,进行研究、改造和创新,以不断提高自己的教学理论和实践水平,增强教学的能力和技艺。

此外,像教学的媒体、辅助手段,以及实验的仪器、设备,乃至教室的布置等都会对教师选择教学方法产生影响。但无论这些因素怎样影响,最重要的还是要从学生的发展需要出发,从科学教学的培养要求出发,反映出现代科学教育的新理念,体现出《科学课程标准》的科学教育价值观。

你认为选择科学教学方法的出发点和方式还有哪些?谈谈你对选择教学方法与培养学生实践能力关系的看法。

《科学课程标准》提出要"不过分强调概念的严密性和系统性",你怎样理解这一观点?

本章小结

本章从了解科学课程教学的策略出发,结合案例探讨了科学课程的教学策略和教学方法,详细讨论了科学课程的教学模式,并结合案例加以分析,使科学教师理解并掌握科学课程的教学过程与模式,分析了科学课程教学理念下实施科学教学的新要求。

学习链接

1. 中小学教育在线论坛:http://www.xmta.com/js/bbs/index.asp。
2. 中国基础教育网:http://www.cbe21.com。
3. 全国中小学教师继续教育网:http://www.teacher.com.cn。

4. 新思考网/中国教育资源服务平台：http://www.cersp.com.
5. 合作学习在小学教育中的实践研究专题网站：
http://218.13.33.18/hz/Article_Show.asp?ArticleID=90.
6. 查有梁. 新教学模式之建构[M]. 南宁：广西教育出版社，2003.
7. 刘宏武. 选择适合的学习方式[M]. 北京：中央民族大学出版社，2004.
8. 施良方，崔允漷. 教学理论：课堂教学的原理、策略与探究[M]. 上海：华东师范大学出版社，2001.
9. 傅道春，齐晓东. 新课程中教学技能的变化[M]. 北京：首都师范大学出版社，2003.

检测—拓展

检测

1. 常规教学方法主要有哪些？各有什么特点？
2. 《科学课程标准》提出的重视实践的要求和途径有哪些？谈谈你对培养学生实践能力的看法。
3. 参考《科学课程标准》和本教材的介绍，分析探究教学有什么样的特点？举例说明探究教学的运用方式。
4. 如何理解科学探究的教育价值？

拓展

1. 试就手边拥有的《科学》教材，选取其中一节，根据基于概念图的教学策略的特点，设计一个用概念图教学策略实施教学的教案。
2. 上网或者查阅期刊了解什么是研究性学习、发现式学习，它与探究式学习有什么区别和联系？
3. 请阅读下列案例，分析案例中合作学习失败的原因，并为该教师提出解决问题的办法。

　　拿到《科学》新课本的时候，我静心琢磨教材设计者的设计意图，发现书中许多内容是让孩子们自己动手寻求科学的答案，其间更多的是在小组合作的基础上进行学习探究的。夹着课本走进了天真的孩子们中间，引导着孩子们开始科学的徜徉。几节课下来，我发现了一个奇怪的现象：合作学习中有些孩子忙得手忙脚乱，而有的孩子好似"事不关己，高高挂起"的态势，在一边独自"偷闲"。下课后，我就喊了一个"悠闲"孩子，问他："你上课的时候，怎么不和同学一起动手学习呢？"这个孩子满怀委屈地说："老师，不是我不想和他们一起学习，而是（小组长）太霸道，从来不听我的，也不让我'玩'实验器材。"孩子的一席话，不啻一记闷棍，敲得我又陷入了迷茫：什么样的小组合作学习才能使孩子们都乐意动手呢？如何恰当地发挥小组长的作用呢？

4. 收集有关论述我国新一轮基础教育改革中科学课程改革的资料，通过分析资料，概括新科学课程对科学实验教学提出的要求，并谈谈你对这些要求的认识。

阅读视野

理论与实践的关系：中外科学实验教学的比较

　　中美两国中小学在科学教学上的差异可以表现在对待理论与实践的关系上。一位访美学者写道："理论与实践相结合是中美两国学校面临的重要问题。然而，焦点是不同的。中国学校更强调学习理论，而美国学校则更强调学习实践。"我国访美学者一致认为，在我国科学课堂上，过分强调理论学习，而演示与实验活动却常常被忽视。正如我国的一位学者所说："中国科学教师只要能够用语言把问题解释清楚，他们就不会去动手。"

　　我国学校偏重理论而轻视实践既有传统观念的影响，也有体制上的原因。在我国文化传统里，重理论轻实践的观念根深蒂固。从考试制度上看，大学入学考试偏重考理论，对实际工作或实验重视不够。这是科学教学偏重理论而忽视实践的重要原因。

　　与此相反，美国科学教师则注重演示和动手操作。在访美学者看来，美国教师只要能够通过动手操作阐明理论，就不会用语言去解说。美国中小学科学教学的演示和实验活动有3个特点：(1) 所用的设备和材料并不昂贵,大多是简单又便宜;许多仪器是教师自己利用日常家庭用品制作的。(2) 由于动手操作与日常生活情境相联系,它们既生动活泼又切合实际。(3) 大量使用计算机。

就对待实验和动手操作的目的而言,中美两国中小学的差异也是十分明显的。一位访美学者做了如下的比较:"在中国,动手操作是为了证明课本上的理论和结果。学生只需用相同的方法和仪器,做相同的实验,并被期望得出相同的结果。然而,在美国,动手操作的目的是发现课本上以及课本外的理论和结果。因此,学生受到鼓励用不同的方法和材料进行不同的实验,并得出不同的解决问题的方案和结论。"科学教学实验的目的不同,培养出的人才在创造性和解决问题的能力方面自然会有差异。

课题研究模式

课题研究模式的一般程序是:

(1) 选择课题

首先,由教师和学生组成的计划小组负责确立学期研究主题。所谓主题,指的是一个由涉及若干技术内容和社会因素的相关问题所构成的综合体。它可以是一种技术问题,如某个生产环节的自动化,也可以是一种带有经济、政治或社会意义的综合课题,如能源危机、水资源短缺等问题。在同一主题下,再细分出若干子问题,这些问题没有现成答案,学生从中选择一个问题作为学期课题。

(2) 师生协同研究

师生协同研究是本模式的核心,其操作要点是:① 形成课题小组,一般由6~8人组成,每组配备一名指导教师和一间工作室;② 围绕主题开展各种教学与研究活动,如教师讲授、教师辅导、小组讨论、文献检索等。教师可以围绕课题开设课程,确定必修课或选修课,为学生完成课题研究打好基础。

(3) 撰写研究报告

课题小组必须在课题评价前2周完成课题报告,并打印成册。

(4) 课题评价

每个课题成立一个评价委员会负责评价工作。课题评价程序是:先由课题小组宣读报告;再由评价人员就课题的细节及与课题有关的问题向课题小组提问,要求研究者做出解释;最后,评定报告质量,给出等级。

课题研究模式中所渗透的主要教学思想是:杜威的"从做中学"(learning by doing)。

美国近代著名的哲学家、教育家杜威在批判传统学校教育的基础上,提出了"从做中学"这个基本原则。杜威主张教育要从儿童的实际生活出发,提出能够引起儿童主动关注的问题,在解决问题的过程中学习知识。"从做中学"就是要向儿童在现实生活中学习知识的方式学习。儿童虽然缺乏知识,但是他们在自己的生活中经常会遇到疑难问题,这时候他们就像科学家一样,高度关注面临的问题,调动一切积极性,去努力解决。在这个过程中,儿童增加了经验,理解了意义,获得了知识。在熟悉的环境里学习所学习的东西就能产生意义的理解,而不是像现在制度化的分门别类的课程那样与实际的生活经验相隔离,只是一些抽象知识的灌输,缺乏意义的理解。这里所谓的意义,并非指学科课程中知识本身的意义,而是指知识与儿童现实生活的活生生的联系,儿童自身对所学知识目的的理解和原发的兴趣与热诚。"从做中学"要求学生通过"动手做"(hand on),经历知识的发生过程,从而获得直接经验。"做"是指一切与学习有关的实践活动,或者说是各种实践性、操作性学习活动。开展"从做中学"活动,要加强观察、实验,让学生通过动手操作,亲身经历知识发生过程;还要加强实习、练习、生产劳动、社会实践,让学生在这些活动中运用已掌握的知识去分析和解决实践中的问题。开展"从做中学",还包括学生在观察中的思考,对探究结果的猜测(提出假说),为后继研究制订计划,考虑变量的选择和控制,对获得的数据进行整理、分析等处理,在与同伴的对话与交流中相互质疑和评价,反思自己的预设,考虑可能的其他解释,最终得出结论等。

问题解决模式

近年来,许多研究者主张基于问题解决的学习,认为这是一条建构主义学习的基本思路。在科学教学中,通过问题解决来建构知识的有效途径是采用问题解决教学模式。这一教学模式的基本思路是:把学习置于复杂的、有意义的问题情境中,通过让学习者合作解决真实的问题来学习隐含于问题背后的科学知识,形成解决问题的技能,并形成自主学习的能力。这种教学模式的典型过程是:学生以小组为单位,开始解决一个实际问题;为了解决问题,学生往往需要获得一些必要的专业知识,然后相互交流所获得的知识,并讨论如何运用所获得的知识来促进问题的解决;如果在讨论的过程中,小组发现还需要研究另外一些新的学习议题,学生们就需要反复循环地产生学习议题,分头查找资料,小组讨论交流,直到问题得以解决;问题解决后,学生们还需要对自己的学习过程进行反思和评价,总结所获得的知识和技能。

具体地说,问题解决模式在实施过程中大致包括以下环节:

(1) 组织小组。作为一个小组,在探索问题之前,学生们要相互认识,为合作学习建立基本的原则,创设良好的氛围。

(2) 开始解决问题。教师为学生提供一个实际问题,让学生分头去收集资料,或通过实验、假说等探索活动来获取解决问题的要点。

(3) 小组讨论。小组成员再次集中,沟通他们所学的东西,据此生成解决问题的假说,分享各自的研究成果。

(4) 活动汇报。各小组利用各种形式来报告自己的研究结论及结论产生的过程,如运用数学分析、图表、口头报告、戏剧表演等。

(5) 反思评价。学生有意识地反思问题解决的过程,考虑这个问题与以前所遇到的问题的共同点与不同点,教师要帮助他们概括和理解新知识的应用前景。在学生们评价自己的学习成果的同时,也要对自主学习与合作性问题解决活动进行反思,这对于促进高级思维技能的发展是很有意义的。

总之,基于问题解决的学习过程有两条相互交织的重要线索:一是分析问题、形成假说、检验假说和修正假说的过程;二是学习要点的形成及由此引发的查询与探索活动,这是围绕着问题解决活动而进行的更丰富的求知活动。前者是问题解决活动的中心线索,通过问题解决来促进学生对知识的理解,后者则围绕着问题解决活动实现不同学习途径的整合。

问题解决模式中所渗透的主要教学思想是:建构主义教学理论(constructivism)。

建构主义提倡在教师指导下的、以学习者为中心的学习,也就是说,既强调学习者的认知主体作用,又不忽视教师的指导作用,教师是意义建构的帮助者、促进者,而不是知识的传授者与灌输者。学生是信息加工的主体、是意义的主动建构者,而不是外部刺激的被动接受者和被灌输的对象。

学生要成为意义的主动建构者,就要求学生在学习过程中从以下几个方面发挥主体作用:要用探索法、发现法去建构知识的意义;在建构意义过程中要求学生主动去收集并分析有关的信息和资料,对所学习的问题要提出各种假设并努力加以验证;要把当前学习内容所反映的事物尽量和自己已经知道的事物相联系,并对这种联系加以认真的思考。联系与思考是意义构建的关键。如果能把联系与思考的过程与协作学习中的协商过程(即交流、讨论的过程)结合起来,则学生建构意义的效率会更高、质量会更好。协商有自我协商与相互协商(也叫内部协商与社会协商)两种,自我协商是指自己和自己争辩什么是正确的;相互协商则指学习小组内部相互之间的讨论与辩论。

教师要成为学生建构意义的帮助者,就要求教师在教学过程中从以下几个方面发挥指导作用:激发学生的学习兴趣,帮助学生形成学习动机;通过创设符合教学内容要求的情境和提示新旧知识之间联系的线索,帮助学生建构当前所学知识的意义。为了使意义建构更有效,教师应在可能的条件下组织协作学习(开展讨论与交流),并对协作学习过程进行引导使之朝有利于意义建构的方向发展。引导的方法包括:提出适当的问题以引起学生的思考和讨论;在讨论中设法把问题一步步引向深入以加深学生对所学内容的理解;要启发诱导学生自己去发现规律、自己去纠正和补充错误的或片面的认识。

情境学习模式

情境学习(situated learning)的倡导者们(J. S. Brown, A. Collins, P. Duguid)认为,知识是具有情境性的,知识是活动、背景和文化产品的一部分,知识正是在活动中、在其丰富的情境中、在文化中不断被运用和发展着。由此,情境性学习主张学习应着眼于解决生活中的实际问题,应在具体情境中进行,应借助于丰富的学习资源,应把所学的知识与一定的真实任务情境挂钩,应让学生合作解决问题。情境教学具有以下特点:首先,学习的任务情境应与现实情境相类似,以解决学生在现实生活中遇到的问题为目标;其次,教学过程应与现实中问题解决过程相类似;第三,科学科目的教学应创设有丰富资源的学习情境,其中应包含许多不同情境的实例和有关的信息,以便学习者根据自己的兴趣、爱好去主动发现、主动探索。

基于情境学习的教学设计、教学策略有多种,比较典型的是美国 Vanderbilt 大学认知技术课题组(简称 CTVG)1990 年启动开发的贾斯珀系列(Jasper series),并提出了抛锚式教学模式(anchored instruction)。这一模式是指创设含有真实事件或真实问题的情境,学生在探究事件或解决问题的过程中自主地建构知识的意义。由于抛锚式教学要以真实事例或问题为基础(作为"锚"),所以有时也称为实例教学或基于问题的教学,这种教学特别强调具体情境对知识建构的作用,所以又称为情境性教学。

情境教学模式的一般程序是:

(1) 创设情境。使学习能在与现实情境基本一致或相类似的情境中发生。

(2) 确定问题。在上述情境中,选择与当前学习主题相关的真实性事件或问题作为学习的中心内容。选取出的事件或问题就是"锚",这一环节的作用就是"抛锚"。

(3) 自主学习。由教师向学生提供解决问题的有关线索,让学生通过自主探索解决问题。

(4) 协作学习。开展讨论、交流,通过不同观点的交锋、补充、修正,加深学生对当前问题的理解。

(5) 效果评价。包括学生个人的自我评价和学习小组对个人学习的评价。

抛锚式教学的主要目的是使学生在一个完整、真实的问题情境中,产生学习的需要,并通过学习共同体成员之间的互动、交流,即协作学习,凭借学习者主动探索、亲身体验,完成对知识的意义建构过程。总之,抛锚式教学是使学生适应真实生活,学会独立识别问题、提出问题和解决问题的一种十分有效的途径。

情境学习模式中所渗透的教学思想是:情境学习理论。

情境学习理论在西方出现于20世纪80年代以后。这种理论认为:知识是具有情境性的,知识是活动、背景和文化产品的一部分,并在活动中、在其丰富的情境中,不断被运用发展的。新课程中,我们倡导情境教学其意义在于:① 促进迁移。情境认知能意识到思维中的疑难困境及产生背景,并能揭示真实的生活情境在学习中的内在意义。而传统学习中学生对脱离情境的知识的理解也仅仅限于字面上,只懂得用它解决课堂上或是试卷中的问题。② 真实的学习。传统学习中人为的、简化的"情境"是为固定的认知路径而设计的。这一路径是课程编制者与教师预设的,而且常常被认为是天经地义的、有效的、有序的和科学的。③ 主体性的建构。置身情境中的学生很容易产生探究的愿望、解决问题的热情与责任感,这些学习的动力资源促使学生主动寻找、确证、评价甚至开发信息要素,自主建构认知的路径,这种路径是个性化、独特的。情境教学中,学生作为一个有独立意识的主体置身其中,为问题的解决设计方案,寻找有意义的信息,并对信息进行分析、筛选与组织,指向问题的解决。这一系统应是一个开放的系统,个体的意义建构与情境中的信息不断反馈、交流,问题解决的工具、信息要素、方式、思维路径等也都是个性化的。因此,情境教学中应有几个关键点:学习者寻找、筛选信息要素,学习者自己提取已有的知识;学习者自己建构解决问题的策略。

[丁邦平,中美科学教育比较。中国教育学刊[J].2000(2):52.]

参考文献

[1] 中华人民共和国教育部.全日制义务教育科学(3—6年级)课程标准(实验稿)[M].北京:北京师范大学出版社,2001.
[2] 中华人民共和国教育部.义务教育初中科学课程标准(2011年版)[M].北京:北京师范大学出版社,2012.
[3] 钟启泉.现代教学论发展[M].北京:教育科学出版社,1998.
[4] 袁运开,蔡铁权.科学课程教学论[M].杭州:浙江教育出版社,2004.
[5] 陈坚.中学科学教学活动设计[M].北京:北京大学出版社,2005.
[6] 顾志跃.科学教育概论[M].北京:科学出版社,2003.
[7] 吴永军.新课程学习方式[M].南京:南京师范大学出版社,2005.
[8] 联合国教科文组织国际教育发展委员会,比较教育研究所译.学会生存——教育世界的今天和明天[M].北京:教育科学出版社,1996.
[9] [美]布鲁克斯著,范玮译.建构主义课堂教学案例[M].北京:中国轻工业出版社,2005.
[10] 广东省教育厅研究室编.初中新课程:科学优秀教学设计与案例[M].广州:广东高等教育出版社,2006.
[11] [美]克拉耶克,查尔内克,巴杰著,王磊等译.中小学科学教学:基于项目的方法与策略[M].北京:高等教育出版社,2004.
[12] 丁邦平.国际科学教育导论[M].太原:山西教育出版社,2002.
[13] [美]佩卡著,卢向明.科学探究活动案例集[M].洪紫萍等译.杭州:浙江教育出版社,2004.
[14] [美]大卫·皮埃尔,查尔斯·费舍著.科学探究课题案例集[M].朱雯华,曾立译.杭州:浙江教育出版社,2004.
[15] 项红专.中学科学探究教学的策略与艺术[M].杭州:浙江大学出版社,2004.
[16] 琼·所罗门著,郭玉英.国外中小学教育面面观:科学—技术—社会教育[M].王琦译.海南:海南出版社,2000.
[17] 丁邦平.科学元勘与科学教学改革的两种模式[J].全球教育展望,2001(11).
[18] 冯越.以"科学元勘"思想在化学教学中进行人文精神培养的模式研究[D].陕西师范大学教育硕士学位论文,2006.
[19] 何克抗.建构主义革新传统教学的理论基础[J].中学语文教学,2002(8).
[20] 袁维新.国外基于建构主义的科学教学模式面面观[J].比较教育研究,2003(8).
[21] 原维新.科学史教育的教学价值与教学模式[J].科学教育研究,2004(7).
[22] 汪甜,崔鸿,刘胜祥.在实验探究中培养学生的科学素养[J].中小学教师培训,2006(10).
[23] 迟旭华.新理念指导下的五段式科学教学模式的实践解说[J].辽宁教育,2006(3).
[24] 王健,李秀菊.5E教学模式的内涵及其对我国理科教育的启示[J].生物学通报,2012(3).
[25] [美]阿瑟·A.卡琳,乔尔·E.巴斯,特丽·L.康坦特.教作为探究的科学[M].北京:人民教育出版社,2008.

第 5 章 科学课程教学设计

学习目标

通过本章学习,你应该:
1. 知道教学设计的理论基础和一般模式。
2. 知道学习需要分析、学习内容分析和学习者分析的内容,并能独立进行分析。
3. 通过学习能够独立阐明教学目标。
4. 通过学习能够独立制订教学策略。
5. 通过学习能够有针对性地选择教学媒体。
6. 通过学习能够理解科学活动课程的内涵,在科学课程的教学设计中能够初步体现科学本质。

本章内容结构图

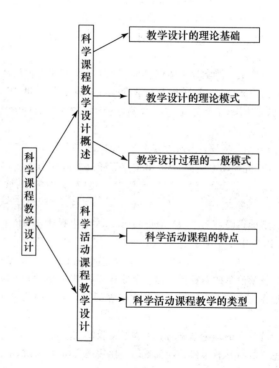

关键术语

◆ 教学设计　◆ 前端分析　◆ 学习需要　◆ 学习内容　◆ 学习者
◆ 教学目标　◆ 教学策略　◆ 教学媒体　◆ 探究活动　◆ 科学活动

本章序幕

教学是一种创造性活动,选择与运用教学方法和手段要根据各方面的实际情况统一考虑。万能的方法是没有的,只依赖于一两种方法进行教学无疑是有缺陷的。常言道:"教学有法,但无定法。"每个教师都应当恰当地选择和创造性地运用教学方法,表现自己的教学艺术和形成自己的教学方法。

(王道俊,王汉澜.教育学[M].北京:人民教育出版社,1989:244.)

教学是一项有明确目的的人类活动。它的根本目的在于促进学生的学习,使学生掌握一定的知识技能,并使身心获得较好的发展,形成一定的思想品质。为了实现这一教学目的,每一位教师都会自觉不自觉地依据一定的教育思想,以各种方式、方法对教与学的双边活动进行计划和安排。但是,由于教学问题的复杂性,涉及的因素是多方面、变化的,因而其结果并不是所有教学问题都能解决、学生都能获得成功的学习。① 教学设计是解决一系列复杂教学问题,寻找最佳解决方案的过程。它运用系统思想和方法,以学习理论、教学理论和传播理论为基础,来计划和安排教学全过程的诸环节及各要素,以实现教学效果最优化为目的。它是实施教学系统方法的一种具体的,可操作的程序,是一个分析教学问题,设计解决方法,对解决方法进行试行,评价结果,并在评价基础上修改方法的过程。而且,每一个过程都有相应的理论和方法作为科学依据,每一个过程"输出"决策,又从下一个过程的反馈中得到检验,从而使教学设计具有很强的理论性、科学性、再现性和操作性。

5.1 科学课程教学设计概述

案例研究

课前准备:四位同学一个自然组,每组准备烧杯、温度计、计时表、酒精灯、三角支架和加热垫各一个,另外每组发一份印有空白表格的纸和空白二维坐标系的纸各一张。

教师:(打开教室的水龙头,用玻璃杯接一杯水)同学们,玻璃杯中装的是什么?

学生:水。

教师:很好。今天我们这节科学课要研究的问题就是水在加热过程中温度变化的规律(教师板书:水在加热过程中温度变化规律的探究)。

教师:接下来,请同学们研究一下,水在加热过程中温度的变化有什么规律。首先,我要问问大家,用什么测量水的温度呀?

学生:温度计。

教师:对,用温度计。现在,我们就用温度计来测一测在加热过程中,水的温度是怎样变化的。温度计的使用有几条注意事项,同学们回忆一下。(略)

教师:接下来老师要请每组都来探究一下。酒精灯的使用规范我们也已经学过,同学们一定要注意。(略)

教师:我先讲一下探究过程、方法及注意事项。第一,测量时隔五分钟测量一次。第二,把测量的数据填在空白表格内。第三,根据表格中的数据,在二维表格中标出相应的点。第四,把点连成线,并总结一下温度的变化规律,水温的升高是先快后慢,还是先慢后快。第五,把结论填在二维表格下的横线上。好,现在各小组清点实验器材,开始准备实验。注意,请严格按照老师规定的步骤和要求来开展探究活动!

学生开始按照教师的要求操作实验。教师巡视,发现与刚才要求不一致、不规范的地方就指出来,要求学生改正。学生经过实验,数据分析,得出了结论。

(任长松.探究式学习——学生知识的自主建构[M].北京:教育科学出版社,2005:2—3.)

---

① 许维新,郭光友,魏吉庆.现代教育技术应用基础[M].北京:科学出版社,2000:105.

评析：从以上案例的教学设计可以看出：学生探究过程中自主性的丢失导致了探究式学习灵魂的丧失。教学设计者是无意识地想方设法用探究式学习的理念去适应传统的接受式的课堂实践，结果导致了互不匹配的理论与实践。在新课程实施中，实践者总是保持传统的惯性，新的理念经常被加到原有的设计框架中。结果，本应强调学生自主建构的探究式学习，变成了完全由教师独自把持和严格控制的探究活动。这种与探究式学习本质相对立的他主探究活动，是当前实践中的课程文化对新的探究式学习理念的曲解。

从期刊、网络上寻找上世纪80年代的一节生物课的备课教案和近年来相同课题的教学设计文稿，讨论教学设计和备课的区别。

5.1.1 教学设计的理论基础

教学设计是以整个教学系统、教学过程为研究对象，对教和学双边活动进行的设计。在教学方面，涉及教学思想、教育目标、教学任务、教学内容、教学形式、教学原则、教学方法、教学评价等等；在学的方面涉及学习心理和心理分析、学习方法、学习效果等等。① 所以，系统理论、传播理论、学习理论、教学理论是教学设计的理论基础。

案例研究

课前准备：课前，教师在每个小朋友的桌上放了一个注射器（孩子们一进教室，看到桌子上的注射器就情不自禁地玩了起来）。

教师：你们尽情地玩吧，看谁玩的花样多，发现多（这次探究就这样开始了）。

学生：（玩的花样非常多，非常有兴趣）

教师：你们是怎么玩的，和大家分享一下。

学生：我用一只手堵住针孔，另一只手用力推活塞，先前可以推进去，可到一定程度，就推不进去啦。如果手一放，活塞就出来了……（一个学生站起来边演示边解说）

学生：对！我也是这样玩的。

学生：这种玩法我也玩过！（很多学生都这么说）

学生：我还玩过另一种玩法……（学生边演示边解说，完全被注射器吸引住了，个个玩得那么投入）

学生：我用手指头堵住针孔，另一只手用力推活塞，先前可以推进去，可到一定程度，就推不下去了，不知道为什么？（一个学生歪着脑袋疑惑地问）

教师：（在学生有了玩注射器的经历以后，重点是引导学生参与研讨，在互相交流中明确意义、形成概念）这个问题提得太好了，你们是怎么想的？

学生：先前活塞压下去，我想可能是空气从针孔和指头间漏了吧……（一个小女孩怯生生地说，显然不自信）

学生：我不同意她的说法，如果空气漏出去了，我们的手指就会感到凉丝丝的，我堵得很紧，不可能漏出去。（小女孩的话激起一个小男孩的反对，是他的经历激起他的思维，所以他才会这么理直气壮地说）

---

① 许维新，郭光友，魏吉庆.现代教育技术应用基础[M].北京：科学出版社，2000：105.

学生：可是……空气没有跑出去，活塞为什么能压下去呢？（小女孩一脸疑惑）

学生：我们组认为，先前针管里的空气是松的，一压活塞，空气就聚集在一起了，空气没有流出去，只是挤在一块儿了（小男孩涨红着脸说，他的经历更助长了他的信心）。

学生：我同意我们组同学的说法，空气原先挨得不是很紧，压下去的时候它就挨得非常非常紧了。（小男孩同组的一个女生支持小男孩）

学生：看来空气也像海绵一样是可以被压缩的（原先那位小女孩在说话，似乎有恍然大悟的感觉）。

教师：（老师把小女孩所说的话写在了黑板上：空气可以被压缩）（接着继续引导学生）为什么活塞到一定程度，就推不下去了，一放手，活塞又回去了呢？

学生：我们压活塞时，空气越来越挤，最后再也挤不下了。等我们手一松，它马上又把先前的位置占了回来。（坐最前面的一个女生说）

学生：这说明被压缩的空气在恢复原形的时候，产生了一股很大的力量，把活塞推了出来。（另一个同学插了一句。同学们激烈地讨论着，思维和语言交互作用着）（在热烈的研讨中，孩子们脑海中逐步建立起了这样一个概念：空气可以被压缩，压缩的空气有弹性，会产生弹力）

[郁波主编.科学（小学三年级）[M].教育科学出版社，2007：16.]

讨论：以上教学设计的案例在什么地方体现了科学课程的理念？试分析应用了哪些教学设计的基本理论？

名师论教

即便一种有效的学习理论也无法告诉我们如何进行课堂教学，但它确实可以为我们提供一个发现一般教学原理的最切实可行的起点。如何才能有效地控制教学情景中的关键因素，其可靠的答案大多来自学习理论研究。

——施良方.学习论.北京：人民教育出版社，2006：21.

5.1.1.1 系统理论

系统理论为教学设计提供了系统的思考各要素的方法，也为教学设计如何序列化指明了方向。系统理论认为，整个自然界是以系统的形式存在着的有机体，任何客体都是由诸要素以一定的结构组成的具有相对功能的系统，整个自然界是由不同层次的等级结构组成的开放系统，它处于永不停息的运动之中。用这些基本观点去观察世界，较为具体地说明了物质世界的本质联系。这也为系统地研究教学设计系统及教学各要素提供了重要的方法论上的指导。

5.1.1.2 传播理论

所谓传播就是信息从一个地方传送到另一个地方。传播理论研究的是这些信息的传送过程、信息的结构和形式、信息的效果和功能等。在教学设计中，传播理论所考虑的是"教者""学者""教学内容"等的交往和传播。传播理论揭示了教学过程系统中诸要素的信息传播过程，对教学设计者进行教学设计提供了理论依据。

5.1.1.3 学习理论

学习理论是研究人类学习的本质及其形成机制的心理学理论，教学设计是为了促进学习者有效地进行学习而创造的一门科学。所以，学习理论是形成教学设计规律最关键的组成部分。当系统理论为大规模的教学设计指明方向之后，学习理论便为教学设计提供具体的指导。教学设计要根据学习者的学习需要，为学习者确定不同的教学目标，制订不同的教学策略，选择不同的教学媒体，设计不同的实施方案，以实现促进学习者学习，提高教学质量的目的。

5.1.1.4 教学理论

教学理论是为解决教学问题而研究教学一般规律的科学,因而教学理论成为教学设计的直接理论来源。教学理论为教学设计提供了科学依据,教学设计的产生也是教学理论不断发展的结果。

5.1.2 教学设计的理论模式

在具体的教学设计过程中,由于设计者依据的理论出发点不同,面临的教学任务、教学情境各异,因而采取的设计方法和步骤就会有一定差异,这种差异进而导致了许多教学设计模式的产生。就目前情况来看,比较有影响的教学设计理论模式主要有以下几种。

5.1.2.1 系统分析模式

系统分析模式将教学过程看做一个输入(input)——产出(output)的系统过程,"输入"是学生,"产出"是受过教育的人。这一模式强调以系统分析(systems analysis)的方法对教学系统的输入——产出过程及系统的组成要素进行全面分析、组合,借此获得最佳的教学设计方案。为进一步完善这一设计模式并使之更富有操作性,心理学家加涅和布利格斯(Gagne&Briggs)提出了系统分析模式应遵循的十个基本步骤:① 分析和确定现实的需要;② 确定教学的一般目标及特定目标;③ 设计诊断的或评估的方法;④ 形成教学策略,选择教学媒体;⑤ 开发、选择教学材料;⑥ 设计教学环境;⑦ 教师方面的准备;⑧ 小型实验,形成性评价及修改;⑨总结性评价;⑩ 系统的建立和推广。这一模式的基本特点是将教学设计建立在对教学过程的系统分析基础上,综合考虑教学系统的各种构成要素,为教学系统"产出"的最优化寻求最佳的设计方案。

5.1.2.2 目标模式

目标模式是由美国教学设计专家迪克和科里提出的。目标模式与系统分析模式的设计程序基本一致,它也强调系统分析、系统设计,所不同的是它不从输入—产出的工程学角度看待教学系统,它强调以教学目标为基点对教学活动进行系统设计,以达成教学目标为基本目的。这一模式的基本程序有九个:① 确定教学目标。即根据总目标确定教学的行为目标,行为目标应对学生学习活动的预期结果、课程中的重点难点及其他特殊要求有明确规定。② 进行教学分析。确定教学目标后,要通过对目标的进一步分析,确定学生应掌握的各种知识、技能和技巧,并确定掌握某种技能技巧的过程或步骤。③ 分析学生的现实发展水平。准确把握学生的现实发展水平,是教学取得成功的重要基础。学生的现实发展水平主要指学生已有的知识、能力水平,学习准备状态和一般的身心发展特点,这些情况都是教师必须预先予以认真分析和准确把握的。④ 列出操作目标。在完成前三项工作的基础上,教学人员要进一步列出具体的、可供操作的目标,亦即对已确定的教学目标作进一步分解和细化。⑤ 确定测验项目的参照标准。这项工作要求以教学目标为依据,设立测验评价的参照标准。这些参照标准的好坏要用目标来衡量,并且测验项目的要求与目标所陈述的行为类型应有关联。⑥ 确定教学策略。为达成预定的目标,教师必须考虑采用何种教学策略和方法来有效地实施教学。⑦ 选择教学材料。这项工作要求教师根据教学需要,合理选择和利用有用的资源,如教学材料、学生学习指南、教师指导书和试卷等。⑧ 进行形成性评价。在构思了一个完整的教学方案之后,还需要作出一系列评价,以便对方案进行调整和修改。教师或教学设计人员可以从以下三类形成性评价中获得有益的反馈,即个体的评价、小组评价和学科评价。⑨ 修正教学。根据形成性评价所得到的资料,可以发现教学中的不足之处,从而修正教学方案。这一模式的基本特点是强调教学目标的基点作用,设计过程系统性强,设计步骤易于操作。

5.1.2.3 过程模式

过程模式由美国新泽西州立大学教授肯普提出。这一模式与目标模式的主要区别在于它的设计步骤是非直线型的,设计者根据教学的实际需要,可以从整个设计过程中的任何一个步骤起步,向前或向后。过程模式的设计步骤主要有以下几项:① 确定教学目的和课题,主要是解决在教学中想要完成什么样的问题。② 列出学生的重要特点,如学生的一般特征、能力、兴趣和需求等。③ 确定学习目标。④ 确定学习目标的主题内容,主要是将学习目标具体化和操作化,如列出所学的事实、概念、原理等。⑤ 预测学生已有的学习准备状况,如已有的知识经验水平和学习能力等,以便为学生的学习导向、定步,以及对教学方案的内容作必要修改调整。⑥ 构思教学活动,选用教学资源,主要是确定完成教学目标用什么样的教学方法和教学资源最合适。⑦ 评定学生学习,评价和修正教学方案。这一模式的基本特点是灵活、实用,教学设计人员可以根据教学情境的需要有侧重地设计教学方案。

活 动

请选择一个课题依据教学设计的理论模式进行教学设计,并进行评价。

5.1.3 教学设计过程的一般模式

教学设计的理论模式为我们提供了可资借鉴的一些设计思路和方法。在具体的教学实践中如何形成一个高质量的教学设计方案,还需要教师依据教学设计的一般原理,发挥个人的创造性,对各种理论模式中的基本组成部分进行具体设计。教学设计过程的一般模式主要由七个基本部分构成,如图5-1所示。

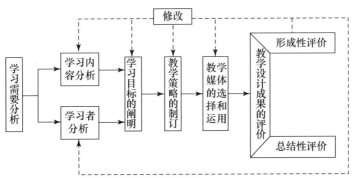

图 5-1 教学设计过程的一般模式

5.1.3.1 学习需要分析

教学设计是一个问题解决的过程,学习需要分析则是问题解决过程的起点。学习需要分析是分析学习者目前学习状况与期望学习者达到的学习状况之间的差距。目前学习状况是指学习者在能力素质方面已经达到的水平。期望学习者达到的学习状况是指学习者应当具备什么样的能力素质。而差距揭示了学习者在能力素质方面的不足,指出了学习者在学习中实际存在的问题和将要解决的问题。差距就是学习需要,有差距就有教学的必要。伯顿(J.K.Burton)和梅里尔(Merrill)为了便于对学习需要进行分析,把与教育有关的需要分成六类。这种分类为教学设计者提供了确定所收集信息的类型,也为如何将需要归类提供了方法。

> 学习需要分析的目的是什么?学习需要分析有哪些方法?为什么说学习需要分析的最后一步是建立总的教学目标?

(1) 标准的需要:标准的需要是通过把一个对象与某种既定的标准进行比较所确定的需要。既定的标准包括各种统一的教学大纲、考试标准和国家各种类型的标准测试。例如:会考、高考和国家认可的教学大纲、课程标准等等。当学习者的行为达不到标准时,标准需要就产生了。要确定标准需要,首先要获取标准的数据资料和准则;如教学大纲、课程标准、考试大纲、标准分数线等。其次是收集学习者与标准相比较的数据资料;最后是比较后得出标准需要。

(2) 比较的需要:比较的需要是通过同类个体或集体通过相互比较而显示出来的差距,是把对象组(如班级、小组)与其他被认为是规范的或优秀的群体相比较而确定的需要。

(3) 感到的需要:感到的需要是一种个人的渴望和需要,是个体必须改进自己的行为或改进某个对象行为的需要和渴望。它显示的是行为或技能水平与渴望达到的行为或技能水平之间的差距。例如,有的学习者为了改进自己的科学实验操作能力,而产生了改进自己的科学实验操作能力的需要。

(4) 表达的需要:表达的需要是个体要把感到的需要表达出来的一种需要。例如:某某班准备成立几个课外活动小组,请学生将自己想参加的课外活动小组的名称填在登记表上,这就是一种表达的需要。要确定表达的需要,首先要收集数据资料,从收集的数据资料中获取所需信息,然后确定表达的需要。

(5) 预期或未来的需要:预期或未来的需要是明确未来将会发生的变化,是一种预测、估计,它关系到未来发展的趋势或导向。例如:假设某种手工操作的技能可以被计算机控制的技能所代替,那么,教学设计中就可以把它看成是预期和未来的需要。

(6) 批评性事件的需要:是一种很少发生但却会引起重大后果的失误的需要。这种需要主要通过分析潜在的问题而获取,也可以通过提出假定性的问题来确定。例如:实验中有毒药品喷洒出来,蟾蜍的毒液喷出等。

(7) 学习需要分析,可以获得有关"差距"的资料和数据,形成教学系统设计的总目标。有了总目标,就可以寻找相应的解决问题的方法,从而解决问题。

5.1.3.2 学习内容分析

学习内容是指为实现教学目标要求学生系统学习的知识、技能和行为经验的总和。学习内容分析就是对学生从初始能力转化成教学目标所规定的能力所需要学习的所有从属先决知识、技能和态度以及它们之间的纵向和横向的关系进行详细剖析的过程。通过学习内容的分析,我们将规定达到教学目标所需要的学习内容的广度、深度、结构和各组成部分的内在联系。学习内容的广度指学生必须达到的知识和能力的范围,学习内容的深度指学生必须达到的知识深浅程度和能力的水平。结构指内容的构成要素和内容各部分之间的联系。学习内容的广度和深度与"教什么"有关,学习内容的结构与"如何教"有关。学习内容的分析既影响教师对课程的把握,也影响学生的学习水平;既影响教学目标的设计,也影响教学方法、教学媒体的选择。只有正确、系统地分析教学内容,才能获得最优化的教学。

(1) 学习内容分析的方法:学习内容分析的方法很多,常见的有:① 归类分析法。归类分析法主要是对学习的信息进行分类的方法。一般是指鉴别为实现教学目标而需要学习的知识点,并将知识点按事物的基本构成、结构层次和具体抽象的程度分类的方法。② 图解分析法。图解分析法是一种用直观形式揭示学习内容构成要素及其相互联系的内容分析方法,用于对认知学习内容的分析。其

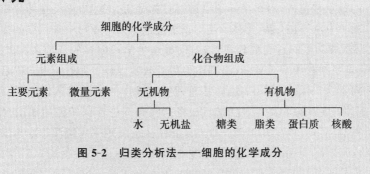

图 5-2 归类分析法——细胞的化学成分

(张海珠,毕润成.生物学教学设计论[M].北京:科学出版社,2004:20.)

结果是一种简明扼要、提纲挈领地从内容和逻辑上高度概括学习内容的一套图表和符号。③ 层级分析法。层级分析法是用来揭示教学目标所需掌握的从属技能的内容分析方法,是一个逆向分析的过程:即从已确定的教学目标开始分析,分析学习者要获得教学目标规定的能力,必须具有哪些次一级的从属能力?而要培养这些次一级的从属能力,又需具备哪些再次一级的从属能力?以此类推……其特点是:各级层次清楚,从属关系强。它从已确定的教学目标开始考虑,直至得到最后的分析结果。可见,在层级分析中,各层次的知识点具有不同的难度等级,愈是在底层的知识点,难度等级愈低(愈容易),愈是在上层的难度愈大。④ 信息加工分析法。信息加工分析法由加涅提出,是将教学目标要求的心理操作过程揭示出来的一种内容分析方法。通过对学习内容的分析,可以确定学习者所需学习内容的范围和深度,并能确定内容各组成部分之间的关系,为教学顺序的安排奠定基础。

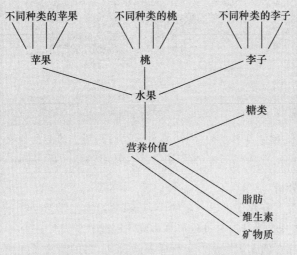

图 5-3 图解分析法——食品的营养

(张海珠,毕润成.生物学教学设计论[M].北京:科学出版社,2004:20.)

(2)学习内容分析的步骤：① 知识点的分析。知识点是学习内容中所包含的知识类型，也就是说，学习内容中都包含哪些方面的知识。要进行课堂教学设计首先必须能将学习内容中的知识点抽出来，明确知识点的数量和范围，对每个知识点进行目标分析。② 知识类型的分析。知识类型不同，则教学目标不同，教学方法不同，教学媒体不同，教学过程不同。对每个知识点的类型进行分析，准确地设定每个知识点要求学生所达到的教学目标，明确学生学习内容的范围和深度；③ 重点知识和难点知识的分析。重点是教材中最重要的、最基本的中心教学内容。课时重点知识是一节课中最本质、最重要的知识内容，是这节课的核心和基础，是教师组织教学的主要线索，是课堂教学过程中师生共同的主攻方向。例如：重要的事实、共性的知识、概括性和理论性比较强的知识、与学生的生活联系比较紧密的知识、具有经济价值的知识等。难点是指学生比较难于理解和不容易掌握的内容。例如：太抽象的知识、离生活实际太远的知识、过程太复杂的知识、理论太深奥的知识等。难点内容不能一概而论，它随着学生的年龄、知识水平和生活经验的不同而不同。对于同一个知识点来说，城市中学是难点，乡村中学就不是难点；普通中学是难点，重点中学就不是难点。在大多数情况下，教学内容的重点和难点是相同的。但是，有时候难点不一定是重点，重点也不一定是难点。当重点和难点相同时，在教学过程中必须先突破难点才有利于重点的解决。如果难点与重点无关，难点不必花费太多的时间。难点内容的分析有助于教学时间的安排。④ 章节教材分析。章节教材分析是指分析教科书章节的内容。这项工作是在钻研课程标准，"通读"教材的基础上"熟读"和"精读"教材的过程。包括：剖析教材体系结构，掌握知识教育的内容；分析教材内在的逻辑系统性；分析教材中联系实际的因素；分析教材中发展学生智力，培养学生能力的内容；分析教材中思想教育的内容。

事实内容：各种科学事实与现象
概念内容：名称、术语、重要常数
原理内容：定律、定理
科学技能的内容：实验的技能、观察的技能、数据处理的技能
解决问题的内容：通过实验方法、数学方法、逻辑方法等解决实际问题

自选一节科学课，进行学习内容的分析，画出知识结构图。然后分组交流。

5.1.3.3 学习者分析

教学设计的目的是为了有效促进学习者的学习，而学习者是学习活动的主体，学习者的认知、情感、社会等特征都将对学习的信息加工过程产生影响。因此教学设计是否与学习者的特点相匹配，是决定教学系统设计成功与否的关键因素。进行学习者分析，目的是为了了解学习者的学习准备和学习风格，以便为教学设计提供依据。

名师论教

教育的对象是人,主要是正在成长的年青一代,为了保证一定的社会对教育的要求能够顺利地实现,有效地促进年青一代的身心健康的成长和发展,还必须从年青一代身心发展的实际出发,适应他们的身心发展规律。诸如教育任务的要求高低,教育内容的多少与深浅,教育方法的选择是否恰当等,都要根据学生的身心发展水平来确定。

——王道俊,王汉澜.教育学[M].北京:人民教育出版社,1989:56.

(1) 学习者特征的分析:包括学习者认知特征分析和学习者心理特征分析。① 学习者认知特征分析。学习者的认知特征以及智力的个性差异决定了学习资料、教学目标、教学方法、教学过程、教学媒体等多方面的选择。皮亚杰的建构主义认识论,详细论述了儿童个体认识发生和发展的过程,是分析学习者认识发展水平的指导理论。他认为:"儿童的智慧和道德结构同我们成人不一样。因而新的教育方法应尽一切努力按照儿童的心理结构和他们不同的发展阶段,将要教的材料以适合不同年龄儿童的形式进行教学。"② 学习者心理特征分析。学习者心理特征是指学习者学习有关学科内容时对学习者产生影响的心理特征。它们与具体学科内容虽无直接联系,但影响教学设计者对学习内容的选择和组织。影响教学方法、教学媒体和教学组织形式的选择与运用。学习者的心理特征有其共性,也存在着差异。相同年龄的学习者有大致相同的感知能力和信息处理能力,有相同的智力、心理和语言的发展过程。但是相同年龄的学习者也存在着智商的差异、社会和家庭背景的差异以及先前知识经验和认知成熟程度的差异。目前,中学的教学组织形式是班级授课制,有经验的教师就能深刻地体会到,同一年级的学生虽然在年龄、知识、心理等方面有着共同的特点,但是在自己的教学过程中仍然很难完全适应全班每个学生的学习要求。这是由于他们既有基础知识的参差不齐,也有接受能力、思维能力、分析判断能力、归纳总结能力等的差异。因此,要使教学设计具有较强的针对性和实用性,就必须对学习者的心理特征进行充分的分析。

名师论教

学生的情感能力是他们学习其他任何东西的先决条件;比其认知能力的发展,人们在生活中的成功更多地依赖于他们的情感因素。

——高勒门(Golemn)

[李奇.谈学习环境的设计 The Design of Learning Environment[J].远程教育杂志,2004(1).]

(2) 学习者的起点能力分析:教学活动和其他活动一样,知道出发点和目的地就能很好地完成这项活动。通过对学习内容的分析已经确定了学习者应该学习和掌握的知识、技能和态度等。也就是说已经知道了目的地,而学习者起点能力的分析就是要确定教学的出发点。心理学认为,学习者起点能力和教学起点的分析是指学习者在从事新的学习时,原有的知识水平和原有的心理发展水平对新的学习的适合性的分析。学习者起点能力和教学起点是新的教学的出发点。学习者在教学活动之前具有的知识、技能和态度一般称学习者的起点能力,通过一个时期的教学活动后学习者形成的知识、技能和态度一般称学习者的终点能力。也就是说,学习者对从事特定的学科内容学习已经具备的有关知识与技能的基础,以及对有关学习内容的认识与态度,相对于学习者来说叫起点能力,相对于教学过程而言叫教学起点。起点能力和教学起点是具有相同内涵而具有不同指向的一对概念。教学目标的确定是要明确学习者通过学习活动应该形成怎样的终点能力。对学习者进行分析主要是要确定学习者的起点能力。

小学四年级学生的一节科学活动课的学习者分析案例

四年级的小学生生性活泼好动,思维活跃,发言积极,充满热情,喜欢表现自己,具有合作精神,他们普遍对科学课有着浓厚的学习兴趣,对周围世界有与生俱来的探究需要。新课程标准强调课程从学生的学习兴趣、生活经验和认知水平出发,倡导体验、实践、参与、合作与交流的学习方式和任务型的教学途径,使学生逐步领会科学本质,乐于探究,热爱科学,并树立社会责任感;学会用科学的思维方式解决自身学习、日常生活中遇到的问题。针对学生的年龄特点及本课的教学内容,在教学过程中力求创设富有新意的科学探究环境,以灵活新颖的教学形式,调动学生的积极性,使学生主动参与科学知识的学习,培养学生的科学思维能力,体现科学本质。

讨论:分析案例,并对案例进行评价。

(3)学习者学习风格分析:学习风格是指学习者感知不同刺激,并对不同刺激作出反应这两个方面产生影响的所有心理特征,也就是学习者在学习过程中经常喜欢采用的某些特殊学习方式、学习策略的倾向。学习者是生活在社会中的人,每个学习者都有自己独特的个性和心理特征。他们在信息接受、信息加工方面有差异,在认识方面有差异,个性意识方面的倾向性有差异,生理结构有差异。另外,他们对学习环境和学习条件的需求也不同。每个学习者都是带着一定的心理、生理结构和认知结构进入学习环境的。在各种学习环境中,每一个学习者都必须自己感知信息,并对信息进行加工。而不同的学习者学习风格不同,对信息的感知和处理就不同。在进行教学设计时,要充分考虑学习者的学习风格,确定不同的学习内容,制订不同的教学目标,选取不同的教学媒体,选择不同的教学方法,使教学达到最优化。

请根据如下提纲进行自我分析:
1. 学习科学课程教学设计之前,掌握了哪些基础知识和技能?
2. 学习过程中,对哪些学习内容或专业术语存在着疑惑和误解?
3. 对哪些内容存在喜爱或反感的情绪?
4. 喜欢什么样的教学方式与教学媒体?
5. 在教学语言方面,喜欢哪样的教学风格?
6. 在完成作业或自学中,你的学习技能水平和学习方法如何?需要多少外部的指导和反馈?

学习需要分析、学习内容分析和学习者分析构成了教学设计的前端分析。

5.1.3.4 学习(教学)目标的阐明

通过教学设计的前端分析确定了总的教学目标,确定了教学的起点,并确定了教学内容的广度和深度以及内容间的内在联系,这就基本确定了教与学的内容框架。在此基础上,就要对学习目标进行设计。即要求用具体的、可观察的、可测量的术语精确表达学生需要哪些知识和技能、形成怎样的态度和认识等学习目标。

 案例研究

【知识与技能】
1. 通过实际观察,建立振动的概念,知道声音是由物体振动产生的;
2. 知道摩擦、弹拨、敲击、吹气等可以使物体振动而发出声音。

【过程与方法】
1. 探索使保鲜袋和身体发声的种种方法,并试着提出相关的问题;
2. 学习使用间接观察法观察物体在发声时的变化和停止发声时的变化,概括出物体发声的变化。

【情感、态度与价值观】
1. 对待科学学习要采取想办法解决问题的态度;
2. 学会尊重事实;
3. 学会通过观察收集第一手的资料来探求事物之间的联系。

讨论:分析案例,对案例进行评价。自选一节课对教学目标进行阐明。

[郝金华主编. 小学科学(四年级上册)[M]. 苏州:苏州教育出版社,2004.]

(1) 教学目标与教学目的的关系与区别:教学目的是教学活动预期达到的结果,是对教学意图进行的概括或总的说明。教学目标是对达到既定目的的各个方面进行的更精确、更详细的说明。教学目的统领着教学目标,借助于教学目标教学目的才能实现。教学目的的笼统、空泛和模糊要求,使教学评价者很难判断教学目的是否达到,加上个人理解的不同,使操作、评价都有一定的盲目性。所以说,教学目的是为开发较详细的目标提供依据,教学目标是为实现一定的教学目的提供可以测量的"样本"。他们之间既有联系又有区别。相同之处是:制订的依据有相同之处;对教学所起的作用有相同之处。不同之处是:制订的依据不完全相同;考虑的主体不完全相同,教学目的是以教师为主体提出教学要求的,教学目标则以学生为主体进行制订;使用的动词不同,教学目的表述时使用的动词是抽象的、模糊的、不能测量的,教学目标表述时使用的动词是具体的、清晰的、可测量的;直接作用的对象不完全相同,结构层次不完全相同。

(2) 教学目标设计的依据:① 知识类型。不同的知识类型在教学中有不同的要求,所达到的教学目标不同,教学目标设计时必须考虑知识类型。② 知识的地位和作用。不同类型的知识在知识体系中的地位不同,所应达到的目标不同。同一类型的知识不同的知识点在知识体系中的地位不同,所应达到的目标也不同。重点知识所应达到的目标层次就比较高,非重点知识所应达到的目标层次就比较低。基本概念、基本规律、基本原理、基本方法是构成学科知识体系的基本要素,是教学的重点,所应达到的目标层次是比较高的。事实是形成概括性知识的基础,一般不是教学的重点,所应达到的目标层次是比较低的。③ 教学大纲(课程标准)。教学大纲(课程标准)是在教育总计划、总目标的要求下,由国家教育领导机构组织相关专业人员编写制订的纲领性文件,是编写教材和进行教学工作的依据,是制定教学目标的依据。④ 学生特征。中小学教育面向的是正在成长的朝气蓬勃的青少年,他们的可塑性很强,思维很活跃。一定要根据他们的生理特点、心理特点制订合适的教学目标。从思维的发展过程看,思维要经过直观行动思维、具体形象思维、抽象逻辑思维三个阶段,不同年龄段的学生思维发展的水平不同,教学目标的层次就不同。制定教学目标时一定要根据学生的特点来制定。

(3) 教学目标的阐明：目标作为观念形态的价值意识反映了人的需要,当需要带着清晰而明确的目标和目的意识并延伸到人的行为领域同行为相联系的时候,则形成动机。人们常说：假如你对要去的目的地不清楚的话,那么你很可能抵达另一个地点,而且还不知道走错了方向。因此,教学目标的表述必须足够地清晰,力求做到明确、具体、可观察、可测量。只有这样才能激发学生学习的积极性,使学生产生要达到目标的强烈渴望。

5.1.3.5 教学策略的制定

教学策略的制定就是根据特定的教学目标、教学内容、教学对象以及实际的条件等,合理地选择相应的教学顺序、教学方法、教学组织形式以及相应的媒体。教学顺序的确定就是要确定教学内容各组成部分之间的先后顺序；教学方法的选择就是要通过讲授法、演示法、讨论法、练习法、实验法、示范—模仿法等不同方法的选择,激发并维持学习者的注意和兴趣,传递教学内容；教学组织形式主要有集体授课、小组讨论和个别化自学三种形式,各种形式各有所长,须根据具体情况进行相应的选择；各种教学媒体具有各自的特点,须从教学目标、教学内容、教学对象、媒体特性以及实际条件等方面,运用一定的媒体选择模型进行适当的选择。教学策略的制订是根据具体的目标、内容、对象等来确定的,要具体问题具体分析,不存在能适用于所有目标、内容、对象的教学策略。

案例研究

圆座和排座

从教师的主观角度看,排座的形式学生被一排一排地隔开,后面的同学只能看到前面同学的后脑勺,学生之间相互交流和走动的机会很少。座位的前面是专为教师留下的空间,以便信息能被有效地传递出去。学生只有做笔记或完成教师传递下来的课堂任务的空间。如果教师的声音太小或教室太大,后面的学生可能就听不清教师的声音。圆座的形式,学生和老师围坐在一起,师生之间、生生之间能方便地进行交流。圆座的形式,常被一些宣扬进步主义的教育家所倡导。因为这使得学生能面对面、完全平等,被看成是民主的外在表现形式。圆座的形式使得教师能方便地引导学生交流,使每个学生都能被看到和听到,能体现对其学习经历的珍重和价值的确认。

从学生角度来看,两种形式各有优劣,圆座的形式对于那些自信、喜欢发言和习惯于学术氛围的学生来说,可能没什么可怕之处,他们感到适应和自由。可对那些容易害羞,害怕面对众人讨论学术问题的学生来说,圆座的形式会是一种灾难,他们的经历可能是痛苦、受辱和自信心的下降。排座的形式,对于那些喜欢听老师讲课、记笔记、独立思考的学生来说是一种福音。这些学生通常喜欢坐在前面,静静听课、自觉性好,能不受他人的干扰做自己的事情。对一些不喜欢上某门课的学生来说,排座同样是天堂。他们通常坐在老师难看到和难走到的地方,做与上课无关的事情。然而,排座的形势不利于学生间的相互交流、合作；学生的注意力因缺少变化容易下降；坐在后排的学生比坐在前排的学生更难受到老师的注意,更难参与教师安排的小范围互动活动。

评析：圆座和排座是两种不同的学习环境,是教师组织教学的不同形式,具体使用时可根据具体的学习目标采用不同的方法。如果内容主要是由教师讲解、演示,或要求学生独立思考时,可用排座形式。如果需要学生讨论、自由发表意见,可采用圆座形式。如果担心圆座中一些害羞的学生不积极参与讨论,可采用两层圆座形式,把这些学生安排在外层。

(李奇.谈学习环境的设计[J].中小学电教,2004(7)：8—10.)

第5章 科学课程教学设计

名师论教

课堂教学物理环境中的一个重要问题就是构建良好的师生身体活动环境。课堂教学过程中座位形式的变化，实际上是改变了课堂中教师和学生、学生和学生相互之间的身体活动关系，也就必然有助于促进教师、学生之间构筑一种新的联系方式，会促进师生以一种新的方式进行交流。

（陶本一.学科教育学[M].北京：人民教育出版社，2002：196—197.）

（1）教学策略选择的依据：① 教学目标。不同的教学目标需要不同的教学策略。② 学习内容。不同的学习内容，需要采用与之相适应的教学策略。③ 学习者的实际情况。教师的"教"最终是为了学习者能够很好地"学"，教学策略要符合学习者的原有认知水平和个性特征。④ 教学策略的适用范围和使用条件。每种教学策略都有各自的适用范围和使用条件，同时又有各自的优点和局限。某种教学策略对于某一课题是有效的，但对另一课题可能是完全无用的；某种教学策略对于某些认知水平或具有某些学习习惯的学习者是有效的，但对于另外某些学习者可能是完全无效的，甚至会产生不好的学习效果。⑤ 教师本身的素养。教学策略的运用是要通过教师来实现的，每个教师在选择和制订教学策略时都要考虑自身的学识、能力、性格等诸方面条件，尽量扬长避短，选择那些自己所熟悉、能够灵活运用、能施展自己聪明才智的教学策略。⑥ 教学条件和教学效率的要求。已有的教学条件是短期内难以改变的，尤其是在选择媒体时，尽量选择在教学条件允许的范围内，能够实现教学最优化的媒体。教学策略研究的一个重要目的就是提高教学效率，提高教学质量。实际教学中，制定和选择某种教学策略，还应考虑教学过程的效率，做到省时高效。

案例研究

在"食盐在水里溶解了吗？"这一课的教学过程中，首先让学生分别观察食盐与沙子在水中的变化情况，然后让学生观察面粉在水中的变化情况。最后设计让学生观察高锰酸钾在水中的溶解情况。

在这一教学过程中，首先让学生分别观察食盐与沙子在水中的变化情况，就是为了了解学生原有的有关"溶解"的前概念。学生的前概念是：像食盐一样在水中慢慢消失了，不见了就是溶解；而像沙子那样在水中没有变化就不是溶解。这时的"溶解"概念是不全面的，有待于我们的教学去修正和完善。

对当前的观念不满是产生观念改变的关键因素，因此，利用引发认知冲突的方法来促进观念转变，对于完善学生原有观念是一种有效的教学策略。"观察面粉在水中的变化"就是引发认知冲突的活动。当问题"面粉在水中的变化更像沙子还是更像食盐"出现时，虽然学生观察到同一事实，但每个学生都有自己的理解。面粉在水中的变化像沙子；又像食盐；既不像沙子又不像食盐……矛盾激发了，原有的认识解决不了眼前的现象，引发了与前概念的矛盾冲突，从而使学生产生积极主动建构新概念的心理趋向。

关于食盐溶解后在水中是如何分布的这一现象，学生无法用肉眼直接观察到，很多学生甚至错误地认为"下面多上面少"。因为生活经验告诉他们，很多时候喝盐汤时会觉得下面咸一些。怎么办？最好找一种溶解过程是可视的，溶解后分布情况是可视的物质作类比。高锰酸钾无疑是很好的选择。学生在观察高锰酸钾溶解的过程中，形象地观察到了高锰酸钾从可见到不可见、水从无色到紫色、扩散后均匀分布的过程。这时，学生头脑中溶解的概念又丰富了一层：物质在水中溶解的过程是慢慢扩散的，溶解后是均匀分布在水中的。

类比是促进学习者在已有概念知识的基础上建构新知识的有效工具。科学教学常常会涉及理解一些无法直接观察到的事物，因此参照某些可观察到的事物或曾经有体验的事情，将要学的新现象比拟成另一熟悉的现象能够更好地促进学生对概念的理解。

讨论：针对案例中的教学策略进行分析评价。

（无为教师教育网 http://www.wwjx.org/bbs/viewthread.php?tid=44305.）

（2）教学策略选择的注意事项：① 教师首先要对教学目标等各种影响教学的可能因素有明确的认识。教师在教学策略的制订、选择与运用中要从教学活动的全过程入手和着眼，要兼顾教学的目的、任务、内容、学生的状况及学习动机和现有的教学资源，灵活机动地采取措施，确保学习有准备、有一定的学习动机，教学内容组织科学有序，并能提供适当的指导和及时的反馈。② 要从整体上把握，不能只着眼于各种局部策略及其优化，而应该着重考虑预期的教学目标，从而有针对性地选择实现整体优化的教学策略。教学策略是教师在教学过程中对教学活动的整体性把握和推进的措施。③ 对具体教学策略和方法进行灵活选择和创造。教学策略不是固定不变的，必须因地制宜，因人而异。在实际选择教学策略的过程中，我们还需要考虑很多方面的因素。由于教学对象不同，教师所实施的最优教学策略也各不相同。教的策略要与学的策略相融合，这样才能使最优教学策略的效果充分发挥。虽然教学策略有明确的指向性和操作程序，但是具体的教学活动中存在着许多变量，教学策略不能生搬硬套，而要在运用中有所变化，有所创新。

（3）教学策略的应用：对于教学来说，若要成功地达到教学目标，完成教学任务，解决"如何教"的问题，必须掌握一定的教学策略。但是没有任何一种教学策略能够适用于任何教学情境。下面介绍三个有代表性的教学策略① 自主性教学策略的应用。学生能够自学的内容，教师让学生自学；学生能够自己表达的，教师鼓励学生去表达；学生自己能做的，教师放手让学生去做。② 探究性教学策略的应用。科学课程要改变课程实施过于强调接受学习、死记硬背和机械训练的现状，倡导学生主动参与、乐于探究、勤于动手的学习方式。因此，教师要能够有效地组织和引导学生开展以探究为特征的研究性学习，使接受与探究相辅相成。③ 激励性教学策略的应用。主要是教师对学生的学习过程及情感、态度要及时地给予有价值的反馈，发挥课堂评价对学生学习的导向、激励、诊断和反思提高的作用。对学生的激励既不形式化，又具体、诚恳。对于学生出现的错误，也要及时以恰当的方式指出纠正。

案例研究

"使沉在水里的物体浮起来"的探究课。老师安排了4个探究活动：① 把物体放在水里会怎么样？② 使橡皮泥能在水里浮起来，并且在上面放硬币，看谁堆得多；③ 使土豆在水里浮起来；④ 让学生玩潜水艇。在教学中，全班同学兴致勃勃，个个忙于摆弄、实验操作；老师则忙于控制各个活动的时间，并让学生展示实验的结果，汇报操作的方法。看起来活动的内容很丰富，学生也兴趣盎然，但学生在动手之前没有思考的时间，没有先做假设；活动结束之后，学生虽然汇报出不同的方法，可是，老师根本没有时间来引导学生质疑不同方法的异同，也无暇去关注未成功的学生反思为什么我没有做出来。

评析：科学课程标准指出"科学学习要以探究为核心"。探究既是科学学习的目标，又是科学学习的方式。亲身经历以探究为主的学习活动是学生学习科学的主要途径。科学课程应向学生提供充分的科学探究机会，使他们在像科学家那样进行科学探究的过程中，体验学习科学的乐趣，增长科学探究能力，获取科学知识，形成尊重事实、善于质疑的科学态度，了解科学发展的历史。但是新课程对教学的要求，很重要的一点是强调课堂教学的有效性。这就要求科学教师在提供充分的科学探究机会的同时,还要精心设计探究活动,对预设的活动要有前瞻性,活动不在多而在于精,要精心挖掘探究活动所蕴涵的科学道理,在老师的引导下使探究活动更加深入,而不能流于形式。

[郝京华.小学科学(三年级下册)[M].南京:江苏教育出版社,2004:53—54.]

5.1.3.6 教学媒体的选择和运用

媒体(media)来源于拉丁语"medinm",是传播学上的概念,是指携带和传递信息的物质工具。任何一种物质实体都可以成为媒体。但是作为媒体必须介于发生联系的双方之间,并将它承载的信息有效地由一方传递给另一方,也就是说媒体必须具备交流和传播信息的功能。教学媒体是为实现教育教学目的,在教学过程中介于教师的教和学生的学之间的,携带并传递教学信息,影响师生信息相互交流与传递的工具。它能储存、表达、传递和传播教学信息,能在教学过程中被选择、控制、操作。教学媒体的发展经历了三个阶段:① 原始教学媒体阶段:原始教学媒体阶段和原始教育时期相一致。这一阶段教学媒体的最大特点是形象直观,缺陷是离不开人的亲身传授,效率较低。它主要包括人体各器官、生产生活工具、实物、口头语言等。② 古代教学媒体阶段。这一阶段是指人类进入古代阶级社会以后一直到17世纪末。教学媒体的最大特点是文字书本的出现及其在教学上的广泛应用,既丰富了教学媒体的种类,又拓展了教学资源。文字书本比口头语言更为抽象概括,大大突破了信息传递的时间和空间限制,克服了口头语言不能脱离传授者的局限,为学习者提供了自主学习的条件。但是,由于文字比较抽象,与客观世界存在着一定的差距,容易造成教学的枯燥、僵化、乏味、脱离生产和生活实际。③ 现代教学媒体阶段。这一阶段是指从夸美纽斯(John Amos Comenius)的《世界图解》出版至今,是现代教学产生和发展的时期。17世纪末到19世纪末,为解决单一文字教学带来的种种弊端,人们从理论和实践上对教学媒体进行了探索,确立了直观性教学原则,自行设计和制作了各种专门的直观教学媒体。捷克教育家夸美纽斯编写并出版了《世界图解》,书中载有插图150幅,是世界上第一本插图教科书。德国人根据"影戏"的原理发明了幻灯,19世纪末幻灯应用于教学,使电教媒体开始介入教学,给教学带来了新的挑战和机遇。进入20世纪后,电子科学技术的迅速发展,留声机、唱片、广播、电影开始应用于教学。30年代,有声电影、有声幻灯片应用于教学。40年代末电视机和计算机相继问世。之后,卫星广播电视、激光视盘、微型电子计算机普遍应用于教学领域。90年代以来,计算机技术的日新月异,尤其是计算机网络技术的全球渗透,网络化教育正改变着教学的方方面面,使教学媒体在教学中的作用更加明显。这一时期教学媒体的最大特点是从理论到实践都有了突破性的进展。这一阶段围绕如何使教学信息的传递更直观、生动、有效,人们利用先进的科学技术成果,设计和创建了各种各样的电子化和现代化的教学媒体,极大地拓宽了视觉媒体和听觉媒体的范围,丰富了教学媒体的种类,使教学媒体的功能逐渐完善。这一时期教学媒体的快速发展,使教学媒体在教学中的地位提高,并引发了对教学媒体的理论研究和探讨。

(1) 教学媒体选择的依据:教学媒体的选择首先要考虑的因素是教学目标,另外还要考虑教学方法、学习任务、学习者的特点、教学管理因素、经济条件、教师素质和不同的课型等。

名师论教

多媒体教学系统从硬件上保证了各科教学环境。但要真正在教学上发挥出相应的优势,还需要做好课堂教学设计,体现媒体的整体优势,形成优化的课堂教学结构。

(李龙.教学过程设计[M].呼和浩特:内蒙古人民出版社,2001:219.)

案例研究

课本和计算机房

课本:传统课本内容的编排和选择,通常是得到广泛认可的知识和公理。教材设计者认为选用存在争议和尚未证实的内容,容易引起教师和学生思维的混乱,也造成了评估的难度。毫无疑问,他们善意的出发点可以理解。但这样做却导致了学生认识上的误区:世界是由一些已经确定的知识和尚未被发现、被认识的一些"确定"性知识组成的,世界的知识是有限的,出现的问题都有明确的答案。带着这样的认知观进入社会,当遇到生活中出现一些没有明确标准答案的现实问题时,容易产生挫折感,降低自信心。而且因为没有认识到知识或者世界的复杂性,会容易从表层简单看问题,缺少对新问题、新现象和新知识探索的好奇心。

计算机房:目前学校里普遍存在的计算机学习环境——专门的计算机房,房间里满满地摆上计算机,面向教室的前面,教室前有一块黑板,角落里有个讲坛,窗户都有深色的窗帘,学生只能看到自己的屏幕,一些个子小的学生可能看不到教师前面的黑板,机房的时间安排按照一节课45分钟安排,为控制学生的学习活动没有连上Internet,在这样的学习环境里学生能学到什么呢?他们的感受会是什么呢?

评析:以上案例容易使学生认为:计算机只是一种成人使用的工具,和学生的学习没有什么关系;计算机房很枯燥,只是用于呈现教学信息、查找非计算机信息的资源;计算机让你做事而不是为你做事。这样的环境给学生传递了如下的观点:自己对学习没有控制权;学生不是意义的建构者,而是意义的接受者;如果能记住大量的信息,就是优秀的;如果遵从教师的指导,就是好学生;学习知识根据个人的成绩受到评价,而不是根据对团队所作出的贡献或者对自己学习所承担的责任而评价。

(李奇.谈学习环境的设计[J].中小学电教(教师版),2004(7):8—10.)

(2)多媒体使用的几个误区:多媒体(Multimedia)一般被理解为多种媒体的综合。它由media和multi两部分组成。多媒体技术不是各种信息媒体的简单复合,而是一种把文本(text)、图形(graphics)、图像(images)、动画(animation)和声音(sound)等形式的信息结合在一起,并通过计算机进行综合处理和控制,能支持完成一系列交互式操作的信息技术。随着科学技术的发展,多媒体的使用越来越广泛,使用过程中也出现了几个误区:① 教育手段先进,教育思想便先进。现代教育理论要求教学必须充分发挥学生的学习主体作用,但有一些教师认为只要教育手段先进了,教育思想便先进。于是在计算机辅助教学这一现代教育的外衣内,进行着传统教学模式的翻版,教师依然是讲解的中心,学生依然是被动的接受者,灌输、填鸭之风依然我行我素。② 公开课或评优课一定要用多媒体。和传统教学模式相比,多媒体辅助教学有利于个别教育,有利于因材施教,有利于提高学生学习的主动性、积极性,有利于发展学生的智能。因此在一些地区,一些学校便片面追求多媒体辅助教学,甚至形成"无多媒体不成公开课"的局面,而其所用的所谓的多媒体课件,只是简单的文字加图片,是用投影片完全能够实现的,造成大量资源浪费。多媒体成了名副其实的花架子。③ 多媒体是教师讲解演示的工具。多媒体的性质是什么?或许很多老师都会回答:多媒体是教师讲解演示教学内容的工具。然而,错了!教学媒体应该是学生进行发现、探究、接受新信息并最终掌握知识形成能力的工具,是学生学习的帮手,而不是教师讲解演示的工具。

5.1.3.7 教学设计成果的评价

教学设计进入后期阶段,主要任务是对教学设计的成果,即设计的产品进行评估,以提高产品的质量,这就是教学设计成果的评价。所谓教学设计成果就是教学设计者为实现一定的教学目标而设计的一系列教学活动,其中主要是教学过程。

案例评析

课题：声音的产生

设计思路："声音的产生"是苏教版《科学》教材四年级上册"奇妙的声音王国"单元第一课时的内容。通过实验、活动让学生运用多种方法和常见材料来"制造声音"，探究声音产生的原因，了解声音的产生和振动的关系，建立起"声音是由物体振动产生的"初步感性认识。

学习需要分析：（略）

学习者分析：（略）

学习内容分析：（略）

教学目标：（略）

教学媒体：（略）

教学过程：

一、激趣导入，揭示课题

1. 我们的周围充满了各种人为的和自然的声音，下面我们就来欣赏一段声音。（多媒体播放录制的声音）

2. 多么美妙的声音啊！不管他们来自哪里，这些声音都能够为我们传递信息，蝉鸣提示正当盛夏，狗犬预示着陌生人就在门外，铃声是上课、下课的信号，掌声代表一种鼓励……说话声更能传递意义丰富的信息，我们的生活离不开各种声音，那么声音是怎样产生的呢？今天我们一起来共同研究声音的产生。（板书课题：声音的产生）

评析：俗话说："兴趣是最好的老师。"上课伊始，教师通过播放一段组合的声音让学生欣赏，感受声音的美妙，一下子就激发了学生学习的兴趣和探究的欲望，调动了学生学习的积极性。

二、制造声音，探究方法

1. 活动：使保鲜袋发出声音。

(1) 研究声音，必须先让物体发出声音，老师给大家准备了食品保鲜袋，同学们想一想怎样才能使它发出声音？有哪些方法？请再大家试一试，并把自己制造声音的方法写在记录表上，看谁想的方法多。（出示活动记录表，讲解如何填写）

(2) 学生实验，并填写记录表。

(3) 学生发言并演示。

2. 活动：使身体发出声音。

(1) 刚才同学们借助手、嘴等使保鲜袋发出了声音，那么不借助其他任何物体，只利用自己的身体，你能发出声音吗？能发出多少种声音呢？（老师不是看哪个学生制造的声音响，而是看谁想的办法多。）

(2) 学生发言并演示。

3. 提问：为什么很多方法都能使物体发出声音呢？你们知道声音是怎样产生的吗？请同学们猜一猜。

同学们说了这么多声音产生的原因，那声音究竟是怎样产生的呢？下面我们就来做几个实验，共同探究声音产生的原因。

评析：这部分的教学通过两个活动让学生利用已有经验，运用多种方法来"制造声音"，提出声音是怎样产生的。学生在活动后探究欲望高涨，猜想积极，都期望自己的猜想是正确的。对于学生的猜想，教师给予了充分的重视与理解，这是对学生的尊重，同时对于学生的不同意见，教师没有进行肯定或否定，而是引导学生通过实践自己去找答案，发现规律，掌握科学研究的方法。

三、实验演绎，探究原因

1. 活动：尺子发声实验。

2. 活动：小鼓发声实验。
3. 活动：空瓶发声实验。
4. 活动：水声产生的原因。（学生讨论交流）
5. 小结：
(1) 尺、鼓、空气、水都统称为物体，那物体怎样发出声音的呢？
（板书：物体、振动、声音）
(2) 物体发出声音一定会振动吗？学生猜想。
6. 活动：声带发声实验。
7. 活动：音钹发声实验。
小结：由以上两个实验我们知道了什么？
（物体发出声音一定振动，物体不发出声音就不振动。）
总结：通过本节课的学习小朋友们有什么收获？还有什么疑问呢？（学生汇报了本节课学习的内容与收获，同时提出了"人的心脏、脉搏的振动我们能感受到，为什么一般情况下听不到？"等有价值的问题，老师趁机引入今后研究的课题"声音的强弱、传播"等，鼓励学生课外继续探究。既是总结，又是延伸。"以问题始至问题终。"教学中始终以探究科学问题来驱动和维持学生学习的兴趣和动机，激活学生学习科学的本能和欲望，引领学生主动探究。

评析：科学课程标准倡导："让孩子们切身感受到课堂上的探究活动是真实的"、"把科学家从事科学研究的一些基本做法反映到科学教育中来"。"声音的产生"这节课的教学教师首先设计了尺子、小鼓、空瓶、流水发声实验，引领通过观察、实践、比较、讨论等活动探究出声音是由物体振动产生的，继而让学生猜想"物体发声一定振动吗？"激发深入探究的兴趣，最后用声带、音钹发声实验演绎验证科学结论。这一环节中学生始终是学习的主人，在老师的指导下，亲自动手，观察实验，体验科学学习的乐趣，享受成功的喜悦，逐步形成了科学学习的方法，养成了科学探究的习惯。

（王红军. 探究声音产生的奥秘. [2009.01.14]. http://www.jgjxxx.net/teachedublog/user 1/1784/archives/2009/2009114123559.html.）

"声音的产生"一课按照"欣赏声音，激趣导入，提出问题——利用已有经验使物体发声，提出声音是怎样产生的——实验探究发声物体的变化得出结论并验证——畅谈收获，提出新的问题"的思路展开教学，"以问题始至问题终"，整个过程以学生的探究活动为主，让学生在活动中探究，在探究中比较，在比较中感悟，在感悟中发现，在发现中找到学习科学的途径，实现学生主动参与，善于合作，乐于探究，体现了科学课程改革的基本理念。

5.2 科学活动课程教学设计

活动课程这一基本思想由来已久，大约可追溯到柏拉图和卢梭时代。古希腊著名哲学家柏拉图的"儿童游戏场"，强调给儿童讲故事，做游戏，通过音乐、歌唱等活动方式对儿童进行道德教育，培养儿童积极主动的参与意识，这实际上可以说是活动课的最初萌芽。我国教委1992年公布的《九年义务教育全日制小学、初级中学课程计划(试行)》首次将"活动"纳入学校课程，反映了我国课程理论的新发展。但是由于(课程计划)没有界定活动课程，地方教育行政部门和中小学教育对活动课程的认识还存在不少问题。新课程强调：探究既是科学学习的目标，又是科学学习的方式。亲身经历以探究为主的学习活动是学生学习科学的主要途径，科学活动是科学课程教学的主要形式。

案例研究

苏教版《科学》教材突出"科学探究",强调探究式学习,可以说是教材最大的亮点之一。教材以建构主义等先进课程设计理念为支撑,充分体现了"自主探究"的这一崭新的理念,突出表现在教材中丰富多彩的"探究活动"上。教材的每一课可以展开成若干个探究活动,有的可以让学生经历探究的全过程,如"纸的研究""研究布料的防水性、透气性、耐磨性"等;有的则侧重于探究过程中的某一个环节,如:"倒满水的杯子里可以放进多少根回形针"侧重于预测;"测一测各处的气温,看看有什么发现"侧重于实验;"数豆子,统计数量,发现规律"侧重于数据整理分析;"观察和比较固体和液体的性质"侧重于观察;"冬天里哪些树叶是绿的"侧重于调查和记录;"养蝴蝶""种油菜""做萝卜花篮"等侧重于动手操作;另外有的实验侧重于对比结果,有的活动侧重于学生的心理体验,有的活动侧重于交流讨论,各种丰富的探究活动组成了这套教材的主体内容,而且全套教材也体现了科学探究能力的螺旋上升的内在体系。

(小学科学教材介绍.2007.07.05.科学视野网.www.tzsy.cn/eduarticle/xuejiao/jcfx/200805/0770612.html.)

5.2.1 科学活动课程的特点

科学活动课程从内容上看,主要是以学生学习直接经验的形式来掌握的,融合于各项实践活动中的最新知识、技能和技巧;从师生关系来看,活动课程主要表现为学生的独立自主活动,教师则起辅导作用;从活动的空间来看,活动课程不受课堂限制,可以灵活选择,既可选择在课堂内或课堂外进行,也可以在校外社会实践活动中进行;从学生所处的状态和地位来看,活动课程表现为学生的亲自实践,动手操作,手脑并用,学生始终处于动态的活动之中,居于主体地位;从活动组织形式来看,活动课程可以开展群众性活动、个别活动和小组活动。可见,活动课程具有自身的特点,具体表现在:

(1) 实践性:表现为学生的实际动手、实际操作、亲身实践和亲身体验。在实践活动中获得知识、技能,发展各种能力。

(2) 开放性:表现为学生可以广泛地选择活动内容,灵活地选择活动课程,充分满足个性全面发展的需要。

(3) 创造性:表现为学生在实际活动中充分地发挥主观能动性,积极地开动脑筋,进行大胆创造和想象,求新、创新。

(4) 自主性:这是活动课程最突出的本质特征。表现在两个方面,一是学生的自主性。学生可以根据个人的爱好、兴趣选择活动,进行自我设计、自我组织、自我管理和自我评价。二是学校的自主性。不同的学校可以充分利用本地、本校的优势和特点,设置灵活多样的活动课。

5.2.2 科学活动课教学的类型

5.2.2.1 研究型

研究型科学活动是以课堂教学内容为基础,以日常问题为载体,通过小组合作,对问题进行探索,并形成书面报告的一种长期的活动形式。这样可以更大的激发学生的好奇心和求知欲,培养学生独立研究问题的兴趣和能力。学生针对日常生活中遇到的科学问题,选取一些感兴趣或力所能及的课题进行研究。如在教授"植物"单元时,让学生对当地的一些植物进行考察研究。首先观察它的生态环境,例如,长在高处还是低处,长在山的阳面还是阴面,生长在什么样的土壤里(肥沃或瘠薄、干燥或潮湿、黏土或沙土)等等。还要考察这些植物在考察范围内的密度、数量,以及雨量、光、温度、风等气候条件对植物的影响。一次成功的研究型科学活动其实就是一次知识整合的过程,通过考察研究,充分利用已有知识来认知新事物,即便在遇到不明白的,也可以通过相关资料的查询、小组的探讨、教师的辅导来完成,从而实现研究型科学活动的最优化。

 **案例研究**

课题:磁铁有磁性

教师:(组织学生说说怎样才能最快的把大头针从沙子里拣出来)让一名学生上讲台用磁铁分离大头针和沙子。

学生:(略)

教师:这位学生为什么这么快就把大头针拣出来了?(引导学生得出磁铁能吸大头针,不能吸沙子的结果;然后进一步让学生思考)磁铁还能吸哪些物体?(教师出示各种材料:铁片、铝片、夹子、橡皮筋、图钉、回形针、泡沫、塑料片、螺丝、木棋、铜片、钢珠、铁钉。)

学生:(非常有秩序地、积极地进行活动。)

教师:(组织学生辨认,并根据能不能被磁铁吸引进行分类)请同学们把你们的分类结果填写在记录表中,哪位同学把你的分类结果告诉全班同学?(在交流的过程中,当一位学生提出自己小组的铁片不能被吸引时,教师及时让其上台展示,修正学生的错误认识。)(当学生对石头、金属能不能被磁铁吸引存在不同意见时,教师要注意引导,对于石头能不能被磁铁吸引,教师完全可以在课中解决:其一,要让学生明白,物体的大小不是能不能被磁铁吸引的条件,只要磁铁能吸引,石头再大,磁铁吸引的那股力量总可以感觉到;其二,教师可以让学生回忆刚上课时分离大头针和沙子的情形,那沙子也可以把它看做是小个的石头。当然,也有石头是能被磁铁吸引的,比如铁矿石。至于金属能不能被磁铁吸引,这问题本身就有问题,是不能研究的。就如在这堂课上,出现的铁、铜、铝都是金属,可铁能被磁铁吸引,而铜、铝却不能。)

评析:通过创设问题情境,让学生帮助教师分离大头针和沙子,易于激发学生学习的兴趣,同时也有利于把学生的思维引领到本课的学习中去。在实验的过程中,教师对学生的错误认识要注意引导,要注意问题的表述。

(腾俊环,《磁铁有磁性》教学过程与点评.[2008.04.25]. http://blog.kxsy.net/user1/233/archives/2008/20844.html.)

5.2.2.2 游戏型

当前小学科学活动形式单一、缺乏童趣。为了让科学活动变得形式活泼、富有趣味,教师要设计游戏型的科学活动。游戏型科学活动以课堂教学内容为基础,用游戏的形式,使学生熟练掌握课堂教学内容的一种短期的科学活动。为了游戏的需要,在进行实验时,可以对部分实验器材进行必要的加工、美化、改造。例如在火箭升空表演时,可以搞一个火箭发射模拟台,并利用音响作出火箭升空的音效,使学生有一种身临其境的感觉。

5.2.2.3 欣赏型

科学知识以其独有的科学型、神秘型、吸引着小学生,因此在课堂中进行"科学欣赏",指导学生通过书籍、网络欣赏科学家的生平事迹、当前国内外科学领域的最新成就和问题等是必要的。目的是把学生引向课外的广阔世界,激发求知欲。欣赏的途径有很多,可以通过书本阅读、小组交流、上网查询,也可以听取专家学者的介绍。同时还可以鼓励学生把有价值的信息制作成科学小报,互相交流学习。科学欣赏使学生扩大了视野,不仅培养了学生良好的阅读习惯与兴趣,更重要的是经过锻炼,提高了学生多渠道获取信息的能力。

案例研究

谈谈科学课中的阅读
——恩施市实验小学 陈 莉

科学课中的阅读不同于语文课上的阅读。如"科学家怎样进行探究"中讲述了一个关于科学探究的真实故事,要求学生阅读并思考,在科学发现的过程中,科学家经历了哪些必要的过程。我在教学这部分内容时,引导学生通过阅读和分析,体验科学家对一个问题的探究过程:观察发现——根据自身知识背景提出研究问题——利用以前的研究成果——提出可能的解释——使用技术与数学方法搜集证据——形成自己的解释——收集新的证据——补充原有解释——发表研究结果。教学中,要引导学生逐段分析,让学生明确故事的各个部分科学家在做什么,这项工作是我们科学研究中的什么环节等。但是,千万不能把这部分的教学变成语文课上的阅读教学。

阅读在科学探究中的作用表现在以下几方面,如能在教学中合理地以阅读配合科学探究,能促进科学探究活动。

一、阅读激趣,引入科学探究活动

六年级下册《科学》在每个主题单元的首页设置了"引言",目的在于激发学生学习该单元的兴趣,并指明该单元的研究方向。如"微小世界"的"引言"对学生很有激励性,我会很好地利用它,通过引领学生对"引言"的阅读、讨论,提出问题,激发学生的兴趣,导入新课,引领学生进入这一单元。

二、阅读资料,扩大视野,学会反思

如"我们来造环形山"一课的最后部分,是让学生去阅读有关环形山成因的资料,其意图在于拓展学生的视野,同时让学生学会反思,反思自己的推测与科学的假说有什么不同。在教学过程中,应尽力避免学生将教材中的资料不假思索地抄下来作为自己的假说。

三、阅读研讨,明确科学探究方法

在六年级下册教材中安排了一些对比性实验,科学教材对这些对比性实验介绍得非常清楚,教师在引领学生进行对比性实验时,可先让学生讨论设计,在自己设计的基础上,让学生阅读书中介绍的方法,并进行对照,教师适时提出问题:"为什么要这样设计?""不这样行吗?"引领学生在研讨中明确"变量"和"不变量",并在此基础上经历对单个变量进行控制的活动过程。

四、阅读启发,深入科学探究活动

由于知识经验和水平的原因,在科学探究的开展中,学生往往出现这样的情况:部分学生在进行科学探究活动前就感到困难而无法进入探究,部分学生在探究活动进行中无法深入探究而处于停滞状态。这时教师可以根据学生的程度差异让学生阅读科学教材,从中获得启发,把科学探究活动深入下去。

五、阅读范例,受到启示

"放大镜下的昆虫世界"的第二部分"蚜虫和它的天敌——草蛉"仅是一个举例,希望学生能从中受到启发,在第一阶段观察的基础上,选择1~2种昆虫在放大镜下进行比较深入细致的观察。这里的观察和记录都是一种开放性的,没有严格的规定。学生的积极性调动起来后,自己分小组确定观察内容和讨论观察方法,利用课余时间进行观察活动。

六、阅读收集,增加科学探究的广度

对科学探究活动而言,一节课的时间是远远不够的,因此教师在组织好课堂探究的同时,还要激发学生兴趣,引领学生进行课前准备性探究活动和课后延伸性探究活动,在这些课外探究活动中一项重要的活动就是阅读收集各种科学资料,通过阅读收集活动,扩大知识面,增加科学探究的广度。

讨论:阅读也是活动吗?

(硒都·教研网.http://jyw.essedu.cn/xuekejy/ShowArticle.asp?ArticleID=16.)

5.2.2.4 创作型

在学习过程中,学生会有自己的见解和发现,为让学生有话想说、有话就说,教师要把"科学小日记"和"科学小论文"作为一种创作形式,鼓励学生把生活中遇到的科学问题,产生的想法用"日记"的形式表达出来,把生活的小发现、小发明用"论文"的形式表现出来,尤其提倡有创意的作品。在一个单元的学习结束后,取消机械的作业,取而代之的是制作科学小报。在共同学习了"水"这个单元后,组织学生出一份"节水报",这样既培养了学生阅读、思考、交流的能力,又培养了学生创新能力和实践能力。

5.2.2.5 调查型

为了让学生获取大量的信息,教师要把社会调查作为一种科学活动的类型。在共同学习"食物"这课时,可以让学生到超市调查各种饮料的成分等。通过调查型的科学活动,让学生把学习内容和社会相联系起来,提高学生人际交往、获得信息及实践的能力。

本章小结

1. 教学设计以学习理论、教学理论、系统理论和传播理论为基础。

2. 比较有影响的教学设计模式主要有系统分析模式、目标模式和过程模式。各种理论模式基本上都是由学习需要分析、学习内容分析、学习者分析、学习目标的阐明、教学策略的制订、教学媒体的选择和利用以及教学设计成果的评价等七个基本组成部分组成的,它们构成教学设计过程的一般模式,教学设计过程的一般模式描述了教学设计的基本过程。

3. 科学活动是科学课程教学的主要形式。主要包括研究型科学活动、游戏型科学活动、欣赏型科学活动、创作型科学活动和调查型科学活动。

学习链接

http://blog.kxsy.net/user1/233/archives/2008/21127.html

http://www.xsedu.net.cn/zhuanti/cdei/sheji/92.htm

http://www.hainnu.edu.cn/licb

http://www.blog.edu.cn/UploadFiles/2006-11/1116325834.doc

http://jyw.essedu.cn/xuekejy/index.asp

http://www.blog.edu.cn/UploadFiles/2006-11/1116325834.doc

http://www.kxdz.com/campus/show.asp?ArticleID=362

http://www.hainnu.edu.cn/licb

http://www.pep.com.cn/czwl/czwljszx/wl9/wl9jxsj/czwllhjx/200611/t20061128_274129.htm

检测—拓展

检测

1. 简述教学设计的理论基础。
2. 为什么要对学习者进行分析?
3. 学习内容分析的目的是什么?
4. 学习需要分析和学习者分析有何不同?
5. 选择自己较熟悉的教学内容,阐明教学目标。
6. 论述如何有效地获得问题解决的教学策略。
7. 学习教学设计的意义是什么?有哪些方法?
8. 科学课程和科学活动有什么区别?

拓展

9. 请分析比较以下两种教法,并思考学生通过"接受"被动吸收与通过"发现"主动吸收两种方式学习知识有何不同?

教学案例

先后两次上"磁铁"这一课,有意识地采取了两种迥然不同的教法。

【教法一】

教师出示一根条形磁铁。

"磁铁能吸铁,是不是磁铁的每一处都能吸铁呢?"教师设问后,拿一根铁钉放在磁铁的正中间,学生惊奇地发现磁铁竟然没有吸住铁钉。

"这说明什么?"

学生答:"说明磁铁有些地方磁性强,有些地方磁性弱。"

"到底磁铁的什么地方磁性最强呢?"

教师把条形磁铁平放到一堆铁钉里,拿起来,"你看到了什么?"

学生答:"钉子都集中在磁铁的两端。"

"这说明什么?"

于是毫不费力的得出"磁铁两端的磁性最强"的结论。之后,教师再拿出两根一模一样的磁铁,两只小车,按照刚才"一步一个脚印"的方法按部就班地进入磁铁的另一个性质的教学。

【教法二】

准备的材料和上次一样:两根条形磁铁,铁钉若干,一盒装在透明塑料盒里的铁末、塑料片、铜钥匙、两只小车,等等。

教师在向学生介绍完这些材料之后,就说:"下面由同学自己去研究一下,磁铁有些什么本领?"

记得当时学生的表现非常兴奋,老师的话刚一说完,一男生就迫不及待地动起了手,拿着一根磁铁到处碰,嘴里念叨着:"能吸。""不能吸。"当他把一根磁铁接近另一根磁铁时,他似乎有了一些什么发现,激动地拉着旁边的同学:"快来看,快来看。"一女生聚精会神地拿着装有铁末的透明塑料盒,把一根磁铁放在盒子下面,用手指轻轻地敲击盒子,还不时地摇摇头。另外一个男生用手直拍头,"这两个小车有什么用呢?"学生的表现十分活跃。

活动了一定时间后,教师让学生停下来,汇报各自的发现。学生逐一汇报出磁铁的本领来,而且能用自己的语言表述,就是对"同极相斥,异极相吸"这个性质表述得不是很准确。教师就指导学生利用小车子再做实验,虽有争论,但意见很快就统一起来了。

阅读视野

说 课 设 计

一、什么是说课?

1. 教师在备课的基础上,依据教学科学理论、教材和教学大纲以及所施教学生的具体情况,分析教学目标和任务,阐述教学过程,讲解施教方案的一种教学研究和交流的活动形式;

2. 教师以语言表达的方式将自己的教学设计或教学思路表达出来;

3. 教师在备课的基础上,授课教师向评委或同行系统地阐述自己的教学设计及其理论依据,然后由听者评论达到共同提高的目的,属于教师教学研究的范畴,它可以帮助教师认识备课的规律,提高备课的能力。

二、说课的意义

1. 宏观提高广大教师的专业理论水平。说课是一项教研活动,在说课的过程中,必须说出科学依据,要想说好课,必须自觉地学习教育学和心理学,研究教育理论。因此,可以通过这种形式和机制,使广大教师深入钻研教材、教法、学法与教学程序,提高教师的教学能力。

2. 可以有效地提高教师水平,能促进科学教学三个体现,体现教材的重点、难点、特点,体现教材的思路,教课思路和学生学习的思路和体现教师为主导,学生为主体,训练为主线的三为原则。

3. 是最有效的备课和教研形式,可以取长补短,互相交流,共同提高。

4. 说课有助于教师对教材的理解,备课是教师对教材的全面分析和科学处理,教材内容为什么这样安排,教学时为什么这样处理,只有通过说课,才能被发现。

由于在对教学内容分析上,要说明教学目的的制订依据,重点,难点的分析,知识点之间的理解,通过说课可以加深教师对大纲的理解,同时在有效的时间内,可以展现对教材的驾驭能力。还能提高教师教学方式的运用和教学手段的设计能力。哪些内容讲,哪些内容练,哪些内容读,怎样突破难点,用什么手段训练重点,怎样引导、启发,怎样培养思维品质,都通过说课来完成。

三、说课的特征

说课一般出现在学校教研组的集体备课、公开课、观摩课、汇报课后的座谈中。

1. 说课实际上就是教师个人对自己的备课情况所作的简明的总结汇报。但并不是对备课活动的简单罗列,而是对教学方案作出的理性剖析。

2. 说课是一种教学研究活动。它既不是一般的教学活动,也不等同于一般的备课。

3. 在通常情况下,说课活动表现为教研组内部或同行之间的一种交流和切磋,能够起到取长补短、共同提高的作用。

4. 说课侧重于"说",口头表达是它的基本表现形式。

四、说课的形式

1. 说课按时间顺序划分为课前说课和课后说课两种。

课前说课,主要说构想,具有预定性;课后说课主要说反思,具有总结性。

2. 按目的划分为教研型、汇报型、示范型、竞赛型等四种。

教研型说课是指备课时教研组内部的小范围说课,形式比较自由,内容比较广泛,气氛比较轻松,有利于同行间的交流、切磋;汇报型说课是向前来听课的领导和同行进行说课的实际操作,展示说课活动开展的状况和水平,求得批评和指导;示范型说课则是由操作者做出榜样,供大家研究、学习;竞赛型说课则用于选拔优秀,所要说的教材内容往往由当场抽签决定,对"备说"和"说课"的时间均有严格限制。

五、说课的内容

1. 说教材

(1) 阐述本课题的教学背景。

说清本课题内容在本节、本章乃至整个教材中的地位、作用和前后联系(有时也可以说对其他学科的影响等);说清本课题教材内容的主要知识点、能力点和前后教材内容的联系和区别;说清教学大纲的具体要求在本课题教材内容中的体现;说清本教学内容对学生的知识增长和能力提高有什么重要作用,对学生将来的学习会产生什么影响。

(2) 展示本课题的教学目标(要增加哪些知识、提高何种能力、开发什么智力、启迪什么思维)。

说出教学目标中不同层次的要求(如知识记、理解、掌握、运用等);说出体现这些教学目标的知识点、能力训练点和思想教育点,并说出确立本教学目标的依据。

(3)确定本课题的重点、难点、关键点。

根据教学目标说清本课题内容的重点;根据学生的认识、能力、人格因素等实际情况说出本课题内容的难点。

(4)讲述课题内容在教材中的逻辑结构与学科逻辑结构中所处的地位,以及对本课题教材所作的删减、增加、修改以及顺序的调整,并讲述这样处理的理由、依据。

2. 说方法

(1)要说出所采用的课堂教学模式及理论和实际的依据;

(2)要说出通过什么方式,提出哪些促进学生积极思维的问题,培养学生哪方面的能力,达到什么目标,估计学生会有哪些思维结果,以及对学生不同的思维结果,教师将要采取哪些措施;

(3)要说出在教学过程中如何侧重指导学生掌握学习方法,即不但要让学生"学会",还要让学生"会学";

(4)要说出根据学生的年龄特点和认知规律,为保证学生进行高效而有趣的学习所创设的教学环境(即如何让学生动脑、动手、动口);

(5)要说出所使用的教学辅助手段及其使用目的。

3. 说策略

教学策略设计是实现教学目标的手段。它包括:教学程序、教的活动、学的活动及教学组织形式等。

(1)教学程序设计。依据教学目标的多元化,为强化能力的培养,推进学生素质的提高,教师可不把教学内容告诉学生,而是向他们提供问题情景以及有关线索,引导学生对问题进行探索,并由学生自己收集材料、证据,让学生从中有所发现。如"硫酸的工业制法"课题,可由学生先从硫酸工厂、环保局、图书资料中收集材料,然后以专题探讨式进行课堂教学;

(2)关于教与学的两种活动的设计。要说出如何将教和学有机结合的安排和构想及其理论依据,如何做到学思结合、学问结合、学练结合、学用结合;

(3)关于教学组织形式的设计。应说出上课形式、典型环节、范例的设计及教学媒体的运用等。

4. 说程序

(1)要说清本课题教学过程的总体框架(例如新课导入、新课讲解、反馈练习、归纳总结等)以及各板块的时间分配;

(2)要说清在新课讲解中突破教学重点的主要环节的设计、化解教学难点的具体步骤以及学情依据。

5. 说板书

说出板书设计的主体内容及其与教学内容的内在联系。

六、说课的原则

1. 科学性原则——说课活动的前提

科学性原则是教学应遵循的基本原则,也是说课应遵循的基本原则,它是保证说课质量的前提和基础。

(1)教材分析正确、透彻。说课中,教师不仅要从微观上弄清弄懂各知识点的内涵和外延,做到准确无误。更重要的是要从宏观上正确把握本节教材内容在本学科、本年段的地位、作用以及本课内容的知识结构体系,深刻理解各知识点之间的关系。

(2)学情分析客观、准确,符合实际。说课中教师要从学生学习本课的原有基础和现有困难两个方面分层次、客观、准确的分析学情,为采取相应的教学对策提供可靠的依据。

(3) 教学目的的确定符号大纲要求、教材内容和学生实际。教学目的包括本节课的总目标与具体的基础知识目标、发展智能目标和思想教育目标,其确定都要与教材分析和学情分析保持高度的一致性,要有切实可行的落实途径。

(4) 教法设计紧扣教学目的、符合课型特点和学科特点、有利于发展学生智能,可行性强。说课中,教师既要说清本节课的总体构想以及依据,又要说清具体的教学设计尤其是关于重点、难点知识的教法设计的构想及其依据,使教法设计思路清晰、具有较强的可操作性。

2. 理论联系实际原则——说课活动的灵魂

说课是说者向听者展示其对某节课教学设想的一种方式,是教学与研究相结合的一种活动。因此在说课活动中,说课人不仅要说清其教学构想,还要说清其构想的理论与实际两个方面的依据,将教育教学理论与课堂教学时间有机结合起来,做到理论与实践的高度统一。

(1) 说课要有理论指导。在说课中对教材的分析应以学科基础理论为指导,对学情的分析一概以教育学、心理学理论为指导,对教法的设计应以教学论和学科教学法为指导,力求所说内容言之有理、言之有据。

(2) 教法设计应上升到理论高度。教师在教学实践中,往往注意到对教法本身的探索、积累与运用,而忽略了将其总结上升到理论高度并使之系统化、规律化,因而淡化、浅化了教学实践的功能。说课中,教师应尽量把自己的每一个教法设计上升到教育、教学理论高度并接受其检验。

(3) 理论与实际要有机统一。在说课中,既要避免空谈理论,脱离实际,"放之四海而皆准";又要避免只谈做法不谈依据;还要避免为增加理论色彩而张冠李戴,理论与实际不一致不吻合。要做到理论切合实际,实践是在理论指导下的实践,理论与实践高度统一。

3. 实效性原则

任何活动的开展,都有其鲜明的目的。说课活动也不例外。说课的目的就是要通过"说课"这一简易、速成的形式或手段来在短时间内集思广益,检验和提高教师的教学能力、教研能力,从而优化课堂教学过程,提高课堂教学效率。因此,"实效性"就成了说课活动的核心。为保证每一次说课活动都能达到预期目的、收到可观实效,至少要做到以下几点。

(1) 目的明确。大体上,说课可用于检查、研究、评价、示范等多种目的。一般来说,检查性说课主要用于领导检查教师的备课情况;研究性说课主要用于同行之间切磋教法;评价性说课主要用于教学评比、竞赛活动;示范性说课则是为了给教师树立说课的样板,供其学习、参考。在开展说课活动前,首先要明确目的,也就是将要开展的是哪一类型的说课活动,以便做好相应的准备工作。

(2) 针对性强。这主要是针对检查性、研究性两种说课活动而言。检查性说课一般来说主要针对以下问题:教师的工作态度、教师的专业知识、教师的教学能力、教师的教研能力;研究性说课应主要针对承上启下的课节、知识难度较大的课节、结构复杂的课节以及同科教师之间意见分歧较大的课节等。只有加强了说课的针对性,才便于说课人和评说的准备和对问题的集中研究与解决。

(3) 准备充分。说课前说课评说人都围绕本次说课活动的目的进行系统的准备,认真钻研大纲和教材,分析学情,做到有的放矢。说课人还要写出条理清楚、有理有据、重点突出、言简意赅的说课稿。

(4) 评说准确。评说要科学准确,指导性强。说课人说完之后,参加评说的人员要积极发言,抓住教学理论上的重大问题和教学中带有倾向性、普遍性、规律性的问题进行重点评说。主持人还应该将已达成的共识和仍存在分歧的问题分别予以归纳总结,以便在教学中贯彻执行或今后继续进行研究。

4. 创新性原则——说课活动的生命线

说课是深层次的教研活动,是教师将教学构想转化为教学活动之前的一种课前预演,其本身也是集体备课。在说课活动中,说课人一方面要立足自己的教学特长和教学风格,另一方面更要借助有同行、专家参与评说众人共同研究的良好机会,树立创新的意识和勇气,大胆假设,小心求证,探索出新的教学思路和方法,从而提高自己的业务水平,进而不断提高教学质量。只有在说课中不断发现新问题、解决新问题,才能使说课活动永远"新鲜",充满生机和活力。

(沈世红.对化学说课的思考[J].安顺师长学报,2002(2):91.)

参 考 文 献

[1] 乌美娜.教学设计[M].北京:高等教育出版社,1994.
[2] 张海珠,毕润成.生物学教学设计论[M].北京:科学出版社,2004.
[3] 邵瑞珍.教育心理学[M].上海:上海教育出版社,1997.
[4] 刘知新.化学教学论[M].北京:高等教育出版社,第三版,2007.
[5] 李晓文,王莹.教学策略[M].北京:高等教育出版社,2000.
[6] [美]Priscilla Norton,Karin M. Wiburg.信息技术与教学创新[M].吴洪健,倪男奇译.北京:中国轻工业出版社,2002.
[7] [美]R. M. Gagne,L. J. Briggs,W. W. Wager.教学设计原理[M].皮连生,庞维国等译.上海:华东师范大学出版社,2002.
[8] [美]Stephen D. Brookfield.批判反思型教师[M].张伟译.北京:中国轻工业出版社,2002.
[9] 李龙.教学过程设计[M].呼和浩特:内蒙古人民出版社,2001.
[10] 盛群力,李志强.现代教学设计论[M].杭州:浙江教育出版社,1998.
[11] R.M 加涅,布里格斯,韦杰.教学设计原理[M].上海:华东师范大学出版社,1994.
[12] 皮连生.教学设计——心理学的理论与技术[M].北京:高等教育出版社,2000.
[13] 加涅著.教学设计原理[M].皮连生译.上海:华东师范大学出版社,1999.
[14] 王道俊,王汉澜.教育学[M].北京:人民教育出版社,1989.
[15] 章伟民.教学设计基础[M].北京:电子工业出版社,1998.
[16] Robert A. Reiser. A History of Instructional Design and Technology [J]. Educational Technology Research and Development,2001:49(1).
[17] 李奇.谈学习环境的设计[J].中小学电教,教师版,2004(7).
[18] 何克抗.教学设计理论的新发展[J].中国电化教育,1998.
[19] 黎加厚.教育信息化环境下的教学设计[J].中小学信息技术教育,2002.
[20] 孙宽宁.活动课程与学科课程的关系简论[J].课程·教材·教法,1997.

第6章 科学课程教学技能

学习目标

通过本章学习,你应该:

1. 知道科学教学的基本技能类型。
2. 通过练习能够正确使用科学教学的基本技能。
2. 理解新课程中教学技能的发展变化。
3. 通过学习能够依据教学内容创设教学情境。
4. 通过学习知道对学生的学习指导有哪些内容。
5. 通过学习掌握信息技术与科学教学整合的技能。
6. 通过学习能够充分利用科学课程资源并指导学生利用和开发。

本章内容结构图

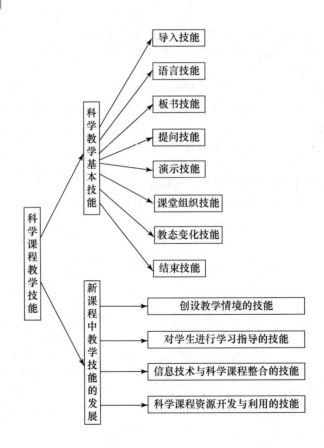

关键术语

◆ 科学课程　◆ 教学技能　◆ 课程实施　◆ 教学情境
◆ 学习指导　◆ 课程整合　◆ 信息技术　◆ 课程资源

本章序幕

传统教学技能不是从肤浅的经验中拾来的"互不联系"的"技巧",而是一种有前提性假设、有演绎、有归纳的理论体系。这种在丰富的教学经验基础上形成的教学技能,是个体经验与群体经验、理论与实践相结合的产物,具有多样性。

——夸美纽斯

6.1 科学教学基本技能

案例研究

教师:同学们,你们听说过用手抓住飞行中子弹的事吗?
学生:(同学们神色惊讶,表示不可思议)子弹飞得那么快,能用手抓住吗?
教师:第一次世界大战期间,一名法国飞行员,在 2000 米高空飞行时,感觉到有一个小虫似的东西在身边蠕动,伸手一抓,大吃一惊,原来抓到的竟是一颗德国制造的子弹。为什么会出现这种现象呢?
学生:(同学们个个十分惊疑)
教师:我们今天学的课题"运动和静止"就要探讨这个问题。

(李如密.教学艺术论[M].济南:山东教育出版社,1995:180.)

评析:教师通过学生的好奇心理导入新课,不仅有助于学生思维能力的培养,而且能够激发学生的学习兴趣,使学生能够积极思维,引起内在的求知欲望;使学生在新课学习之初就有一个良好的学习境界,为整个教学过程创造良好的开端。这是教学技能中最基本的一种技能——导入技能。

教学既是一门科学,也是一门艺术。作为科学需要教师以育人为目的,遵循一定的教育教学规律和学生身心发展的规律,运用科学方法才能完成。作为艺术需要完善的传播技能和再现技巧才能完成艺术的再现。

科学课程要求学生从整体上认识自然和科学,根据统一的科学概念、原理和各领域知识之间的联系建立开放型的知识结构,促进学生知识的迁移和学习能力的发展,培养学生较为全面地关注和分析与科学技术有关的社会生活问题,获得对科学、技术与社会关系的理解。科学课程的教学必须符合科学课程的要求。

科学课程的教学和科学教师的教学技能是分不开的,教学技能是教师在教学活动中运用专业知识、教学理论,依据学习理论和教学原则进行教学设计、教学研究、组织课内外教学活动,有效地促进学生完成学习任务的活动方式。教学技能包括:教学设计技能;使用教学媒体技能;课堂教学技能;组织和指导课外活动技能;教学研究技能。其中最基本的教学技能是课堂教学技能,包括:导入技能、语言技能、板书技能、提问技能、演示技能、课堂组织技能、教态变化技能、结束技能等。

6.1.1 导入技能

导入有课程导入、单元导入和课时导入。课程导入是指整个课程的开始,亦称绪论课。其主要目的是让学生明白学习这门课程的目的和意义、主要内容和学习方法等,使课程学习一开始就在学生心中点燃求知之火,为新课程的学习打下良好的基础。单元导入是指一个单元学习的开始。课时导入是指一节课学习的开始。下面的导入主要是指课时导入。

导入是一节课的开始,是教师在一个新的教学内容和教学活动开始时运用多种手段,引起学生注意、激发学习兴趣、产生学习动机、明确学习目的和引导学生进入学习状态的一种教学行为。导入运用得好,能使学生迅速产生求知欲望和自主学习的意愿,会产生先入为主和先声夺人的艺术效果,使学生迅速进入预定的教学活动轨迹,把学生的注意力吸引到特定的教学任务和程序之中,形成良好的教学氛围,优化教学过程。教师要上好一节课,导入是关键。

教师:同学们,上课之前我们先来猜一个谜语。有一种物质,农民伯伯说它是"植物粮食";消防官兵赞美它是"灭火先锋";建筑师们却称它为"粉刷匠";环境学家却指责它是"造成全球变暖的罪魁祸首"。你们猜这种物质是什么呢?

学生:二氧化碳。

教师:同学们,老师通过网络查询发现:有关二氧化碳的内容,竟然有425 000条!二氧化碳为什么会受到如此关注呢?

学生:(学生争先恐后地发言,讨论很热烈,学习热情很高)

教师:我认为很大程度上是由二氧化碳的性质决定的,这一节课就让我们共同来探究"二氧化碳的性质"。

评析:教师通过猜谜语,启发学生的思维,激发学生的兴趣,进入新课题。在新课题开始之初启发学生有效地利用网络课程资源,并引导学生发表自己的看法,培养学生的交流能力。

导入有什么作用?导入的类型有几种?导入设计时有没有原则可以遵循?什么样的导入能够激发学生的学习兴趣?你能自己独立设计一节课的导入吗?

6.1.1.1 导入的类型

教学没有固定的形式,导入也没有固定的方法。由于教育对象不同、教学内容不同,导入也各不相同。即使是同一教育对象、同一教学内容,不同教师也有不同的导入方法。也就是说:导入的方法要依据教学的任务和内容、学生的年龄特征和心理需求精心设计,充分调动学生学习的积极性,促使学生产生强烈的求知欲望。在课堂教学中常用的导入类型有以下几种:

(1)直接导入:是直接阐明学习目的和要求、提纲挈领地交代主要内容和重点的一种导入方式。这种方式能强化学生学习的意向性,提高学生学习的注意力,具有简洁明快的特点。

(2)复习导入:是一种根据新旧知识之间的逻辑联系,找准新旧知识的联结点进行导入的一种方式。这种方式既可以巩固旧知识,又可以把新知识由浅入深、由简单到复杂、由低层到高层地建立在旧知识基础上,有利于新旧知识的联系,能够促进学生对新知识的理解。

(3) 悬念导入:是一种以认知冲突的方式设疑,使学生思维进入惊奇、矛盾等状态,构成悬念的导入方式。这种方式能激起学生的求知欲望。

(4) 直观导入:是一种利用实物、教具(图片、模型、投影片、幻灯片、电视、多媒体等)引导学生观察、分析,再从观察中设置问题情境,引出新知识的一种导入方式。采用直观导入,可以使抽象的知识具体化、形象化,为学生架起由形象向抽象过渡的桥梁。符合学生认知的特点,易激起学生的学习兴趣和学习动机。

(5) 经验导入:是以学生的生活经验和熟悉的某些事物为出发点,通过提问、讲解,引起学生对已有经验的回忆,引导学生发现与该经验密切相关的新课内容的一种导入方式。从学生生活经验或熟悉的某些事物入手,恰当地导入新课,学生会感到亲切、自然、有趣,从而缩短知识与现实之间的距离,使所学知识变得易于理解和把握。

(6) 故事导入:"故事"是指真实的历史故事、神话和民间传说等。科学教材中有许多有趣的故事。运用学生比较熟悉的故事进行导入,会使学生感到亲切、可信,符合学生认知的心理轨迹,容易引起学生的共鸣。俄国教育学家乌申斯基认为:"没有丝毫兴趣的强制性学习将会扼杀学生探求真理的欲望。"故事导入可以创设引人入胜的学习情境,有利于学生从无意注意迅速过渡到有意注意,激发学生学习的积极性。

6.1.1.2 导入的作用

导入是新课题教学的开始。好的导入不仅可以点燃学生思维的火花,开拓学生思维的广阔性和灵活性,还可以集中学生的注意力,激发学生学习的兴趣,使学生明确学习的目的和任务,为学好科学知识创造良好的前提。导入的作用从学生认识的规律来看可以分为再现和联结;从教学任务的完成来看可以分为指向和提示;从学生学习积极性的调动来看可以分为收心、激趣、激情和启思。

(1) 再现和联结

学科知识之间逻辑性很强,学生学习的新知识多是从已经学习过的旧知识发展而来的。对旧知识在新课前的简单再现导入新课,有利于学生牢固地掌握旧知识,有利于学生明确本节的学习目的、任务和重点。

新旧知识的前后联结,承上启下,可以使课堂教学自然和谐,避免新知识出现的突然性和孤立性。在学习新的内容时,首先组织学生联想以前学过的知识,引导学生去发现问题,明确探索的目标,使学生能够从已知的领域进入到未知的境界。通过联想导入新课,能激发学生探求知识的兴趣,产生积极寻找问题答案的强烈欲望。

(2) 指向和提示

开门见山,紧扣教学目标要求,直接给出本节课的主要内容、基本结构以及知识之间的关系,给学生指明学习活动的方向。指向导入能使学生迅速定向,对本节课的学习有一个基本轮廓和总的概括,能提高学生自学的效率和质量。指向导入适合条理性强的教学内容的讲授。

提示:从内容或形式方面为教学过程作提示。教师在导入时向学生简要地说明新课的主要内容、目标和活动方式,使学生能根据教师的提示明确学习目标,对教学内容有一定的了解。进而有重点地理解和学习教学内容。

(3) 收心、激趣、激情、启思

上课伊始,学生受课间休息的影响还没有安定下来,注意力还没有集中起来,教师有必要给学生一些恰当的、较强的信息刺激,使学生收敛课间休息时与学习无关的思绪和行为,把兴奋点转移到新的学习任务上。

英国著名教育家约翰·洛克在《教育漫话》中说:"好奇心,是一种追求知识的欲望,应该加以鼓励。"生动形象的导入,能激发学生学习的兴趣。兴趣有巨大的心理效应,能为学生学好课程内容提供内在的"能源"。

激情导入可以激发学生学习的热情或某种特定的情绪,使学生在情绪的感染下可以迅速进入角色。

启思,即启发学生的思维,激发其内在的思维启动机制,使学生直接进入理解内容的紧张思维状态。

总之,用正确的方法导入新课,能集中学生的注意力、明确思维方向、激发学习兴趣、引起内在的求知欲望,使学生在新课一开始就有一个良好的学习境界,为整个教学过程创造良好的开端。

6.1.1.3 导入的原则

教师在教学中常常会遇到"上课开始了学生的注意力还停留在课间有趣的活动上,或者被前一节课遗留的作业纠缠"的情形。作为科学教师,如何设置有趣的课堂导入,如何把学生课间分散的注意力迅速转移到所要学习的新课题上,是教师素质高低的一个重要体现。要想做好课堂教学的导入,就必须遵循一定的导入原则。导入时不仅要有目的性、启发性、科学性和简洁性,还要具有关联性、艺术性、机智性和时效性。

(1) 目的性原则:导入要依据教学目标、教学内容、学生的年龄特点、学生的知识基础、学生的学习心理和兴趣爱好等进行有目的的设计。导入既要符合教学目标和教学任务,还要依据教学内容的结构、重点和难点,更要考虑学生的知识基础和起点能力,还要考虑学生的学习心理特征。也就是说导入的目的性要强,不能只顾形式新颖,喧宾夺主,哗众取宠。

(2) 启发性原则:积极的思维活动是课堂教学成功的关键。富有启发性的导入能引导学生发现问题,激发学生产生解决问题的强烈愿望,能创造愉快的学习情景,促使学生自主进入探求知识的境界。因此,导入要有利于引起注意、激发动机、启迪智慧,要激发学生的思考、活跃学生的思维、调动学生学习的积极性,使学生产生强烈的求知欲望。

(3) 关联性原则:事物之间是相互关联的,任何一个新问题的解决都是利用主体经验中的旧工具实现的。知识之间也是相互联系的,各种新知识都是从旧知识中发展而来的。导入要善于以旧拓新,温故知新。也就是说,导入的内容要与新课内容紧密相连,揭示新旧知识的联系,使学生认识系统化。

(4) 艺术性原则:导入好比提琴家上弦和歌唱家定调,第一个音定准了,就为整个演奏或歌唱奠定了良好的基础。导入讲求艺术性,就是要"第一锤就敲在学生的心上",通过富有艺术魅力的导入,深深地吸引学生,使学生处于渴望学习的心理状态,产生探究的欲望和认知的兴趣,使学生以最佳的心态投入到学习活动中去。

(5) 机智性原则:课堂是一个动态变化的环境,不同的课程内容导入不同;同样的课程内容不同的老师导入不同;同样的课程内容同样的老师不同的教学目标导入不同;同样的课程内容同样的老师同样的教学目标,教学班级不同、教学时间不同、学生的学习特征不同导入不同。教师在课堂上要善于根据课堂的氛围和学生的状态机智地调整导入行为。

(6) 科学性原则:课堂导入是课堂教学的关键,课堂导入是否科学直接影响着课堂教学的整体效果。导入必须建立在科学的教学理论、学习理论之上,确保导入内容、导入方法的科学性。导入时既要考虑教师和学生,还要考虑教学内容和教学环境,更要考虑导入的目的和意义。也就是说,导入要体现科学性原则。

(7) 简洁性原则:语言大师莎士比亚说:"简洁是智慧的灵魂,冗长是肤浅的藻饰。"导入要力争用最简洁的语言,花费最少的时间,迅速而巧妙地激发学生学习的兴趣,集中学生的注意力。缩短师生之间、学生与教材之间的距离。

（8）时效性原则：课堂导入只是盛宴前的"小餐"，而不是一堂课的"正餐"，导入阶段要使学生尽快进入学习情境，使学生以最少的时间取得最好的学习效果。因此，导入必须做到过程紧凑，各环节之间既层次清楚，又安排合理。时间一般控制在2~5分钟。

6.1.2 语言技能

教师语言是指教师在把知识、技能传授给学生过程中使用的语言，它是教师传递教学信息的媒介，是一种专门行业的工作用语。在教学过程中，教师利用语言这一工具，不但可以正确有效地把知识（信息）传递给学生，使学生与教学环境保持平衡，最大限度地调动学生学习的主动性，而且还可以充分发挥个人的创造性，正确处理教学中的各种矛盾。

教师语言的表达形式是多种多样的：一是由语音形式表现出来的有声口头语言（口语），一是由文字形式表现出来的有形书面语言（书面语），还有一种是用示范性或示意性动作来表达思想的体态语言（体态语）。下面主要探讨的是科学教师教学实施中经常使用的语言表达形式——口语。

 案例研究

教师：我们的世界严重缺水，为什么会这样呢？这还得从我们的地球说起。（课件演示地球全景）这就是我们居住的地球，红色的部分是陆地，蓝色的部分是海洋。地球上70%以上的地方都被水覆盖着。为什么还会缺水呢？

学生：因为大部分是海水。

教师：海水能用吗，为什么？

学生：不能。只有淡水能用。（学生各抒己见）

教师：在地球上所有的水中，淡水有多少呢？请看，这就是海水和淡水的比例图。你知道哪块是淡水吗？（课件演示海水和淡水的比例图及说明文字：地球表面的70%被水覆盖着，其中大部分是海水，淡水只占了一小部分）可就这仅有的一小部分淡水，我们还无法全部直接利用。我们能利用的淡水究竟有多少呢？让我们来猜一猜。

（通过四次切苹果的活动，教师举起手中剩余的1/16苹果）

教师问：现在你的心情如何？这1/16跟总量比真是少得可怜，这总该是人类可以直接利用的淡水资源吧。你们说是吗？

学生纷纷发表意见。

教师：但现实有时真的是很残酷，连这么小小的1/16都占不到。人类实际上可以直接利用的淡水资源到底是多少呢？

（切下1/16苹果片上的苹果皮）

教师：这就是人类可以直接利用的淡水资源，大约占地球淡水总量的0.3%，也就是相当于这只苹果上的这一张小小的薄薄的苹果皮。为什么动物和人在争水？为什么大片绿荫被黄沙淹没？为什么成片庄稼颗粒无收，成群的动物干渴而死？为什么……都是因为我们能用的水太少太少。

评析：教师根据具体的教学情境通过肯定、商讨等语言进行论述，激发了学生的学习兴趣，使死气沉沉的课堂变得有生机、有活力。另外，通过单向表述和双向交流的不断变化活跃了课堂气氛，优化了教学结构和教学过程。

（改编自：泄昌文武.《从一滴水说起》[EB/OL].[2006-04-11].http://www.lpyx.net/zjz/readnews.asp? newsid=290.）

活 动

科学教师的语言有什么特点?以上案例有什么优点和不足?什么地方体现了课程理念?

6.1.2.1 教师语言的特点

"学高为师,身正为范",教师所从事职业的特殊性,使得教师必须精心设计自己的教学语言,以促进学生的智力发展和身心的健康成长。

(1)学科性和科学性。学科性即教师教学时必须用本学科的专门术语进行教学,不能用生造的土话和方言来表达概念、法则和性质等。每门学科都有自己特定的概念和理论体系,在教学时必须体现学科性。科学性指教师传递的知识、信息必须准确无误,并且合乎逻辑。

(2)教育性和针对性。经济转型时期的社会、环境、家庭等负面影响给教师带来严峻的考验,使教师在对学生实施思想教育中承担着艰难繁重的任务。中学生特定的生理、心理逆转阶段,敏感、脆弱、自负、冲动不能自控的性格特征需要教师倍加关爱,小心呵护,因此教育性应渗透在整个教学过程之中。针对性指针对不同教学对象,教师语言应有变化。低年级的学生对生动形象的语言易于接受,教师语言应当具体、明朗、亲切;高年级的学生抽象思维能力不断发展,教师语言应当多变,富有哲理性。

(3)精炼性和启发性。精炼是指教师语言要经过反复推敲、不断提炼、认真组织、精心选择。有教学经验的教师往往用简练的顺口溜概括出重点、难点,这是教师语言精炼性的形式之一。启发性要求教师的语言饱含激情,尊重个体,循循善诱,把抽象的概念具体化,使深奥的道理形象化,从而启发学生合乎逻辑地思考问题。

(4)平等性和引导性。平等性指在教学中,教师和学生在地位和人格上的平等,教师不再是课堂的霸主与权威,而是平等中的首席。传统教学中,教师该问什么,标准答案是什么,事前在教案中都作了精密的编排,教学过程无非是把这种程序演绎一遍,教师绝不允许学生按自己的意愿行事,课堂用语也体现出强制性与支配性。引导性指教师在教学过程中,要用语言去引导学生对某一问题进行有目的的思考。以往教师是知识的"代言人",课堂上教师进行一番讲解之后,便会引出一些诸如"标准答案"之类的要求大家记忆的东西,教师并不关注学生的感受与体验。新课程要求教师在平等的基础上,尊重学生的独特感受与体验,鼓励学生大胆地发言,促进学生个性的发展。因此教师不但要尊重学生的独到见解,不轻易表态,不过早地作简单的对与错的评判,还要在评价的过程中提出一些建设性的意见,不断把学生的思维引向深入,为学生的个性发展打好基础。

(5)情感性和激励性。古人云:"感人心者,莫先乎情。"著名教师于漪老师说:"语言不是无情物,情是教育的根。"教师的语言要饱含热情,要感染学生。激励是进步的动力,教师要善于发现学生的闪光点,对他们一次精彩的表演,一件精美的制作,一次成功的朗诵……以至于一点微小的进步,都要及时用激励性的语言进行激励,发挥语言激励性的作用。

6.1.2.2 教师语言的要求

教师语言是教师为了完成教学任务所使用的一种教学技能。教师的教学语言直接影响着教学的效果。虽然教学语言是以口语的形式表现出来的,但由于职业的特性,对其有着特殊的要求。

(1) 语音和吐字要清晰:语音是语言的物质材料,有了语音这一载体,才能使得表达信息的符号以声音的形式传递和被感知。在教学中,对语音的基本要求是规范,语音清晰,吐字清楚,完整。

(2) 音量和语速要适宜:音量是指语言的音强,它由发声时的能量大小来决定。教师语言必须有适宜的音强,才能使学生听得真切、清楚。音量过大,容易使学生感觉到听觉疲劳,使学生感到气势逼人,有悖于以理服人的民主教学气氛。音量过小,学生听不清楚。语速是指教师语言的平均速度,不同年级的教师语速不同,小学教师的语速以每分钟 200 字左右为宜,中学教师的语速以每分钟 250 字左右为宜,过快或过慢都会影响听课效果。一般来说,在学生注意力集中、精神饱满时,讲话速度可以快一些,声调可以低一些;学生思维疲劳、注意力分散时,讲话速度可以慢一些,语调可以高一些。

(3) 语气和节奏要适当:语气是指语句中的声音高低、快慢、强弱、虚实的变化。节奏是指在一个相对完整的表述中,其语速的快慢、语音的强弱变化而形成的语流态势。它与教学内容表述的需要以及教师的情感流露密切相关。节奏与语速有联系,但不是一回事。语速是讲话的平均速度,并不意味着讲话中的每个字所占的时间一样长。有的字音长一些,有的字音短一些,句中、句间还有长短不一的停顿。这些由音的长短和停顿的长短所构成的快慢变化,伴随相应的语音强弱、力度的大小和句子长短的有规律变化,就形成了语言的节奏。

(4) 语调要变换:语调是指教师语言的高低升降、抑扬顿挫的变化。教师用高亢型语调讲课的班级,学生容易出现烦躁、厌倦的情绪,作业平均正确率为 68%;教师用抑制型语调讲课的班级,学生很快表现出精神冷漠,注意力不集中,作业平均正确率为 59.4%;教师用平缓型语调讲课的班级,学生表情平淡迟钝,作业平均正确率为 81.1%;而教师用变换型语调讲课的班级,学生精神亢奋,注意力集中,反应灵敏,作业平均正确率达到 98%。尽管这种研究还需要进一步的检验和确证,但是语调在教学过程中的重要作用是很明显的。

(5) 语汇要准确:语汇指的是语法和词汇。词是语言中能够独立运用的最小单位。教师应具有丰富的词汇量,并能准确、规范、生动、熟练地运用于教学中。教学中教师还应注意用词的通俗化、口语化,但通俗化、口语化并不等于庸俗化。语法是用词造句的规则,是人们在长期的语言实践中形成的。教师语言只有符合这种语法规则,学生才能听懂,违反这些规则就无法进行交流。

6.1.3 板书技能

板书是课堂教学的重要辅助手段,也是课堂教学的一大优势。从动态的角度理解,板书是指教师根据教学的需要,在教学用具(主要是黑板)上以文字符号、图表和图画等传递教学信息的教学行为方式;从静态的角度理解,板书是教师在教学过程中为帮助学生理解和掌握知识而利用教学用具(主要是黑板)以凝练的文字符号、图表等呈现的教学信息的总称。

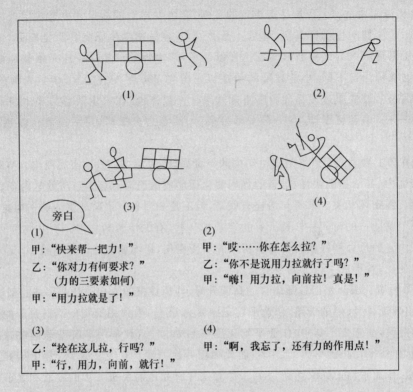

(杨鸿.如何提高课堂教学技能:一本等你一起完成的书[M].长沙:国防科技大学出版社,2001:78.)

评析:该板书属于板画式板书,是教师使用较为形象的图画(简笔画)表达教学内容的板书。简笔画的特点是形象直观,教师借助生动的简笔画,并配以相应的旁白,生动、形象、直观地将"力的三要素——大小、方向和作用点"这一教学内容表达了出来,能增强教学的趣味性,改善课堂气氛。并且重点突出,给人以深刻印象。

板书的作用是什么?多媒体能代替板书吗?使用多媒体教学时板书的作用是什么?板书有哪些类型?你能独立设计一节课的板书吗?

6.1.3.1 板书的类型

板书没有固定的模式。一节课采用哪种形式的板书,首先要考虑教学内容;其次是考虑教学目的;另外还要考虑课型。同一教学内容,教学时采用的课型不同,设计的板书就不同。但是,不论什么类型板书,依据教学板书的作用不同可以将板书分为基本板书和辅助板书两大类。

(1) 基本板书：也叫主板书、中心板书和要目板书。基本板书是教师在备课过程中精心准备好的,体现教学目的与教学内容内在联系的重点、难点和关键点的板书,能够表现教学内容的基本事实、基本思想及结构形式,是整个课堂板书的骨架。一般来说,一节课结束后,基本板书应该是保留下来的完整的、美观的板书。

(2) 辅助板书：也叫副板书、附属板书和注释板书。辅助板书是教师为了引起学生的注意或为了解释一些学生难以理解的内容等,随机在黑板右侧写下来的板书。辅助板书是课堂板书的血肉,是对基本板书的具体补充和辅助说明。一般来说,辅助板书没有保留的必要,可以随写随擦。

6.1.3.2 板书的要求

板书在教学中发挥着重要的辅助作用,其好坏直接影响着教学的效果。板书运用得好,会有"讲起来方便,写起来顺手,看起来美观,记起来深刻"的效果。因此,板书必须符合以下一些基本要求。

(1) 板书要有计划性：板书设计是备课的一个重要内容。课前教师要在吃透教材的基础上,根据教学任务、教学内容和学生实际等,进行周密的计划和精心的设计,确定好板书内容,规划好板书格式,预设好板书布局,安排好板书呈现的时机,并写好板书预案。这样,在教学时可以做到有条不紊,得心应手。

(2) 板书要有简洁性：板书是对教学内容的提炼。板书语言不仅应该是精炼概括的,而且能够恰当地反映出教学内容的本质,尤其是重点和难点内容。板书过多,至少会有两个方面的不良后果：一是冲淡了主题,淹没了重点。板书如果臃肿庞杂,面面俱到,反而不得要领,体现不出教学的重点内容。二是影响了教与学的效果。在有限的课堂教学时间内,板书过多,必然会影响教师的讲解和分析,进而影响到教师讲课的效果。与此同时,学生的注意力也会更多地转移到看黑板和抄板书上,影响学生对教学内容的理解和思考,学生成了被动的学习者。所以,板书必须言简意赅,提纲挈领,重点突出,以简驭繁,以少胜多,简处求丰,使学生对教学内容产生丰富的联想,并且很容易地纳入到自己的认知结构中。

(3) 板书要有科学性：板书是一种书面的传情达意的手段。因此,板书一定要体现科学性。具体表现在：① 板书的内容要科学。对教学内容中的相关概念、原理的表述要用词恰当、造句准确,所用的公式和符号等一定要准确无误,不能出现语句不通,词不达意的现象。② 书写要科学。写标准的简化字,不随意用繁体字和不规范的简化字,不出现错字、别字和漏字的现象。字的大小要适中,以前后左右的学生都能看清为宜,字距、行距要恰当,不能出现歪斜的现象。③ 对图示、图表等的运用要科学。图形、表格、图表等要做到线条整齐、大小适中、位置适当、格式规范。绘画要真实,不歪曲事物的形象。另外还要注意色彩的感觉和象征意义。总之,不能因为疏忽或对教学内容的不恰当处理造成板书意思的混乱和错误。

(4) 板书要有条理性：板书是教师讲授的提纲,也是引导学生学习的思路。所以,板书必须具有条理性。也就是说,板书必须脉络清晰,层次明了,各层次之间通过特殊的板书语言符号而形成一个整体。要做到这一点,必须注意以下几点：① 教师的教学思路要清晰；② 各层次内容的标号要一致,不要大小写、一二三不分；③ 相同层次的内容排列要整齐,不要参差不齐。

(5) 板书要有启发性：板书没有固定的模式,衡量板书形式好坏的一个重要标准就在于它能否在揭示教学基本内容的基础上,启发学生的思维。通过形式优美、设计独特的板书,学生的思维能够活跃起来,并积极主动地投入到学习中来。这就要求教师在板书的设计上,做到语精字妙,留给学生思考和想象的余地,充分调动学生思考和探究的积极性,避免出现教师一包到底的倾向。

(6) 板书要有艺术性：爱美是人的天性。高尔基说："人都是艺术家。他无论在什么地方,总是希望把美带到他的生活中去。"新颖别致、富有美感的板书往往可以给学生留下深刻的印象。因此,板书除了传递教学信息的作用外,还应起到吸引学生的注意力,激发学生学习的兴趣,给学生以美的陶冶的作用。即内容的完善美、语言的精炼美、构图的造型美、字体的俊秀美。

6.1.4 提问技能

提问是教学过程中教师和学生之间常用的一种相互交流的重要教学技能,是指教师通过提出问题来检查和了解学生对知识的理解程度和技能的掌握程度,帮助学生巩固知识、运用知识,鼓励和引导学生深入思考问题,自己得出结论而获得知识,发展思维能力,实现教学目标的教学行为方式。在各种教学技能中,提问是比较复杂的教学技能。

案例研究

某教师在进行"盐类的性质"教学时,先在讲台上准备了一杯没有贴标签的溶液、一个小铜片、一根细铁丝。

然后,教师指着手中的铜片说:"同学们,你们中有哪位能在铜片上面画出一只小企鹅呢?"

台下的学生面面相觑:"怎么可能?又不是一张白纸,除非用刀子在上边雕刻。"

见学生不语,教师笑了笑,说:"大家看我的!"

说着,老师用一根细铁丝在杯子中的溶液里搅拌了一下,让铁丝上沾满溶液,然后在铜片上勾勾划划,几分钟后,一只憨态可掬的小企鹅就出现在学生的面前了。

学生非常惊奇:"哇,真像我 QQ 聊天时的那只企鹅!""老师,这是什么魔水?"

教师看着台下七嘴八舌的学生,说道:"大家安静了,想知道我用了什么魔水吗?下面我们开始学习盐类的性质,开始去寻找魔水,刚才用的魔水就是一种盐……"

评析:教师通过精心设计的新奇的提问,激起了学生强烈的求知欲和浓厚的学习兴趣。学生抱着想了解究竟、不服输的态度随教师一同迈进了新课的大门。

(高帆.拿什么吸引学生——名师营造课堂氛围的经典细节[M].北京:九州出版社,2006:41.)

活　　动

课堂教学中提问的作用是什么?什么样的提问才能达到课堂教学的高效性?

6.1.4.1 提问的类型

在教学中,需要学生学习的知识是多种多样的,包括事实、现象、过程、原理、概念、法则等;有的需要记忆,有的需要理解,有的需要分析、综合和评价等;学生的思维方式也有不同的形式和水平,这就要求教师在问题设计时不能千篇一律,应该根据不同的教学内容和学生的实际,选择不同的提问策略进行提问。一般来说,根据提问的认知水平不同,提问可分为检查知识的低级认知提问和创造知识的高级认知提问。

低级认知提问:检查知识的低级认知提问一般只有一个正确答案,运用所记忆的知识照原样回答即可,不需要做更深入的思考。包括回忆提问、理解提问和应用提问。

高级认知提问:问题的正确答案一般都不是现成的,也不是唯一的。正确答案仅仅通过阅读教材或记住教师所提供的材料是无法获得的,而是需要根据相关材料做深入的思考。包括分析提问、综合提问和评价提问。

6.1.4.2 提问过程的阶段

从教师的最初提出问题,引导出学生最初的反应或回答,再通过师生相互交流,引导出符合题意的回答,并对学生的回答给予分析和评价,这个过程称为提问过程。提问过程可分为以下几个阶段:

引入阶段:教师用必要的、不同的语言和动作表情等方式来表示即将提出问题,可使学生对提问做好心理上的准备,引起对教师提问的注意。因此,提问前要有一个明显的界限标志,表示将由语言讲解或讨论等转入提问。此阶段教师常用的教学语言有:同学们,下面让我们共同考虑这样一个问题……好,通过上面的分析请大家考虑……下面这个问题有一定难度,看谁能够回答,等等。

陈述阶段:在引起学生对提问注意之后,教师要用清晰、准确的语言把问题陈述出来,并对所提问题做必要的说明和提示。在陈述阶段,教师点题要集中、问题陈述要准确清晰、答案的组织结构提示要明确。

介入阶段:在学生回答问题有困难、不能作答或回答不完全时,教师应适时介入,以不同的方式鼓励、引导、启发、帮助学生回答问题。一般包括核查学生是否明白问题的意思;鼓励学生尽快作出回答或完成教学指示;提示问题的要点、关键或答案的结构,帮助学生作出完整的回答;在学生没听清题意时,原样重复所提问题;在学生对题意不理解时,教师用不同词句重述问题或重新表述一次问题等。

评价阶段:当学生对问题作出回答后,教师对学生所回答的问题进行评价。评价形式主要有:重复学生的答案;以不同的词句复述学生的答案;根据学生回答中的不足,追问其中的要点;纠正错误的回答,给出正确的答案;教师对学生的回答进行评价;依据学生的答案,引导学生思考另一个新的问题或更深入的问题;就学生的答案加入新的材料或见解,扩大学习成果或展开新的学习内容;检查其他学生是否理解某学生的回答。

6.1.5 演示技能

在教学中,演示是学生获得感性认识的重要手段,也是培养学生能力的一个重要环节。演示作为一种辅助教学手段,历来受到教师们的重视。随着科学技术的迅速发展,现代化的教学手段和教学媒体进入教学领域,为演示提供了更加丰富的手段和材料,演示的作用和意义也越来越大。演示技能也就显得越来越重要。

案例研究

在有关磁力线的教学中,磁力线这一概念是比较抽象的,学生看不见、摸不着,理解这一概念有一定的困难。因此,教师在引导学生学习这一内容时,可以用一块玻璃、白纸、磁铁和细铁屑在震动下形成的圆弧形铁屑线来说明磁力线的形状、特点和存在条件。这样,学生对磁力线这一概念会形成正确的认识。

评析:学生对概念原理的理解是建立在对事物的感知基础上的,本案例通过演示使学生获得了磁力线的感性认识,有助于加深学生对磁力线的认识。

活动

演示的作用是什么？演示和实验有什么关系？

6.1.5.1 演示的要求

演示是指教师在课堂教学中，配合讲授和问答，通过演示媒体把所学对象的形态、特点、结构、性质或发展变化的过程等展现出来，使学生获得感性认识，促进学生理解教学内容或指导学生实际操作的一种教学活动方式。目前，随着社会的发展和科技的进步，现代化教学媒体逐步在中小学普及，使得演示的内容更加丰富，演示的形式更加生动，演示的方法也更加多样。在灵活运用技能的过程中，应遵循下列要求。

演示要符合学生学习的认识规律：中小学学生的思维具有具体形象的特点，常常需要具体直观的感性经验来支持。演示符合从生动的直观到抽象的思维，再从抽象的思维到实践这一认识规律，因此受到了很多教师的重视。演示能使学生获得丰富的直观感性材料，有助于学生概念的形成和对原理的掌握。

演示要符合学生学习任务的特殊性：学生的学习任务以间接经验为主，而直接经验是学习间接经验的重要基础。学生的年龄特点使得学生的生活经验和社会经验不足，因此要重视教师的演示，以唤起学生的表象，保证学生获得感性认识。

演示要符合建构主义学习理论：建构主义学习理论认为，学习不是一个被动吸收、反复练习和强化记忆的过程，而是一个以学生已有的知识经验为基础，积极主动自我建构的过程。因此，教师必须利用演示为学生的主动建构创造条件，创设学习情境。

6.1.5.2 演示的类型

演示的类型多种多样，根据不同的标准，可以分为不同的类型。根据演示的教学媒体的产生时间和技术水平划分，演示可以分为传统教学媒体的演示和现代教学媒体的演示。

传统教学媒体的演示：传统教学媒体包括实物、标本、模型、挂图和实验等。相对于现代教学媒体来说，传统教学媒体功能比较单一，对感官刺激比较平淡，设备条件比较简陋。

现代教学媒体的演示：现代教学媒体包括电光类（幻灯机、投影仪等以及相应的教学软件）、电声类（收音机、录音机、扩音机、CD机、语言实验室等以及相应的教学软件）、影视类（电影放映机、电视机、录放像机、影碟机、VCD、DVD、闭路电视系统、广播电视系统、卫星电视系统等以及相应的教学软件）和计算机类（程序学习机、计算机教学系统、多媒体网络教学系统等以及相应的教学软件）。

6.1.6 课堂组织技能

教学是通过一定的课堂组织形式实现的。为了实现教学目标，在课堂上教师如何组织学生有效地利用教学时间和空间，发挥教学媒体的作用，提高教学效率，是课堂组织教学要解决的问题。在课堂教学过程中，教师管理组织学生，使学生引起注意，调动学生的积极性，使其主动地学习，建立和谐融洽的课堂氛围和教学秩序，从而实现预定的教学目标的行为方式称为教师的课堂组织技能。

案例研究

教师：上节课我们学习了银镜反应等知识，下面老师提问几个问题，将上节课所学的内容做一个简单的回忆。第一个问题是：我们如何检查一个人是否得了糖尿病？

（过了一会儿）

教师：仇某某

（一位学得相对较死板的同学）

仇某某：尝一下他的尿液是否是甜的。

（哈哈……顿时课堂上笑成一团，教师也被这始料未及的回答弄得差点笑出来）

教师：同学们，别笑了。

（突然停止言语，两眼直视下边的学生。此时，无声胜有声。）

（顿时，教室里安静了许多，但也还有学生依旧在笑。教师依旧沉默不语，这时有的同学已经开始悄悄提示依旧大笑的学生："别笑了，老师生气了。"不一会儿，教室里完全安静了下来。）

教师：仇同学，你的回答不能说错。但似乎不太卫生，你能利用我们上节课所学的知识来解决一下这个问题吗？

（已经满脸通红的仇同学在老师带有提示的提问下，心情平静了许多。）

仇同学：……

教师：上节课我们不是学习了银镜反应吗？

仇同学：就是利用银镜反应，如果在容器壁生成银镜，则说明该人患了糖尿病。

教师：好，请坐。同学们，我们每个人都可能做一些比较滑稽的事，当我们做了这样的事时，我们希望得到的是别人诚恳的指正，而不是别人的哈哈大笑。对别人行为的哈哈大笑是不礼貌的表现。同学们，刚才我们复习了银镜反应。老师的第二个问题是……

评析：以上案例教师采用的课堂组织技能是以静制动，是指教师采用故意突然沉默不语的方式来处理课堂偶发事件的技能。课堂上，教师突然沉默不语的突变性往往会吸引学生的注意力，从而起到学生的注意力重新吸引到当前教学内容上的作用。在上课时若出现了学生哄闹、骚动，教师不可恼羞成怒，但可以突然停止讲课，以静制动。

活动

课堂组织技能与课堂教学的有效性有什么关系？新课程理念下教师进行课堂组织时应遵循哪些原则？

6.1.6.1 课堂组织的原则

课堂教学是过去、现在都遵循的基本教学形式。课堂教学的高效性是教学成败的关键。课堂组织是课堂教学高效性进行的保证。因此，课堂组织时必须遵循以下基本原则：

(1) 以学生为本原则：课堂组织要以学生为本，切实从学生的生理、心理和学习水平出发，采取切合学生实际的教学组织形式，促进学生的全面发展。

(2) 系统性原则：课堂教学的各种要素构成一个教学系统，系统和谐，整体功能就会大于局部功能之和，课堂教学就高效。

(3) 科学性原则：课堂组织应当以科学理论为指导，从校情、班情、学情出发，尊重教育一般规律和学生生理、心理发展规律，树立科学的教学观、学生观和评价观。

(4) 效益性原则：追求课堂教学效率的最大化，应当是课堂教学组织的核心原则。确定和组织教学内容，要分析学生的接受程度和理解水平，对于哪些属于需巩固的知识，哪些属于新教的知识，哪些需要将知识转化为能力，都要做到心中有数。有些教师在课堂教学中，对学生已经懂得的或通过自学能够懂得的大讲特讲，抓不住重点和难点组织教学，这样既浪费了大量宝贵的教学时间，教学效率也不高；有的教师则脱离学生实际，内容过难，要求过高，使学生产生畏难情绪，挫伤了学生学习的积极性。这两种现象都是由于没有吃透教材、吃透学生而造成的，都大大降低了教学效率。

6.1.6.2 课堂组织技能的类型

课程设置有明显性课程，如各学科的教学。还有一种是隐蔽性课程，它是学校经验中隐蔽的，无意识的，隐含的，或完全未被认可的，却又十分有效的经验。课堂组织的技能据此可以分为两类：一类是显性课堂组织技能；一类是隐性课堂组织技能。二者各有侧重，但又经常融合在一起运用。

显性课堂组织技能是指教师为了引导学生参与教学活动，调动学生的积极性，完善课堂教学结构而采取的行为方式。在课堂教学中，显性课堂组织主要体现在课堂教学的组织、时间分割、教学内容组织和师生交往方式四个方面。

隐性课堂组织技能是指教师为了引导学生遵守课堂纪律维持课堂秩序，建立和谐的教学环境而采取的行为方式。在这里，隐性课堂组织技能主要是指课堂教学的环境与氛围的设置技能。课堂教学环境和氛围由物理因素（空间、采光、教室位置）、情感因素（美感、舒适感、秩序感）、效用因素（完成任务的合适性、教学目标的准确性）、认知因素（学生的已知、未知）、社会因素（学生之间、师生之间的关系）等构成。在教室固定的情况下，教师则主要是从课堂教学的气氛和情调方面设置一个与教学内容相适合的环境来提高教学效率。设置好的教学环境与氛围，能给学生潜移默化的影响，推进教学进程，有助于课堂教学的有效进行。

6.1.7 教态变化技能

教师教态是指在教学过程中教师所处的状态，它是教师表情系统的综合体现。具体包括教学过程中教师的形体动作——站态、坐态、行态等，以及教师的语言、语调、面部表情系统。教师在课堂上的一举手、一投足、一个表情、一句话均能对学生产生影响。美的教态能够以美感人，以情动人，对身心发展起积极作用。

教态变化是指教师讲话的声音、使用的手势和身体的运动等变化。这些变化是教师教学热情及感染力的具体体现。教态变化的使用不需要借助其他工具就可以实现，因此它是最基本、最常用的教学技能。

案例研究

教师：一加一等于二吗？

学生：(很惊讶，不明白老师为什么提这个问题，很多同学低下了头，谁也不敢先开口，课堂是一阵接一阵的沉默。)

教师：(有目的的先后走向五六位同学，热情地拍拍他们的肩膀，轻轻抚摸他们的头发，悄声与之商量准备第几位发言。随后又回到第一排一位男同学身边，拍拍这位同学的肩膀说："我看你应该知道答案，那你就先说说吧。"

评析：教师在学生面临学习困难产生学习的焦虑情绪时，教师通过触摸给予学生理解、赞同和支持，使学生产生情感激励作用，激发学生学习兴趣，达到课堂教学的高效。

6.1.8 结束技能

结束技能是教师完成某一阶段的教学任务或活动时,通过归纳总结、实践活动、转化升华等教学活动,对学生所学的知识和技能及时进行系统化、巩固和应用,使新知识有效地纳入学生原有的知识结构中的一种教学行为方式。

案例研究

某教师在引导学生共同探讨"叶序"以后,出示盆栽的天竺葵,稍倾斜着花盆对学生说:"你们可以看到,天竺葵相邻两节的叶片总是互不遮盖的。在植物界中,无论叶在茎上着生的次序属于互生、对生还是轮生都是这样,这叫叶镶嵌。这种排列方式使植物能获得更多的阳光。"接着教师又说:"研究植物的结构和功能是非常有趣的,模仿生物来设计新型建筑物,在今天应用得很广泛。例如,数学家研究了车前草的叶,发现它的叶子是按照对数螺旋线有规律地排列的,每片叶子的夹角为137°30′28″,这样的排列,每片叶子都有机会得到充足的阳光来进行光合作用。对数螺旋线也是采光面积最大的排列。根据车前草调节日光辐射的原理,有人设计了几十层的大厦,使每个房间都能得到温暖、明亮的阳光。同学们下课后查阅一下,我们人类还有哪些根据植物的构造和功能进行仿生研究的成果。"

(郭友.教师教学技能[M].北京:首都师范大学出版社,1993:162.)

活 动

以上案例的优点是什么?不足是什么?请你仿照这个案例自己设计一节课的结束。

6.1.8.1 结束的类型

在科学教学中,依据内容的不同可以将结束分为认知型结束和开放型结束。

(1)认知型结束:认知型结束又叫"封闭型结束",是围绕本节课的主要教学内容和重点知识来结束,目的是巩固学生所学知识,把学生的注意力集中到所学课程的要点上去。这种方法虽然是对所学内容的归纳总结,对结论和要点的明确及强调,但采用这种结束不应该仅是就事论事,对知识简单重复,而应该是对所学知识的高度概括。

(2)开放型结束:它是在一个与其他学科、生活现象或后续课程联系比较密切的教学内容完成以后,不只限于对教学内容要点的复习巩固,而是要把所学的知识向其他方向延伸,以拓宽学生的知识面,引起更浓厚的研究兴趣,或把前后知识联系起来,使学生的知识系统化的一种结束方式。

6.1.8.2 结束的方式

根据结束的作用不同,结束可分为以下几种方式:

归纳总结式结束:归纳总结式结束是指在一堂课结束时,用准确简练的语言,以浓郁的色彩,艺术的含蓄,提纲挈领地把整节课的主要内容概括归纳,给学生以系统、完整的印象,加深学生对所学知识的理解和记忆,培养学生综合能力和概括能力的一种结束方式。

比较异同式结束:比较异同式结束是将新知识与相关的旧知识联系起来,或者把并列概念、对立概念、近似的和容易混淆的概念进行分析、比较,找出它们各自的本质特征或不同点,又找出它们之间的内在联系或相同点的一种结束方式。

练习检测式结束：练习检测式结束是在课堂结束部分，恰当安排对学生的强化训练活动，即通过作业、练习的方式结束课堂教学的一种方式。这种方法既可使学生的学习成果得到强化和应用，又可使课堂教学效果及时得到反馈，获得调整下节教学的信息。

活动式结束：活动式结束主要是通过多种活动引导学生积极参与，通过对比、分析、综合、抽象、概括等思维活动，采用讨论、实验、演示、知识竞赛、游戏等具体活动结束课堂教学的一种方式。

拓展延伸式结束：事物是联系的，又是变化的，课堂教学也是如此。其联系并不是孤立的、静止的，而是运动的、发展的。课堂临近结束时，教学内容的学习虽然已经结束，但从认知与思维的角度来看，还远远没有达到尽头。拓展延伸式结束就是引导学生运用本课所学知识向课外延续、向实践伸展的一种教学方式。

悬念式结束：此类结束方式适合于前后知识有密切联系的教学内容。悬念是一种很好的兴奋剂和强力黏合剂，如果教师在课堂教学结束前，常常使用设置悬念的方法，使学生在"欲知后事如何"时戛然而止，从而给学生留下一个有待探索的未知数，激发学生学习新知识的强烈愿望，为下一节课学习创设良好的问题情景，使"且听下回分解"成为学生的学习期待。

表扬激励式结束："激励推动进步，赏识造就成功。"学生在学习过程中一个规范的操作、一个小小的发现、一个有价值的问题、一个主动的发言、一个激烈的争辩、一个有新意的解题方法、一个逻辑性的小结乃至一个小小的进步，教师都应给予及时的表扬鼓励，使学生获得成功的体验，进一步激发学生学习的积极性和主动性。如果教师的结束充满激情，且以意味深长的话语寄厚望于学生，往往能打开学生的心扉，留下深刻的印象。

6.2　新课程中教学技能的发展

科学课程在实施过程中，随着课程理念的发展，课程内容、课程目标都在发生着变化，教学技能也随之得到了发展。

案例研究

教师：(出示一电路板，紧接着设问)同学们，有什么方法能使小灯泡变亮呢？

学生：合上开关。

教师：(进一步追问)假如把电路开关断开，有没有办法在不合开关的情况下，也能使灯泡变亮呢？

学生：(有些学生在思考，有些学生在互相讨论，有些学生胸有成竹)用一金属接在开关两端，就能使小灯泡变亮。

教师：(用鼓励的眼神看着学生)哪位同学过来试试呢？

学生：(略)

教师：同学们想一想，是什么物体使小灯泡变亮的？

学生：导体。

教师：同学们的桌子上有电线、线绳……动手操作一下，看哪些物体是导体，哪些物体不是导体？不是导体的物体叫什么？

(何立波.浅谈小学科学课堂教学中的情境创设[J].中国校外教育·理论，2008(08)：254.)

评析：教师让学生在设置的情境中运用已有知识、经验，动手操作，通过观察小灯泡亮与不亮来证明该物体是导体，还是绝缘体。学生既学到了知识，又培养了能力。体现了科学课程的新理念。

6.2.1 创设教学情境的技能

新课程教学中,情境教学日益引起人们的重视。情境教学是指知识在其中得以存在和应用的环境背景或活动背景,学生所要学习的知识不但存在于其中,而且得以在其中应用;此外,教学情境中也含有社会性的人际交往。过去人们往往认为教学情境就是"教学的情感环境",只要在讲授新课之初设置某种情境,引发有利于后继学习的情感就是实际情境教学了,以至于把"教学情景"作为"教学情境"的同义词,对两者不加区分。实际上,教学活动是知、情、意、行等相互交织和协调发展的过程;教学活动不仅需要适宜的心理(包括认知的、情感的)环境,常常还需要适宜的实践和人际环境。创设教学情境不仅要在教学中激发和促进学生的情感活动,还要在教学中激发和促进学生的认知活动和实践活动。不同的情境创设会产生不同的教学效果。科学课程的价值是引导学生认识科学本质。创设教学情境时必须建立在对科学本质认识的基础上,具体做法常见的有以下几种:

6.2.1.1 用实验创设情境

实验是一项兴趣盎然的活动。用实验创设情境,科学课有得天独厚的优势。在课堂教学中教师要善于采取灵活多变的实验方法,巧妙地安排新奇有趣的实验,通过学生动手和动脑,创设寓教于乐的情境,激发学生的学习兴趣。

案例研究

一位老师在引导学生学习"热气球上升的秘密"时,教师先演示一个"喷泉"实验,即把一个带有玻璃管的瓶塞塞到装有少量冷水的烧瓶口上,玻璃管插入瓶底,用一杯热水浇烧瓶,烧瓶内的冷水便会立即从玻璃管口喷出。学生被这一新奇的现象所吸引,激发了学习兴趣和探索欲望。

评析:教师利用实验创设的教学情境,吸引了学生的注意力,激发了学生的求知欲望。

(郭瑞海.小学科学课学生课堂学习实力评价分析[J].科学课,2006(9):7.)

6.2.1.2 用科技史创设情境

科学是以多样统一的自然界为研究对象的探究活动。科学教材中的很多著名实验、科学发现等都是情境教学的优质素材。在课堂教学中,根据授课内容,讲一些生动有趣的名人轶事、历史故事,看一些科学家的照片或插图,能够使学生终身难忘,他们会追踪科学家的思维,体验创造发明的境界。

如在"安全用电"的教学中,教师可结合课程内容讲爱迪生发明电灯的故事创设情境。在"春天里的动植物"的教学中,达尔文从小热爱科学,课余时间常到野外捕捉昆虫,寻找矿石,拣拾贝壳和采集动植物标本的故事则是很好的创设情境的素材……教师利用丰富的科学史,融知识性、趣味性、思想性为一体,既激起了学生学习的兴趣,吸引了学生的注意力,使学生随着老师进入教学情境,同时也再现科学家的忘我探索精神,激励学生陶冶情操,提高科学素养。

6.2.1.3 通过新旧知识的联系创设情境

在课堂教学中,根据新旧知识之间的联系,巧设悬念,创设多种新情境,让学生把原有的知识和经验迁移到新情境中,使学生有尽可能多的机会在新情境中运用所学知识、技能解决实际问题,有利于激发学生对新知识的探求。

名师论教

任何一个新问题的解决,都要利用主体经验中已有的同类题。

——巴甫洛夫

6.2.1.4 通过猜谜语等活动创设情境

猜谜语活动是学生喜爱的方式,能吸引学生的注意力,使浅显平淡和枯燥无味的教学内容变为妙趣横生的学习活动,融知识教学于情趣之中。使学生乐于学习、愿意学习。

例如在讲授"我们周围的空气"一课时,可以请学生猜一个谜语:看不见摸不着,无颜色无味道,动植物一刻离不了。猜谜活动一下子就激起了学生强烈的兴趣。

6.2.1.5 通过联系实际创设情境

人的认识过程是从感性认识开始的,教师联系生产和生活实际创设情境,学生有亲切感,易于接受,乐于接受。如在引导学生学习"今天的天气"一课时,教师可以提问:天气预报每天都有播报,有谁知道这天气情况是怎样测到的呢?在引导学生学习"有趣的磁铁"的时候,教师可以创设这样的情境:针线盒里的针洒落在地上,请同学们帮忙寻找失落的针。

6.2.1.6 利用游戏创设情境

教师根据学生心理特点和教材内容,设计各种游戏、创设教学情境,能够满足学生爱动好玩的心理,产生愉快的学习氛围。例如,如在教"科学在我们身边"一课时,在学习了用摸的方法认识东西之后,设计一个摸袋子游戏,给每个小组准备一个牛皮纸袋,里面装有铅笔、橡皮、糖、小刀、硬币、花生等东西,要求学生不准看,只能用手伸进去摸,比一比谁摸出的东西最多,在轻松愉快的游戏中,加深了学生对科学课的理解,在学中玩,玩中学,学得有劲,玩得开心,增强了学习科学的兴趣。①

6.2.2 对学生进行学习指导的技能

学习指导是指在课堂教学中,教师以学生学习的心理过程为依据,为学生的自主学习创设有利环境,发挥学生的主观能动作用,对学生的学习过程进行指导和引导,从而达到教学目标的行为方式。在科学课程教学中,对学生进行学习指导主要从以下几个方面来讨论。

案例研究

教师:(准备了植物叶的若干标本和图片):大自然中存在两个完全相同的植物叶子吗?

学生:(学生观察植物叶的若干标本和图片,讨论得出)大自然中不存在两张完全相同的叶子。(但是,学生纷纷举手表示怀疑。学生A:同样的一棵树上应该会有两片完全相同的叶子。学生B:这么大一个大自然,肯定有不少叶子是完全相同的。学生C:我在生活中经常看到两片完全相同的叶子,不信,我可以去找来。)(学生对老师的结论充满了怀疑。此时,老师并没有反驳,而是顺水推舟说:看来还得继续研究,你们利用课余时间去找找看,下节课继续研究。)

第二节课,学生们果真带来了许多植物的叶子。经过观察后,确实发现班上所有的叶子没有完全相同的。最后得出结论:大自然中不存在两个完全相同的植物叶子。

---

① 可参见新教科版三年级科学上册。

评析:"事实胜于雄辩",在第一堂课上,如果教师直接进行反驳,告诉学生结论,学生是不服气的,同时也把学生的后续探究活动给扼杀了,学生的思维得不到拓展。在第二节课中学生通过收集到的大量树叶的比较,自己得出了"大自然中没有两片完全相同的叶子"的结论,这比教师直接讲授效果更好。体现了新课标中所倡导的"学生是科学学习的主体"、"科学学习要以探究为核心"、"科学课程应具有开放性"等教学理念。

(改编自:喻伯军.小学科学教学案例专题研究[M].浙江大学出版社,2005:12.)

以上案例是如何指导学生学习的?请具体分析在案例的什么地方体现了科学课程新理念的。

6.2.2.1 指导听课

听课是目前最常见的学生在课内的学习活动。要组织好学生的听课,首先要使学生想听和要听。要让学生注意老师讲解的问题是什么?问题是怎样产生的?解决问题的思路是什么?问题是用什么方法解决的?为什么会得到这样的结果?等等。

6.2.2.2 指导讨论

讨论是在教师的组织、引导下,相互质疑、论辩、启发、补充,共同求得问题解答的一种集体学习活动。要求学生具有一定的知识基础、思考能力和讨论习惯;要求教师有较强的组织能力和丰富的经验。随着课程改革的深入,"讨论"这种方式会被更多地采用。教师的讨论指导技能包括:做好讨论前的准备工作;确定讨论的方式;选择论题;在讨论中倾听学生发言,回应使学生"卡壳"的问题;组织学生表达讨论结果。对学生不够科学、严密、准确的表达,应当及时纠正,帮助学生逐渐学会正确表达思想的方法。指导讨论的难点在于:控制讨论的方向和时间难于把握,学生讨论的过程中经常偏离主题。为此要让学生围绕教学目标进行讨论。

6.2.2.3 指导合作学习

合作学习是以小组为单位,通过学生或学生群体间的合作性互动来促进学习,达到整体学习成绩最佳的学习组织形式。作为教师要合理组建学习小组,精心设计合作学习内容,指导学生明确个人责任,培养团体精神。

6.2.2.4 指导探究

科学探究是一种让学生理解科学知识的重要学习方式,是科学课程倡导的课程理念之一。作为指导探究活动的教师,必须调动学生探究的积极性,指导学生发现问题、提出问题、分析问题和解决问题,促使他们自己去获得知识和发展能力。

名师论教

要体现以学为中心必须满足以下三点:
(1)要在学习过程中充分发挥学生的主动性,要能体现出学生的首创精神;
(2)要让学生有多种机会在不同的情境下去应用他们所学的知识;
(3)要让学生能根据自身行动的反馈信息来形成对客观事物的认识和解决实际问题的方案。

——何克抗

[何克抗.CAI的理论基础和以学为中心的课件设(二)[J].四川教育,2001(Z1):84.]

6.2.3　信息技术与科学课程整合的技能

现代信息技术的发展,特别是网络技术的发展,使我们享有了空前丰富的信息资源。在国际互联网上,有着众多的科学自然网站,提供了丰富的学习资源(自然知识资料、图片、影像等)。信息技术和网络不仅成为教师学习提高的途径,也成为学生学习的工具。运用现代信息技术开展研究性学习,实现信息技术与科学课程教学的整合,是我们面临的一个新的教改课题。信息技术与科学课程整合是通过科学课程把信息技术与科学教学有机结合起来,将信息技术与科学课程的教与学融为一体,将技术作为一种工具,提高教与学效率的一种教学模式。当前,信息技术与科学课程整合还处在实践探索阶段,大部分教师对信息技术手段的应用还存在一定的盲目性,甚至简单地认为信息技术与科学课程整合就是做科学课"课件"。因此,实施新课程的教师必须转变观念,正确理解信息技术与科学课程的整合,提高教学技能。

案例研究

苏州市敬文实验小学董晨老师在《关于信息技术与课程整合教学设计——科学学科教学设计案例》中对《恐龙时代》的课件设计思路:

学习资源有效、合理利用,体现面向全体学生的理念:在学习资料的选择上,围绕恐龙主题,设计了一个有关恐龙知识的网站。网上提供了大量有关恐龙的资源,是计算机网络支持的研究性学习的必要内容,为学生的学习提供了丰富的资源基础。学习资料内容的选择尽可能符合小学生的学习水平,并在网络带宽允许的条件下,通过链接相关网站,为有进一步研究需要的学生开辟了更为广阔的研究性学习空间。

课内、课外有机结合,体现科学课程的开放性:在教学策略设计上,针对学习资料内容的选择与浏览时间的关系,尝试以醒目的颜色提示学生重点阅读内容,从而提高课堂和课后网上浏览的效率。

师生互动,充分体现学生的主体:提供认识恐龙、发现恐龙、恐龙灭绝、进化等有关恐龙的资料,并在BBS留言板上完成师生对话。充分体现学生主体,激发学生自主学习的欲望。

重新定位教与学的关系,教师勇敢地退下来:网络环境下的文字、图片组成的知识系统,优美、动感、活泼,符合学生的心理特点,能激发小学生阅读讨论的兴趣。教师在网络环境下,不再是知识权威,而是作为研究性学习的参与者、组织者和指导者,与学生一起探讨研究主题,并及时为学生提供必要的帮助。

评析:制作的恐龙知识网站可以为学生提供丰富的自己所需要的信息资料,通过对各种资料进行分析、归纳、整理、提炼,从中发现有价值的信息。在这个过程中,教师要注意对学生的指导,特别是要区分网上信息的真伪。网络信息浩如烟海,其中既有研究所、高等院校的网站,也有个人爱好者制作的网页。对于网络提供的信息,要看其是否提供了材料的出处、作者等基本内容。在此基础上还要通过查找书,进行考证。对于观点性问题,应慎重采纳,反复推敲,做到论从书出。

(董晨.《恐龙时代》网络教学体会[EB/OL].[2005-1-31]. http://blog.pjedu.com/more.asp? name=%(6%BD%BD%AD%B6%AD%B3%BF&id=2785.)

有人认为,信息技术只是一种教学的工具而不是教学的全部。你对这句话如何理解?

(1) 信息技术与科学课程整合时要强调与其他技术手段的整合:我们要坚信信息技术给教育带来的巨大作用,同时也应认识到信息技术只是一种教学的工具而不是教学的全部,无论信息技术多么发达,都不能也不可能完全取代其他教学手段。在教学过程中,教师要根据学科特点、学生情况、所在地区和学校实际条件等确定每一课的教学手段,教学方法。在课程整合中,老师要以一种科学的方式对待信息技术,将信息技术与其他教学手段相结合,把信息技术用在创设教学情境,激发学生的探索热情上,作为学生获取信息、探索问题、协作解决问题的一种认知工具。科学课的教学注重让学生亲身经历观察、实验、讨论、思考等过程,我们要将信息技术和这些方法、手段相结合。

 案例研究

  "种子里面有什么"这一课,在课的开始,老师用课件的形式,在屏幕上出现了一颗种子萌发成小苗,然后慢慢长成一棵苍天大树的过程,画面的图像生动逼真,引起了孩子极大的兴趣,为什么一粒种子能长成一棵苍天大树呢?问题随即而生,接下来学生便开始小组合作、猜想、讨论(可能与什么有关,如何证明等等),最后通过解剖的方法,观察种子里面有什么。对于不理解的部分,如种子里面每个部分名称、特点、作用,就让孩子在课后通过上网或到图书馆查找有关的资料和做种子萌发实验的方法去进一步探究。
  评析:科学课的教学注重让学生亲身经历观察、实验、讨论、思考等过程,信息技术与科学课程的整合就要求将信息技术和这些方法、手段相结合。此案例教师将信息技术与其他手段的应用相得益彰,创设了一个理想的学习环境,成了促进学生自主学习和学生解决问题的一种工具,课堂以讨论、实验为主,既充分发挥了信息技术的作用,又体现了科学课程的特征。
  (改编自:董雅群.《种子里有什么》课堂实录[EB/OL].[2006-05-30]. http://www.whjy.net/kxkc/jxal/43915.shtml.)

  (2)信息技术与科学课程整合时要强调与构建新型教学模式相整合:信息技术的应用应与新型教学模式相结合,整合必须以改革传统教学模式,培养学生自主学习能力和创新意识为根本宗旨。主导——主体相结合的教学结构是建构主义的新型教学模式。过去,老师是知识的传授者,学生是知识的容器,老师应用信息技术手段是为了让孩子更容易地吸收知识,而新一轮基础教育课程改革要求我们要以学生为主,突出学生的自主性,让学生掌握一定的方法自行探究问题,从而掌握知识。
  (3)信息技术与科学课程整合时要重视学科的教学资源建设:没有丰富的高质量的教学资源,就谈不上让学生自主学习,更不可能让学生进行自主发现和自主探索;教师主宰课堂、学生被动接受知识的状态就难以改变。但是重视教学资源的建设,并非要求所有教师都去开发多媒体素材或课件,而是要求广大教师努力收集、整理和充分利用因特网上的已有资源,只要是网上有的,不管是国内还是国外的,只要对我们的教学有用,我们都可以采用拿来主义,只有在确实找不到与学习主题相关的资源的情况下,才有必要由教师自己去进行开发。而教师在开发的课件最好能以基于Internet的网页方式设计,以超链接的方式组织教学信息,不要将制作者的教学策略、教学结构等编入课件,使课件能适应不同的教师和学生,充分尊重教师与学生的选择,体现教师和学生的个性,方便师生重组改造。这样教师就不必花费大量的时间去准备课件,也只有这样才能让教师利用熟悉的平台和已有的教学资源编制、重组、使用课件,使信息技术成为像黑板和粉笔那样常用的教学工具。

6.2.4　科学课程资源开发与利用的技能

  新一轮基础教育课程改革强调,科学课程的实施,需要特定的课程资源。校长、教师都应努力建设、开发与利用校内外的课程资源,并争取社会各方面的支持和帮助。课程是学生学习期间获得的全部经验,教学是一种动态生成的过程。科学教师在进行科学课程的教学时,不能只拘泥于课本,局限于课堂,而应当充分利用学校、家庭、社区的一切可用资源来充实教学,丰富和发展学生的经验。科学教师还要树立科学教育的大资源观，认识时时有科学、处处有科学，如社区、学校、网络以及学生、教师本人都是宝贵的科学课程资源，都应当加以利用。

教材是课程资源吗？课程资源与教材有什么关联？新课程下如何开发和利用课程资源？

6.2.4.1 科学课程资源的分类

广义的科学课程资源是指有利于实现科学课程目标的各种因素，狭义的科学课程资源则仅指形成科学课程的直接来源。课程资源无处不在，无时不有。为了便于认识和研究，可从不同的角度对其进行划分。如按照空间分布可划分为学校课程资源、家庭课程资源和社区课程资源三类；按性质可划分为人力课程资源、物力课程资源和环境课程资源，如表6-1所示。

表6-1 课程资源分类一览表

		人力课程资源 （个人、组织、机构等）	物力课程资源 （设备、材料、资料等）	环境课程资源 （自然环境、社会环境等）
学校 资源	教室内			教室环境
	教室外			校园环境
家庭资源				家庭环境
社区资源				社区环境

（1）学校资源：包括教材（课本、教学参考书、教师手册、作业本及其他教辅用书）、实验室、校园环境、学校网络等。教材是学校资源的主要部分，要适应教材、改进教材、整合教材。一般来说：教材是由专家学者编写的，他们更多注意的是知识的整体性，但却忽略了孩子的知识结构及兴趣；教材的章节有着较严密的知识框架，却忽略了学生对生活的现实世界与教材的抽象世界之间转换的困难性的考虑；课本、作业本、各种教辅用书由不同的人编写，对课程标准有着不同的理解，对同一知识有不同的要求，造成教师、学生无所适从。因此，教师必须知道，教材是一种重要的课程资源，但不是唯一的资源，对于教材应该灵活运用。教材不仅可以选择，而且可以超越，甚至还可以变更。

（2）家庭资源：学生除了平时在校学习时间外，放学后、周末、节假日等相当多的时间是在家里度过的，孩子天生好奇、爱动脑筋，他们所进行的思考与活动不会以校内外时间来截然划分，而是会把学校中开展科学探究活动的内容、过程、方法，复制或迁移到课堂以外甚至自己家里。所以教师要积极引导孩子关注和认识家庭中的科学研究素材。让学生体验和领悟科学就在自己身边，保持强烈的对周围生活中科学问题的好奇心和求知欲。

（3）社区资源：社区是学生生活接触的主要场所，是学生接受科学启蒙教育最灵活、最具体、最有潜力可挖的地方。因此，教师要充分利用社区课程资源。例如：可以和青少年活动场所、社区活动中心、图书馆、科技馆、博物馆（包括动植物园、自然保护区）、电教馆等建立稳定的联系，便于学生自主学习；可以参观科研机构、高校实验室、高新技术开发区、示范农场、工厂、农村等；可以聘请有关专家做科学技术报告；有条件的地方，可组织学生在那里劳动和服务，以增加学生的实践经验，培养学生为公众服务的意识等。另外，还可以利用家庭、街道、商店、田野、森林、河流等为科学教育服务。

6.2.4.2 科学课程资源开发原则

科学课程资源的开发和利用不仅是教育专家和课程专家研究的问题,更是每一位教师时刻面对并要积极参与解决的问题。面对新课程的挑战,广大科学教师既要成为科学课程的成功实施者,又要成为科学课程资源开发和利用的积极参与者。在科学课程资源开发的过程中应遵循以下原则:

(1)开放性原则:科学课程资源的开发与利用要以开放的心态对待人类创造的一切文明成果,尽可能开发与利用有益于科学教学活动的一切可能的课程资源。

(2)经济性原则:尽可能就地取材,不舍近求远,目的是达到开支的经济性、时间的经济性、空间的经济性和学习的经济性。

(3)针对性原则:课程资源的开发与利用必须在明确教学目标的前提下,认真分析与教学目标相关的各种类型的课程资源,认识和掌握其各自的性质和特点,这样才能保证开发与利用的课程资源有针对性。

(4)个性化原则:课程资源的开发与利用要从实际出发,发挥地域优势,强化学校特色,展示教师风格,扬长避短,取长补短,突出个性。

本章小结

1. 教学技能是顺利完成某种教学任务的活动方式,它往往既含有操作的成分,又含有心智的成分,能影响教学互动的效率。教学技能是联系有关认识和教学能力的桥梁。它以有关的认识为基础来形成相应的行为规则;经过熟练、概括化、内化、个性化、心理化之后,教学技能可以转变为相应的教学能力。

2. 教学技能包括:教学设计技能;使用教学媒体技能;课堂教学技能;组织和指导课外活动技能;教学研究技能。其中课堂教学技能是最基本的教学技能。包括导入技能、语言技能、板书技能、提问技能、演示技能、课堂组织技能、教态变化技能、结束技能等。对于科学教师来说,除以上基本的教学技能外,还有创设教学情境的技能;对学生进行学习指导的技能;信息技术与科学课程整合的技能;课程资源开发与利用的技能等。

学习链接

http://blog.kxsy.net/user1/233/archives/2008/21127.html

http://blog.kxsy.net/user1/233/archives/2008/21127.html

http://www.xsedu.net.cn/zhuanti/cdei/sheji/92.htm

http://www.hainnu.edu.cn/licb

http://www.blog.edu.cn/UploadFiles/2006-11/1116325834.doc

http://jyw.essedu.cn/xuekejy/index.asp

http://www.blog.edu.cn/UploadFiles/2006-11/1116325834.doc

http://www.kxdz.com/campus/show.asp?ArticleID=362

http://www.hainnu.edu.cn/licb

http://www.pep.com.cn/czwl/czwljsxx/wl9/wl9jxsj/czwllhjx/200611/t20061128_274129.htm

http://hi.baidu.com/%BF%C6%D1%A7%CE%E2/blog/item/2823f911c39fb17bcb80c407.html

http://www.cnjxgj.com/zxkx/2007/3881.html

检测—拓展

检测

1. 简述科学教学的基本技能有哪些。

2. 举例说明导入技能的作用和种类。请根据学过的导入知识选择一节课的内容,设计2~5分钟的导入。

并对自己设计的导入进行实践。

3. 找一份包含多种课堂提问的教案或教学实况录像，辨认都包括哪些类型的提问。

4. 板书在课堂教学中的作用是什么？如何设计板书才能够体现板书的作用？

5. 选择合适的教学内容，利用演示类型中的一种或几种类型的组合进行课堂教学的实践训练，并做出相应的评价。

6. 请自选一段教学内容，选择恰当的课堂组织活动类型进行设计，并做出相应的评价。

7. 选择一个你感兴趣的课题，为这个课题(或一节课)设计一个较为理想的结束方式，并尝试是否还可以用其他类型的方式进行教学。

8. 新课程下为什么要创设情境教学？

9. 对学生进行学习指导时主要从哪些方面考虑？

10. 选择一部分教学内容，运用信息技术与科学课程整合的理论设计教学过程，并进行评价。

11. 举例说明课程资源有哪些类型？应该如何进行开发和利用？

拓展

12. 下面是一位科学教师在讲解有关热量传递知识时的课堂教学案例？通过以下案例的研究思考，你对教学技能有什么新的认识？

学生：(悄悄地)天太热了，要是能游泳就好了。

教师：是呀，要是能游泳，大家就凉快了；可是大家知道为什么在热天游泳就会觉得凉快呢？这一常识性的现象中蕴涵着怎样的物理原理呢？

学生：因为水凉，人热。

教师：那么，水凉，人热，如何用物理语言进行描述呢？人变得凉快又如何用物理语言进行描述呢？

学生：温度。泳池中的水温度低，而人的体温高。人与水之间进行了热量的交换。

教师：好，大家回答得很好。那么，请大家进一步思考，在什么情况下才能发生热量交换呢？

学生：当两个物体之间的温度不一样时。

教师：大家回答得太好了！那么请大家再进一步思考，一个胖子和一个瘦子从游泳池中出来后，大家经常会看到胖子打冷战，而瘦子却不，为什么？

学生：因为胖子向外界散发热量了。

教师：难道瘦子不向外散发热量吗？

学生：哦，散发。那大概就是因为胖子胖吧。

教师：大家的回答是正确的。用物理性的语言来解释是这样的，胖子的身体表面积比瘦子大，因而散发的热量比瘦子多，因而常常是胖子瑟瑟发抖，而瘦子没事儿。

学生：原来是这样。

教师：经过这一番讨论，我们已经了解了有关热量传递的一些基本知识。下面我们共同来学习这一部分具体知识，希望大家认真地思考并积极参与到课堂讨论中。

阅读视野

教学技能训练

作为一名教师，有效的教学绝不是将其掌握的知识传递给学生那么简单。他必须保证课堂教学秩序井然，必须要让学生知道通过学习后要达到什么样的目标，必须了解学生的起点能力和先决技能。也就是说教师仅仅具有广博的学科知识是不行的，还必须具备一定的教学技能。有人认为，教学技能是天生的，那些优秀的教师似乎具有常人难以企及的魅力。针对这一观点，研究者对优秀教师的具体行为和技能进行了研究，结果发现：一个优秀教师所做的事情，并未超出其他任何教师所做的事情，教学技能是通过后天学习获得的，是从教学实践中获得的。

教学技能获得的方法有多种：

1. 观摩优秀教师的课堂教学；
2. 分析成功教师的优秀教案；
3. 观看优秀教师的课堂教学实录；
4. 小组之间互相听课，相互交流研讨；
5. 微格教学等。

对于高等师范学校科学教育专业的学生而言，微格教学是提高教学技能的最有效、最直接的途径。

（一）微格教学的内涵

微格教学(micro-teaching)又称"微型教学"、"微观教学"、"小型教学"，是一种利用现代化教学技术手段来培训师范生和在职教师教学技能的系统方法。微格教学创始人之一，美国教育学博士德瓦埃·特·爱伦认为"微格教学是一个缩小了的、可控制的教学环境，它使准备成为或已经是教师的人有可能集中掌握某一特定的教学技能和教学内容"。综合国内外研究成果，微格教学是目前公认的较为有效的训练师范生和在职教师教学技能的一种系统的、模拟的培训方法。它是以现代教育学、心理学、课程论、教学论等基本理论为指导，借助现代教育技术设备——摄像机、录像机、全场录音系统、视音频遥控系统、视音频切换机等，有控制地对学生进行某项专门训练，使学生掌握某种技能技巧的小规模教学活动。它能提供一个练习环境，使日常复杂的课堂教学得以分解简化，并能使练习者获得大量的反馈意见。它的主要特点是：在一个由5～10人组成的微格教室里，某一受训者扮演"教师"，真实的学生或其他受训者扮演"学生"；"教师"利用10分钟左右的时间模拟教学，专门训练某一两种教学技能；并利用视听设备记录实践过程，进行自评或互评等评价以获得反馈信息，从而实现对教学技能迅速、有效地掌握。

（二）微格教学的实施步骤

微格教学一般具有以下六个实施步骤：

1. 教学技能训练前的理论学习与研究：在指导教师的组织下，学习教学理论、学习理论、教学技能理论和微格教学理论，等等。

2. 确定训练技能类型并提供示范：微格教学的目的是训练教学技能。因此正式训练教学技能前，必须先对教学技能进行分类，确定需要训练的教学技能类型并进行示范。建议：在正式训练之前可以通过观摩微格教学录像或优秀教师教学录像提供示范，为学生提供微格教学的感性认识和模仿依据，并在观摩录像的过程中给予及时、准确、必要的提示、指导和讨论。示范的录像可以是正面的，也可以采用反面示范，但应以正面示范为主；示范的内容可以是一节课的全过程，也可以是一节课的教学片段，一般以一个片段为宜。

3. 编写教案：要训练的教学技能类型确定后，针对教学技能的特点与要求，组织学生编写比较详细的微格教学教案，微格教学的教案编写是建立在微格教学的教学设计基础之上的。内容包括：培训目标、教学目标、教师的教学行为、教师的教学技能、学生行为的预测、教学媒体的准备、教学时间的分配等等环节。指导教师对学生的微格教案应进行必要的指导，教案通过后方可参加训练。

4. 微格教学实践：微格教学教案编写完成后进入微格教学实践阶段。微格教学的课堂是模拟的课堂，教学人员是由扮演教师角色的学生或在职教师、指导教师、学生、微格系统操作人员等组成。在训练过程中，记录人员要运用微格教学系统设备，对"教师"和"学生"的行为，教和学所产生的效果进行准确的摄像，以便进行及时反馈。

5. 反馈评价：心理学告诉我们："直接的第一反馈信息最能改变人类行为。"而来自录像的反馈信息，就是直接的第一反馈信息。当学生看到自己的教学形象或别的同学的教学行为时，有一种新鲜感,往往表现出特别兴奋与激动,由于出现的毛病一一曝光,他们的印象特别深刻。因此,指导教师组织教师角色、学生角色及其他评价人员一同观看教学录像能强化优点,矫正缺点。操作建议:观看录像后,先让教师角色的学生谈自己的教学感受,再由其他同学提出看法,并记录教学技能的运用情况,判断教师角色是否掌握了所培训的教学技能,并指出有待改进的地方。然后教师角色扮演者结合自己讲授和重放录像时的感受,再次进行自我解析,充分认识,最后由指导教师总结,确定教学技能运用的优点与不足,提出改进意见和方法。在反馈评价阶段,教师角色扮演者应详细记录研讨的意见并进行分析和综合,针对所存在的不足提出改进的措施,明确改进的方向,获得改进的方法。

6. 修改教案,再实践:经过首次微格教学实践后,教师角色扮演者依据自我分析和讨论评价所发现的问题与不足,修改教学方案,根据教学安排再进行第二次微格教学训练。

(卫建国,张海珠.课堂教学技能理论与实践[M].北京:北京师范大学出版社,2008:6—8.)

参 考 文 献

[1] 刘知新.化学教学论[M].北京:高等教育出版社,2007.

[2] 卫建国,张海珠.课堂教学技能理论与实践[M].北京:北京师范大学出版社,2008.

[3] 陈菊,徐学福.小学科学课程实施与案例分析[M].桂林:广西师范大学出版社,2005.

[4] 胡淑珍.教学技能[M].长沙:湖南师范大学出版社,1996.

[5] 罗树华,李洪珍.教师能力学[M].济南:山东教育出版社,1997.

[6] 郭友.新课程下的教师教学技能与培训[M].北京:首都师范大学出版社,2004.

[7] 高艳.现代教学基本技能[M].青岛:青岛海洋大学出版社,2000.

[8] 肖锋.学会教学——课堂教学技能的理论与实践[M].杭州:浙江大学出版社,2002.

[9] 孟宪恺.微格教学基本教程[M].北京:北京师范大学出版社,1992.

[10] 郭友.新课程下的教师教学技能与培训[M].北京:首都师范大学出版社,2004.

[11] 梁杏.教师课堂教学的十大技能[M].长春:吉林大学出版社,2007.

[12] 孟庆辉.教师口语——表述与训练[M].上海:华东师范大学出版社.1998.

[13] 宋玲译.当代教师新支点丛书:课堂提问的艺术——发展教师的有效提问技能[M].中国轻工业出版社,2006.

[14] 陈忠良.中小学教师专业成长必备技能集粹[M].杭州:浙江教育出版社,2005.

[15] 李耀新.课堂教学的组织与管理[M].暨南大学出版社,2005.

[16] 刘云生.信息网络时代与教育最优化[J].学科教育,2002(3).

[17] 张桂荣,朱天志,贾丽珍.微格教学技能训练的有效性研究[J].教育与职业,2007(3).

[18] 李春密,王丽芳,李多.新课程理念下中学物理教师对教学技能需求情况的调查研究[J].课程·教材·教法,2006,26(9).

[19] 陈庆朋.语言技能与科学课程学习[J].课程·教材·教法,2007(1).

第7章 科学课程学与教的评价

学习目标

当你掌握本章内容后,你可以:
1. 了解中小学科学教学评价的变迁、功能和理念。
2. 知道中小学科学课程教学评价的内容和方法。
3. 理解中小学科学课堂教学评价的方式和评价指标,能够综合应用于评价实践。
4. 知道科学教育测量基础。
5. 了解中小学科学习题的类型及编制技术。

本章内容结构图

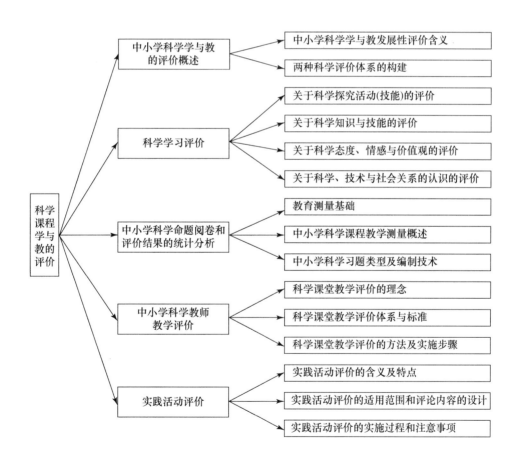

关键术语

◆ 科学教学评价；科学学习评价；科学课程教学测量；科学习题类型及编制；实作评价

本章序幕

传统的纸笔测验①

伊沙洛夫(Isarov)先生说:"我们已经完成了普通的科学测验,但我要提醒你们,下周五是这半学期的最后一天,因此你们下周每天都有考试:星期一,你们将考社会学的第三章,包括革命战争。星期二的数学测试包括了小数的除法运算。星期三。我们将考科学第四章关于简单机械的内容。星期四,你们将考名词所有格。星期五的考试是常规的一周单词拼写。哦,差点儿忘了,你们要把我今早发的信函带回家。那是有关你们两周之后参加基本技能测试的有关内容。好好学习,过一个愉快的周末!下半学期,我们将开始学习全新的课题!"

这些文字是否把你带回了关于学校考试的记忆中,过去,教师通常把纸笔测验作为唯一的评价形式。教师期望学生能通过这些考试,因为它们在很大程度上决定了各门课程的成绩。这些考试通常是多项选择、判断对错、搭配题和论述,在学完一章或一单元后,在整个班级里进行。之后,教师在剩下的时间里很少会再提起这些内容。评价和考试是同义词,而考试又意味着分数。整个这一套有关考试的思想,导致紧张、焦虑,也许还有手心出汗。

7.1 中小学科学学与教的评价概述

科学教学评价是科学教学不可分割的有机组成部分。科学教学评价是实现科学教学目标的重要手段,通过科学教学评价的反馈作用,可以提高科学教学的成效。科学课程标准要求科学教师树立新的教学评价观,建立发展性的科学教学评价体系。

所谓评价,即对某项活动的成效进行价值判断。当前有课程评价、教学评价和教育评价之说。我们通常所说的教学评价是指根据一定的标准或指标体系,运用科学有效的手段和方法,收集教学过程中的相关资料和信息,对教学活动及教学效果进行价值判断,并为教学提供反馈信息的过程。教学评价是以检验科学教育的价值实现程度和学生的学习成效为基础的,它的重要目的是通过评价了解学习者的发展状况或者发展潜力,以促进受教育者更好地发展。新的课程改革还改变了过去单调的教学评价方式,倡导评价方式的多样化。本章拟对中小学学与教的评价理论与实践问题做些讨论。

教学评价在19世纪末20世纪初,就已经成为教育工作中的一个独立的研究领域。从演变发展的角度看,教学评价大体上历经了从注重测验、描述到注重判断与评价构建等几个发展时期。1898年,法国学者比纳(A. Binet,1851—1911)发表《个人心理学中的测量》,提出了人的能力具有可测验性,1908年,他又发表《诊断异常儿童智力的新方法》,提出了更为具体的施测方法,1904年,美国学者桑代克出版《心理与社会测量》一书,其中编制了一系列对学生的心理和智力进行测验的量表,正式开启了教育测量学运用于实践的先河。有了可行的测量方法,人们开始广泛关注人的发展情况及其潜力问题,进而对教育的成效进行价值判断。

20世纪30年代,美国教育界在美国进步教育协会主持下,开始着手对教育目标、课程、评价进行长达八年的研究。当时的美国著名教育家泰勒(R. W. Tyler,1902—1994)在总结"八年研究"经验的基础上,提出了"泰勒评价模式",首次提出"教育测量"的概念,他指出:"在本质上,评价过程

---

① [美]克拉耶克,查尔内克,巴杰著,王磊等译.中小学科学教学:基于项目的方法与策略[M].北京:高等教育出版社,2004:284.

乃是一种确定课程和教学方案在多大程度上达到教育目标的过程。"从泰勒开始,人们开始把对测验的兴趣转向于关注评价的价值,通过评价发现教育结果与教育目标之间的差距,从而为改进教学提供帮助。此后,美国学者布卢姆在泰勒研究的基础发展了教育测量的方法,他于1956年完成的《教育目标分类学:认知领域》成为一部有深刻影响教育评价理论与实践的权威性著作。直至今天,人们在讨论和运用教学评价时,仍然要运用到布卢姆所提出的理论方法,或者说要依据他的理论。

教学评价理论与实践的演变发展也是和时代背景紧密联系在一起的。例如,20世纪60年代,在科学教育现代化运动培养精英人才观念的影响下,教学评价也以如何判断和评价学习者掌握知识的精深程度为准则,重视科学探究技能和发现能力发展状况的评价;70年代里,受回归基础的影响,教学评价则比较注重学习者基础学力,尤其是巩固知识的程度和学会学习能力的评价;80年代则在STS教育盛行的影响下,把评价学习者的科学素养和综合实践的能力作为评价的重心;90年代以后,面对信息时代的挑战和建构主义教育思想的影响,教学评价的重心进一步转向于如何评价和衡量学习者科学素养的发展潜力,尤其是科学探究的意识,理解科学过程,认识科学、技术与社会的关系,运用科学观念看待问题的能力,以及建构科学观念和行为品质的成效。

在这些演变发展的同时,教学评价的理论方法,特别是评价的类型也出现了明显的变化,基本上是从早期的目标取向评价(即评价学生是否达到预期的目标)转向于注重过程取向的评价(即评价学生的实际表现状况如何),再转向于着眼于主体取向的评价(即评价学生的发展动向与未来潜力)。这种演变反映出了从评价学习者达到预定目标的能力到评价现实能力,再到评价发展潜力的一般特点。而相应的教学评价形式也由早期的主观判断评价向客观测量评价转变,再到现代的以过程、发展为基础的相对性评价和真实性评价的发展。

这些也带来了教学评价功能和模式的新转变。一是过去注重各种指标要素变化的评价转向于注重学习者和教学关系整体衡量的评价,即从评价学生某些方面的发展转向于评价总体的发展状况;二是以甄别、选拔性为功能特征的评价转向于激励和发展的评价;三是从注重静态分数变化的评价转向与过程和发展历程相结合的评价;四是师对生的评价转向于自我评价、小组互评相结合,体现评价的民主化;五是客观评价转向相对性评价——以分数为指标转向多样性评价,精确性评价与模糊评价相结合;六是侧重定向、定量的评价转向与综合、定性相结合的多角度、多层次的评价。这些趋势既反映了教学评价的科学化趋向,也说明教学评价的理念和方法并不是一成不变的。而这些变化发展也体现在我国新一轮的基础教育改革之中,因而需要我们对教学评价有一个比较全面的了解。

活 动

教师的教学理念如何影响他们的评价方法

材料:进行采访所用的材料

步骤:

1. 采访几位教师对教学和评价的观点,想办法弄清楚是否每位教师认为教学是"告诉学生信息"还是"帮助学生建立他们自己的理解"。问问每位教师他通常如何评价学生。他们使用的是何种评价?评价测量什么?如何决定分数?

2. 分析"讲授型"教师和"建构型"教师的不同之处。课程有什么不同?教学呢?评价呢?

3. 记录他们的观点。

([美]克拉耶克,查尔内克,巴杰著.王磊等译.中小学科学教学:基于目的方法与策略[M].北京:高等教育出版社,2004:289.)

7.1.1 中小学科学学与教发展性评价含义

《基础教育课程改革纲要(试行)》提出了发展性教育评价的理念,这一理念体现在学生评价上,集中表现为发展性学生评价的理念和方法。发展性学生评价是指依据一定的教学目标和教育价值观,评价者与学生建立相互信任的关系,共同制订双方认可的发展目标,运用适当的评价技术和方法,对学生的发展进行价值判断,使学生不断认识自我、发展自我、完善自我,不断实现预定发展目标的过程。它的核心思想在于促进学生的发展,一切为了学生的发展,评价标准、内容、过程、方法和手段都要有利于学生的发展。这与传统的学生评价有很大的区别,发展性学生评价的特点包括:应基于一定的培养目标,并在实施中制订明确、具体的阶段性发展目标;其根本目的是促进学生达到目标,而不是检查和评比;是注重过程的评价;关注学生发展的全面性;倡导评价方法的多元化;关注个体差异;注重学生本人在评价中的作用。

7.1.1.1 明确评价目标和标准

中学科学的教学评价关注学生的全面发展,因此,科学课程教学的评价目标包括科学的教学目标和一般性发展目标。中学科学的教学目标以《科学课程标准》为依据。一般性发展目标主要描述了评定学生全面发展的基本指标体系。具体而言,包括以下几个方面:道德品质、学习能力、交流与合作以及个性与情感。需要注意的是,在实际的教学过程中,科学的教学目标和一般性发展目标很难截然分开进行,也没有特定的课程来培养和专门促进一般性发展目标的实现,通常一般性发展目标蕴含在科学课程的学习中,与科学课程的教学目标同步发展,而且也常常融合在一起进行评价。此外,评价标准应该用清楚、简练、可测量的目标术语加以表述。

7.1.1.2 选择并设计评价工具与评价方法

工具、方法的选择与使用应配合目标的性质与需要。促进学生发展的评价体系建立了多元的、综合的评价目标和标准,那么相对应的评价工具与方法就应注重多样化,因此科学课程教学倡导评价方法的多样化。《义务教育初中科学课程标准(2011年版)》指出:无论采取什么方法……都要注意定性评价与定量评价相结合、过程性评价与终结性评价相结合。只有这样,才可能有效地描述学生全面发展的状况,也才能评定复杂的教育现象。因此,发展性学生评价打破将考试作为唯一评价手段的局限,要求重视和采用开放式的质性评价方法,如行为观察、情景测验、学习日记或成长记录等,关注学生学习、发展的过程。考试仍是一种有效的评价方式,应注意根据考试的目的、性质和对象,选择不同的考试方法,如辩论、答辩、表演、产品制作、撰写论文和笔试等灵活多样、开放动态的测评方式。

7.1.1.3 收集和分析反映学生发展过程和结果的资料

这是全面评价学生的关键。这些资料通常包括学生的自我评价、教师和同伴的观察与评价、来自家长的信息、考试和测验的信息、成绩与作品集、其他有关或说明学生进步的证据等。常用的收集方法有标准化考试,以成绩为基础的评价、对学生行为表现的观察、访谈与调查等,同样强调定量化与定性化评价方法的结合。这些资料不仅应涵盖学生发展的优势领域,也应涵盖被认为是学生发展不足的领域,这样才能为学生的发展建立全面的、客观的资料档案,清晰描绘出学生成长、发展的曲线。

学校、教师需要和学生一起对收集到的资料进行分析,对学生发展的成就、潜能和不足进行客观描述,对学生的考试结果等做出分析、说明和建议,形成一个分析报告。建议这一报告除了客观描述的部分以外,在评价的部分应采用激励性语言。

7.1.1.4 明确促进学生发展的改进要点并制订改进计划

这是发展性评价的意义所在。评价的目的不是为了甄别和选拔,而是在于如何通过评价来促使被评价者改进,促进其发展。因此,建立促进学生发展的评价体系,应根据信息收集后的分析报告,根据学生发展的成就、潜能和不足,明确促进学生发展的改进要点,并用清楚、简练、可测量的目标术语表达出来,制订改进计划。通常,改进计划中注意将学生发展优势领域方面的特征向其发展不足的领域迁移,以促进其潜能获得不断的发展。

此外,建立促进学生全面发展的评价体系还需要注意以下几点:第一,促进"全面发展"不等同于追求"全优发展";第二,评价技术的有限性和教育追求的无限性之间存在矛盾。

科学改革如何影响评价实施?

材料:参考材料,包括《科学素养的基准》(AAAS,1993);《2061计划:面向全体美国人的科学》(Rutherford & Ahlgren,1990);《美国国家科学教育标准》(NRC,1996);《课堂评价与国家科学教育标准》(2001)

步骤:

1. 在一张纸上,对"怎样才是一个有科学素养的人"这个问题列出尽可能多的答案。
2. 你如何评价一个人是否达到了这一标准?列举出评价每个标准的方法。
3. 有多少项目选用传统的多选题、判断题和论述题来评价?有多少项目需要不同的方法来评价?为什么这样?
4. 将你列举的科学素养的特征与参考材料所定义的进行比较。你认为这些报告将对课程、教学和评价产生什么影响?
5. 记录你的观点。

([美]克拉耶克,查尔内克,巴杰著.王磊等译.中小学科学教学:基于项目的方法与策略[M].北京:高等教育出版社,2004:296.)

7.1.2 两种科学评价体系的构建

7.1.2.1 初中《科学》课程发展性评价体系构建

《基础教育课程改革纲要(试行)》指出,评价改革的目标是"改变课程评价过分强调甄别与选拔的功能,发挥评价促进学生发展、教师提高和改进教学实践的功能"。同时,又要求建立三个评价体系,即要"建立促进学生素质全面发展的评价体系,促进教师不断提高的评价体系,促进课程不断发展的评价体系"。新课程倡导成长记录袋、学习日记、情景测验等形成性评价方法,强调建立多元、主体共同参与的评价制度,重视评价的激励与改进功能;新课程倡导"立足过程、促进发展"的课程评价。这不仅仅是评价体系的变革,更重要的是评价理念、评价方法与手段以及评价实施过程的转变。

实施发展性学生评价,首先,要确定多元化的评价内容,促进学生多项潜能的发展。依据科学新课程标准对学生知识、能力、情感、态度、价值观等方面的要求,结合各学期教学内容,我们认为评价内容主要应包括基础知识、基本技能、实践与创新能力、特长发展四方面内容。对科学学科知识的考查,设计一定的题目(这些题目要注重理论与实际的结合),以笔试方式进行考查;对基本技能考查,含操作技能、识别技能、收集和应用信息的技能、标本与模型制作技能等,渗透到各学期的考核项目中,每学期根据教材内容着重考查若干技能,以集中操作的方式进行考查;对实践与创新能力考查,则着重考查学生运用所学的自然科学知识解决实际问题的能力,如进行探究性实验、写观察日记、收集和整理相关的自然科学资料等;考查特长发展,结合各学期的教学内容和学生的兴趣爱好、个性特长,自主选择考查内容和方式,以作品或成果形式进行展示或交流,以发展学生的多项潜能。

其次,要采用多样化的评价形式,促进学生积极参与教学过程,将单一的笔试改为笔试、实验操作、社会活动、仪器标本制作、小论文答辩等多种形式相结合的考查方式。促进学生多方面能力的发展,更好地发挥学生各自的优势和特长,由注重结果评价改为注重过程评价,将评价贯穿于整个教学过程。每学期初公布本学期评价的内容、形式与要求,让学生明确学习的目标、要求和考查方式,结合各阶段教学内容,逐步完成各项考核。如七年级上学期结合实验教学进行实验技能的考查,可有临时装片制作、显微镜使用、绘图技能和解剖技能等;八年级可以科学实验基本操作技能训练考查为重点等。

将一次性的终结考试改为结合教学过程进行的多项考查(表7-1),既有利于促进学生积极参与教学过程,又能减轻学生的心理负担,积极参与各项考查活动。对考核成绩不满意或不达标的学生,允许学生通过练习,重新考核(学生通过考核可以了解自己的成功和不足之处),以激发学生学习的内在动机,促进学生主动发展。

最后,要确立多元化的评价主体,促进学生主动发展构建学生自评、小组互评和教师复评相结合的多元评价体系,更好地发挥学生在评价过程中的主体作用,将学生由被动接受评价到主动参与评价,将评价过程变成一种民主参与、协商和交往的过程。通过参与评价发展学生的自主意识,提高自我调控能力,明确发展方向。

我们现在综合运用的学生成长记录袋、学习档案袋和探究实验评价标准就很好地体现了多元化的评价内容、多样化的评价方式、多元化的评价主体。

表7-1 多项考查表

班级:　　　　姓名:　　　　组号:　　　　学号:

项目 周次得分	提问回答	探究学习	作业完成	材料收集	科学小制作	竞赛记录	笔试	图画活动照片观察日记、小论文	等级		
									优	良	及格
1											
2											
3											
4											
5											
学生自我评语											
教师综合评语											

7.1.2.2 科学探究教学评价体系的构建

《义务教育初中科学课程标准(2011年版)》评价建议中明确指出:从全面培养学生的科学素养出发,建立评价主体多元、评价内容全面、评价方式多样的评价体系,将促进在科学教育过程中学生的发展和教师的提高,有效地改进教学,以保证科学课程的有效实施。

科学探究教学中如何评价学生的学习?迄今为止尚没有一个完整并具有易操作性的科学探究教学评价体系。基于目前科学探究教学评价的现状,我们试图构建一种能够促进科学课程有效实施的科学探究教学评价体系。

1. 科学探究教学评价的基本理念

随着建构主义学习理论、多元智能理论、人本主义教学观、系统方法论等现代教育理论对科学探究教学的影响,我们将科学探究教学评价的基本理念概括为发展性评价理念。评价不仅要关注学生在科学素养方面的发展,而且要了解学生在发展中的需求,发现和发展他们多方面的潜能,帮助学生认识自我、建立自信,促进学生在已有水平上的发展,强化评价的内在激励作用,发挥评价的诊断、教育和发展功能。因此,科学探究教学的发展性评价理念的核心应是,在科学探究中关注学生进步、促进学生的全面发展。具体表现为以下四个方面:

(1) 评价目的个性化。无论是教育评价,还是其他任何类型的评价,其根本目的都是促进发展,科学探究教学评价也不例外。探究本身是一种高度个性化的活动,科学探究教学评价必须淡化或突破传统评价的甄别与选拔的功能,强调建立一种旨在促进富有个性差异的每一个学生的全面发展与提高的个性化的评价目的。即关注每个学生在探究性学习中的需要,激发每个学生的内在发展动力,注重每个学生在原有基础上的最大可能的发展与提高,促进其不断进步。通过评价,使学生成为渴望成功者、积极参与者和自我反思者。最终达到每个学生能够自我认识、自我教育、自我体验与自我进步,实现自身价值。

(2) 评价内容全面化。科学探究教学评价的内容,不应像传统教学评价那样——过于关注学生的学业成绩,而应是一个内容全面化的评价,注重学生科学素养的提高与全面发展。因此,科学课程评价内容应在科学探究、科学知识与技能、科学态度情感与价值观以及对科学、技术、社会、环境四个方面对学生进行全面的评价。并且,在对以上四个方面评价的过程中,还必须始终特别关注对学生创新精神和实践能力的评价。

(3) 评价方法多样化。科学探究教学是一个受多种因素影响的教学系统,单一的评价形式和手段是不适合的。因此,其评价方法必须是多样化的,即采用多种形式和手段的协调结合。在操作上,《义务教育初中科学课程标准(2011年版)》建议采用的评价方法主要有连续观察与面谈、实践活动、书面测试、个人成长记录等方法。在技术上,主要是注重量化评价与质性评价的整合。科学探究教学评价所涉及的不仅仅是学生最后记住了多少知识,更重要的是学生在学习过程中浸透着情感的投入、态度的转变、方法的习得、情绪的体验等。因此,量化评价与质性评价的整合将是科学探究教学评价的基本方略与总体趋势。总之,无论采取什么评价方法,都要尽可能真实地反映学生科学素养的全貌,都要有利于学生主动参与、积极探究、动手动脑,都要有利于培养学生学习科学的自信心和兴趣,都要注重学习过程的评价,力求对学生科学素养的原有基础、学习和探究过程、学习结果和长期效应等方面做全程性的评价,注意量化评价与质性评价相结合、过程性评价与终结性评价相结合。

(4) 评价实施过程化。教育心理学研究表明:实现评价的发展性功能的一个重要举措就是突出评价的过程性,即通过对学生发展过程的关注和引导,在一定的目标指引下通过评价改进教学,不断促进学生发展。科学探究教学评价,不仅重视最后结果(如得出的结论如何、能否撰写科学探究报告等),而且特别重视整个探究过程(如问题的提出是否科学、猜想与预期的结果如何、实验设计是否合理、数据的记录与分析是否正确以及小组交流中的表现等)。因此,科学探究教学评价必须超越传统上那种忽略中间过程只注重目标取向的结果性评价,而应致力于构建一种能体现学生实质性参与学习活动过程的过程化评价。

2. 科学探究教学评价体系的指标设计

科学探究教学评价的指标是科学探究教学评价工作的操作规程,它规定了科学探究教学应"评价什么"。同时,科学探究教学评价的指标,也是教师对学生能力培养、反映教师教学质量的度量尺度,以及推进整个科学教育教学改革的最关键因素,因此,对其制订有着严格的要求。科学探究教学评价的指标设计全面、科学,有利于推进《义务教育初中科学课程标准(2011年版)》的有效实施。

我们试图构建的科学探究教学评价体系是评价科学探究教学中的学生,因此,该评价体系的指标设计有其对应的基本科学探究教学活动。图7-1的科学探究教学流程图,是我们进行科学探究教学实践的基本教学模式,也是科学探究教学评价的指标设计所依据的基本科学探究教学过程。

图 7-1 对应的教学流程图不是科学探究教学的唯一模式,但不同的科学探究教学流程一般都可以分解为该流程图所包含的要素。因此,根据图 7-1 所对应的教学流程图设计的科学探究教学评价指标更具普遍性和实用性。

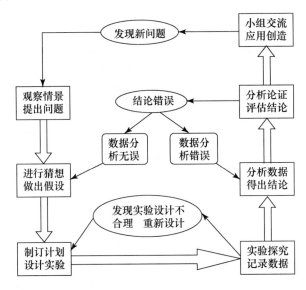

图 7-1　科学探究教学流程图[①]

根据科学探究教学评价体系指标设计的基本原则,明确、简要、独立、可测量、可接受、可控制等,以及科学探究教学评价体系的基本理念和教学实践中的科学探究教学流程图,采用德尔菲法(又称专家咨询法)和实验法等教学评价指标设计的基本方法,我们设计了科学探究教学评价体系的评价指标(表 7-2)。

表 7-2　科学探究教学评价指标[②]

教学过程	一级指标	二级指标			
		D(未达标)	C(达标)	B(良好)	A(优秀)
观察情景提出问题	就问题情境发现并提出问题情况	不能发现问题	能发现问题但表述不清	能提出表面性的问题	能提出科学的、利于探究的问题
进行猜想做出假设	对提出问题进行猜想、预测结果情况	不能预测科学探究的结果	能预测出但与科学的结果相距甚远	能预测出较为接近科学的结果	能预测出科学的结果
制订计划设计实验	根据计划进行实验方案设计情况	不能设计实验方案	能设计出实验方案的部分环节	能设计完整但操作性不强的实验方案	能设计完整且操作性强的实验方案

---

① 蒋永贵,项红专,金鹏.科学探究教学评价体系的构建与实践[J].课程·教材·教法,2005(12):60.
② 蒋永贵,项红专,金鹏.科学探究教学评价体系的构建与实践[J].课程·教材·教法,2005(12):60.

续表

教学过程	一级指标	二级指标			
		D(未达标)	C(达标)	B(良好)	A(优秀)
实验探究记录数据	进行观察、实验以及记录数据情况	不会进行实验操作	仅能操作且不规范或操作错误较多	能操作但不能科学地记录数据	能操作且能科学地记录数据
分析数据得出结论	数据的科学分析以及得出结论情况	不会分析数据	能分析部分数据但得不出结论	能从数据中得出部分或表面性结论	能得出较为科学的结论
分析论证评估结论	对探究的结果分析论证和评估情况	不能评估结论	仅能与预期结果比较但无新的思考	能与预期结果比较并发现新问题	能从比较中发现新问题并有所解答
小组交流应用创造	① 能积极参与讨论且提出见解 ② 能撰写出有说服力的研究报告 ③ 能对他人的报告提出科学的质疑 ④ 能与他人进行良好合作 ⑤ 能做出具有创造性的成果	①②③④⑤都未达到	①②③④⑤达到其一	①②③④⑤达到其二	①②③④⑤达到三个以上(含三个)

注：① 该评价指标由每一科学探究教学环节对应的一级指标和二级指标组成；② 科学探究教学每一个教学学习过程设计出对应的二级指标并分为 A、B、C、D 四个等级；③ 小组交流应用创造教学环节，考虑到其易操作性，把它的一级指标分解为五点；④ 根据该评价指标，教师就科学探究教学过程中学生在每一环节的学习过程，给学生记录对应等级；⑤ 学生可以根据该评价指标进行自评。

从科学探究教学评价指标可以看出，该评价指标反映了发展性的评价理念，体现了《义务教育初中科学课程标准(2011 年版)》建议的评价内容。如根据该评价指标，某一学生在"观察情景提出问题"环节仅得 C。而在"实验探究记录数据"环节则获得了 A，表明该学生虽然提出问题进行表达的能力不强甚至是比较弱，但他(她)具有很强的动手操作以及科学记录数据能力，评价指标能够做到对学生取得好成绩时适时肯定和存在不足时及时提醒。根据表 7-2 对应的科学探究教学评价指标，我们仅能够知道学生在科学探究教学活动中每一环节的表现，而不能知道学生在整个科学探究教学活动中的综合素质。因此，根据上述科学探究教学评价指标，我们试图构建完整的科学探究教学评价体系，以给出科学探究教学活动中对学生的综合评价结果。

7.2 科学学习评价

明确评价内容和评价标准是实施学习评价的第一步。在科学课程中确定学习评价内容和标准的依据是科学课程标准中所确定的课程目标及相应的内容标准，即从"科学探究"、"知识与技能"、"情感、态度与价值观"、"科学、技术、社会、环境"四个维度的相关目标,结合学生的具体情况来制订恰当的科学学习评价内容和评价目标。

科学课程学习评价的内容较原来已发生了根本性的转变。《基础教育课程改革纲要(试行)》中也明确提出对学生评价的实施理念,"建立促进学生全面发展的评价体系。评价不仅要关注学生的学业成绩,而且要发现和发展学生多方面的潜能,了解学生发展中的需求,帮助学生认识自我、建立自信。发挥评价的教育功能,促进学生在原有水平上的发展。"根据当前基础教育课程改革的基本理念和科学课程的目标与内容标准,科学课程学习评价的内容主要包括以下几个方面。

7.2.1 关于科学探究活动(技能)的评价

科学探究的重要目标是体验科学过程,形成初步的科学探究能力,增进对科学探究的理解。如何对科学探究过程、方法和能力进行评价,国内外学者进行了长期的研究,并取得了一定的成绩。根据《义务教育初中科学课程标准(2011年版)》的要求并结合我国的国情,具体的评价目标包括:提出科学问题,进行猜想和假设,制订计划、设计实验,观察与实验、获取事实与证据,检验与评价,合作与交流六个方面。

对"提出科学问题"的评价,主要是考查学生能否对自然现象和实验现象等产生好奇心;能否在观察、调查、探究等过程中发现并提出问题;能否领会提出科学问题的途径和方法;能否理解提出问题对科学探究的意义等。

对"进行猜想和假设"的评价,主要是考查学生能否收集相关信息;能否将已有的科学知识和问题相联系;能否通过思考尝试提出可检验的猜想和假设;是否理解猜想和假设在科学探究中的作用等。

对"制订计划、设计实验"的评价,主要考查学生能否针对探究目的和条件,选择合适的途径和方法;能否决定探究活动的范围和要求;能否确定与探究活动相关的仪器、设备、技术和科学方法;能否制订出相应的计划;是否理解制订计划和设计实验对科学探究的意义等。

对"观察与实验、获取事实与证据"的评价,主要是考查学生能否正确使用基本仪器并进行安全操作;能否进行一系列的观察、比较和测量;是否会记录和处理观察、测量的结果;能否从多种信息源中选择有关信息;是否理解实验对科学探究的作用等。

对"检验与评价"的评价,主要是考查学生能否将获得的信息、证据与科学知识建立联系,将观察、测量和实验结果与猜想和假设进行比较,得出基本符合证据的解释;是否能注意到与预想结果不一致的现象,并做出简单的解释;能否收集更多证据进一步支持解释;能否检查、解释过程和方法上是否存在问题,并提出改进的具体建议;是否了解科学探究需要运用科学原理、模型和理论等。对"合作与交流"的评价,主要是考查学生能否用语言、文字、图表、模型等适当的方式,表达交流探究的过程和结果;能否倾听和尊重他人提出的不同观点和评议,并交换意见;是否认识表达和交流对科学探究的意义等。

另外,告诉学生具体的实验过程和结果,学生依据提供的信息思考实验要研究的问题是什么。这是对实验设计的一种变式练习,能考查学生对问题的认识能力。

每一个具体的探究活动中,可能包括评价目标的六个方面,也可能只包括其中的一部分,因此,具体的评价目标应根据每一个科学探究活动的具体情况来确定,不能一概而论。对科学探究方面的评价,主要采用实践活动、书面测试等评价方法。评价结果可用激励性评语、等级或分数表示。

活动

设计一项技能的列表

材料：用于教授在这次探究中所设计出来的课程材料,通用列表7-3。

表7-3 通用列表

提问	学生能： ——提出问题 ——保持求知欲 ——提出假设 ——关注矛盾事件 ——发现问题 ——向原观点提出质疑 ——持有怀疑态度	收集数据	学生能： ——观察特性 ——识别测量数据的方法 ——搜集其他信息 ——使用科学仪器 ——精确测量 ——对多个变量进行检验 ——选择变量
检验数据	学生能： ——将对象进行分类 ——进行预测 ——分析结果 ——描述观察现象 ——作比较 ——将信息转换成图标 ——寻找模式 ——识别错误 ——解释数据 ——控制变量 ——计算	回答问题	学生能： ——交流结果 ——总结信息 ——做出决定 ——认清局限性 ——做出推断 ——描述矛盾之处 ——设立标准 ——鉴定结果 ——解决问题 ——提出新问题 ——建立联系

步骤：

1. 设计一门需要大量技能的课程。这些技能包括：观察、测量、分类、推测和总结等。首先要设计好当你的同学在参与探究时你需要观察的所有技能的列表。然后将你的课程讲授给一组同学,当他们在参与你的课程,试着追踪他们的表现情况。

2. 与你的同学一起分享这份列表,讨论它是否是一种可以准确测量他们所用技能的方法,可以怎样改进？

([美]克拉耶克,查尔内克,巴杰.中小学科学教学:基于项目的方法与策略[M].王磊,等译.北京：高等教育出版社,2004：318.)

7.2.2 关于科学知识与技能的评价

科学知识包括生命科学、物质科学、地球宇宙和空间科学三个领域的内容；科学技能包括观察技能、实验技能、查阅与搜索资料及信息的技能等方面。因此,对科学知识和技能的评价要从《义务教育初中科学课程标准(2011年版)》(以下简称《课程标准》)的要求出发,突出探究和整合。为了突出探究的理念,在科学知识和技能的评价中,要提供给学生必要的数据、图表、常数等,根据学生对知识的分析、理解和应用给予评价。为了突出整合的基本理念,除了继承多年来分科科学课程的优秀评价方法外,还要注重评价学生从整体上对自然和科学的认识以及对统一科学概念的领会,而不是仅仅停留在各学科具体知识的考核上。此外,在《课程标准》的评价建议中提出,"对科学知识和技能的评价要尽量融合在科学探究过程的情景中",这是针对原有的分科科学课程的评价脱离实际、缺乏探究的倾向提出的。据此,科学探究过程情景的创设,应该把学生学到的科学知识、技能和学生生活实际、现实社会联系起来;这种情景可以是实践活动,也可以是书面或多媒体的表达。例如,"比较物体运动的快慢"的探究活动既可以用来帮助学生形成"速度"的科学概念,也可以用来评价学生对科学概念"速度"的理解和评价学生测量"速度"的技能。评价的过程是让学生完成"比较物体运动的快慢"的实践活动,并填写有关的实验卡。评价可以依据学生能否用自己的语言表达速度和平均速度的含义、学生对玩具小车运动快慢的探究活动的记录情况和学生对快慢依据的描述三个方面,对学生作出评价。

在科学基本知识方面,评价的内容应是生命科学、物质科学、地球宇宙和空间科学三个领域内容标准提出的科学知识要求。要注重评价学生对日常生活现象和科学实验现象的说明和解释,减少学生对概念的背记或者对定义中关键字词的是非判断;要注重评价学生从整体上对科学的认识以及对统一科学概念和原理的领会,而不是仅停留在对各学科的具体知识概念的掌握上;通过综合性和开放性的书面考查,既了解学生对有关科学知识的掌握情况,又突出对学生解决实际问题能力的有效考核,改变单纯的知识性评价。针对科学基本技能的评价,主要包括以下三个方面:

(1)科学探究需要的实验技能。如使用基本工具和仪器进行测量和观察的技能。主要有刻度尺、量筒、天平、秒表、温度计、显微镜、电流表、电压表、地图和地球仪、星图、普及型天文望远镜等。

(2)基本实验技术。主要包括收集某种气体、配制溶液、分离混合物、加热、制作简单标本的技术等。

(3)查阅信息资料的技能。主要包括查阅图书报刊资料、利用网络收集信息等。

在评价的实施过程中,教师还应当重视对学生在实验活动中的操作技能进行考查,重视操作的活动功能和目的,淡化对实验操作具体规范和细节的评价;重点评价学生设计简单的科学实验的能力和应用实验方法、知识进行实验探究活动的过程和能力,淡化对实验操作步骤和注意事项的复述或是非判断。评价的重点要放在考查学生运用科学方法观察、测量、选择实验条件、控制变量、进行调节操作,以及运用科学事实、科学概念和数学方法模拟解决真实问题的状况,避免追求形式和数学计算。对科学技能的评价要尽量融合在科学探究实施的过程之中,体现过程评价的特点。

案例研究

对"判断导线的首尾"探究活动的评价要点

主要包括制订计划、设计实验,观察与实验、获取事实与证据,表达与交流三个方面:

(1)制订解决该问题计划方案的评价标准为:

可否形成一个正确的电路;能否作出正确的判断;是否符合实际;是否是最优的方案。

(2)获取事实与证据的评价标准为:能否按电路图连接成正确的电路;实验过程中操作是否规范,以及良好实验习惯的养成情况,如是否检查电路、实验完毕是否整理好器材等。

(3)表达与交流的评价标准为:能否完成实验报告;能否清楚地表达实验的过程和结果;能否在汇报交流时相互配合。

讨论
1. 本案例中的评价要点就是教学的目标吗？各评价要点间有哪些相关性和层次性？
2. 怎样在教学中实施这些评价？谈谈你的意见。

7.2.3 关于科学态度、情感与价值观的评价

把科学态度、情感与价值观的评价纳入评价范围体现了《课程标准》的一个非常重要的理念。科学态度、情感与价值观的培养应贯穿于科学课程教学的整个过程中。《课程标准》明确指出，通过科学课程的学习，学生将：

（1）保持对自然现象的好奇心和求知欲，热爱自然，珍爱生命，养成与自然界和谐相处的生活态度，提高保护环境的意识，增强社会责任感。

（2）不断提高对科学的兴趣，深化对科学的认识，关心科学和技术的发展，尊重科学，反对迷信。

（3）求真务实、坚持真理，具备探究与创新的初步意识，敢于依据客观事实提出和坚持自己的见解，能听取与分析不同的意见，面对有说服力的证据时勇于改变自己的观点，初步养成善于与人交流、分享与协作的习惯，养成良好的相互尊重的人际关系。

根据上述目标，对学生的科学态度、情感与价值观进行评价时，主要依据学生对科学课程各类活动的关注程度和在各类活动中的具体表现，如是否具有学习兴趣，是否热爱自然和对自然界具有好奇心，是否积极参与科学探究、尊重科学和反对迷信的活动，是否热情关注科学技术的发展，记录实验结果是否实事求是，是否积极参与讨论和制作的活动，完成作品的态度是否认真等。对学生的上述表现进行评价时，要通过学生的自评、互评和教师对学生的观察等多元地进行。可以采用连续记录和面谈、个人经历记录、评议等评价方法。评价结果用激励性的语言表达，而非简单地只给学生打上分数或等级。

小资料

评价时应着重关注学生在以下几方面的变化与发展：对生活和自然界中科学现象的好奇心和探究欲；对科学学习的兴趣；科学探究活动中的科学态度和科学精神；对待科学、迷信的态度；对科学、技术与社会相关问题的关注、见解及责任感；珍惜资源、爱护环境的意识和行为。主要依据是学生在科学课程各类活动中的表现，如是否积极参与、是否热情关注、记录实验结果是否实事求是、是否有学习科学课程的兴趣等来评价学生在科学态度、情感与价值观上的变化。通过学生的自评、互评和教师对学生的观察多元地进行。例如，在"观察蚯蚓"的活动中，可以有重点地对学生热爱自然的情感进行口头评价或书面记录评价。

[中华人民共和国教育部制订. 全日制义务教育科学（7—9年级）课程标准（实验稿）. 北京：北京师范大学出版社，2002：50.]

评价情感、态度与价值观

材料：
铅笔和纸

步骤:
1. 评价一门科学课(你学过或你教过的一节课),在你看来,什么样的情感态度对这门课很重要?将它们列出来。2. 创立一种监控情感、态度与价值观的方法,它是一种正式的态度列表,还是访谈或日志?
3. 有些教育家认为监控态度或意向不是一项重要的教育活动。写一篇小论文,表达你的观念或与班上其他人讨论你的观点。
4. 将小论文或讨论的笔记保存好。

7.2.4 关于科学、技术、社会、环境关系的认识的评价

如何评价学生对科学、技术、社会、环境关系的认识,是我们面临的新问题。根据国内外的经验,《课程标准》对这一评价的建议是,评价方法要联系实际、创设情景和寻找范例。评价学生对科学、技术、社会、环境的认识,必须通过能体现科学、技术与社会关系的实例进行,为此,要寻找这方面的典型范例。典型范例主要包括典型的科学史问题、典型的技术设计问题和当代重大课题三个方面。前两者要选择对社会的发展产生过重大影响的事件,如著名的"八大公害"事件、核武器试验、核电站泄漏、冰海沉船、"挑战者"号与"哥伦比亚"号航天飞机爆炸等。当代重大课题包括环境与资源、现代农业和基因工程、克隆技术、通信与交通、材料、空间技术等。评价的操作方法主要采用连续观察与面谈、实践活动、书面测试等。评价结果用等级或分数表示。

小资料

使学生形成对科学、技术与社会关系的正确认识是科学课程教学的一个重要目标。因此,要联系实际、创设情景和寻找范例,来评价学生对有关科学、技术与社会问题的关注程度、参与决策的意识以及对科学、技术与社会关系的认识。例如,噪声污染是一个联系学生生活实际和体现科学、技术与社会之间关系的问题,可以根据学生在调查讨论过程中的关注和参与程度,以及能否从科学、技术和社会多个角度分析噪声污染的来源和提出解决方法,对学生做出评价。

应该指出的是,由于《科学课程标准》提出的以上课程目标具有阶段性。因此,在制订教学评价的内容和标准时,不能简单地把这些目标照搬为评价内容,而应该根据这些目标,结合具体的学习内容进行再设计,以保证评价内容和标准的适用性和可操作性。

[中华人民共和国教育部制订.全日制义务教育科学(7—9 年级)课程标准(实验稿)。北京:北京师范大学出版社,2002:51.]

7.3 中小学科学命题阅卷和评价结果的统计分析

书面测试,也称为纸笔测验,是要学生在规定的时间内在试卷上对试题做出书面回答的一种评价方式,由于这种评价方法简单,省时省力,可同时大规模地进行,便于准确地评价和比较学生的成绩,是一种重要而有效的评价方式,所以应用较为广泛。但目前看来,科学教学中的命题阅卷以及评价结果的统计分析存在着重知识记忆,而应用知识技能解决问题能力考核不足,从而导致学生死记硬背书本知识等缺陷。

7.3.1 教育测量基础

教育测量是对被评对象的属性赋值,即分配数值,而这一过程具体地说包含设计赋值规则、方法,直至收集、整理、分析反映事物总体信息的数学资料,并以此为依据,对总体特征进行推断,这一过程中包含的特定的原理与方法构成了教育统计学。

所谓测量实际上是一种比较过程,通过将被测物与参照物进行比较,从而对被测物赋值。任何测量都离不开参照点、单位和量具。

7.3.1.1 测量三要素

1. 参照点

实施测量要有参照点,教育测量也不例外。

要确定事物的量,必须有一个计量起点,这个起点就是参照点。有了共同的参照点,测量的结果才有相互比较的基础。参照点有两种:一种是绝对零点,如测量物体的质量、长度,都是以绝对零点为计量的起点;另一种是相对零点。如学生的知识、技能等的测定,并不是从丝毫不具有一点知识和技能开始的,所以在教育测量中所应用的参照点,是相对零点。

2. 单位

实施测量必须有统一的单位,例如,长度以米为单位,测量质量以千克为单位,有了单位才能将被测对象的量与数字对应起来,从而精确地表示数字的多少,测量单位应满足两个条件:一是有确定的定义,就是说大家对同一种单位的理解是一致的;二是在测量过程中单位"距离"不变性,例如,909 与 899 之差及 709 与 699 之差是等距的。

3. 量具

测量工具应具备准确、有效、简约等特性,教育测量中常用的量具是试卷。

7.3.1.2 量表及四种层次

量表:是教育测定的一种重要工具,是指在教育测量或心理测量中,根据测量目的所设计的测试项目和赋值规则。我们知道,测量是按照一定规则对事物的属性进行的量的测定,或者,测量是按照一定的法则给属性指派数字。因此,测量总是要与数学打交道。但是在用数学描述事物时,由于被描述事物的本身特性、使用的法则以及当时对事物了解程度等因素的影响,这些测量的数值分别具备了不同的数学特征,即数学的区分性、顺序性、等距性和代数运算的封闭性,因此测量也相应被分为四级水平,产生四种不同层次的量表:

(1) 名称量表。又称类别量表,是一种最低层次的量表。一种是用数字表示每一研究个体,如学生学号、准考证号;另一种是用数字代表事物的类别,例如用"1"和"0"分别表示男和女。在这里,用来表示个体或类别的数字,仅仅是一种代号,没有大小、间距的含义,也不能进行四则运算。

(2) 等级量表、依次量表。依据事物的特性和设定的法则,在分类的基础上,确定同类客体中的各种元素之间相对顺序的关系,应当注意的是这种量表只关心研究对象的顺序,而不问津问题间距是否一致。

(3) 等距量表。又称间距量表。这种量表在赋值时有相等的度量单位,采用相对零点,被测所对应的测量值有明确的距离关系,因此可作加减运算,但是由于没有绝对零点,不能进行乘除运算。

(4) 比率量表。具有绝对零点,可以作加减乘除四则运算。

教育测量一般采用的是前三种量表。

7.3.1.3 报告学生学习分数的量表

(1) 百分量表：这是我们在测量学生的学习成绩时使用率最高的一种量表。测验满分为 100 分，将满分值根据各题的分量合理搭配。

(2) 百分等级量表：把原始分数按其分布的次数分为 100 个等级。

(3) 标准分数（Z 分数）量表：这是一种以平均分作为参照点，以标准差为度量单位编制的量表。

(4) T 量表：由原始分数转化而来的正态化的标准分数，它的平均分为 50，标准分差为 10。

7.3.1.4 教育统计学知识

教育统计学是运用数理统计的原理和方法研究教育问题的一门应用科学。它的主要任务是研究如何收集、整理、分析由教育调查和教育实验等途径所获得的数字资料，并以此为依据，进行科学推断，从而揭示蕴涵在教育现象中的客观规律。

对已获得的数据进行整理、概括，显示其分布特征的统计方法称为描述统计。通过教育调查和教育实验，获得了大量的数据，用归组、编表、绘图等统计方法对其进行归纳、整理，以直观现象的形式反映其分布特征；通过计算各种特征量，来反映它们分布上的数学特征。

1. 数据的类型

用以反映对客观事物观察、测量结果的数值，称为数据。数据的种类不同，统计处理的方法不同。统计数据按来源可分为点计数据和度量数据；按数据是否具有连续性可分为间断性数据和连续性数据。

(1) 点计数据。是指计算个数所获得的数据，如学校数、学生数。这类数据所属的变量称为名称度量。

(2) 度量数据。是指使用一定的工具或一定的标准进行测量而获得的数据。

(3) 间断性数据。是指有独立单位的数据，这类数据的两个单位之间不能再划分成细小的单位，一般用整数形式。如人口数，只能论 1 人、2 人，不能说半个人。点计数据一般是间断性数据。

(4) 连续性数据。是指单位之间可以再划分成无限多个细小单位的数据。如长度单位可以分成光年、千米、米、分米等。用一定的工具测量而得出的数据一般是连续性数据。

2. 统计图及分类

统计图是以几何图形的形式表达统计数量关系的重要工具。它能使事物的数量关系表达得形象直观，反映统计数据的分布状况及变化趋势。

(1) 直方图。连续数据频数（次数）分布常用直方图表示。图 7-2 给出一种常见的学生成绩次数（频数）分布图。该图直观地表示出：以 5 分为一个分数段，每个分数段所含分数的次数。

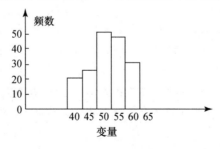

图 7-2　直方图[①]

[①] 蒋永贵，项红专，金鹏. 科学探究教学评价体系的构建与实践. 课程·教材·教法[J]. 2005(12)：60.

(2) 多边图。以各组中点为横坐标,以各组频数为纵坐标找出该点,然后将每相邻两点用直线连接即成多边图(图 7-3)。

(3) 频数的分布曲线图。如果分数的个数无限增多,则频数增多,组距缩小,分数的频数值分布图就会趋向于圆润曲线,即频数的分布曲线(图 7-4)。

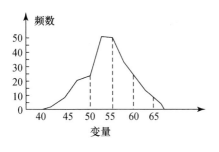

图 7-3 多边图

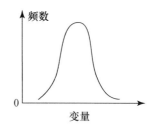

图 7-4 分布曲线图

3. 统计量

(1) 集中量。集中趋势度量的结果称为集中量,集中量是一组数据的代表值,它反映了一组数据的典型情况和集中趋势。算术平均数是集中量中应用最为普遍的一种。算术平均数是所有观察值的总和除以总数之商,简称平均数或均数。平均分是表示一组分数的集中趋势的一种统计量数,也是教育测量中使用最为广泛的一种统计指标。平均分的一般计算公式为

$$\overline{X} = \frac{\sum_{i=1}^{n} X_i}{n}$$

式中:$\overline{X}$ 为平均分;X_i 为学生 i 的测验分数;n 为参加测验的学生数。

平均分的基本作用在于,它可以作为一组分数的典型代表。除平均分之外,能代表一组分数的其他统计量数还有中数、众数等。

(2) 差异量。包括方差和标准差。差异量是用来描述数据离散程度的量,或称离散趋势的统计量数。差异量越大,集中量(如算术平均数)的代表性越小;差异量越小,则集中量的代表性越大。例如,有三组学生,他们的化学考试成绩如表 7-4 所示。

表 7-4

组 别	分 数					$\overline{X}$
甲	69	70	70	71	70	70
乙	64	72	70	70	74	70
丙	54	60	70	70	96	70

这三组学生化学成绩的算术平均数 $\overline{X}$ 虽然相等,但分布情况却不相同。甲组成绩最整齐,各学生的分数与平均分数相差很小,即它们的差异量很小;乙组次之,各学生的分数与平均分数相差较大;丙组学生成绩是最参差不齐的,它们的差异量最大。

统计学中的差异量较多,有全距、四分位差、方差、平均差、标准差等。我们只介绍常用的平均差、方差和标准差。

一组数据中每个数据与该组平均数之差的平方之和,再除以数据的个数,用 σ_X^2 表示,称为方差,其计算公式为

$$\sigma_X^2 = \frac{\sum_{i=1}^{n}(X_i - \overline{X})^2}{n}$$

标准差是方差的平方根:

$$\sigma_X = \sqrt{\frac{\sum_{i=1}^{n}(X_i - \overline{X})^2}{n}}$$

方差和标准差根数值较为稳定且反应灵敏,能比较真实地反映差异的性质,是一组数据内部离散、分化程度最好的指标。在科学教学教育研究中,经常运用方差和标准差分析教育现象的一般趋势和具体发展的情节。

(3) 相关和相关系数。两个变量之间相互关系的密切程度和影响称为相关。通常有三种:

① 正相关。两个变量的变化方向一致,即一个增大,另一个也增大。例如,对于儿童来说,身高与体重成正相关。

② 负相关。两个变量的变化方向不一致,即一个增大,另一个反而变小。例如,12 个国家对 13 岁小孩的数学成绩与教学作业所花时间之间的相关性进行研究,结果为 -0.05,这是负相关,说明作业所花时间不一定是数学成绩的预测指标。

③ 零相关。两个变量之间不存在必然影响。

此外,根据两个变量之间影响的大小,还可以分为强相关和弱相关。如数学与生物、化学、物理间的相关称为强相关。

对于相关的情况和大小,我们通常用相关系数 Y 来表示。其计算公式如下:

$$\lambda = \sum XY/(\sigma_X \sigma_Y n) = \sum XY / \sqrt{\sum X^2 \sum Y^2}$$

$$= \frac{\sum XY - (\sum X)(\sum Y)/n}{\sqrt{\sum X^2 - (\sum X)^2/n} \sqrt{\sum Y^2 - (\sum Y)^2/n}}$$

解释此数值可直接用计算器算出。根据测定,创造力与智力的相关系数为 0.499;智力与知识的相关系数是 0.518;创造力与学习成绩的相关系数仅为 0.253;数学与生物、化学、物理间的相关系数分别为 0.796,0.752,0.817。

7.3.2 中小学科学课程教学测量概述

随着教学改革的逐步深入发展,考试方法也要相应进行必要的改革,传统考试方法的弊端较多,如命题标准不统一、试题效度和信度较低、主观式的评分误差较大等。为适应教育日新月异的发展需要,要逐步推行科学课程的标准化考试。

7.3.2.1 测量的三个主要步骤

教学效果的测量与评定从本质上讲是一种心理测量,其基本特点是间接测量。由于教育对象发生的心理和行为的变化是内隐的,所以,把内隐的东西通过外显的行为来表征极易产生偏差。为了解决好这些问题,教学测量常通过下面三个步骤进行。

(1) 确定所测对象的属性。由于测量的心理和行为的变化,同一概念涉及许多因素,常使同一概念因侧重面不同而有许多定义。因此,在测量时必须把所测概念明确化,指明所测概念的属性。

(2) 设计的过程要使内隐外显化。此过程是测量的关键,也是测量产生误差的根源,一般学校常通过不同目标的测验来完成教学效果的测量。

(3) 对结果进行定量分析并做解释,把外显特征量化后,必须结合设计过程的具体特点,科学地分析原始数据,尽力减少误差,正确地反映出所测对象的特性。

7.3.2.2 测验的编制

1. 明确测量目的

要使测验者明确这种测验是干什么用的,是区分性测验,还是诊断性测验;是终结性测验,还是研究性测验等。

2. 确定测量目标

根据《全日制义务教育课程标准》、教材或教学任务确定所测知识范围和行为目标。在确定所测行为目标时,一定要把所测对象行为具体化,要有可见性、可测性。如把所测对象的能力细分为掌握基本知识的能力、理解能力、分析能力、综合能力以及创造能力等,并把这些行为具体渗透进测验过程中。

3. 制订编题计划

在制订编题计划时,常做一个双向细目表,如表7-5所示(表中只是定性说明)。

表 7-5　拟编行为目标和知识内容双向细目表①

知识内容＼行为目标＼题型	了解	掌握	综合	分析	应用	分数合计
基本概念	填空	问答	选择			20
基本分析方法		计算	计算			20
动量守恒定律		选择		计算		15
能量守恒定律				证明	计算	15
刚体转动定律		选择			论证	15
牛顿定律	填空		计算	问答		15
分数合计	10	25	20	20	25	100

注：① 在填双向细目表时,首先对每种行为、知识,根据测量目标定一个总分和完成的时间,如上表中"掌握"占25%,"分析"占20%等;② 测各行为目标和知识内容确定的总分和时间,再具体选题型、定分数。

4. 选择、编写各种题型内容

(1) 必须根据双向细目表的约束来出题。

(2) 选题或出题时一定要明确本题测验学生什么行为、解答它平均用多长时间、用哪些知识,并对行为与知识所占的相对密度有所了解。

(3) 对试题的语言、逻辑、条件要认真检查分析,看是否合适。

5. 组合成一份试题

(1) 为了不使学生的显示远偏测量目的,试题要有指导语,要求学生如何答、如何填、如何解。

(2) 把同类型的试题放在一起,集中显示学生的行为和知识。

---

① 曹国盛.理科教学效果的测量与评定初探[J].大同医学专科学校学报,2005(1):49—50.

6. 严格控制评分过程中可能会引起误差的各个因素

(1) 试题对行为、知识考查的准确性与所分配题型是否恰当。

(2) 考试中严控学生各种作弊行为。

(3) 标准答案要准确,评分要客观公正。

7.3.2.3 测验的质量分析

在进行测验的质量分析时,首先要分析考题对知识、行为目标的要求是否偏离教学大纲、教材或教学任务所确定的知识、行为要求,试题的语言、逻辑、条件是否合理。其次分析下面几个指标:

1. 信度 γ

(1) 信度的计算。不同的测试方法,信度也不同。信度大体分为重测信度、复本信度、分半信度等,一般常求分半信度 γ_{xy}。分半信度是指一份试题中的全部题目分成相同的两部分,这两部分题在内容、难度、知识、行为要求和分数分配上相同,分别统计两部分题得分,然后计算两部分题分数的积差相关系数 γ_{xy}。

$$\gamma_{xy} = \frac{\sum_i (x_i - \bar{x})(y_i - \bar{y})}{N \cdot S_x \cdot S_y}$$

式中: x_i 表示第 i 位学生前一半题所得分数; y_i 表示第 i 位学生后一半题所得分数; $\bar{x}$ 表示全班学生前一半题得分的平均值; $\bar{y}$ 表示全班学生后一半题得分的平均值; N 表示全班学生人数; S_x、S_y 分别表示前一半题、后一半题得分标准差,用公式

$$S_x = \sqrt{\frac{\sum_i (x_i - x)^2}{N}}$$

来计算。最后求得分半信度,公式为

$$\gamma_{xy} = \frac{2\gamma_{xy}}{1 + \gamma_{xy}}$$

(2) 影响信度的主要因素。分数的离散程度越高,信度越高;题量越大,信度越高;题的难度分布要适中,做题时间应合适;评分过程中要尽量减少误差。

2. 效度

(1) 内容效度。内容效度就是对于测试内容取样适当性的评价,一般通过双向细目表来分析:① 考试与教学大纲、教材和教学计划的要求是否一致;② 整套题的知识和行为要求是否恰当,分数分配是否合适。

(2) 效标关联效度。效标是评价测量效度的标准,老师在测验前根据自己的长期观察和学生评议,事先给定每位学生一个分数或名次,计算效标与测验分数之间的相关系数,作为效度值。

3. 难度 P

难度是指题的难易程度,是题对被测对象的适应程度。常用公式 $P_i = \dfrac{x_i}{x_{i满}}$ 计算,其中 x_i 表示学生做第 i 个题所得的平均分; $x_{i满}$ 表示第 i 题满分的分数; P_i 表示第 i 题的难度。对于选择题来说,通常用答错该题的人数比上总人数,难度 (P)=答错的人数 (N')/总人数 (N)。

由此可见, P 值越大,说明通过这道题的人数越多,题目越易; P 值越小,说明通过这道题的人数越少,题目越难。如果一道题的 P 值太大,即大部分学生都能通过,则这道题对于鉴别考生的实际水

平没有多大意义。一般来说,质量优良的试题难度必须适中。当然。由于考试目的不同,各种考试对试题难度也各有要求。

4. 区分度 D

区分度是指试题对优、良、中、差学生区分的程度,常用高低分组法和相关法来分析。

区分度高的试题,对被试者有较高的鉴别力,好生得分高,差生得分低;区分度低的试题,好生与差生的得分无规律或差不多。一道题目的区分度是以考生在该道题目上的得分与他们的整份考卷上的分数之间的相关系数来表示。以这种方法来表示的区分度有一个理论假设,认为测试题作为一个总体能够反映出被测者的真实水平,全部试题的相互作用可使偶然误差抵消,因此,整份考卷测试的结果是可信的。计算客观题的区分度,有很多方法。最简单的是将所有考生的卷面分数进行高低排列,以分数较高的一般(或 1/3)的考生在某题上的答对比率减去较低一般(或 1/3)的考生的答对比率,即为某题的区分度。以公式表示如下:

$$D = P_h - P_l$$

公式中:D 为某题的区分度;P_h 为高分组考生在某题上的通过率;P_l 为低分组考生在某题上的通过率。

D 值越大,说明高分组考生在某题上的通过率与低分组考生在某题上的通过率之差越大,该题的区分度也越高。

计算主观题的区分度,可用积差相关公式计算。

7.3.3 中小学科学习题类型及编制技术

典型习题包括论文式习题、多重选择题、是非题、填空题、推理题和计算题。

7.3.3.1 论文式问题

论文式问题是指要求学生用文字论述方式回答的题目,其目的在于评价学生的表达能力、组织能力以及对各种不同领域知识的综合能力。包括一些问答题、简答题、简析题等(表 7-6、表 7-7)。

表 7-6 论文式问题的优缺点[①]

论文式问题的优点	论文式问题的缺点	论文式问题的出题策略
提出问题很容易而且很迅速,不像客观测验题需要很长时间去考虑和设计;可以使教师去评价学生对所学知识的组织、分析、综合、评价等较高级的认知能力,而不仅仅是对知识的简单记忆	论文式问题的缺点是评分困难,费时太多;主观性较强,信度较差;取样范围较窄,只能涵盖教学内容中较小的百分比	论文题的用语必须简单、清楚、明确标出每一问题的分值和限定回答的时间;事先拟出每题的答案要点和评分标准,对同一试题的评分集中一次完成;评分时不看学生的姓名

---

① 汪新,杨小红,李敏. 科学课教学论[M]. 合肥:合肥工业大学出版社,2004:292.

表 7-7　问题解决型论文的一般评分规则[1]

等级	概念理解	内容知识	批判性思维过程	交流技能
	详细展开论述	呈现问题情境	因果关系的逻辑性	连贯的表达
6	给出相关的和令人信服的证据,对于原因与结果进行详细的阐述;运用几种策略支持原因和结果,如事实、个人经验、具体例子	清楚地定义、识别或描述了问题情境,始终显示出关于问题的广泛知识和对其理解	清晰地显示出原因或结果与情境之间的相互关系;运用了有说服力的讨论,使读者信服思考的逻辑;运用了推断的策略显示了直接的、逻辑的联系	使用具体的语言;感官性的细节很丰富;运用了很多叙述和描述的策略;能够意识到读者的存在
5	给出相关的令人信服的证据;可能提到几个原因或结果,但只详述了其中一个	清楚地定义、识别或描述了问题情境;始终显示出关于问题的广泛知识和理解	体现了原因和结果都与问题情境有关联;文章有方向和目的,可能运用了推断策略	与等级 6 的特征相同
4	给出了相关的、令人信服的证据;可能提到几种原因或结果,但只详述了其中一个;可能给出了无关的细节	对问题情境的识别是足够的;问题情境控制了论文的写作;可能重新叙述了题引的内容;显示出对问题的理解	在推断与原因、结果之间建立了一种联系;这种联系可能没有在文章中保持下去	文章表达得好;表现出读者意识;文章组织得好
3	对证据的叙述不够充分;简单解释了一个原因或结果	呈现了问题情境但没有充分理解;可能只是重新叙述了题引的内容	所做推断是表面的、肤浅的,可能列出了一系列原因和结果;对结果只说明了一个原因	没有一贯地保持读者意识;文章有组织,但文章缺乏一致性;文章比较松散
2	对证据几乎没有详细的解释,只是罗列了出来	对问题只有很少的理解;可能只是重新叙述了题引的内容	在推断与原因或结果之间没有什么联系;可能给出了与推断无关的原因和结果	没有显示出读者意识;文章没有按逻辑组织
1	对证据没有详细叙述几乎没有什么思考	只简单地叙述了问题情境或者根本没有叙述	在推断与原因和结果之间没有任何逻辑联系	没有显示出读者意识;文章组织得很差,文章过于简短;文章经常不连贯
0	没有努力写	没有努力写	没有努力写	没有努力写

案例展示

问题解决型论文样例

编写一个科学故事,这个故事用来说明微观粒子。

写作指导:

(1) 定义问题。要写得足够清楚,使看文章的人能够准确地理解你所要做的事情。

---

[1] 丁朝蓬.新课程评价的理念与方法[M].北京:人民教育出版社,2003:193—194.

(2) 讨论你所要解决问题的方法。你试了什么方法？哪些方法有效？哪些方法无效？你是怎样开始的？当你遇到障碍时你是怎样做的？你总共试了多少种不同方法？你与其他人讨论了这个问题吗？讨论对你有帮助吗？

(3) 回顾整个过程。你是怎样知道你所编写的故事与微观粒子特点相吻合的？你对微观世界有怎样的理解？你对自己有了哪些了解？这个问题是太容易、太难还是正合适？

7.3.3.2 单项选择题

单项选择题的优缺点见表 7-8。

表 7-8　选择题优缺点及有效性分析[①]

选择题的优点	选择题的缺点	选择题的有效性
评分客观、可靠；客观的标准答案，避免了论文式问题在评分时的主观性和信度较低的缺点；试题取样范围广，能够涵盖课程的主要内容，保证测验的有效性；答题和阅卷均较方便、高效，在较短的时间里就可以施测较多的项目，因而效率很高	编写困难、费时。将课程内容设计成一个又一个的多重选择题，仔细考虑选项中正确答案与各干扰项之间的各种微妙的关系，是一项费时而困难的工作。由于选择题的答案是固定的，因而不易测量学生的创造力、组织和综合能力	进行项目（难度、区分度、干扰项分析）分析

选择题由题干和选项两个部分组成。题干是要求学生回答的问题，通常用直接问句或不完全陈述句来表达；选项包括一个正确答案和几个干扰项（错误答案）。干扰项一般为 3～5 个。形式上可有文字、数字、图形、表格等。

编制问题时对项目分析很重要，具体包括项目难度、项目区分度和干扰项分析。

(1) 项目难度。通过项目分析可以决定的一个问题难易的重要特征。确定项目难度的一个方法是计算学生正确回答一个项目的百分比。

(2) 项目区分度。是指一个测验问题能够将学得较好的学生与学得较差的学生区分开来的能力。项目区分度与项目难度是相关联的。如果一个测验项目非常难，或者非常容易，那么，这个项目的区分度会很低，难以将成绩好的学生和成绩差的学生区分开。

(3) 干扰项分析。可用于评价一个干扰项设计得是否适当。如果高成绩组的学生都一致地选择了某个干扰项，把它当做了正确答案，那么，教师需要检验这个干扰项正确的可能性并予以修正。如果一个干扰项没有被任何一个学生选择，那么这个干扰项也应被修正或替换。

对于上面所说的项目分析，现在某些教学统计软件可以很便捷地完成项目分析任务。

案例研究

项目分析举例

下面是三个多重选择题的项目分析结果以及对结果的进一步分析。

问题 1，正确答案是 A

A. 项目难度为 0.50，项目区分度为 0.60

[①] 汪新，杨小红，李敏.科学课教学论[M].合肥：合肥工业大学出版社，2004：295.

B. 20%的学生选择,差生选择较多

C. 10%的学生选择,差生选择较多

D. 20%的学生选择,差生选择较多

问题1具有很大难度(半数学生回答正确),但这是一个适当的难度水平,如果是在常模参照测验中的一个问题,该难度水平就尤其适合。项目的区分度也相当高。所有的干扰项都吸引了一些学生选择,这些学生主要是一些成绩较差的学生。该问题设计合理,无须修正。

问题2,正确答案是C

A. 60%的学生选择,优差生均有选择

B. 5%的学生选择,差生选择较多

C. 项目难度为0.30,项目区分度为0.10

D. 5%的学生选择,差生选择较多

在问题2中,选择错误答案A的人数是选择正确答案C的人数的两倍。选择答案C的区分度也太低,不能将成绩好的学生与成绩低的学生区分开。因此,该测题需要修正,特别要检查选项A是否也是一个正确答案。

问题3,正确答案为A

A. 项目难度为0.95,项目区分度为0.05

B. 3%的学生选择,差生选择较多

C. 2%的学生选择,差生选择较多

D. 没有学生选择

在问题3中,几乎所有的学生都选择了正确答案A,所以这是一个很容易的测题。如果这是常模参照测验中的一个问题,那么,该问题的区分度太低,需要修正。而且,干扰项D无人选择,也需要修正,以吸引一些学生,特别是成绩不好的学生去选它。如果是在标准参照测验中的一个试题,那么该问题可原题保留。

(项目分析举例[EB/OL]. http://www.teacher.com.cn/netcourse/tkco44a/html/xiangmufenxia1.htm.)

7.3.3.3 是非题

是非题也叫正误题或判断题其优缺点见表7-9。

表7-9 是非题的优缺点比较与编写策略[①]

是非题的优点	是非题的缺点	是非题的编写策略
编写相当容易,回答和评分都很方便,取样范围较广,可以有效地测量学生对一些知识点的掌握情况	测量的常常是一些较低水平的细节性知识点,而不易测量一般原理或对知识的应用、分析、综合、评价等,是非题猜测正确的概率是50%,因此,它的可靠性较差。如果要求学生将判断为错误的题改正过来,这样会使是非题答起来困难且评分也费时间	语言陈述要简单、明确。每一个问题中只包含一个论点,避免由多个论点造成题本身的歧义性,使属于"非"的题目稍多于属于"是"的题目,因为学生猜测时倾向选"是"的机会较多。尽量采用肯定陈述,避免采用否定性陈述。使属于"是"的题目与属于"非"的题目随机排列;题目的文字避免直接抄录教材内容,防止学生因死记而非理解得分。避免用有暗示性的语词,如"总是"、"从不"、"每一个"、"全部"、"所有"等

---

① 汪新,杨小红,李敏.科学课教学论[M].合肥:合肥工业大学出版社,2004:297.

7.3.3.4 填空题

填空题的优缺点见表 7-10。

表 7-10 填空题的优缺点与编写策略[①]

填空题的优点	填空题的缺点	编写填空题的策略
比选择题容易编写,凭猜测作答的机会也较少,答案规范简短,评分可靠而容易	测量的是对知识较低水平的记忆,而不易测量较高水平的认知能力	填空题让学生填的应该是一些与上下文有密切联系的关键字句,在一个题内刚好只有一到两个空白,过多的空白会失去意义上的连贯性,使学生无法理解题意,各题留出的空白长度应相同,以免空白的长度对正确答案的字数产生暗示作用,避免直接引用教科书中的词句。为每题准备一个正确的答案和可接受的变式标准,并具体规定是否答案部分正确也可适当给分

编写课堂考试题

材料:编写课堂考试题的原则

步骤:

1. 编写课堂考试题。确保试题涉及了不同认知水平的学生所学的内容和方法。同时确保试题有各种不同的形式。
2. 将考题按内容和方法分类,并说明试题的认知水平。
3. 将试卷保存好。

7.4 中小学科学教师教学评价

7.4.1 科学课堂教学评价的理念

7.4.1.1 淡化评比与选拔的功能,用多样性的评价以提高课堂教学质量

在过去的奖惩性教师评价制度下,课堂教学评价成为评比与奖惩的依据。于是,教学基本功大奖赛、优质课评比、教学能手比赛等各种名目繁多的课堂教学评比活动比较盛行。尽管在这种活动中涌现出一些优秀青年教师和优秀教学案例,在一定程度上对教学改革起到了积极的促进作用,但同时我们要看到,这种改革动力是自上而下的,并没有从根本上提高中小学教师的整体素质。要在更大范围内、更深层次上调动全体教师参与教学改革的积极性,突出其发展性价值,也就是发挥其改进课堂教学质量和促进任课教师专业成长的功能,这就要求课堂教学评价既关注结果,更关注教师教与学生学的过程,通过评价发现教师在教学过程各个环节上的优势与不足,提出有针对性的具体改进建议,帮助教师在反思中不断成长。

---

① 汪新,杨小红,李敏.科学课教学论[M].合肥:合肥工业大学出版社,2004:297.

名师论教

美国学者舒尔曼指出,教师知识结构=原理规则的知识+教育案例知识+实践智慧知识,其中实践智慧知识是教师知识结构系统中不可缺少的重要组成部分。不同发展阶段教师的专业知识,从一般原理规则的知识,到特殊案例的知识,再到运用原理规则于特定案例的策略知识是不同的。教师的知识结构以原理知识为主,包括学科的原理、规则,还有一般教学法的知识,均属于明确的知识。有经验的教师在教学实践中逐步积累案例知识(指学科教学的特殊案例、个别经验)。专家教师还具备丰富策略知识即运用教育学、心理学原理于特殊案例的策略,其核心是教学实践的反思。案例知识和策略知识很大部分是教师的亲身经验,以默会知识居多。

(杨九俊.教学评价方法与设计[M].北京:教育科学出版社,2004:165.)

7.4.1.2 在评价主体上,注重教师的自我评价,将自评和他评有机结合起来

传统教育评价的主体比较单一,表现在课堂教学评价中就是领导、教研员或专家自上而下的评价占主导地位,而教师本人处于被动接受评价的局面。科学课程实施要求改变这一状况,使评价成为科学教师、管理者、同事、学生乃至家长等多主体共同参与的交互活动。

科学教师自我评价是科学教师专业成长的内在机制,是发展性课堂教学评价的关键。这种自我评价要求科学教师本人对自己的课堂教学进行评析和反思,以便自主发现科学课堂教学中存在的问题,并积极寻求具体的改进策略。同时,使科学教师真正从评价过程中获益,激励和促使科学教师不断提高科学课堂教学水平。

管理者、同事、学生及其家长从不同角度和立场来观察和评价科学教师的表现,可以为科学课堂教学评价提供丰富的有用信息。对科学教师来说,这些身外的观察者的知觉和评判是帮助自己成长的宝贵财富。科学教师应该虚心听取他们对自己课堂教学的看法、意见和建议,并积极调整自己的课堂教学行为,不断提高课堂教学质量,发展教师的自我监控与反思能力。

7.4.1.3 在评价内容上,既重视教师的教学行为,又关注学生的学习状态

在传统的课堂教学评价中,教师是否通过教学活动有效实现一堂课的认知目标,是衡量一堂课好与坏的重要指标。在这种观念的影响下,教师教学行为局限于知识的传递与接受,而忽视了教学过程中的师生互动、学生参与、探究与合作等。这必然导致课堂教学评价往往只关注教师的行为表现,而忽视学生参与学习过程的状态。

《基础教育课程改革纲要(试行)》指出,要"改变课程过于注重知识传授的倾向,强调形成积极主动的学习态度,使获得基础知识与基本技能的过程同时成为学会学习和形成正确价值观的过程"。这种课程功能上的变化,引发了课程目标、内容,以及教学方式的变革,要求教师在课堂教学中不能单纯注重知识与技能的传授,还要关注学生学习的过程与方法,注重学生科学情感态度与价值观的培养,全面提高学生的科学素养。这为科学课堂的教学评价提出了新的要求,即科学课堂教学评价的关注点要转向学生在课堂上的行为表现、情绪体验、过程参与、知识获得,以及交流合作等诸多方面,而不仅仅是教师在教学过程中的行为表现,从而使"教师的教"真正服务于"学生的学"。

7.4.1.4 在评价标准上,体现统一性与灵活性,倡导教师弘扬个人的教学风格,创造性地实施科学课堂教学

一般来说,科学课堂教学评价有一个基本统一的评价标准。这有利于教师之间的相互交流和学习,取长补短,不断提高自己的科学教学能力和水平。但是,课堂教学活动本身就是师生交往与互动

的过程,是生动的,是充满活力的。这必然要求科学课堂教学的评价标准又具有灵活性,允许不同的教师、不同的学生可以有不同的灵活变化,以便给教师弘扬个人教学风格提供更为广阔的空间。

7.4.1.5 在评价方法上,重视案例分析、课堂观察和个人成长记录等质性评价方法的应用

在传统的课堂教学评价中,听课、评课是主要的评价方式,是课堂教学评价信息的主要来源。在评价实践中,尽管许多学校在评价实践中既组织教师上公开课,又安排学校领导的随机听课,但毕竟听课的次数有限,要做出有关教师课堂教学质量的公正判断,实际上是很困难的。因此,要客观评价教师的课堂教学,就需要充分发挥评价促进教学的功能,必须在评价实践中提倡使用多样化的评价方式,将形成性评价与终结性评价有机结合起来。其中,案例分析、课堂观察和个人成长记录是科学课堂教学评价的基本方法。

7.4.2 科学课堂教学评价体系与标准

根据科学课堂教学评价的理念,我们可以把科学课堂教学评价体系分为三个维度,即教师的教学行为评价、学生的学习状态评价、教学特色评价。各维度下有若干评价指标及相应的评价标准(见表7-11)。

表7-11 科学课程课堂教学评价表

年级		课题		时间			
评价维度	评价指标	评价标准		评价等级			
				A	B	C	D
教师的教学行为	教学目标	1. 体现科学课程"四维目标"和教材特点					
		2. 目标明确、具体,符合学生实际,关注学生的个体差异					
	教学内容	3. 正确把握教材内容及其联系,重视学科间的联系,讲授无科学性错误					
		4. 贴近学生生活,联系社会生产实际,教学容量适当,不使学生过度疲劳					
		5. 合理处理和使用教材,能适当充实和调整					
		6. 能结合教材内容渗透科学方法、科学史、科学态度等方面教育					
	教学环境	7. 学习环境宽松、和谐,教师情绪饱满、热情,为每个学生提供平等参与探究的时间和空间					
		8. 采用多种形式创设学习情景,做到真实、生动、直观,富有启发性					
	结构安排	9. 突出科学探究,教学过程设计合理,层次清晰,衔接自然,节奏协调					
	学习活动指导	10. 学习活动多样化,能促进学生顺利完成探究学习任务,学生的讨论、质疑和回答能得到有针对性的指导和鼓励					
		11. 注重学生获得知识的过程体验和科学方法训练					
	教学活动调控	12. 能根据教学信息反馈,及时调整教学进程,灵活处理教学中的偶发情况					
		13. 根据教学情景,采用多元化的评价标准和方式,用激励性的语言评价不同水平的学生					
	教学方法与手段	14. 选择适当的教学模式和有效的教学策略、方法					
		15. 突出重点、分散难点、抓住关键					
		16. 选择恰当的教学手段,注意与现代信息技术的整合,操作规范,效果明显					
	教学语言	17. 准确、清晰、流畅、简练、生动、富有感染力					
	师生关系	18. 师生民主、平等、融洽、互动,尊重学生人格,以热忱和宽容的态度善待学生					

续表

年级		课题		时间				
评价维度	评价指标	评价标准			评价等级			
					A	B	C	D
学生的学习状态	自主学习	19.学生有参与科学探究的强烈愿望,能积极思考						
		20.学生具有适度的紧张感和积极的情感体验						
		21.学生能善于自我控制,调节学习情绪,保持良好的注意状态,表现出较强的探究兴趣						
	合作学习	22.积极承担在完成共同任务中的个人责任						
		23.能与教师或者同学进行有效的信息交流和讨论,相互支持、配合,共同完成任务						
	探究学习	24.学生能发现或者提出有探究价值的问题,并根据已有的知识和事实提出猜想和假设						
		25.学生能设计探究活动计划或者简单的实验方案,积极参与实验或者其他探究活动,顺利地完成实验操作,正确进行实验观察并做好记录						
学生的学习状态	探究学习	26.学生能在教师指导下或通过与他人讨论,对所获得的事实与证据进行分析、加工、处理,得出正确的结论						
		27.学生能对探究学习活动进行反思、评价,体验探究活动的乐趣和成功的喜悦						
		28.学生敢于发表自己的观点、善于倾听别人的意见						
	学习成效	29.每个学生都有不同程度的收获和提高,能利用所学知识技能、方法解决新情境中的问题						
		30.绝大多数学生体验到了探究学习成功的愉悦,有进一步学习的愿望						
教学特色	教学活动	31.在发挥学生主体性或培养学生创新精神和探究能力等方面,富有新意,表现突出						
	教学能力	32.表现出自己的教学风格和教学艺术						
评价结果	自评	A	B	C	D	评语		
	他评							
被评教师签名					评价者签名			

说明:

① 本评价方案采用等级评价法。评价等级分为 A、B、C、D 四级,每一项目的评价等级也分为 A、B、C、D 四级,A 为优,B 为良,C 为一般,D 为差。

② A 级:各项评价为 A 的在 26 个以上(含 26 个)且没有 C、D 等级出现。B 级:各项评价为 B 及以上的在 26 个以上(含 26 个)且没有 D 等级出现;C 级:各项评价为 C 及以上的在 26 个以上(含 26 个);D 级:各项评价为 D 的在 26 个以上(含 26 个)。

③ 根据不同的课题,相应的评价指标和标准可进行调整,评价结果等级确定的标准也可相应调整。

7.4.3 科学课堂教学评价的方法及实施步骤

对科学课堂教学评价的主要方式是采用随堂听课。通过随堂听课,评价者可以收集到课堂上教师教和学生学的有关信息,为评价打下基础。一般步骤如下:

7.4.3.1 听课前的准备

(1) 评课人要熟悉科学课程标准和相关的教材内容,了解上课教师的教学设计方案,确定听课的重点,做到心中有数。

(2) 做好课堂记录设计,认真阅读评价表,熟悉评价标准,以便收集科学课堂教学的信息。

(3) 了解学生和教师的背景。

7.4.3.2 进入课堂听课

上课开始,评课人进入教室听课,进入记录状态。评课人应尽可能根据评价要点将教师的主要教学行为和学生的学习状态记录下来,包括教师对科学探究活动的组织实施、教学基本功、学生自主学习与合作探究的状况、教学效果、教师教学的特色或者风格、教师教学和学生学习存在的问题等。

7.4.3.3 课后讨论与反馈

听课结束后,应尽快组织讨论和反馈,这是发挥课堂教学评价促进教师进行教学反思和专业发展的关键性环节。

(1) 上课教师根据评价指标进行自我评价,并就教学设计和教学实施等方面作简要说明。

(2) 收集学生的反映,可以采取问卷调查或者个别交谈的方式,以了解学生对知识等的掌握程度,以及对教师教学的满意度和意见。

(3) 评课组织者向教师反馈评价结果,即根据教学实施情况、测验或者问卷结果、教师自评等给出最后的评价结果,并给出简要的、有针对性的评语。

科学课堂教学评价的实施步骤与教学过程是同步进行的吗?

在课堂教学评价实施的过程中要求听课者做笔记,这里的听课笔记有什么样的特点?你能够举例说明吗?

7.5 实践活动评价

通过了解学生完成某项任务或解决某个来自真实情景中的问题的情况,进而对学生作出评价。关注学生在科学探究活动中遇到问题、解决问题的思路和想法,主要可从学生的科学实验报告、科学探究记录、角色扮演、科技制作兴趣、科学作品完成的次数等方面显现出来,从中可发现学生在科学领域中的创新意识和创新能力,同时还可以考查学生的差异表现和个性特征。

7.5.1 实践活动评价的含义及特点

实践活动评价,也叫活动表现评价,属于真实性评价。在学生学业评定的发展中,如何评价学生实际操作的能力和解决问题的能力已成为教育实践面临的巨大挑战。20世纪90年代,活动表现性评价越来越受到人们青睐。这种评价以其明确的评价标准,客观的评分规则,灵活的评价方式以及有效的评价结果为教育界所推崇。

具体来说,所谓实践活动评价是指通过观察学生在完成实际任务时的表现来评价学生取得的成就。科学实践活动评价作为教师评定学生完成表现性任务的过程与结果的方式,在评定活动中,具有传统书面式标准化测验所难以实现的优点。其主要特点是可通过学生在科学学习活动中的实际表现,来综合评价其科学素养和行为品质发展的状况。因此,这种评价是建立在真实观察、交流基础上的客观评价,可对学生的参与意识、合作精神、实验技能、探究能力、分析问题的思路和理解的程度,以及表达交流技能发展的实际状况做出评价,使教师能够更有针对性地了解学生的表现及其优势和不足,从而采取相适应的教学指导策略。

7.5.2 实践活动评价的适用范围和评价内容的设计

科学实践活动评价的应用范围主要包括:课堂活动、实验活动和科学实践活动。着重用于评价学生在实践活动过程中运用科学技能、学习方法的实际表现、探究意识的表现情况、分析和解决问题能力的表现,以及行为习惯、科学态度、合作意识和表现状况、探究精神的发挥情况等。

科学实践活动评价内容设计的范围主要包括以下各项:

(1) 确定评价内容和评价标准。确定评价内容,主要是确定需要评价学生的哪些知识、技能,以及认知行为,并将其分解为构成表现成果的可观察的具体行为,然后按照实践活动的顺序列出实践活动及成果的评价标准要点,以便进行观察和判断。制订的评价标准要明确、简洁,尽可能使用可观察、可测量的术语或者成果特质来描述,避免含糊不清。

(2) 设计科学实践活动任务。科学实践活动评价实际上是对学生在完成表现性任务过程中的表现情况进行观察与评估,强调在现实情境中得到真实的表现。这里的实践活动任务就是要求学生完成的具体学习任务。能否设计出适当的实践活动任务是保证实践活动评价的信度和效度的前提条件。

在实施的过程中,教师还应根据学习内容的重要性来设计和选择评价的目标,从而确保评价与教学目标有较高的相关性。依据不同的标准,实践活动任务可以分为两类:限制性的实践活动任务和开放性的实践活动任务。科学实践活动任务的形式主要有口头报告、讨论、实验探究、角色扮演、项目调查、撰写小论文、辩论赛、制作等。

(3) 构建科学实践活动评价的评分规则。教师必须根据一个完善、公正的评分规则才能将获得的信息和资料用于判断学生的学业情况。因此,评分规则的构建是科学实践活动评价的关键问题。评分规则的构建应注意用准确的语言描述等级水平,并赋予每个水平以一定的分值,将分值与相应的等级水平对应起来构成评分规则。

表 7-12 是在实验探究活动中进行表现评价的一个具体应用实例。

表 7-12 科学实验活动评价的评分项目和评价方式[①]

活动阶段	评价项目	自我评价	小组评价	教师评价
实验准备	1. 实验探究目标明确 2. 实验探究方案:① 自己独立提出的;② 与同学讨论确定的;③ 教师提供的 3. 对实验进行了充分的准备,对实验中可能出现的问题进行了分析			
实验过程	1. 实验操作:① 实验操作较规范;② 能比较顺利地完成实验;③ 盲目尝试;④ 基本不做,主要观看别人做 2. 实验记录:① 能够把观察结果及时准确地记录下来;② 没有做记录 3. 遇到疑惑的问题时:① 自己思考并设法解决;② 向老师请教;③ 不了了之 4. 对待他人的建议的态度:① 思考后有选择地改进;② 全部采纳;③ 不愿听取			
实验结果	1. 对于未能解决的问题进行质疑 2. 思考本次探究的改进及收获,并作记录 3. 采用恰当方式表达自己的观点 4. 积极参与班级小组的讨论、交流			

---

① 汪新,杨小红,李敏.科学课教学论[M].合肥:合肥工业大学出版社,2004:297.

7.5.3 实践活动评价的实施过程和注意事项

一般来说,实际实施科学实践活动评价的过程包括下列各阶段和环节:

(1) 准备阶段。包括确定评价目标、编制评价指标体系和标准,设置实践活动任务等。让每个学生熟悉并理解评价目标和标准,明确科学活动任务。

(2) 收集评价信息阶段。科学、合理、全面地收集信息是科学实践活动评价首要考虑的问题。否则容易导致错误的结论或偏差。当教师收集到足够的信息时才是进行科学实践活动评价的最佳时期。一方面,教师要给学生提供必要的指导;另一方面,要应用评价工具,采用观察、记录、录像、项目表、学生展示作品等有效而可行的方法收集评价所需的信息。

(3) 分析、判断阶段。对所收集的原始资料、数据进行加工处理,形成综合判断,获得评价结论。教师要教会学生自评和互评,将个人评价与小组评价相结合,定量和定性相结合,同时关注过程和结果,多维度、多层次对学生表现进行评价,鼓励学生本人参与到评价中,促进他们的自我反思。

(4) 评价结果的利用阶段。根据学生的实践活动,参照评价目标和标准,结合学生自身的因素和环境因素,以发展的观点指出学生的优势和不足,并提出有针对性地改进建议。作为教师,应当从科学实践活动评价中认识到教学已经取得的成果和存在的不足,不断改进教学。

要指出的是,科学实践活动评价是通过观察学生的行为和展示的作品来评价学生,并基于评分规则的一种质性评价。因此,科学实践活动评价能否用于学生评定的关键在于如何提高科学实践活动评价的信度和效度,保证科学实践活动评价的客观和公正。为此,在运用科学实践活动评价方法时,应注意以下事项:

第一,使科学实践活动评价同科学课程与教学相整合。即把科学实践活动评价体现在整个科学课程与教学之中,随时发现和及时解决学生的学习困难和教学中存在的问题。促进学生运用所学知识和技能,提高教师的教学能力。

第二,要关注学生的交流和自我评价。在科学实践活动评价中,学生既是被评者又是评价者。要促进学生运用所学的科学知识和技能,教师就必须与学生交流,让他们在完成任务之前充分理解评价目标及评分规则的内涵,明确学习任务应达到的水平。这样,学生才能理解科学实践活动评价的意义,明白自己的现有水平与期望水平的差距。

第三,要尽可能使评定误差最小化。相对于书面测试而言,科学实践活动评价具有更大的主观性,由此会产生评定误差。完全消除误差是极其困难的,但尽可能减少误差却是可行的。比如,选择最适合于评定目的的评定任务和评分规则;在评定另一个任务之前,对所有学生的当前表现给予评定;可能的情况下,进行匿名评定,适当综合考虑多个教师的评定结论。

传统测验的缺点是什么?

材料:传统的教材和相关的商业化试题

步骤:

1. 重读本章序幕。列表,分成两列,标题分别为"传统评价"和"当代评价"。在每列下,再分成两列,标题分别为"优点"和"缺点"。尽可能多地指出每种评价的优点和缺点。

2. 与同学比较和讨论这些优缺点，列出你们都认为最重要的优缺点。这些优点如何帮助学生学习，帮助老师管理评价，帮助父母理解学生的进步，帮助学生理解他们的进步？

3. 讨论当今的评价是否利大于弊。这些缺点可以如何克服？

4. 查看与传统的中小学教材相关的商业化试题。下列问题中有多少能在试题中找到？

（1）不同的测验范围，包含全班的、小组的和个人的。

（2）不同形式的评价，包括作品、教师的观察、论文、学生作品、学生自我评价和概念图。

（3）贯穿学习过程的评价。

（4）对高水平认知结果的评价。

（5）对情感付出的监测。

（6）学生监控自己的进展，安排时间继续学习直到掌握为止。

（7）对科学的本质，重要的思想，问题的解决，以及校内科学知识与校外生活的互相关系的评价。

（8）学生对次级概念的理解的评价。

（9）不只是等级和分数的反馈信息。

5. 作为教师，你将采取哪些措施，使得相应于教材的传统测验在评价方法上更加有效？

6. 记录下你的观点。

[美]克拉耶克，查尔内克，巴杰著. 中小学科学教学：基于项目的方法与策略[M]. 王磊等译. 北京：高等教育出版社，2004：301.

本章小结

本章在介绍中小学科学学与教的评价和教育测量的基础上，着重介绍了科学学习评价和中小学科学教师教学评价的基础和方法，同时介绍了两种科学评价体系的实践，以及中小学科学命题阅卷和评价结果的统计分析和实践活动评价，分析这些内容是作为科学教师应该具备的基础知识和技能。

学习链接

1. 中小学教育在线论坛：http://www.xmta.com/js/bbs/index.asp.

2. 中国基础教育网：http://www.cbe21.com.

3. 全国中小学教师继续教育网：http://www.teacher.com.cn.

4. 新思考网/中国教育资源服务平台：http://www.cersp.com.

5. 北京大学附属小学教师版：

http://www.pkuschool.com/psteacher/file_details.asp?TopicID=5&FileIssue=366&FileID=13317&tg=p.

检测—拓展

检测

1. 根据教育测量与评价的功能简述其对教师教学工作的作用。

2. 你认为科学课程发展性评价应包括哪些内容？评价应注意哪些事项？

3. 浅谈你对科学探究教学评价的一些认识和想法。

拓展

1. 通过自己收集材料,了解科学课程的教育测量与评价的现状,试试看自己能否对科学课程的教育测量与评价提出一些建议?能否提出一两种能够促进学生发展的评价方法?

2. 从促进学生发展的角度出发,应该怎样对科学课程评价进行改革?试设计一个具有可行性的全面评价方案。

3. 尝试用本书介绍的科学课堂教学评价表去评价某一堂科学课,把你的评价结果与其他同学或老师的评价结果进行比较,看是否一致?如果不一致,请分析其原因。

阅读视野

学生成长记录袋评价

学生成长记录袋或档案袋是指用以显示有关学生学习成就或持续进步信息的一连串表现、作品、评价结果以及其他相关记录和资料的汇集。而学生成长记录袋评价则是指通过对成长记录袋的制作过程和最终结果的分析而进行的对学生发展状况的评价。其实,关于什么叫学生成长记录袋评价,目前国内外还没有相对一致的定义。但透过各种有关学生成长记录袋评价的理论和实践,我们可以看到它有几个共同的特点:

(1) 学生成长记录袋中材料的收集和选择是有目的的,不是随意的,是与一定的教学目标相适应的。它不只是简单汇集学生作品,而是有意义、有目的地收集学生迈向课程目标的与成长和发展相关的材料。在这一点上,它有别于一般的档案袋。

(2) 学生成长记录袋的基本成分是学生作品,但同时往往也包括对学生完成作品过程的描述或记录,还包括学生本人、教师、同伴和家长对作品的评价。

(3) 学生应是选定自己的成长记录袋内容的一个决策者甚至主要决策者。

(4) 学生成长记录袋评价的主要目的是要通过大量材料的收集和学生本人对材料的反省,客观而形象地反映出学生某方面的进步、成就及其问题,以增强学生的自信心,提高学生自我评价、自我反省的能力。档案袋的类型是多种多样的,根据功能的不同,美国学者将其划分出如下类型,见表7-13。

表7-13 档案袋评定的类型

类型	构成	目的
理想型档案袋评定	作品产生和入选说明,系列作品,以及代表学生分析和评定自己作品能力的反思	提高学习质量。反映这一段时间的成长,帮助学生成为自己学习历史的思索者和非正式的评价者
展示型档案袋评定	主要由学生选择出来的学生最好和最喜欢的作品集。自我反思与自我选择比标准化更重要	给由家长和其他人参加的展览会提供学生作品的范本
文件型档案袋评定	根据一些学生的反映以及教师的评价、观察、考查、逸事、成绩测验等而得出的学生进步的系统性、持续性记录	以学生的作品、量化和质性评价的方式所提供的一种系统的记录
评价型档案袋评定	主要由教师、管理者、学区所建立的学生作品集。评价的标准是预定的	向家长和管理者提供学生在作品方面所取得成绩的标准报告
课堂型档案袋评定	由三个部分组成依据课程目标描述所有学生取得的成绩的总结;教师的详细说明和对每一个学生的观察;教师的年度课程和教学计划及修订说明	在一定情境中与家长、管理者及他人,交流教师对学生成绩的判断

对于学生成长记录袋评价方式的使用,可以运用具体的评价赋值方案来评价学生在课堂教学过程中参与探究过程的程度,如评价学生学习的主动性是否充分发挥、学生是否表现了思维活动的自主性、自行获取知识的实践性如何、能否在探究中进行反思从而建构知识等。

教师在学生开展自主探究活动,如进行实验方案的设计与执行时,或者是在提出问题的讨论时,或者是在交流与讨论时,依据表7-14系统地观察某小组或某几位学生的活动表现,给予评分记录。教师为每位学生建立探究性学习档案袋,将课堂评分记录存入档案袋中。在一个学期或一个学年中,教师对每个学生至少有一次探究过程的系统观察记录,存入档案袋。学生之间开展自评和互评时,也是依据表7-14进行评分记录,存入档案袋。这些观察、评分记录形成了文件型档案袋,作为评定学生探究过程的依据。

表7-14 学生参与探究活动的评价表

评价等级及赋值评价指标及权重	A(10)	B(8)	C(6)	D(4)
参与程度(0.4)	积极参与探究的整个过程,按时完成自己的任务并关心小组探究的进展,积极出谋划策,主动取得教师、家长或社会其他单位的支持	主动参与探究,关心小组工作的进展,能完成自己的任务	主动参与探究,只关心自己的任务,偶有懈怠表现	在活动中比较被动,不关心活动的进展,对自己的任务不尽心
探究技能(0.3)	能从具体复杂的现象、情境中提出探究的问题;能针对探究目的和条件设计并进行科学研究;能收集、分析和解释资料,能运用证据进行描述、解释、预测和构建模型,能将解释建立在观察结果的基础上;能通过批评性和逻辑性思维建立证据与解释之间的关系;具有交流和辩护能力,能承认并分析其他解释方案和模型	能提出问题、并界定探究内容,能设计探究方案,对完成的探究活动能大致进行解释,并与他人共同交流与探讨	能理解他人提出的探究问题,能设计探究的大致方案,在执行方案时经他人帮助能修改和完善方案。能描绘自己的探究过程与结果,但不能进行解释。能对他人的探究结果提出问题	对他人提出探究问题的理解需要帮助,不能完成探究方案的设计,只能执行他人设计的方案。表达能力较弱,不能解释结果,一般不能对他人的探究进行质问
合作精神(0.1)	与小组成员愉快合作,表现出较强的组织协调能力,一般是小组的领导者	与小组成员主动合作,积极配合小组活动,是小组的核心成员	能与小组成员合作,能配合一些活动,偶有离群表现	被动合作甚至不合作,任务是他人布置的,工作需要别人的监督和指导
创新实践(0.1)	善于将自己的设想通过实践解决,有一定的动手能力,且有一定的成果表现	肯动手实践,有一定的动手能力	动手实践的工作需要他人布置和指导	缺少动手能力,拒绝动手实践
交流与评价(0.1)	具有很强的交流意识,能正确评价自己和他人。能论述自己的探究过程和结果,并能很好地解答他人的提问。对他人的探究结果能提出比较深刻的问题,并展开民主讨论	有交流意识,对自己的探究过程和结果能大致进行解释和评价,能对他人的探究结果质疑	在交流与评价过程中较少发表自己的观点,一般是跟随某人的观点。能简单回答他人的一些问题但不能进行解释	一般是交流与评价的旁观者,不能解说自己的探究,不能对自己和他人的探究过程和结果进行交流与评价

对于学生的探究结果的评价,可以借鉴理想型档案袋评定方法。学生在探究过程中及时填写探究实验报告单、探究过程表等,最后将它们与学生最终的作品及自我对探究结果的评定,都放入理想型档案袋中。这些资料在学生展示、交流与评价中可以作为依据。例如,在"影响蔗糖在水中溶解快慢的因素"探究活动中,学生在提出问题、进行猜想、设计实验、记录实验、总结实验时都要形成文字并书写在探究学习报告单中,教师和学生共同对这些报告单进行评价。

"影响蔗糖在水中溶解快慢的因素"探究实验报告单(一)

一、根据研究的内容,你能提出的清晰的问题是:

1.
2.
……

"影响蔗糖在水中溶解快慢的因素"探究实验报告单(二)

二、根据你已有的知识和经验,对问题做出猜想:

1.
2.
……

"影响蔗糖在水中溶解快慢的因素"探究实验报告单(三)

三、根据你的猜想,你能设想影响蔗糖在水中溶解快慢的因素是:

1.
2.
……

结果是:

"影响蔗糖在水中溶解快慢的因素"探究实验报告单(四)

四、设计实验方案

条 目	内 容
实验目的	
条件控制	
实验过程	
实验数据	
实验结论	

> **"影响蔗糖在水中溶解快慢的因素"探究实验报告单(五)**
>
> 第3组研究蔗糖溶解速度与温度是否有关
>
>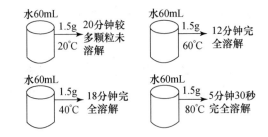
>
> 结论：溶解速度与温度有关。温度高,溶解速度快。
> 解释：温度高,分子扩散速度快,溶解快。

探究学习除了要促进学生学习方式的改变,还非常注重学生知识的获得,力图通过探究让学生主动建构知识,从而使学生获得的知识是真正理解并能运用的。因此在书面评价中要创设真实情境的试题,考查学生运用知识解决实际问题的能力,突出对学生探究思维能力的考查。

(周青.科学课程教学论[M].北京：科学出版社,2007：334.)

国际教育评价项目中的科学探究能力测评简介

科学探究是科学教育的核心理念已成为共识,很多国家颁布的科学课程标准都将科学探究作为重要内容之一。美国的第一次科学教育出现问题的一个重要原因是"对许多科学教师而言,探究和发现的理念太陌生,他们认为这些程序对一般学生来说太花时间、太困难。对学生实施的标准化测试并未基于新课程的理念,这些测试集中关注大的科学事实,而没有注意新课程中的过程和探究的维度"。正因为对学生的科学探究能力测评的重要性,科学探究能力测评已经成为世界科学教育专家关注的焦点。国际上目前采用了三种测评方法,分别为TIMSS、PISA和NAEP。

(一) 国际教育成就评价协会项目

国际教育成就评价协会(International Association for the Evaluation of Education Achievement,简称IEA)是美国教育测试中心的一个组织。从1995年开始,每4年一轮测量国际上学生在数学和科学成绩的状况；了解影响成绩的不同因素。2003年测试(是第三次测试简称TIMSS)共有46个国家参加,我国香港也参加了这次测评活动。

1. 科学测评的框架

2003年的科学测评框架由3个方面构成：即科学内容、认知和科学探究。科学内容包括生命科学、化学、物理、地球科学和环境科学,科学认知领域为事实知识、概念理解及推理分析。而科学探究能力的测评是学生将通过完成需要在实际情况中应用所掌握的知识、技巧和思维过程的项目或任务来检测学生对科学探究的理解程度和能力,包括能有系统地描述问题以及做法,设计调查方案。收集数据资料并分析、理解,得出结论和形成解释。科学探究占整个测评时间的15%。

2. 科学探究测评的理论基础

TIMSS中科学探究测评的目标分类主要是依据克洛普弗的科学课程目标分类,它实际上是布卢姆的《目标分类学》在科学课程上的延伸。根据学生的行为将科学探究能力测评目标分为几个方面：

科学探究过程Ⅰ：观察和测量。(1)观察物理的记录；(2)用简短的语言叙述观察过程；(3)物体或变化的测量；(4)选择合适的测量工具；(5)估计测量和了解精确度。

科学探究过程Ⅱ：发现问题并找出解决问题的方法。(1)认识问题；(2)提出工作想法；(3)选择检验的合适手段；(4)设计适当的实验方法。

科学探究过程Ⅲ：解释数据和系统概括。(1)实际数据的加工；(2)用函数关系的形成来注明数据；(3)实际数据的注明和结果；(4)外推和内推；(5)根据测验中得到的数据评价假设；(6)根据发现的关系概括定型。

科学探究过程Ⅳ：建立、测试和修改理论模型。(1)对理论模型需求的认识；(2)模型的理论化；(3)模型满足关系的注明；(4)从一种理论模型推出新假设；(5)模型检验的说明和评价；(6)纠正、加工和引申模型的公式。

科学知识和科学方法的应用：(1)在相同的领域里用于新的问题；(2)在不同的领域里用于新的问题；(3)应用于科学以外的问题。

(二) 国际学生评价项目

国际学生评价项目(Programme for International Student Assessment,简称 PISA)是由经济合作组织(简称 OECD)继 TIMSS 之后,在全球范围进行的又一次大型学生学习质量比较项目。自 2000 年以后,每三年举行一次,2003 年举行了第二次,包括所有 OECD 成员国和至少 13 个以外成员国(包括中国)都参与了 PISA 评价。

1. 科学测评的框架

PISA 在 2003 年的科学测评框架也包括 3 个方面：科学概念、科学过程技能和科学情景。科学概念要求学生理解自然世界的一些现象,以及人类活动对自然现象的改变,同时也要求学生理解物理、化学、生物和空间地球科学中的概念,重点用这些概念解决现实生活的科学问题,而不仅仅是识记这些概念。尤其强调那些学生在现在或在将来的生活中用得着的概念。而科学过程技能主要是有关获得、解释证据和依据证据办事的能力。科学情景主要是选择人们日常生活的情景。

2. 科学探究测评的理论基础

PISA 认为,科学过程技能是在构思、获取、解释、应用证据或资料,从而得到知识或理解事物的心智动作方式。过程技能在涉及一些主题时必然要使用,当这些主题来自科学领域或使用这些技能将更加地理解科学,则这些过程技能就是科学过程技能。

PISA 将科学过程技能测评目标分为 5 个方面：(1)确定探究的问题,即在一定的情况下提出可以探究的问题；(2)确定探究中需要的证据,即确定哪些信息是有效的试验所必需的信息；(3)得出或评估结论：从数据中得出结论或对这些结论进行评价；(4)传播有效的结论,即表达和介绍有效的信息；(5)证明对科学概念的理解,即将科学的概念在新的情况中的应用。

(三) 美国教育进步评价项目

美国教育进步评价项目(The National Assessment of Education Progress,简称 NAEP)是美国测试学生学习的权威机构。自 1969 年以来,测试掌握学生的学习状况。该组织通过国家教育研究所获得联邦政府的资助。

1. 科学测评的框架

在 2000 年 NAEP 的科学测评框架中,由科学领域和认知领域两个方面的要素构成。科学领域包括地球科学、物质科学和生命科学。认知要素则分为概念理解、科学探究及推理。科学知识包括科学中多种类事实、事件,以及由于解释、预测自然现象的科学概念、定理和理论。科学探究主要是考查学生使用科学工具的能力,包括拟订计划,使用多种科学工具获得信息、交流探究结果等。推理则考查学生在真实世界中运用科学证明力的能力。其中科学探究能力大约占总分的30%。

2. 科学探究测评的理论基础

由以上认知领域的要素,我们不难看出,NAEP测评的目标分类是依据美国科学促会(简称AAAS)所制定的,以探究学习为核心的科学过程技能训练目标。AAAS从科学家对自己科研活动的大体描述中抽取以下13种科学方法或过程技能作为测评的目标,分别为观察、应用时空关系、分类、数字应用、测量、交流、预测、推理、解释数据、控制变量、建立假设、操作定义、实验。其中前8种为基本技能,而后5种技能为综合技能。NAEP还对上述13种过程技能进行了详细的描述性解释。并将这些科学过程技能的要求以附录形式附在中学理科教科书中,以此作为标准来设计教科书中的习题,还在每一道题目的前面注明本题检测的是何种技能,以使学生能针对自己在某方面技能和某些能力的欠缺,调整自己的学习方向,也有助于教师了解学生对某种技能的掌握情况,做到因材施教,有利于学生科学探究能力的培养与发展。

[朱行健.国际教育评价中的科学探究能力测评简介及启示[J].课程·教材·教法,2007(2):89—90.有删减]

参 考 文 献

[1] 钟启泉等主编.《基础教育课程改革纲要(试行)》解读[M].上海:华东师范大学出版社,2001.

[2] 袁运开,蔡铁权.科学课程教学论[M].杭州:浙江教育出版社,2004.

[3] 余自强.科学课程论[M].北京:教育科学出版社,2002.

[4] 吴俊明,杨承印.化学教学论[M].西安:陕西师范大学出版社,2003.

[5] 李佳著.化学教学与学业评价[M].广州:广东教育出版社,2005.

[6] 阎蒙钢.化学教学测量与评价导论[M].北京:北京科学技术出版社,2004.

[7] 美国温特贝尔特大学认知与技术小组著.美国课程与教学案例透视[M].王文静,乔连全等译.上海:华东师范大学出版社,2002.

[8] 顾志跃.科学教育概论[M].北京:科学出版社,1999.

[9] 杨九俊.教学评价方法与设计.北京:教育科学出版社,2004.

[10] 蔡俊.综合科学课程的学业评定:目标、标准、效用保障[J].现代中小学教育,2006(5).

[11] 曹国盛.理科教学效果的测量与评定初探[J].大同医学专科学校学报,2005(1).

[12] 丁邦平.学习性评价与课堂教学改革——以《科学》课评价为例[J].中国教育学刊,2005(11).

[13] 蒋永贵,项红专,金鹏.科学探究教学评价体系的构建与实践[J].课程·教材·教法,2005(12).

[14] 宋洁莲,李逢五.中学理科教师实验教学能力评价的研究[J].学科教育,1996(5).

[15] 汪甜,崔鸿,刘胜祥.在实验探究中培养学生的科学素养[J].中小学教师培训,2006(10).

[16] 王丽杰.小学生学习质量评价体系的探索[J].现代中小学教育,2002(11).

[17] 许锦.构建初中《科学》课程发展性评价体系[J].科学教育,2005(6).

第8章 科学教师的专业发展

学习目标

当你掌握本章内容后,你可以:
1. 界定教师的专业发展。
2. 罗列科学教师所必须具备的专业素养,并能够在专业学习中有目的地养成这些专业素养。
3. 描述科学教师专业发展的阶段性特征,能够在教学实训过程中通过模仿尽量缩减自己作为新手教师阶段的成长历程。
4. 了解影响科学教师专业发展的因素有哪些。
5. 熟知科学教师专业发展的途径和方法,并能够在实践中运用。

本章内容结构图

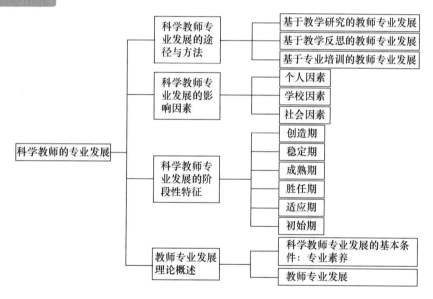

关键术语

◆ 科学教师;专业发展;专业素养;阶段性特征;影响因素;途径与方法;教学反思;教育研究

本章序幕

小李老师刚从某师范院校科学教育系毕业两年,现任某市一重点中学的初中科学教师。

从走上讲台的那一天起,小李老师就非常努力地想当一名好教师。他经常听一些优秀老教师们的课,并向他们请教一些他以前在大学从未遇到过的教学上的具体问题;他还听从同事们的建议,坚持每天都写教学日志……

经过两年的努力,小李老师的课堂教学水平比刚毕业时有了很大提高,已经能够非常顺畅地完成一节课的教学流程了。但他仍觉得自己在很多方面有所欠缺,如:

1. 教学理论水平不高。他曾经参加过两次学校和市教委举办的学术交流会,对有些教育教学理论他感觉自己在理解和应用方面都很不足。

2. 课堂驾驭能力不够。到目前为止,他已经能够按照事先写好的教案非常顺畅地完成一节课的教学内容了,而且能够很好地把握知识脉络结构,把教学内容安排得井井有条,但教案意外的突发问题往往会让他感到无措,在带领学生进行研究性学习活动过程中也常常会感到力不从心,无法应对思维过于活跃的学生。

3. 他很想在教学研究上有所突破,但却不知该从何下手。他感到有很多教学过程中的实际问题有待研究,但"灵感"往往都是一闪而过,他无法抓住,不知道怎样把自己的想法形成课题。

……

类似的问题还有很多。

正是由于这些原因,小李老师常对未来感到茫然。面对教学中的实际问题,他感到在大学里学的知识明显不够用;他很想成为一名优秀教师,却似乎不知该怎样努力去达到目标。

小李老师的困惑实际上就是教师的专业发展问题。其实,作为一名新教师,小李老师在这方面已经做出了努力,而且初见成效——听课、与老教师交流、写教学日志,这些都是教师专业发展的有效途径,可以帮助一名新手很快成长为优秀教师。那么,小李老师目前需要做的就是:

1. 搞清楚成为一名优秀的科学教师所必须具备的素养和要求,对照自己找出不足之处,尽快弥补。

2. 搞清楚自己与专家型教师之间的能力差别,找到努力的方向。

3. 除了听课、交流、写教学日志外,寻找其他更多的专业发展途径。

4. 学会、提高自己的教学研究能力。

在前面的章节中我们已经学习了教师必须掌握的教学理论知识,通过这一章的学习,你可以了解什么是教师的专业发展,科学教师所必须具备的素养有哪些,科学教师专业发展的途径和方法有哪些,目前有关科学教师专业发展有哪些研究成果,等等。这些对于在校师范生的未来职业定向以及教师的发展都非常重要。

8.1 教师专业发展理论概述

教师专业发展的不同界定

对于教师专业发展的界定,学者有不同的论述。

哈格里夫斯(Hargreaves)和富拉恩(Fullan,1992)指出,教师发展可以从知识与技能的发展、自我理解和生态改变三个方面来理解。

伊文思(Evans,2002)提出教师发展最基本的是态度上和功能上的发展。前者是教师在态度上的改善过程,后者是专业表现改善的过程。其中态度上的发展包含智识性发展和动机性发展;功能上的发展体现为程序性发展和生产性发展。

戴(Day,1999)综合众多学者的观点提出一个颇具包容性的界定:教师专业发展包涵所有自然的学习经验和有意识组织的各种活动,这些经验和活动直接或者间接地让个体、团体或学校得益,进而提高课堂的教育质量。教师专业发展是一个过程。在该过程中,具有变革力量的教师独自或与人一起检视、更新和拓展教学的道德目的;在与儿童、年轻人和同事共同度过的教学生活的每一阶段中,教师不断学习和发展优质的专业思想、知识、技能和情感智能。他们的学习和发展具有批判性,因为教师不只是知识和技能的受容器。

20世纪40年代早期以来,学者们采用各种方法和途径,对教师专业发展进行了大量研究。1986,卡耐基教育与经济论坛的"教学作为一种职业特别工作组"(Task Force on Teaching as a Profession)公布了一份研究报告:《准备就绪的国家:21世纪的教师》(A Nation Prepared: Teachers for the 21st Century),使教师教育问题成为美国上下关注的焦点,从而兴起了美国的教师教育改革运动。

1997年,斯帕克斯(Sparks)和赫希(Hirsh)提出:如果要为学生在日益复杂的世界中做好生活上的准备,学校成员的专业发展以及组织的重要变革都是必要的。教师专业发展在所有教育改革策略中居于中心地位——没有它,改革策略就仅仅只是理想而不能变为现实。教师专业发展是学校发展和教育改革成败的关键(Hargreaves,1994;Day,1999)。

随着教师教育改革的推进,人们希望教师通过专业发展提升自身素质,从而为学生的学习准备高素质的教师,促进学生的发展。阿迪(Adey,2004)阐述了教师专业发展在学校改进中的地位,认为教师专业发展是所有学校改进计划的中心。

因此,教师专业发展在所有教育改革策略中应处于中心地位,中国新一轮课程改革也不例外。改革的实践者就是教师,教师队伍的素质水平及发展潜力直接影响着教育改革理念的正确执行,直接影响着一个国家的命运。

[卢乃桂,钟亚妮.国际视野中的教师专业发展[J].比较教育研究,2006(2).]

8.1.1 教师专业发展

什么是教师专业发展?从国内外现有研究成果来看,研究者对这一问题的认识具有多样性。普遍的观点认为,教师专业发展是指教师不断成长,不断接受新知识,提高专业能力的过程。在这一过程中,教师通过不断学习、反思和探究来拓宽其专业内涵,提高专业水平,从而达到专业成熟的境界。

教师的专业发展是教师成长的结果,也指教师成长的过程,强调教师的终身学习能力和终生成长。

小资料

教师专业发展的内涵

在相关文献中,存在着与教师专业发展相关的诸多概念,如教师专业化、教师专业成长、教师职业成熟、教师在职教育、教师开发,等等。这些不同的表述有时会与教师专业发展这一概念混用。这表明教师专业发展是一个内涵相当丰富的概念,从国内外现有研究看,研究者对教师专业发展的理解是具有多样性的。但一般而言,这些理解大致上可以分为两类:一类是教师专业发展是为教师职业成为专门职业、并获得应有的专业地位的过程,强调教师群体的、外在的专业性的提升,所关注的问题包括专业的历史发展、专业资格审定、专业组织、专业守则、社会地位等,这类理解实际上接近于教师专业化的概念,也即关注教师专业的发展;另一类理解关注教师个体的发展,在关注教师社会、经济地位的提高和争取资源与权利的分配的同时,更强调教师个体的、内在的专业性的提高,关注教师如何形成自己的专业精神、知识、技能,即教师的专业发展。后一种意义上的教师专业发展又包含了两类意思,一是指教师专业成长过程,即教师在其职业生涯中不断提升自身的专业水平,持续发展,达至专业成熟的过程。这种理解关注教师专业成长的内在性,接近于"教师专业成长"、"专业成熟"之类的概念。另一类将教师专业发展看成促进教师专业成长的过程,所关注的是教师专业发展的外部条件,接近于"教师培训"、"在职教育"之类的概念。强调外部的培训和学习机会,制度驱动,忽视教师个人的成长规律和特征,不关注教师自身的作用,不考虑教师自身的动机、困难和处境。这种取向不足以保证教师个体的专业知能和专业特性的不断改进,显然无法满足变化不断加速的社会需要。因此,教师个体的专业化就成为教师专业化追求中的重要策略。这也就是教师专业发展第二个层面的含义:教师个体专业水平的提升。通常所指的教师专业发展就是这一意义上的。这种意义上的教师专业发展不同于在职教育,正如利伯曼指出的,"教师专业发展的概念是对过去在职教育或教师培训做了重新界定,它关注教师对实践的持续探究本身,把教师看成一个成人学习者。教师专业发展的概念还将教师看做一个'反思性实践者',一个具有缄默知识基础的人,能够对自己的价值以与他人的协调的实践关系不断进行反思和再评价的人。过去的教师培训或在职教育概念只意味着针对个别教师的工作坊,并假设教师有了关于学科内容及如何呈现这些内容的知识就足以将之运用于课堂教学,但教师专业发展却代表着一种更为广阔的思想。它不仅是教师与学生一起改进其实践的途径,而且还意味着学校中建立起一种支持和鼓励教师相互学习的合作的文化"。

(王少非主编.新课程背景下的教师专业发展[M].上海:华东师范大学出版社,2005:91—93.)

与其他专业相比较,教师专业具有双重性,既是学科专业,又是教育专业。因此,教师专业发展不仅仅是知识的积累,也不仅仅是技能的纯熟,而是包括一切与教学活动相关的知识、技能、能力以及情意特质在内的综合素质的提升,既需要教师传统的专业特质、专业知能(包括专业知识、专业技能和专业训练,是任何一个职业想成为专业的基本条件。)、专业伦理、专业精神等的发展,更需要扩展了的专业特性,如探究意识、反思能力、合作能力、实践智慧等。而这一切都必须建立在教师专业素养的基石上。

8.1.2 科学教师专业发展的基本条件:专业素养

科学教师应该具备的专业素养

美国学者 Showalter 提出综合科学教师应该具备的三个方面重要特性:个人的科学哲学观、个人的生活方式和教学风格以及有关学习者和学习的个人知识。其中,前两点对综合科学教师来说都是不可或缺的。
(1) 个人的科学哲学观。必须形成自然界和自然科学本质上统一性的科学哲学观,这是综合科学教师的自然观和科学观基础。Showalter 认为综合科学教师应该接受"把科学事业刻画为一个整体"的一些观念,包括:渴望认识和理解;质疑一切;获取资料和探寻关系以便赋予它们意义;要求证实;尊重逻辑;重视因果关系等。
(2) 个人的生活方式和教学风格。教师个人的生活方式往往是体现出他的科学哲学观,反映出他对科学本质的理解。因为学生领会的是教师上课时、课外交流时实际表现出来的哲学观,所以,教师在面对他的学生时应该按照上面提到的科学哲学观来行事。

舒尔曼认为,"学科教育学的知识"是区分教师和一般知识分子的一种知识体系。"学者未必是良师。"学科教育学知识就是把"内容"和"教学"糅合在一起,变成一种理解,使其具有可教性。因此,科学课程教师必须既是"科学家",又是"教育家"。[①]

(潘苏东.影响综合科学教师专业发展的因素分析[J].教师教育研究,2005(9).)

---

① 仲小敏.论科学课程教师专业素养:挑战与发展[J].课程·教材·教法,2005(8).

专业素养是指专门职业对从业人员的整体要求。教师的专业素养是指教师在教育教学活动中表现出来的，决定其教育教学效果，对学生身心发展有直接而显著影响的心理品质的总和[①]，包括知识、能力和信念等。因此，教师的素养就是作为教师应当具备的基本品质和优良风范，是身为教师必须达到的基本要求。

案例研究

美国科学教师专业发展标准中对科学教师专业素养的规定

1995 年 12 月 6 日，美国国家科学基金会（National Science Foundation）推出了美国历史上第一部《国家科学教育标准》，将科学课程教师专业发展标准包含其中，对科学课程教师专业发展范式、培训的理念、目标、培训的性质以及科学课程教师专业发展的专业知识范围、技能、训练指导模式、学习方式等，作了详细的规定，反映出美国提升科学课程教师素养的培养思路与方向，为美国各大学、学院以及参与科学课程教师培训的机构提供了详细、具体、操作性强的质量标准。其内容与做法，值得我们借鉴。

标准的主干部分是其第三部分，分为 A、B、C、D 四个部分。现节选其主要内容如下：

标准 A：科学知识和理解科学，学习科学

"科学知识和理解科学"要求科学教师首先形成合理的科学观和科学教育观，充分认识到科学是一种特殊的社会文化探究活动，而科学教育是将科学知识、科学思想、科学方法、科学精神作为一个整体，使其内化成为受教育者的信念和行为的教育过程，从而使科学精神和人文精神在现代文明中交融贯通。

"学习科学"要求科学教师除了掌握科学各学科的基本事实、概念和原理之外，还要理解科学探究的性质，学习科学探究的基本技能；具备综合各学科知识的能力；能够做到将科学知识、科学方法和科学过程结合起来。

标准 B：科学课程教学的知识，学习科学课程教学

"科学课程教学的知识"规定科学教师的知识结构包括学科知识、教育学知识、教学法知识。

"学习科学课程教学"规定科学教师在真实的教学情境中通过实践进行学习，通过不断地尝试、反思，逐渐积累教学经验，从而形成自己的教学风格。

标准 C：终身学习的知识，终身学习的技能

"终身学习的知识"指出科学教师在整个教师职业生涯中，都必须不断学习，不断自我反思。

"终身学习的技能"指出科学教师在必须掌握终身学习技能，科学教师的终身教育思想应该贯彻到其专业发展各阶段的多层次、多个深度、灵活多样、具备学术水准的培训中。

标准 D：科学课程教师专业培养体系

规定美国科学课程教师的专业发展必须建立职前、职后、终身、持续性培养体系，采用训练—实践—训练的循环模式。科学课程教师专业培养标准必须与国家科学教育标准相一致；职前和职后培养必须保持连续性；科学课程教师专业的培养应体现自主选择性，可以根据教师晋级的需要和个人兴趣自主选择进行；应丰富科学课程教师的背景知识，重视历史、文化和学校环境的熏陶。

——美国国家科学基金会.国家科学教育标准.1995.

讨论

根据你对科学课程的了解，你认为美国科学教师专业发展标准中对科学教师专业素养的规定是否完善？将其与中国的科学教育发展状况相结合，请谈一谈你对科学教师专业素养要求的看法。

[周青等.美国科学教师专业发展标准及其启示[J].高等教育研究，2005(5)：62—66.]

---

① 刘知新主编.化学教学论[M].北京：高等教育出版社，2004：283.

那么,一名合格的科学教师应当具备哪些基本素养呢?概括起来讲,基于职业的要求,教师应具备的基本素养至少包括职业理想、知识水平、教育理念、教学监控能力以及教师的教学行为与策略等具体要素。① 另外,还会受学科专业的影响。也有学者把教师的行为规范,即法律义务和专业伦理纳入到教师专业素养中来。② 基于教师专业的双重性和特殊性,我们认为科学教师应该具备如下专业素养(见图8-1):

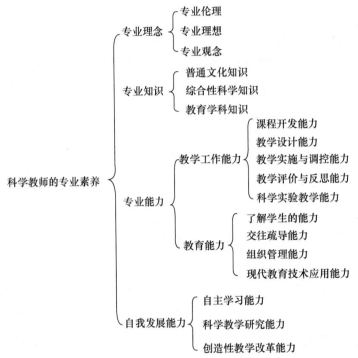

图 8-1　科学教师的专业素养构成

8.1.2.1　专业理念

科学教师的专业理念主要包括教师专业伦理、专业理想和先进的专业观念。

教师专业伦理就是教师在从事专业教育教学活动过程中必须遵循的道德规范和行为准则。包括最基本的价值观、态度、信念和专业标准等,具体表现为:教师的工作责任心、敬业精神和服务精神;公正公平地对待每一位学生;在自我约束下行使教师权利等。③

教师专业理想指教师对所从事科学教育事业的追求、对所承担工作的种种构想和达到预期目标的良好愿望,④是比专业伦理高一个层次的心理特质。"不愿当将军的士兵不是好士兵",一名普通教师能够成长为优秀教师的前提就是其成长的动力来源——专业理想,具有崇高的专业理想,才会产生坚定的专业信念,形成对事业的执著追求,并不断构想与预期自己追求的工作成效。

教师专业观念包括科学教师形成的符合时代发展要求的教育观、教学观、教师观、学生观。树立以人为本、培养科学素养、促进学生全面发展的思想对于指导科学教学实践具有极为重要的价值,因

---

① 林崇德.教育的智慧——写给中小学教师[M].北京:开明出版社,1999:31.
② 王少非主编.新课程背景下的教师专业发展[M].上海:华东师范大学出版社,2005:95—97.
③ 同上.
④ 彭蜀晋等.科学课程与教学论[M].北京:高等教育出版社,2005:318.

此,科学教师要在教学实践中不断地通过学习教育新理论来丰富自己的教育理念,使之更好地为实践服务。

8.1.2.2 专业知识

教师应该具备哪些专业知识?关于这个问题,许多学者都做过深入研究。随着社会的发展,教育对教师专业知识的要求也越来越高。总的来讲,普通文化知识、跨越学科界限的综合性科学知识、教育学科知识是教师专业知识的基石,科学教师的专业知识也应当包括这三个方面。

关于"科学教师的专业知识"问题的不同观点

博科、帕特南、伯利纳:一般教学法知识、学科教学法知识、教材内容知识

格罗斯曼:学科知识、学习者和学习的知识、一般教学法知识、课程知识、自我知识

考尔德黑德:学科知识、机智性知识、个人实践知识、个案知识、理论性知识、隐喻和映像

舒尔曼:学科知识、教材和情境知识、相关的社会文化知识、实践智慧

林崇德:本体性知识、条件性知识、实践知识

(王少非主编.新课程背景下的教师专业发展[M].上海:华东师范大学出版社,2005:95—97.)

普通文化知识是教师作为一个普通人也应具备的知识,但对科学教师来说要比普通人要求更高,包括自然科学、社会科学、人文科学、道德、法律、文学艺术及语言修养等多方面知识,丰富而广博的这类知识综合体现在一个人身上,是教师人格魅力和教学效能的最雄厚的基础。

教师应有的知识基础

叶澜教授认为,教师应有的知识基础包括:对学科的基础知识技能有广泛而准确的理解,熟练地掌握相关的技能技巧;对与该学科相关的知识,尤其是相关点、相关性质、逻辑关系有基本的了解;了解学科发展的历史及趋势,了解学科对社会对人类的价值,尤其要掌握学科知识在人类生活实践中的多种表现形态及各种学科知识的应用情境;掌握学科提供的认识世界的独特视角、思维方式。

(叶澜.教师角色与教师发展新探[M].北京:教育科学出版社,2001:23.)

科学教师的学科专业知识素养要求要比其他教师更高。科学教师的专业知识是四个维度整合的体系,这四个维度分别是:相互融合、形成正确建构的多学科专业知识体系,包括生命科学、物质科学、地球宇宙和空间科学;与科学素养教育有关的知识,包括科学探究(方法、过程与能力)、科学技术与社会等;科学专题组织的内容体系;各门学科方法论知识的整合体系。科学课程的综合性要求教师用跨学科的、统一的科学概念去联系或融合物理、化学、生命科学、地球、宇宙与空间科学等多门学科的知识,淡化不同学科之间的人为界限,具有综合驾驭科学知识的能力;同时,还要了解科学发展的历史及趋势,具有正确的科学价值观,尤其要掌握科学知识在人类生活实践中的多种表现形态及各种学科知识的应用情境。

教育学科知识是指成为科学教师应具备的科学教育、教学理论与实践方面的知识,包括教育心理学知识、教育管理学知识、科学教学论知识、教学实践知识等。教学不是一种程式化的活动,需要教师在具体的情境中,根据变化着的教学条件,采取明智、适当的行动。在这一过程中,教师从长期教学实践中获得的实践知识就显得至关重要。实践性知识具有以下特点:它不是从众多的情境中抽取出来的共同的东西,而是依存于有限的情境的鲜活知识;是以实践问题的解决为中心组织起来的综合性知识,而不依附于某一个学科;是一种具有个人品格的个体性知识,与个人的生活经历、教育经历、教育实践及对实践的反思密切相关;以隐含的方式存在,难以清晰地表述和传授。如情境知识、案例知识、实践智慧等。

当然,科学教师要想获得丰富的实践知识,首先必须以丰富的教育理论知识为基础。教育学知识就是把"知识"和"教学"糅合在一起,变成一种理解,使其具有"可教性"。科学课程教师必须既是"科学家"又是"教育家",要把科学知识"教育学化"、"心理学化",知道如何针对学生不同的兴趣来组织、表达和调整科学知识,进行教学。

8.1.2.3 专业能力

观念是教师教学的灵魂,知识是教师教学的基础,技能和能力是教师教学的关键。教育以育人为本,作为现代科学课程教师,除了应该具备教学能力外,同时更要具有完备的教育能力。

1. 科学课程教师应该具备的教学能力

科学课程教师应该具备的教学能力包括课程开发能力、教学设计能力、教学实施与调控能力、教学评价与反思能力以及科学实验教学能力等。

新课程改革中的一个重要理念就是把原本高度集中的课程权力部分下放,使课程开发成为教师专业工作的重要组成部分,因此,课程开发能力成为科学教师专业素养不可或缺的一部分。课程开发包括课程选择、课程改变、课程整合、课程补充和拓展等形式,要求教师具有根据教育目标和学生发展需求,充分利用整合课程资源确定课程内容的能力。[①]

科学教学调控能力是指科学教师为了保证科学教学的成功实施,达到预期的教学目标,将科学教学活动按照师生互动、生生合作等现代科学课程教学理念开展,引导学生在自主学习、探究学习过程中进行积极、主动的组织控制和调节。它是科学教师的反省思维和组织建构作用在教学活动中的具体体现。根据教学调控对象的不同,可以把科学教学调控能力分为科学教师的自我调控能力和对教学活动的调控能力。科学教师的自我调控能力是指教师对自己的教学观念、教学兴趣、动机水平、情绪状态等心理操作因素进行调控的能力;对科学教学活动的调控能力是指教师对科学教学过程中诸多活动因素进行调控的能力。

科学教师的实验教学能力包括设计实验能力、实验教学组织能力、仪器和设备的选用能力、仪器和设备的操作能力、实验指导能力、指导撰写实验报告的能力等六个方面。[②] 需要强调的是,科学课程中的实验要涉及物理、化学、生物、地球宇宙科学等多学科的内容,因此,教师不仅要能够做多个学科的实验,而且要能够综合运用知识,设计和指导综合性实验。

2. 科学课程教师应该具备的教育能力

教育能力是现代教师应具备的一种通用能力,是整个教师能力素质结构的基础。包括了解学生的能力、交往疏导能力、组织管理能力和现代教育技术应用能力。[③]

---

① 王少非主编.新课程背景下的教师专业发展[M].上海:华东师范大学出版社,2005:100.
② 仲小敏.论科学课程教师专业素养:挑战与发展[J].课程・教材・教法,2005:79—83.
③ 阎立泽等主编.化学教学论[M].北京:科学出版社,2004:302.

案例研究

这天,刘老师很高兴,他准备提前到教室与学生小聚。可他一进教室,发现黑板上贴了一幅漫画,画的正是他自己,而且把他的缺点夸张得淋漓尽致。他不由得转喜为怒,原本愉快的心情也一扫而光。凭直觉,他知道这是昨天受批评的一个学生的杰作。刘老师心想,这学生真不像话,竟然还搞恶作剧,这次必须狠狠地教训他一顿。但转念一想,惩罚必然引起更严重的师生冲突,也不能解决问题啊。于是,刘老师决定试用"软方法"处理。刘老师平静了一会,若无其事地拿下漫画欣赏了一番,对大家说:"你们别说,还真有点像,我长这么大,还没有人给我画过肖像呢。我要把这留作纪念,作者要是不介意的话,下课就给我签个名。现在上课。"几天后,那位"肇事"的学生主动向教师承认了错误。

(李金霞. 教师权威视角下的教师专业发展[J]. 教育探索,2008(4):86—87.)

讨论

刘老师的做法说明他具备什么样的教育能力?面对这种"事件",你还有什么别的有效的解决办法吗?

新课程标准下的教师角色要求教师实行教学民主,与学生进行沟通、交流、合作。这就要求科学教师首先必须了解学生(包括其个性、学习基础、家庭环境、人际环境和心理变化等),熟悉班风,走入学生中,倾听学生的心声。只有这样才有利于教师适当地安排教学进程,有的放矢地解决教学问题,从而真正贯彻因材施教的教学原则。

教师的交往疏导能力对协调师生关系,疏导冲突,活化教育过程也是十分必要的,主要是指教师在科学教学过程中,与学生、学校、家长以及其他教师能否形成稳定和谐的交流合作关系,并通过这种关系来达到培养和发展学生的目的的能力。实践证明,能否确立民主平等的良好师生关系,与教师的交往疏导能力水平有着直接的关系。

科学教师的组织管理能力是指科学教师对教育教学活动科学全面地规划、设计与实施的能力。表现在教师能否有效地组织学生,能否调动每个学生的积极性和参与教学的热情,能否巧妙地掌控、引导教学活动的有序进行。

信息传播技术、计算机网络技术以及多媒体技术等现代教育技术的迅猛发展及其在教育过程中的广泛应用,已经引发了人类发展史上的教育革命,同时促使教师角色的历史性改变,使教师从传统课堂的束缚中走出来,成为学生通过多媒体手段获取知识的组织者。科学课程教学的综合性和开放性更是要求教师必须熟练掌握现代教育技术来改进教学方法和手段,正确指导学生利用信息高速公路检索信息,获取知识,解决问题,从而彻底改变被动机械的学习方式。

8.1.2.4 自我发展能力

自我发展能力是科学教师教学能力和教育能力形成和发展的前提和保证,也是教师适应未来教育发展的必备能力。

1. 自主学习能力

当代科学技术的飞速发展引发了终身教育和通才教育思潮的博兴,科学教师必须具备自主学习能力,才能够使自己在瞬息万变的信息时代能够及时有效地更新知识结构,补充学术养料,拓展教育视野。科学教师的自主学习能力就是要不断地汲取科学知识和创新教育的理论和方法,及时掌握科学研究和教育理论新动态、新发展,并将这种活力引入课堂教学,达到创新教学的效果。

2. 科学教学研究能力

教师知识的建构和教育教学技能的提高有赖于教育研究,因此,科学教学研究能力也应该是科学课程教师的基本素养之一。"教师即研究者"是国际教师专业化发展运动中的重要观念,如果一个教师不对教学进行深入思考,不进行教育教学研究,那么,不管他的实际教龄有多长,也只能成为"教书匠"而不会有大的发展空间。

3. 创造性教学改革的能力

教育改革的成败决定着一个国家事业的兴衰,而教师是教育改革的第一实践者。因此,21世纪的教师,尤其是目前我国的科学课程教师,必须拥有创造性教学改革的能力,成为新世纪基础教育改革的生力军。教学创新应当从如何教会学生学习,转变教学观念,着重培养学生的科学素养,共同建构知识等角度入手,从教学实际出发,结合实践进行研究,在实践中建立并检验理论。

1. 分组查阅资料,总结分析美、英、日、新加坡等国家和地区对科学教师专业素养的规定,以及其他专家学者对教师专业素养的论述。

2. 尽量对上述你查阅到的内容进行分析、归纳、总结,提出自己的看法和认识。

3. 上述专业素养中哪些是你已经具备的?哪些是你还不具备的?怎样在师范教育阶段尽可能地掌握和完善上述专业素养?

8.2 科学教师专业发展的阶段特征

学者对教师专业发展阶段的界定

美国学者费朗斯·福勒首开教师发展阶段的研究,他通过对教师在不同发展时期所关注的问题的研究,提出教师专业成长过程中的四阶段模式("关注阶段论")。此后不同学者从不同的切入点和观察角度相继提出了不同的研究成果,如职业生命周期阶段论(伯顿、费斯勒、休伯曼)、心理发展阶段论(利斯德)、教师社会化发展阶段论(莱赛、王秋绒)、综合阶段论(利斯伍德、贝尔、格里布里特)等。[1] 美国亚利桑那州大学的贝宁(Berliner)教授也从教师的成长与专业素养提高的关系上,把教师的成长划分为新手教师、熟练新手教师、胜任型教师、业务骨干型教师和专家教师五个发展阶段。

(彭蜀晋等.科学课程与教学论[M].北京:高等教育出版社,2005:321.)

科学教师的专业发展是一个循序渐进的持续发展过程,在这个发展过程中,其专业素养的提高是有阶段性和层次性的。国外关于教师发展阶段论的研究,多偏向于对教师实际上所经历的发展情形或实际上所表现出来的发展情形的描述,而对教师最理想的发展历程与发展情形的描述未作应有的关注。综合考察各研究成果,我们认为科学教师的专业成长可划分为初始期、适应期、胜任期、成熟

---

[1] 教育部师范教育司.教师专业化的理论与实践(修订版)[M].北京:人民教育出版社,2003:68.

期、创造期、稳定期五个时期①(其中创造期和稳定期是并列的两个时期,是教师专业发展度过成熟期后的两个不同发展方向)。其发展路线图示如图 8-2 所示。

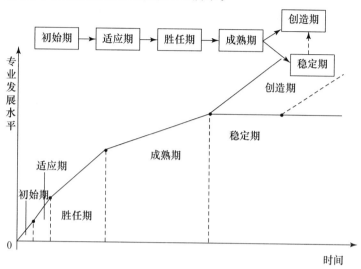

图 8-2 教师专业发展过程阶段图示

以上各阶段相对应的教师类型为:

初始期、适应期——新手教师

胜任期——合格教师

成熟期、稳定期——骨干教师

创造期——专家

8.2.1 初始期

这一时期是教师正式进入职业生涯的第一个阶段。经历这个阶段的具体时间长短因人而异,一般为一至两年。这一阶段的教师通常被称为"新手教师",他们刚刚结束在师范学校的理论学习踏上教育岗位,对真正的教学情境还一无所知,需要完成从学生到教师、从理论到实践、从学习到教学的角色转换,重新以新的身份、从新的角度来认识教育。由于缺乏经验,这一阶段的教师对于课程目标、框架结构、单元组织的实际认知与整体把握还处于探索阶段,在教学过程中往往会机械刻板地依照教案进行教学,对教学的认识有时不得不通过试误的渠道来获取;课堂上经常要花费一定的时间来组织教学,缺乏教学方法的理性选择、有效设计与实际的灵活运用,不切实际地机械使用方法,或简单粗暴地对待教学问题。②

由于以上原因,新手教师的教学效果往往差强人意,对工作的一腔热情由于方法不当而得不到学生的认可,常常会产生挫败感。这可能会造成新手教师对教师职业丧失信心。因此,如何跨越一个师范生到一位教师之间的距离,真正实现从"理论"到"实践"知识运用,是新手教师面临的最根本的挑战。

8.2.2 适应期

这是教师克服初始期的重重困难,开始适应学校教学的一段时期。此阶段大概需要一到两年的时间。

---

① 裴跃进.教师专业发展阶段基本内涵的探究[J].重庆文理学院学报,2008(1).
② 裴跃进.教师专业发展阶段基本内涵的探究[J].重庆文理学院学报,2008(1):17—23.

处于此阶段的教师,基本上了解所教课程的基本结构与功能内涵;基本了解课程种类、性质与关系;具备了整体安排课程与设计单元教学能力;初步做到有计划、有重点、有措施地开展课程的教学能力。基本上能够遵循教案设计,正常有序地开展教学工作,并能够采取一定措施完成课堂教学任务,已开始逐渐会使用常规的教学方法开展教学工作。

8.2.3 胜任期

随着认识的不断深入,工作的日渐熟悉,能力的逐渐提升,"新手教师"逐渐成长为"合格的教师",比较顺利地由适应期进入到胜任期,其间需要大约2~4年的时间。

这一阶段的教师对教育工作的性质内涵、组织形式有了较为理性的认识;对于所教课程的知识框架、逻辑体系、文化价值与使用功能有了一个较为完整的认识,不仅掌握了课程内部的各种因素关系与单元结构内涵,而且还能逐渐寻找和确立有效的教学策略并开始意识到学生需求在课程准备中的地位。部分教师就提升教学效率开始了方法与策略方面的思考探索。在教学过程中,能够比较妥当地控制教学节奏与调整课堂学习氛围;能够尝试寻找运用有效的教学策略;已经基本建立起一套独具特色、相对简约的教学规范并使学生很好地遵循,能够有效排除或化解课堂中一些突发事件和学生间的各种矛盾,合理科学地安排学生的各项作业。

8.2.4 成熟期

由胜任期进入成熟期,大约需要4~6年时间。成熟期的教师站在了一个十字路口:继续向前行走,则会跨入创造期;维持相对静止状态,就进入了稳定期。

成熟期的教师对教育目的、教育精神和教育方式有着较为积极的思考与全面的认识。对于教育现象和教学问题有了自己独立的思考与沉稳的判断;对课程的本质内涵、原理功能、框架结构有着理性完整的把握,对课程的进程有科学合理的安排,对于教学的重、难点掌握与处理已经驾轻就熟,一切教育工作与教学活动均在教育规律与教学原则的范围之内进行;教学准备已从一次性的书面详案过渡到持续不断的思考酝酿;随着教学实践的丰富充盈和教学经验的日渐积累,独具特色的个体知识系统与个人教学风格逐渐形成,教育智慧在处理复杂矛盾问题过程中开始萌生;不仅能够很好地理解和执行国家课程计划,而且还能根据学校需要,适宜地从事校本课程研制开发与校本材料编写等工作。[①]

部分教师在这一阶段的教学水平与专业经验已达到了自我发展的顶峰,处于教学的核心位置,挑起了学校教育的中坚担子,因此,有很多教师在这一阶段已经成长为各级学校的"骨干教师",是学校发展的主要支柱力量和未来的希望。

但正值经验与活力俱佳时期的教师容易产生功成名就的念头,学生的爱戴和领导器重使得不少教师的工作越来越繁重,没有充裕的时间和足够的动力去学习思考,专业发展就此止步,进入稳定期。但也有部分教师努力排除内外干扰,在专业方面继续探索,保持持续发展,最终进入创造期而成长为"专家型教师"。

8.2.5 创造期

能够昂首进入创造期的教师,其人格力量与专业精神往往具备某种传奇色彩和感人魅力。教师由成熟期进入创造期,大约需要5~8年时间。

创造期的教师对国家教育目标和学校教育目的的价值意义和品质精神有着较为准确而深刻的认识。不仅对学校教育的内在价值与外在表现形态有完整深刻的洞察,而且还对与教育相关的社会联

---

① 裴跃进.教师专业发展阶段基本内涵的探究[J].重庆文理学院学报,2008(1):17—23.

系和文化背景有着清晰的了解和掌握。他们已不满足于循规蹈矩地将培养人的教育工作演绎为枯燥单调的重复性劳动,而是将其视为挑战他人、挑战自我、追求创新的探索旅程,持之以恒地探寻其中的奥秘,力图寻找出一条有序、有效且闪烁着智慧之光的育人之路。

进入创造期的教师,能够根据学生的实际需求和学科体系特征描绘出课程进程的详细路线图,因此,他们的课程充满着哲学的深刻、科学的严谨和艺术的魅力,带给学生的也是紧张的思维、非凡的刺激、智慧的启迪和愉悦的享受;专家型教师不仅能够完整地再现课程的基本价值,而且还能够创造性地研制并开发富有特色的校本课程。几乎每个教师在教育方法和教学策略方面都有他人不及的"独门暗器",他们富有思想才华与教学智慧,善于创造性地解决教学问题,是专业学科的领军人物。他们对学生的教育与影响已从课堂延伸到丰富广阔的现实生活中。能够在教育规律与教学原则的框架内富有成效地探索总结出别树一帜、独具特色的教学方法和教学策略,并开始在教学实践的基础上构建自己独特的教学模式。

随着对教育教学规律了解的日渐深入,他们越发感觉到专业发展遥无尽头,因此,越是进入创造期的教师,对教育规律、教学事理的思考探索愈是兴趣勃勃,锲而不舍。日益丰富的教学经验和教学研究成果使其教学行为越来越闪耀迷人的智慧之光,教学思想也越来越彰显其独特的人格魅力。故而,进入创造期的教师的专业发展永不封顶,是一个良性循环的无限持续发展的过程,直至其结束教师生涯。①

 小资料

表 8-1 专家型教师与新手教师的教学差异

		专家型教师	新手教师
教学设计		课时计划简洁、灵活,以学生为中心,具有一定的预见性	把教学过程的每一个细节都按照自己的意志设计得很详细,以自我为中心,常常忽视学生的需要
教学过程	教材呈现方面	注意旧知识对新知识学习的支持作用,对重难点的突破具有针对性和艺术性	对所有的教学内容面面俱到,平铺直叙,难以有效突破重点、难点
	课堂练习方面	把练习当做促进学生知识理解、迁移、检查学生学习情况的手段,能够及时发现问题并善于创造性地解决问题	把练习当做必需的教学步骤,不能及时发现问题,提供反馈
	教学策略运用方面	教学策略储备丰富,并能灵活运用	教学策略储备贫乏,不能灵活运用
教学评价		把着眼点放在教学目标的完成情况、学生学习活动的水平、课堂教学的成功之处和应注意的问题等环节上	更多地关心自己在课堂上的表现、课堂的形式和气氛、既定的教学设计完成的情况等

(刘知新主编.化学教学论[M].北京:高等教育出版社,2004:294—296.)

---

① 裴跃进.教师专业发展阶段基本内涵的探究[J].重庆文理学院学报,2008(1):17—23.

1. 听专家型教师和一般教师分别讲的同一节课,从以上几个方面分析他们之间存在的差异。
2. 你认为专家型教师和一般教师还在哪些方面存在差异?
3. 一般教师要发展成为专家型教师,在认识到以上差异后,应该怎么做?

8.2.6 稳定期

所谓稳定期,主要是指教师的认知发展、专业水平和人格心理等方面保持在一种相对平稳静止的状态。它出现在教师步入成熟期的4~6年以后,当成熟期教师因满足现有成就而疏于业务学习,不再寻求专业进步,就会进入专业发展的高原平台——稳定期。很多教师就此停止专业发展的步伐,直至职业生涯的终止;但也不排除部分教师在徘徊一段时期后,摆脱羁绊,重新找回专业发展的动力,从而跨越高原期进入创造期的可能。

稳定期的教师基本延续着成熟期对教育意义、教育方式的一种理性认识。对学校教育的基本使命、课程体系以及课程目标有着系统熟练的掌握;对学校教育系统与社会各方面的复杂关联有着切身的体验;对学生的学习态度、学习动力、学习风气、学习习惯的功能与作用具有更为深刻的认识,对教师的教育职责、管理职责、示范职责有了更为全面的了解。他们对科学的知识体系与内涵结构有了更为全面而深刻的掌握,具有自己特色鲜明的教学风格。在把握教学进度、处理教学重点与难点、掌握课堂教学节奏以及解决学生问题等方面体现出一种独特的教育思维特征。

但稳定期的教师往往对于尝试性与改革的教育实验与研究探索失去关注的兴趣与参与的动力。丰富的阅历使得他们更乐意凭借固有的经验与能力按部就班地、正常有序地开展教育工作,不愿意尝试改变现有的教学秩序,甚至有些教师渐渐地产生了职业倦怠。①

由此可见,并不是每一个普通教师在其职业生涯的漫长历程中都能最终成长为专家型教师,只有那些热爱教育事业,把教育当做自己毕生奉献的事业的人,才有可能达到专业发展的顶峰。目前,学术界经常提到的学者型教师、研究型教师、反思型教师都不完全是专家型教师,专家型教师兼具学者型教师的睿智与开放、研究型教师的严谨与创新、反思型教师的批判与深刻。专家型教师是一种境界,是教师不断进取的方向。②

新手教师专业成长与发展中面临的挑战

1. 从"游离"到"参与"——环境适应

新手教师一踏上教学岗位,首先面对的便是一所学校的新的校园文化与人际环境网,他要面临环境的转换,从"学习环境"到"教学环境",从"游离"于教学环境之外到真正"参与"到教学环境之中,这便涉及环境适应,这是新手教师首先要面临的挑战。

---

① 裴跃进.教师专业发展阶段基本内涵的探究[J].重庆文理学院学报,2008(1):17—23.
② 刘知新主编.化学教学论[M].北京:高等教育出版社,2004:296.

2. 从"学生"到"教师"——角色转换

"一个师范生的书桌与一位教师的书桌之间的距离,虽然在直线跨度上很短,但是它却是这些年轻人在那么短的时间内所要跨越的最长的心理上的历程。"从师范院校到任教学校,环境发生了变化,角色参照、角色期望也相应发生了改变,这是重大的角色转换,是新手教师面临的根本性的挑战。

3. 从"理论"到"实践"——知识应用

新手教师经过在师范院校的学习,掌握了系统的学科专业知识,即本体性知识,但是与专家型教师相比,他们不仅存在知识量上的差异,更在于知识在他们记忆中组织方式的差异,不能真正实现从"理论"到"实践"知识的运用。如何实现从"理论"到"实践"知识的运用是新手教师面临的最根本的挑战。

4. 从"学习"到"教学"——能力发展

师范生在师范院校里承担的主要角色是学生,根本任务是学习,但成为新手教师,在其任教的学校里,其主要的角色则是教师,根本任务是教学,从"学习"到"教学",对于新手教师是重大的改变,这就需要教师发展多种教育教学能力,如教学设计能力、语言表达能力、课堂管理能力、人际交往能力、教育科研能力、创新能力等,如何尽快地形成和发展这些能力,在学校里站稳脚跟,实现从"学习"到"教学"的能力发展,这是新手教师面临的重大挑战。

新手教师专业成长与发展的实现

面对从"游离"到"参与"环境适应,从"学生"到"教师"角色转换,从"理论"到"实践"知识应用,从"学习"到"教学"能力发展这么多重的挑战,新手教师一般存在三种发展可能。一种可能是新手教师度过了艰难的求生期,真正参与到新环境中,掌握了专业知识技能,实现了从学生到教师的重大角色转换,并形成了开放态度、创新意识,积极参与到学校环境之中,投身于教育教学改革之中,并乐于接受别人的意见,养成探索教育教学的习惯,经常进行教学反思,不断地丰富知识,发展能力,在教育教学中体会到为师之乐,实现了人生的自我价值,踏上不断自我创新的专业成长与发展道路,很快成长为专家型教师。第二种可能则是,新手教师经过几年的摸索,获得了求生的技能,进入稳定和停滞发展状态,但他们很快得到满足,专业发展的热情下降,缺乏专业成长动机,专业知识能力难以得到提升,仅仅是关注自己的教学,无视教育发展与学生的需求,在新挑战面前畏缩不前,得过且过,抱着"做一天和尚撞一天钟"的心态,缺乏进取心,碌碌无为,敷衍塞责,进入了教师成长与发展的高原期。第三种可能则是,新手教师很难适应学校新环境,长期游离于新环境之外,不能运用专业知识与能力,实现从学生到教师的重大角色转换,在现实的冲击下感到巨大的绝望,情绪衰竭,长期极度疲劳,对工作、对学生表现出消极冷漠,成就感降低,产生较强的自卑感,不免产生职业倦怠,他们很可能会离开教师职业,寻求其他发展机会,寻找失去的自信,从而造成新手教师的流失。

从新手教师的专业成长与发展来看,第一种发展可能是新手教师最理想的发展状态,第二、三种可能则是我们应该极力避免的。

[苗洪霞.新手教师的专业成长与发展[J].教书育人,2007(1).]

案例研究

资料一:

向斯霞老师学习(节选)

斯霞老师从20世纪20年代至今,执教七十二年,是我国基础教育界教龄最长的教师;斯霞老师以自己的敬业、勤奋、执著和创造,在教书育人、学制试验、识字教学、教材建设等方面,不断作出自己的贡献,是我国基础教育界功勋卓著、影响极大的教师。

一、为人师要先做好"人"

斯霞老师深知育人是教师工作的最终目标，做人、做个好人是教师的根基、根本；她认为学校无小事，教师无小节，自己处处以身作则、为人师表，在七十二年的教师生涯中形成了"斯霞精神"：一旦许身教育，便为之奋斗终生，一旦选择了小学教师的职业，无论身处顺境还是逆境，便执著地热爱、勤奋地进取，做第一流的工作，创第一流的业绩，体现了自立、自强的精神。

二、爱孩子，爱事业，爱之深，爱之切

熟悉小学教育的人都了解，母爱教育几乎是斯霞的代名词。她以一颗童心，爱学生之所爱，乐学生之所乐，悲学生之所悲；她爱所有的学生，甚至偏爱差生；她把爱洒向学生成长的各个方面，不仅是德、智，还有体、美、劳。她对学生的爱源于对小学教师工作的爱，对教育事业的爱；源于对教育工作极端重要性的深刻认识，源于对强国、富国的企盼；源于对伟大祖国的爱。这才是斯霞爱的教育的真谛！

三、先进的教育理念和教学思想

斯霞老师在教育、教学实践中既重视学习，又大胆创造，目前全国正在全面推行的素质教育，在教育、教学过程中强调的以学生为主体、以教师为主导的思想，在她的教育、教学实践中都得到了体现。

我们要学习斯霞老师教书育人的目的观。她深刻地认识到教书为了育人，把培养所有的学生成才作为自己工作的目标。她注重培养学生良好的学习习惯，使他们越学越会学。

我们要学习斯霞老师面向全体、追求全面发展的素质教育观。她十分爱护学生，尊重学生，在教学中让学生自主学习，主动探索，对发表创见和大胆质疑的学生热情鼓励，把"学生是学习的主体"的认识真正落实到教学之中。她的教育、教学始终面向全体学生，对调皮的孩子或学习上有困难的孩子，她给予更多的帮助和鼓励。她始终追求学生的全面发展，她一贯反对"负担过重"、"高分低能"，认为每个孩子都有所长，既要承认差异，又要善于发现特长，使每个孩子的潜能得到充分发挥，特别是通过培养学生独立思考、勇于探索的精神，培养学生的创新意识和创造能力，从小打牢创造性地学习、可持续发展地学习的基础。

总之，斯霞是一位小学教师，更是一位名副其实的小学教育专家。她对中国的小学教育、对中国的小学语文教学，作出了多方面的巨大贡献！

[崔峦.向斯霞老师学习[J].小学语文教师.2000(2).]

资料二：

情与理的升华（节选）

一、教育理念与时俱进

宁鸿彬老师任教于北京八十中学，从教40余年，他矢志不渝地坚持教学改革，不断开拓进取，一步一个脚印走出自己独具特色的语文教改之路。

宁鸿彬老师自觉把教育学、心理学作为教学改革的理论基础，注意吸收现代科学方法论的研究成果，以信息论、控制论、系统论为指导探索语文教学规律，研究怎样教会学生学习。他认为语文教学要实现"减轻学生负担，提高教学质量"的双赢，必须转变陈腐的教育观念。先后提出"跨世纪培养"，"使学生突破教师知识、能力和智力的局限"，"使学生变苦学为乐学"等观点，引起语文教育界广泛的关注。

二、教学艺术自成高格

1. 教学思想境界独慧

宁鸿斌老师认为，加强思维训练，培养学生的思维能力，是教育工作的一项重要任务。在语文教学中加强思维训练，是十分必要的，也是相当重要的。教师要有意识地、不失时机地、从不同方面采取多种有效措施去培养学生的各种思维品质。并在实践中，把世界观、方法论教育巧妙融入思维教育中，这不仅是可以做到的，而且是极为自然的，教学效果也是好的。

2. 教学策略匠心独运

宁鸿彬老师在课堂教学中注重培养学生的理性思维。主要做法是：

培养学生思维的敏捷性。使学生的思维具有敏捷性,就是要学生思考问题速度快,在瞬间把应该想到的内容思考完毕,而且要做到合情合理。

培养学生思维的广阔性。就是思考问题时想得宽,想得远。一是思路通畅,二是思维面广。

培养学生思维的深刻性。深刻的思维是指通过事物的表面现象认识事物的本质及事物间的本质联系。要使学生的思维由表及里,步步深入,教师采取的措施是关键,这就要求教师所设计的教学应具有向思维深层发展的导向性。

培养学生思维的创造性。所谓创造性思维,就是对已知事物和未知事物进行前所未有的思考。创造性思维具有多种层次,对于学生来说,不能要求他们所进行的创造性思维能够对社会的发展起到推动作用,也不能要求他们所进行的创造性思维在生产或生活方面具有实际意义,只要他们进行的思考,对他们本人来说是前所未有的,这就可以了。

宁鸿彬老师把自己的教改实验建立在哲学的高度,从哲学的世界观,方法论视角去培养学生的理性思维,从而形成自己独具风格的教学艺术。

3. 教学语言风格独具

在教学过程中,宁鸿彬老师的语言质朴、简约、睿智,处处启迪着学生的思维,渗透对学生世界观方法论的教育。

思考与分析

从以上两份资料对两位特级教师教育思想的介绍中,你有什么感悟?

请谈一谈你认为作为一名即将踏上讲台的未来教师,怎样做才能尽快从一名新手成长为专家型教师?

[潘斌军.情与理的升华[J].张家口师专学报.2003(2).]

8.3 影响科学教师专业发展的因素

小资料

资料一:

影响教师专业发展的主要因素是什么
——一次小学教研活动实录(节选)

主持人:今天我们来讨论"影响我们专业发展的主要因素是什么"这样一个与我们自身专业发展十分密切的问题,请每位参加教研活动的老师把看到这个话题后在脑子中首先跳出来的那个因素写下来,每位老师只说一个因素。(以下是教师提到的主要因素)

1. 工作量。工作量大,教师的专业发展谈不上,只是疲于应付。
2. 用考试作为唯一的评价方式。评价以考试为准,致使教师只能为考试而努力,一些理想的东西只能放在心里。
3. 学校的氛围。在一个好的环境里,自己的专业会不由自主地进步起来,反之,在一个没有专业发展的教师团队中,个人的专业发展当然就淹没其中了。
4. 教学资源。特别是在村小,资源贫乏,专业得不到支持,个人再努力都是徒劳。
5. 专家引领。
6. 经验的积累。作为一线教师,其专业发展更多地可以表述为经验的获得与经验的运用。

7. 本人态度。态度决定成败。
8. 理论修养。
9. 学校制度。学校里有好的制度,可以激发教师专业发展的热情,反之,教师就缺乏热情。
10. 经费。

主持人:谢谢老师们!大家所提出的影响教师专业发展的主要因素都有合理性。我想在分析这些因素之前,先来讨论两个问题。一个问题是:你认为教师专业发展的责任人应该是谁?

教师A:我认为教师专业发展的责任人是学校。学校的制度不好,学校没有经费投入,教师的专业发展是不可能的。

教师B:确实如此,学校不给比赛机会和外出学习的机会,教师的专业怎么发展?

教师C:我认为教师专业发展的责任人是个人,外因须经过内因起作用,没有个人的努力,教师的专业发展是不可能的。

教师D:我认为教师专业发展的责任人不是纯粹的学校,也不是纯粹的个人,而是由教师个人与学校结合而成的一个共同体。个人不努力,学校再好也没用,个人很努力,学校不好也白搭。

主持人:教师对专业发展的责任人的理解决定着教师对自身专业发展的归因,一种最不好的归因习惯是:当取得成绩时,归因于个人努力,而远离感恩;当遭遇挫折时,归因于学校或相关的他人,而充满抱怨。而这种归因习惯比较普遍。产生这种结果的原因便是对教师专业发展的责任人没有明确的认识。

主持人:下面接着来讨论另一个问题:你理解的教师专业发展是什么?这个问题的讨论有助于我们正确地认识教师专业发展的责任人问题。

教师A:理论+实践。发展是指理论与实践不断提升。

教师B:我想教师的专业十分简单,就是上好课。发展是指不断地上好课。

教师C:我认为教师的专业发展就是指教师能够在教师工作中获得更多的具有享受性质的情感体验。

主持人:在讲一个概念的时候,我们发现不同的老师所持的观点是有差别的,这种差别主要来自认识的角度。这三位老师就分别从三个角度来阐述,即专业发展的组成——理论与实践;专业发展的外显——上好课;专业发展的价值——愉快的体验,都十分有价值。今天我们能否将这三个想法结合起来给"教师专业发展"以这样的表述:教师专业发展是基于一定的理论认识与实践经验,不断把课上好,给师生以愉悦的身心体验。可以吗?

教师:好,完全可以。

主持人:谢谢!从这个定义出发,我们来看专业发展的核心是上好课,那么,你对教师专业发展的责任人有什么想法?

教师:教师专业发展的责任人应该是教师本人。

主持人:把教师专业发展的责任人确定为教师本人后,我们再回到前面大家所列举的十个影响专业发展的主要因素,思考真正的因素是什么?

教师:毫无疑问,当教师把自己作为专业发展的责任人后,影响因素就只剩下一条了,即第7条。其他因素刹那间变得不太重要了。

主持人:我们来回顾大家列举的十个影响因素,也许会发现大多数因素是客观因素,这些因素固然十分重要,但真正决定自己专业发展的是本人心中想要上好课的熊熊心火,只要有这颗心,不论外面条件如何,都阻挡不了自己上好课的行动。我们接下来思考这样一个问题:教师的专业发展是一个历程,你认为这个历程是否可以根据其特征描述为几个阶段?

教师A:我们组按时间来划分提出四个阶段:

1~3年:属于试水期,经验很少,认识很初步,做一些肤浅的探索。

3~8年:经验有所积累,理论有所提高。

8~15年:黄金期。

15年～退休:名师期,成为名师基本上在这一时期。

教师B:我们组基本同意前面老师的分析,不同的是我们把15年后这段时间确定为衰退期,因为成为名师是个别的,大多数老师的专业水平在达到自己顶峰的时候就开始衰退了,即便是名师也在衰退。

教师C:我们也划分为四个阶段:纯模仿阶段、模仿中有所创新阶段、自我创新阶段、形成风格阶段。

主持人:……我想建议大家再回到前面去,看我们前面列举的影响教师专业发展的主要因素,除了认识到个人态度这一项被确定为基本因素外,如果把这些因素与教师专业发展历程相结合,大家有什么新的想法吗?

教师A:是否可以这样认为:我们所列举的这些主要因素,其实应该是与教师的专业发展的水平相结合,在不同的专业发展期,其影响的主要因素有所不同。比如在新手期或纯模仿期影响的主要因素可能是经验的缺乏。在这一阶段工作量大可能是好事,可以促进教师获得更多的经验。

教师B:我也这样认为,比如专家引领,在高级新手期可能就是十分重要的影响因素,有时个人再努力也只是在黑暗中摸索。

教师C:我认为影响教师专业发展的主要因素是分层次的,即有的影响因素是贯穿于专业发展始终的,如个人的信念(即通常的态度),有的因素是属于某个专业发展程度的阶段,如经验的缺乏。

主持人:谢谢大家!我建议大家将我们提出的专业发展的四个阶段与我们所列举的十大因素做个对应,整理成一份表格,也许十分有趣。请有兴趣的老师自己完成,并把这个研究过程整理成论文。

讨论

1. 请查阅相关文献,结合上面的资料,归纳总结影响教师专业发展的因素,谈谈你对这个问题的看法。
2. 请结合下面的资料二,再谈谈你对影响科学教师专业发展的因素的认识。

[俞正强.影响教师专业发展的主要因素是什么[J].人民教育,2007(20).]

资料二:

我国科学课程教师素质现状分析

"从目前我国的科学教师,特别是初中的科学教师的总体队伍来看 并不尽如人意。"在初中科学课程开始实施时,因为没有专门的科学课程的教师,多数实验区学校采取协同教学的模式,即让不同学科(物理、生物、化学、地理)的教师相互分工合作来进行科学课程的教学。虽然目前有相当一部分学校实现了由一位教师任课的常规教学模式,但这些分科出身的科学课程教师的原有学科观念根深蒂固,加之长期以来我国师范院校课程的设置过分强调专业学科知识的作用,面对科学课程要综合多学科知识的现实需求,多数教师在观念、知识和能力等方面表现出明显的不适应。

1. 科学观和科学课程观认识上的偏颇

受中国传统文化的影响,我国在科学课程教学中很少讨论科学的局限性、科学的本质和精神,以及科学技术与社会的互动等重大问题,在一定程度上存在着科学"神圣"的心理,致使在科学教育中也不注重培养学生的怀疑精神、批判精神和创新精神。同时,对科学课程的理解也存在一定的局限性,教学目标主要盯在科学基本事实和基础知识上,虽然也强调培养学生的基本能力,但实际上许多教师着重于让学生掌握科学基本知识和基本技能,缺乏对科学研究过程与方法的重视。

2. 知识面狭窄、缺乏整合的科学专业知识

科学课程的综合性要求教师用跨学科的、统一的科学概念去联系或融合物理,化学,生命科学,地球、宇宙与空间科学等多门学科的基本概念、原理和方法,淡化不同学科之间的人为界限,引导学生从综合的角度去认识自然现象,提高他们的综合解决问题的能力。但目前多数科学课程教师知识面狭窄,无法超越分科课程的局限去思考和行动,不注重不同学科之间的融通和有机联系,没有建立起正确的、比较完整的科学知识体系。

3. 缺乏科学课程论知识

由于过去我国师范院校一般不开设专门的课程论或学科课程论,大部分教师缺乏课程论基础知识和系统的理论,对于科学课程的内涵、特点、发展史以及与分科理科的关系等缺少必要的了解,无法形成科学课程的整体思维,甚至认为科学课程就是形式上理、化、生、地的简单拼加,仍然沿用理科分科教学的方法以及测量与评价手段等,结果背离了科学课程的初衷,这已成为影响当前科学课程改革进程的一个重要因素。

4. 教学技能和能力不足

在传统的理科教学中,教师的教学设计普遍采用的是有利于发挥教师主导作用的行为主义教学策略,即通过一系列的设计,刺激和强化学生作出适当的反应。与理科分科课程相比,科学课程的教学活动更注重探究性、创造性和开放性,科学课程的一个重要目标是培养学生理解、综合、应用和使用信息的能力,而传统的行为主义的理科教学方式使学生的主动性、积极性受到一定的限制,难以充分体现学生的认知主体作用。

5. 教育研究意识和能力有待提高

从目前中学教师为数不多的有关研究成果来看,普遍存在着以下局限性:研究成果大多停留在教学经验总结层面,缺少更深入的考察和论证,无法上升到理论层面;未把某个具体问题置于教育理论的大背景中予以考虑,研究视野狭窄;对理论的专业术语不甚熟悉,很难把问题或成果概念化,致使不能准确表达自己的观点和结论。之所以出现这种情况,一是因为传统师资职前培养只重视学科知识的学习和教学技能的掌握,大部分中学教师没有系统地学习和研究过教育科研理论;二是因为在职教师教学任务繁重,加上多数教师研究意识淡薄,不能自觉地进行教学研究,对教育理论的发展和现状缺乏深入了解。

[仲小敏.论科学课程教师专业素养:挑战与发展[J].课程·教材·教法,2005(8).]

教师专业发展是教师个体社会化的重要内容,它与教师的职业生活密切联系在一起。因此,影响教师专业发展的因素十分复杂。澳大利亚学者格伦迪(Grundy)和鲁宾孙(Robison)曾提出,教师专业发展有两个推动力:一是来自系统的推动力,包括学校和社会等因素的影响;二是个体自身的推动力,受到教师生涯发展阶段和生活经验的影响。凯尔克特曼(Kelchtermans)曾认为,教师专业发展是个体教师与情境交互作用的结果。这种情境可以从空间和时间两个维度来考虑。

教师专业发展的空间情境是指教师工作于其中的社会、组织和文化环境。教师工作情境由不同层面构成。例如,教师和同事、家长、领导等人员形成的多重社会交往,学校中特有的文化,包括规范、价值、习惯与传统等,学校政治与组织架构等。因此,对教师发展有影响的工作情境不能视为单一线性的因果性影响,而是一个充满阐释与意义的相互交往的过程,通过意义建构的过程进行调控。

教师专业发展的时间情境由教师个人生活经历和教学生涯构成。教师在某一时段的学习有其先前的经历,也有对未来的期望。通过反思,教师不断地建立和再建立教师身份以及教学理论。古德森(Goodson)(1992)还认为,教师的"生活故事"应该放到更广阔的社会历史情境中去理解,从而建构其"生活史"。[1]

我国学者傅道春把教师职业生涯发展的影响因素概括为社会、家庭、个人、组织四大方面。[2]

英国课程学家劳顿认为影响教师专业发展的因素有三个:技术的变化、教学思想的变化、教学内容的变化。他认为,技术的发展意味着教师不再被看做是知识的仓库,教师应该熟练掌握获得知识的

---

[1] 卢乃桂,钟亚妮.国际视野中的教师专业发展[J].比较教育研究,2006(2).
[2] 陈秀梅.教师专业发展的内在影响因素[J].天中学刊,2008(2).

先进设备;而教学思想是随着社会的变化而不断发生变化,要做一个称职的教师就必须与社会发展保持同步,不断吸收新的教学思想,采用现代教学模式;同时,为了应对不断扩大的学习内容,学生们期望教师跟踪学科内容的变化,并且期望教师了解课程规划,参与课程设置,并调整传授方法,其自然结果就是引发教师专业发展。[①]

综上可知,虽然教师专业发展是一个高度个体化的学习过程,但它不是在真空中发生的,教师的发展是一个连续的、动态的、纵贯整个职业生涯的过程,是一个复杂的综合性过程。因此,来自教师个体和周围环境的各方面因素,如课程、教师、学校、社会等各个方面都会对教师的发展有显著影响。

科学教师的专业发展尤显复杂、长期和艰巨。由于科学课程是新一轮基础课程改革中的新生事物,课程设置时间较短,而高校相应的专业设置改革滞后,导致该课程教师队伍构成较为杂乱,其中只有少数是近年来毕业于师范院校科学教育专业的本科生(最长教龄2~3年),大部分教师来自各理科专业,他们或是刚刚毕业的师范生,或是原来的中学理科教师,要么还是新手教师,由于科学课程本身在我国的成长还处于"幼年"时期,因此,新手教师缺乏教学经验丰富的老教师的帮带和指导,分科专业毕业的师范生甚至缺乏知识的统筹驾驭能力,正如本章序幕中提到的小李老师一样,这部分新手面临着独自创业的困境;而另一部分"转行"过来的老教师,虽然在教学上有一定的经验,但对科学课程实施理念缺乏正确全面的了解和认识,同时知识的综合驾驭能力更低,他们甚至比新手教师更需要专业发展的引领。这就使科学教师在专业发展过程中面临更大的压力。集中体现为:职前师范教育的分科教学模式及对科学教育的弱视,使得科学教师在适应新课改中表现出明显的职前准备不足;科学课程的综合性特点,使科学教师专业素养的提升不是局部性的,而是结构性的,形成科学教师的科学理性品质涉及改变其固有的文化、价值观,不言而喻,这是一项长期的专业培养、专业培训和自我提高的艰难工程。

因此,我国科学教师的专业发展将会面临更加复杂的环境因素。综合各研究成果,我们按照教师职业生涯中的不同生活时空环境,把影响科学教师专业发展的因素分为社会因素、学校因素和个人因素三大类。

8.3.1 影响科学教师专业发展的社会因素

教师专业发展本身就是一个专业社会化的过程,必然深受各种社会因素的影响。一个社会以何种方式评价教师及其教学,在很大程度上会影响教师以何种方式看待自己的发展。人们的期待会激发教师付出更大的努力发展自己并改善教学。正如路易斯(Louis,1990)所指出的,如果文化传统支持这样一种观点,即教师是优秀的技术性专家,就会形成一种强有力的教师集体的专业行为规范,教师个体也自然会受到这一规范的影响与激励。[②]

8.3.1.1 社会地位与职业吸引力

按照联合国教科文组织对教师地位的诠释,教师的社会地位是指社会按照教师任务的重要性和对教师能力的评价而给予的社会地位或敬意,以及所给予的工资条件、报酬和其他物质条件。[③] 工资

[①] 傅建明.校本课程开发与教师专业发展[J].教育发展研究,2002(5).
[②] 杨秀梅,杨秀玉.费斯勒与格拉特霍恩的教师发展影响因素论综述[J].外国教育研究,2002(5).
[③] 刘洁.试析影响教师专业发展的基本因素[J].东北师大学报(哲学社会科学版),2004(6).

的高低常常被人们视为社会地位高低的一种标准。从这个意义上讲,世界各国学者都普遍认为教师的社会地位不高,我国教师的社会地位状况也不容乐观。

职业吸引力是一门职业能否将社会优秀分子吸引到该职业中来,能否使在岗的从业者安心本职工作并积极谋求自身发展与提高的能力,是人们对某一职业的意义、价值与声誉的社会反映和综合评价。职业吸引力一方面取决于这门职业的社会声望和经济地位,另一方面取决于该职业的工作性质及其从业者群体的精神面貌。从我国近年来开展的职业声望研究结果来看,中小学教师的社会声望在整个声望结构中居于中上,而且随着教师职业专业化水平的提高,教师职业声望势必还会有所上升。然而也正是这个原因,再加之社会飞速发展,价值观念多元化,造成教师承受的社会期望越来越高,工作压力与日俱增。

一般来讲,社会地位越高,职业吸引力越强,则个体所获得的专业发展动力也就越强,越有利于从业者的专业发展,但当二者的水平出现不一致状况时,则结果相反。我国教师高于实际社会地位的职业声望与社会期望,容易引起教师本身的地位焦虑,使教师对自身价值产生怀疑与否定而导致心理失衡,最终导致职业倦怠感的形成。而职业倦怠就是指由于教师长期工作在压力情境下导致的在情绪、认知、行为等方面的高度精神疲劳和紧张状态。① 如果教师的职业倦怠持续时间过长,会对教师的专业发展造成严重的不良影响。

这种矛盾冲突在科学课程教师队伍中显得尤为突出。新一轮基础教育改革将科学课程建设置于改革的前锋,教育行政和专家学者对科学课程本身的发展及其在基础教育改革中的引领作用给予厚望,但由于我国基础教育积重难返的种种现实因素的阻碍,导致这一课程的社会和民众认同度不高,进而直接影响到基层学校和科学课程教师群体的自我认同感下降,加之科学课程教师队伍良莠不齐,而配套的专业发展支持机制却还几乎处于"一穷二白"的状态。这些矛盾导致了当前科学课程教师群体专业理想模糊,对事业前景感觉茫然,严重影响着科学教师的专业发展。

8.3.1.2 教师管理制度

国家对教师的管理制度主要包括教师资格证书制度、教师评价制度和教师培训制度。② 教师资格制度是国家推行的一项针对教师行业的职业准入制度,它规定了在各级教育机构任教的必备学历和接受教育专业训练的程度,有效阻止不合格的非专业人员进入教师队伍。国家还可运用教师资格证书制度调节教师资源的供求关系,以便在流动中择优录用,使教师素质和教育质量不断提高。这是一种促进教师培养高学历化和专业化的有力的法律保证。

教师评价是教师管理的重要手段,周期性的教师评价活动,既可以把握教师专业发展各个阶段的起点和基础,又为教师新一阶段的发展提供动力和智力支持。

教师培训制度是教师专业发展的制度保障体系。我国的教师在职培训制度尚未形成涉及时间和经费两大方面的全国统一的行之有效的制度。

---

① 陈秀梅.教师专业发展的内在影响因素[J].天中学刊,2008(4).
② 刘洁.试析影响教师专业发展的基本因素[J].东北师大学报(哲学社会科学版),2004(6).

小资料

美国的国家教师管理制度

一、教师资格证书制度

为了确立教师的专业标准,美国成立了一个全国教学标准委员会,负责制订这个标准,并为合格者颁发证书。而这一证书多数都没有贴上"终身有效"的标签。根据教师所教科目或所任年级、职务和教学经验分类,美国教师资格证书分别有幼儿园及初级小学教师资格证书、小学教师资格证书(一至八年级)、中学教师资格证书(七至十二年级);指定学科教师资格证书(幼儿园至十二年级)、职业技术教师资格证书、特殊教育教师资格证书、学生指导临时教师证书(有效期为一年)、初级教师证书(有效期为一至四年)、专业教师证书(有效期为八至十年)、长期或终身专业教师证书(有效期为终身)。这样,每个教师为了更好地生存、生活,都会把获得终身教师资格证书作为自己的奋斗目标,这样就迫使其不断提高学历、提高教学质量,不断反思教学经验,通过重重关卡。而获得终身资格证书的教师在经历层层递升后都经历了职业生涯的大部分光阴,也就是说只有崇尚终身学习并付诸行动的教师才能获得该证书,从而为教师这个职业谋得一个相对稳定的饭碗。

除了教师资格证书制度以外,近年来美国出现的教师职业阶梯制度也得到业内的普遍认可。它规定根据教师的资历由低到高把教师分为副教师、专业教师、终身教师和教师专家等四个阶梯,从下一个阶梯上升到上一个阶梯必须经过进修,增进学术和教学水平,教师每升一级,收入也随之增加。当然,如果考核不合格,教师也有可能得不到晋升或者降级。这样具有可上可下性质的阶梯制度给教师带来更大的竞争压力,使之不得不提高专业知能,使自己专业比别人发展得更快更好,也促使其为提高自己的专业地位和生活质量而终身努力学习。

二、教师专业团体和机构

教师专业化运动要顺利开展,离不开专业团体的支持与努力,它为谋求教师的合法利益、保障教师权利、提供教师学术交流机会、提高教师专业水准、提高教师福利待遇等作出重要贡献,专业团体的完善与否已经成为判断一个国家教师专业发展是否乐观的一个标准。与其他国家相比,美国的教师专业团体规模最大最完善。以下几个专业团体有助于我们对其加深了解。

▲美国全国教育协会(National Education Association,简称NEA)。它的职责在于提高教师的专业素质并促进教师的福利,从而促进美国教育的发展。

▲全国教师教育和专业标准委员会(National Commission on Professional Standards,简称NETE)。它的职责是加强教师教育,倡导未来教师都必须接受高等教育并经过教育专业的专门培训,招收和选拔新教师,指定教师资格的标准等。

▲美国教师教育学院协会(American Association of colleges for Teacher Education,简称AACTE)。它是一个全国性的教师教育专业组织,致力于提高教学效率并利用各项资源以加强教师职前教育与在职培训,另外,还出版一些教师感兴趣的杂志。

▲全国教师教育认可委员会(National Council for the Accreditation of Teacher Education,简称NCATE)。它的职责是制订全国统一的教师教育认可标准,检查教师教育的课程和教学计划,认可和鉴定教师教育机构,改进教师教育教学计划,提高教师教育机构的专业化水平,传递信息,促进教师在各地之间的流通,激励学校之间的竞争等,经其认可的毕业生,其教师资格证书在全国可以通用或换用。

▲美国教师联合会(American Federation of Teachers,简称AFT),也称教师工会,其职责在于促进各地教师联合会的互相合作,支持学术自由,提高教师教育专业素质与能力,为改善教师福利待遇作贡献。

▲全国专业教学标准委员会(the National Board for Professional Teaching Standards,简称NBPTS)。它的职责是制定并实施涉及中小学33个学术和专业领域的资格证书标准,对统一的全国教师资格证书标准的产生作出了重大贡献。

> 以上这些专业团体和教师组织无疑为教师专业发展与促进教师终身学习提供了有效的服务,在教师与国会政府间架起了相互沟通的桥梁。
>
> [蒋华,钟桃英.试析美国教师专业发展与终身学习[J].继续教育,2008(1).]

8.3.2 影响科学教师专业发展的学校因素

学校是教师专业生活的小环境,作为教师从事教育教学活动的主要场所,学校将不可避免地在物质、制度、文化等方面对教师的专业发展产生显性或隐性影响。一所学校的教学设备条件、班级规模、课程、教学制度、教师文化、校长的办学思想与管理作风等无不对教师的专业发展产生巨大的影响。

从有效推进课程改革的层面分析,学校应当成为追求变革与进步、鼓励创新与探索、提倡合作与交流、倡导民主与开放的,能够带动教师不断学习与研究的学习型组织,帮助教师以正常的心态、选择适当的策略对待改革,努力成为终身学习者。不仅如此,而且教师个体的专业发展规律也客观地要求学校为教师的专业发展提供持续不断的动力和支持。有关研究表明,教师教学科研能力、对教学内容的处理能力、教育机智、教学组织和管理能力、与学生交往能力、运用教学方法和手段的能力以及语言表达能力等各种专业能力的形成时间,按照大学前、大学期间和职后三个时间段划分,比例最高的均在职后阶段。[①]

学校环境中对教师专业发展最主要的影响因素有校长引领、教师文化和学校管理制度。

首先,学校校长的管理风格会对教师个人的职业生涯发展产生影响。如果校长营造了一种信任与支持的氛围,并给予教师以更多的自主权,为教师追求教学专业方面的成长提供更多机会,则教师的反应必然是积极的。相反,如果校长以一种专治的、缺乏信任的、且一味地以一种上级对下级进行检查监督的方式进行管理与督导,则易使教师对教学丧失热情,对工作敷衍塞责,这样教师的发展也将会面临挫折。

其次,在学校文化方面,有五种信念对教师发展会产生深远影响。[②] 第一,学校要成为一个协作的团体,要有凝聚力。如果在协作的外衣下,同事之间是一种"做作的协作"关系则不利于教师的发展。其二,要有一致的目标。教育目标的一致会引领校长与教师形成富有活力的团队意识。其三,学校的进步可以通过解决学校问题的方式来达成。其四,学校中的所有人都要有成功的信念,而且也要对他人持有较高的期待。最后,所有的教师都要深信教学对他们而言是至高无上的,从而把专业发展作为改善教学的基本的途径。

显然,一个身先士卒、亲和开放、锐意改革的校长,一种教师之间开放、信任和支持的合作性教师文化,一种能够充分吸收教师参与学校管理与决策的民主管理制度,将会对教师的专业发展起着积极的促进作用。

8.3.3 影响科学教师专业发展的个人因素

影响教师专业发展的个人因素包括家庭因素、性格因素和专业结构因素三个方面。

8.3.3.1 家庭因素

家庭对于每个人的影响是潜移默化、根深蒂固的,每个个体的行为方式都投射出其亲代的行为特征,每个已婚成人的行为也都或多或少表征着其配偶的角色期许。因此,家庭成员及成员之间的关系

---

① 刘洁.试析影响教师专业发展的基本因素[J].东北师大学报(哲学社会科学版),2004(6).
② 杨秀梅,杨秀玉.费斯勒与格拉特霍恩的教师发展影响因素论综述[J].外国教育研究,2002(5).

对教师的专业发展产生着持续的、隐性的、综合的影响。如果教师的专业发展与家庭生活对立或竞争,其专业发展就会受到很大的制约;如果教师能够取得家庭的支持,形成一致的心理关系,没有后顾之忧,就会产生一种职业的轻松感,这样才能充分发挥其创造性,促进专业发展。

8.3.3.2 教师的性格因素

教师性格是教师对待现实稳定的态度体系及其相应的习惯化的行为方式,是教师具有并带到教育情境中的性格。①

心理学家荣格将人的性格分为:外倾型(包括急躁型和活泼型)、内倾型(安静型和抑郁型)。②

外倾急躁型的教师对待教学工作态度积极,但难以做到始终如一,在人际交往中,会以自我为中心使学生对其敬而远之;外倾活泼型的教师往往具有积极乐观的人生态度,师生、师师关系融洽,易得到同事和学生的信任和好感,自我调节压力能力强,但工作易虎头蛇尾,难以持之以恒;内倾安静型的教师在工作中有强烈的责任心,工作认真负责且能持之以恒,教学能够做到循序渐进、有条不紊,但在人际交往中主动性不够,师生关系不如外倾活泼型那样紧密;内倾抑郁型在教学中表现为悲观、消极的态度,在人际交往中谨慎小心且多疑,难以自我调节工作中的压力,与学生的交往很少。

事实上,大多数人的性格特征并不是与上述划分的性格类型一样明显,而是介于四者之间,只是在处理生活、工作事务时会有某个方面的倾向。教师性格在个性心理结构中占核心地位,对教师专业发展产生的影响日益明显,因此具有社会评价意义。

教师专业发展之路上的认知障碍及其危害

(一)高自尊的威胁及其危害

自尊作为人的根本心理特征之一,是人前进的动力,自尊心强,自然上进心也强。但高自尊以及维持高自尊的动机却容易在教师专业发展之路上设置认知障碍,危害其专业发展。"面对失败,高自尊的人会认为他人也和自己一样失败,并夸大自己相对于他人的优越性,以维持自己的自我价值。"不能态度诚恳地承认自己的失败本身就很失败,甚至会导致更大的失败。试图掩盖不足与问题和找借口会阻碍教师对病因的彻底查找,也很难使教师彻底地痛定思痛,知耻而后勇。"在失败之后人们的心理唤醒水平越高,他们越容易以自我保护式的归因来为失败申辩。"由于自尊心强,失败对于教师的唤醒水平较高,所以他们经常在面对失败时选择自我辩护,很难客观、公允地进行归因,自我归因则更难,很多教师都是如此。自尊还会导致教师自我妨碍,高自尊则造成高自我妨碍。自我妨碍是个体试图寻找或创造与自我表现有关的妨碍性因素,从而提供对失败的一种劝说性原因解释,以此来减少对自尊的威胁。自我妨碍是教师为失败事先找借口、为成功设置障碍的行为,不利于教师轻装上阵和专业上的快速、顺畅发展。

为维持高自尊,教师之间很难真正敞开心扉,不愿意把自己的失败示人,也不愿意与人分享自己宝贵的经验,彼此之间很难真诚互助。一旦教师的自尊受到威胁,还容易引起报复性行为,采用打压别人的方式来应对,贬低别人以抬高自己,会"文人相轻",所以在教师中会存在貌合神离的"马赛克文化"。由于自尊高,教师更喜欢插嘴打断别人、喜欢对别人评头论足,不善于谦卑地与人交谈,所以在人际交往中往往不受欢迎。以上都易使教师缺少良好的人际关系,缺少相互间的真诚合作、真诚求教与虚心向学,缺少深入、有效的团体专业生活,最终丧失许多实现专业发展的良机。

---

① 陈秀梅.教师专业发展的内在影响因素[J].天中学刊,2008(4).
② [瑞士]Jung C G.吴康,丁传林,赵善华译.心理类型学[M].西安:华岳文艺出版社,1989:75.

(二)盲目乐观心理及其危害

盲目乐观常使教师忽视自身的问题与不足,或者对自己存在的问题和面临的困难认识不足,存在侥幸心理,从而造成自我批评不彻底、对未来任务准备也不充分,不利于教师克服困难和实现专业发展。盲目乐观易让教师高估自身的实力和能力,从而自以为是,进取心大减。盲目乐观使教师容易把复杂的问题简单化,把困难的问题容易化,从而降低压力,致使前进动力减弱,进而不会竭尽全力解决问题。盲目乐观容易让教师在取得成绩时飘飘然,甚至会自傲,自傲是前进的敌人,傲慢则是失败的前兆。教师专业发展需要有居安思危的意识,需要"勿意、勿必、勿固、勿我"(《论语·子路》),需要适度的自我怀疑与自我否定,需要以自我批判与自我颠覆去赢得蜕变式的新生。盲目乐观容易导致自我中心,像井底之蛙一样视野狭窄、见识短浅,容易导致教师固执地以自己的是非为是非,难以自我超越与自我突破。盲目乐观的教师常会认为自己的经验千真万确,坚信并固守自己,更容易在反思时走向自我求证,很难彻底超越和突破自身的狭隘与肤浅。

[白素娥,吴振利.教师专业发展之路上的认知障碍分析[J].山西师大学报(社会科学版),2008(3).]

8.3.3.3 专业结构因素

1. 教育信念

教育信念的本质是社会对教育的要求在教师知识结构中的体现,也是教师对自己教学能力和教学效果的一种感性的或理性的知觉,①它对教师专业发展的影响作用主要体现在教学效能感和教师观与学生观上。

教学效能感是指教师对于自己影响学生的学习活动和学习效果的能力的一种主观判断。教学效能感能够直接影响到教师对教学工作意义的认识,进而影响教师工作中的情绪和情感,甚至个性心理特征和行为倾向。根据班杜拉的自我效能理论,教师效能通过选择、思维、动机和身心反应等中介过程影响教师的专业承诺、工作满意度和工作投入程度、教师自主专业发展目标的选择与确立等。②

效能感高的教师,专业承诺程度也比较高,乐于从事教师这一专业,也就会积极地去关注自身的专业发展。效能感高的教师一般都对教育教学工作抱有积极的看法,有较强的自我胜任感,有强烈的教学改革愿望,能主动探索新的教学方法,在工作中表现出极大的热情,并认为自身的教育能力在教育教学实践中可以得到不断的发展,从而促进了适应性工作动机的产生。这种良好的、适宜的工作动机又会促进教师教育、教学行为的改善,并促进其教育能力与教学有效性的提高。如此一来,就会形成一种主动的良性循环,在这一循环上升过程中,他们的专业知识尤其是实践性知识、专业情意、专业技能、专业价值观、专业自主、专业发展意识等也就会在教育教学实践与探索中获得更高层次的发展。遇到困难和挫折时,也会将其归因为自身努力的不足,这种思维方式又会促使教师坚持不懈地寻找克服困难的方法以实现目标。

因此,教学效能高的教师一般会拥有积极坚定的教育信念,进而产生持久的专业发展动力。

2. 知识结构

专业知识是教师职业区别于其他职业的理论体系与经验系统。教师专业发展过程体现在其知识结构从广度、深度及创造性等方面不断拓展上,反之,知识的拓展水平和程度也影响并标志着教师专业发展的水平与状态。

目前,我国科学教师的知识结构与课程实施要求还相差甚远。大部分科学教师来自传统的分科教育,缺乏对其他科学学科的基本了解,对自然科学整个领域的整体认识则更为缺乏,很多教师已经

---

① 刘洁.试析影响教师专业发展的基本因素[J].东北师大学报(哲学社会科学版),2004(6).
② 马香莲,姚满团.教师效能——教师专业发展的内在影响因素[J].甘肃联合大学学报(社会科学版),2006(12).

养成"只见树木,不见森林"的思维定式,更何况他们对科学课程几乎一无所知,课程内容不熟悉,相当比例的技能是陌生的,缺乏其他学科内容的教学意识……而科学课程要求科学教师不仅要在不同的分支学科间综合,而且要把学校科学与日常生活联系起来,充当学生探究活动的向导和日常生活现象的阐释者,教师要从原来分科时的单打独斗和自我封闭的状况转向与人合作(包括与其他教师和与学生的合作)和开放性,这种非常强烈的反差和自身能力的缺陷可能对教师在分科课程时形成的身份认同产生威胁,使他们产生强烈的困惑甚至自卑感,缺乏心理上的安全感。

因此,知识结构的先天不足以及由此产生的心理问题会对科学教师的专业发展造成显著影响。

3. 从业动机与态度

如果说知识和技能决定着个体有没有潜质从事某一职业活动的话,那么,从业动机则决定了个人是否愿意发挥潜力从事该类活动的问题。引起动机的内在条件主要是需要、兴趣、价值观念和抱负水准。相对于职业兴趣,教师的价值观念对其专业发展有更广泛、更长久的影响作用。价值观念的最高度的概括是理想,教育理想会影响教师的动机体系沿着努力追求较大价值目标的方向变化。

兴趣与价值观念主要影响行动的方向,而抱负水准影响行动达到目标的程度。抱负水准是一种将自己的工作做到某种质量标准的心理需求,当工作结果超出预期的目标,便会产生成功感,反之就会出现失败感、挫折感。

4. 自我发展需要与意识

自我发展需要与意识是指教师个体认同自己从事职业所具有的专门职业的性质,了解专业标准及其对从业者的要求,能够清醒意识并规划自己的专业发展目标与方向,具有主动更新自己专业结构的主观愿望。从本质上讲,专业发展需要与意识的存在意味着教师个体不仅能把握自己与外部世界的关系,而且具有把自身发展当做自己认识的对象和自觉实践的对象,构建自己的内部世界的能力,说明个体已经成为完全意义上的自我发展的主宰。[①]

教师的自我发展需要包括认知需要、道德需要和情感需要。[②] 认知需要推动教师不断提高其业务水平,关注本专业知识的拓展和应用,关注教改动态,了解学生身心发展的特点,逐渐形成适应时代要求、充满活力的知识结构。教师的认知需要实质上是教师"自我更新"的专业发展意识在其成长过程中的体现。道德需要促使教师希望获得他人和社会的承认和尊重,希望在工作中形成良好的人际关系,从而使教师能自觉地协调不同的教育职能,为创造性地进行教育管理工作而互相配合、紧密合作。当从教育对象身上看到自己的劳动成果时,教师就会产生道德满足,这种对道德满足感的追求,奠定了教师专业发展的道德基础。教师专业发展的真正原动力是教师对智慧之美和人格之美的追求,即教师的内在情感需要。这种出于创造、成就渴望的情感需要能使教师充分发挥自己的主动创造性,乐于承担挑战性的重任,主动构建自身的知识体系并与教学实践形成良性互动;教师能够依靠自己的思考和决策,创造出体现自己个性和特色的教学风格、教学艺术和教学智慧,成为教育改革的动力和主体。

---

① 刘洁.试析影响教师专业发展的基本因素[J].东北师大学报(哲学社会科学版),2004(6).
② 陈秀梅.教师专业发展的内在影响因素[J].天中学刊,2008(4).

1. 分小组设计调查问卷,调查周围中学科学教师的专业发展状况及其所处的学校环境,以及教师的性格、家庭状况、学历职称等个人情况,认真分析他们之间的相关性。
2. 你认为影响教师专业发展的因素还有哪些?其中最主要的因素是什么?

8.4 科学教师专业发展的途径与方法

美国科学促进会的科学教师专业发展理念

从当代教师教育发展的趋势来看,不少的国家,尤其是发达国家纷纷制订了促进和保障教师专业素养培养和提高的行动计划。

1998年,美国科学促进会(AAAS)专门针对美国未来理科师资的培养问题和理科师范教育改革的方向问题发表了题为《科学教师师范教育改革建议》的研究报告。这份报告以信息时代社会对科学教师的新要求为出发点,提出了培养现代型科学教师的7大原则性建议:

① 形成对科学素养的宽阔视野
② 强调教学的专业性
③ 使教师能够教所有的美国人
④ 改进大学的教学
⑤ 增进教师的积极学习
⑥ 改善教师的招聘
⑦ 进行长期改革的意愿

[彭蜀晋等.科学教师专业素养发展的理念与措施[J].中学化学教学参考,2005(11).]

科学教师的专业发展是一个目前亟待解决的问题,同时也是一个循序渐进,持续发展的过程。当前,我国的科学教师群体正面临专业发展的困境,尤其是科学课程的开放性对教师的教学能力提出了严峻的挑战。科学课程的"注重科学的社会相关性和学习者个人适切性,综合各学科的知识、研究方法和思维方式,融合学校科学与日常生活"等先进课程理念远远超出大部分教师已经习惯的教学思维定式,迫使科学教师不得不放弃那些封闭的、隔离的课程实施方式,转而从头学习新课程的实施模式。

因此,发展科学教师的专业素养是目前师资培养的核心任务,作为一名科学教师也应当了解并清楚在专业学习的过程中,如何提高自己的专业素养,并根据教师成长发展的阶段性特征和科学教育的规律性特点,选择能够促进自己专业发展的行之有效的途径。

科学教师的专业发展途径有哪些呢?我们该如何应对科学教师在专业发展过程中遇到的诸多问题?关于这一问题,许多学者提出了见仁见智的观点,综合各种研究成果,我们认为,专业培训、教学反思、教学研究是科学教师专业发展的最有效途径。

8.4.1 基于"专业培训"的教师专业发展

小资料

美国的教师继续教育

一、继续教育是教师专业发展的一个重要组成部分,是推进教师终身学习的法律保障

为防止教师知识老化,顺利度过教师职业进程中的"高原现象",实施教师继续教育,鼓励教师终身学习成为必须,为此,美国加强教师的在职进修,并把教师的提薪、晋级、资格评定等与在职进修挂钩,这就促使教师为继续胜任这个职业不得不躬身学习。为发展教师继续教育,增进教师交流,美国在1976年在全国设置教师中心,教师中心遍布大学和地区,为教师学习新教材,改进教育教学,培训新的教学手段提供条件。

美国的在职进修形式多样,因地制宜。如师资培训日,暑期学校,攻读学位,攻读必修课程,参加讲习班和研讨会等。为鼓励教师继续教育,美国政府部门和一些基金会设有专门的进修奖金供教师申请。

二、专业发展学校的诞生是美国成功推进教师专业成长与终身学习的实践模式

专业发展学校也称 PDS 学校,它是美国教师专业化运动的产物,是理论向实践转化的成果,它以其独特的专业化的实现模式给大中小学的教师的专业发展带来机遇,它打破了传统的师资培养中小学与大学生互不往来、互相隔绝的状态,它以校本培训的教师教育方式加强美国大学与中小学的合作伙伴关系。这种由美国大学的教育学院与地方的公立中小学或学区合作成立的师资培训学校强调教师的培养不能外在于中小学教师的教学实验基地,强调大学与中小学的合作协助。通过这种模式,大中小学教师的专业发展都能得到双赢,在合作中,双方可以吸引对方的优势以弥补自身的不足,中小学教师可以从大学教师那里学到新的教育理念、扩大理论视野、不断提高反思研究的能力,以便更好地适应教育和社会的改革,从而弥补自己理论方面的不足和教育教学研究水平的薄弱;另一方面,对于大学中的师范生而言,由于这种培训模式给他们提供了多元化的教学视角,从而促进师范生更好地积累经验、组织教学、思考揣摩,从而促进其专业化的更好发展;再者,大学教师也能从中小学教学一线教师的鲜活的经验中寻找到新的理论生长点,找到更多的实践知识,对中小学现状有更清楚的认识,让实践知识回到理论中去检验并从而对师范生的指导更具针对性和实用性,并为建构自己的理论体系提供有力的支撑。

[余艺文.美国教师的继续教育[J].云南教育,2005(1):20—21.]

专业培训是教师全面提高专业素养水平的最直接、最快捷的途径。按照培训的时间与就业时间的前后顺序,可把专业培训分为职前培训和职后培训两种类型,后者又包括多种形式的长期培训和短期培训。

8.4.1.1 职前培训

四年的师范教育是科学教师持续时间最长,获得知识最为系统的职前培训,在这四年中,师范生按照学校的培养计划,按部就班地接受多学科科学专业课程、教师教育课程的教育,并通过教学见习、教育实习、教学技能训练等多种教学实践活动,初步接触并了解中小学科学教育实际,这些都为其今后的职业生涯和专业发展做知识和能力上的准备,是专业发展的根基。

那么,师范生在职前学习过程中要做到以下几点:

1. **努力学习专业知识,加强科学知识综合应用的意识和能力**

能在高校教育环境中进行多学科知识的学习,是科学教育专业师范生得天独厚的优势,作为一名未来的科学教师,一定要珍惜这种优势,在专业学习中尽可能加强自己的知识综合能力和应用意识。

2. 注意理论联系实际,加强对中小学科学教育实际的感受和了解

可通过到中小学听课、参加中学的科学教学教研活动、观摩研讨各种公开课、优质课的教学录像等形式来进行,这些活动可有效缩短毕业后专业发展的初始期和适应期的时间,避免师范生"只有知识没有理论"、"只见书本不见人"的通病。

3. 重视收集、研读科学教育实践改革的研究成果,逐步建立个人的资料库

要注意科学教育理论的积累,更要关注新课程改革中的最新研究的成果,要在思索、探究中有针对性地进行收集。长期坚持就能建立起自己的资料库,为未来的教学实践提供有益的支持。

8.4.1.2 职后培训

职后培训就是教师的继续教育,继续教育是教师专业发展的一个重要组成部分,是推进教师终身学习的法律保障。教师专业发展的漫长性与生长性注定了这是一个终身的过程,教师接受继续教育是专业成长一个不可缺少的重要组成部分,离开继续教育,教师的专业成长便会夭折,而终身学习便成为空洞的口号。正如《教育——财富蕴藏其中:国际21世纪教育委员会报告》中所描述的那样:"今天,世界整体上的演变如此迅速,以致教师和大部分其他职业的成员从此不得不接受这一事实,即他们的入门培训对他们的余生来说是不够用的,他们必须在整个生存期间更新和改进自己的知识和技术。"

新手教师在经过一段时间的教学实践之后,会感到自身专业知识之外各项能力的欠缺,如课堂驾驭能力、教学研究能力等,而分科教育出身的教师虽然在教学实践经验和教研能力上略胜一筹,但其知识综合能力则是先天不足。因此,各种形式的职后培训不仅非常必要,而且恐怕是最为快捷高效的途径了,同时这种培训要伴随科学教师的整个职业生涯。新手教师经过一定时期的教学经历后,会在教学上遇到这样那样的问题和挫折,由此产生各种各样的问题,他们可以就自己的实际问题有选择地参加一些专题培训;而分科教育出身的教师在"转行"后也会强烈感受到自己在科学课程教学中某些方面的严重不足,他们也可以针对自己的不足参加有针对性的培训。而旨在全面提高教师教育教学能力的职后培训更是全体教师都应该积极参与的,如果把教师比作引领学生前进方向的照明灯的话,那么各种形式的教师培训就是充电器,教师只有经常"充电",借以提高充实自己,才能长明不衰,才能稳步提高,快速成长。

目前,我们国家的职后培训机制已经趋于完善,脱产、不脱产的,长期、短期的,专项、全能的,集中、分散的,各种培训形式多种多样,科学教师可视自己的具体情况、具体需要,有计划、有目的地定期参加专业培训,养成终身学习的意识和能力。只有这样,才能在专业发展的道路上走得更远。

如同学生的成长"是他自己的事情"一样,教师的职业成长也是外在价值引导下的自主完善的过程,教师主体的积极参与对教师成长的意义是非常重要的。没有教师主体的自我反思意识的觉醒和能力的增强,而仅靠进修、培训等方式,其效果是不理想的。只有注重激发教师自我提高的动机,教师才可能积极进行自我反思与实践,其教育教学观念、教育教学行为和能力才会有本质的提高,从而专家型教师的成长与造就才有可能。

小资料

用"综合"的模式培养综合教师

由于科学教师从未经历过综合课程,那么,专业发展的第一步应该是让他们"亲历"综合科学课程,使他们对综合课程有直观的感受,产生个人的直接经验。那么,对综合科学教师所进行的培训一定要采用综合的模式。

首先,培训课程的内容要是综合的。由于科学教师缺乏其他学科的知识和技能,掌握这些内容是教综合课程所必不可少的,但在教师培训时仅停留在这个层面是远远不够的。教师通过这样的培训后掌握的知识和

技能往往是割裂的、非结构化的,与综合科学课程的理念不相吻合。培训综合教师的课程内容必须充分地体现出自然科学和自然界的内在统一性,应该包括自然科学中最具基础和核心地位的基本概念、学科基本结构以及基本方法和技能、科学思想等。使教师对自然科学有一个宏观性的整体理解,形成结构良好的科学知识体系,知识结构是动态生成的、知识之间具有内在的关联性。开设的主要课程可以有自然科学概论、基本科学实验技能、科学方法论、科学课程论、科学教学法、现代科学技术和科学思想等。

其次,培训方式要综合。培训综合科学教师所采用的方式一定要与希望教师在课堂教学中使用的方式相类似,也就是说必须要用综合科学课程的教学方式来培训综合科学教师。可以以某一问题、主题、探究活动为中心展开教学内容,即通过一定的"情境"把科学知识、技能方法、科学本质等整合起来。由于讨论是综合科学教学的一个关键性技能,所以培训中的讨论是必不可少的,让教师们通过讨论活动学会如何激发、引导学生进行课堂讨论。

[潘苏东.影响综合科学教师专业发展的因素分析[J].教师教育研究,2005(5).]

活动

1. 设计调查表,调查周围中小学科学课程教师的职前、职后培训状况(包括培训机构的种类、培训的形式、内容、课程设置、培训期限等),分析我国科学教师继续教育的现状。
2. 你认为我国目前的科学教师继续教育与发达国家相比,在哪些方面存在不足?如何改进?

8.4.2 基于"教学反思"的教师专业发展

反思是促进个体自我发展的决定性因素。美国心理学家波斯纳(M. I. Posiner)在1989年提出了一个教师专业成长的公式:经验+反思=成长。他认为,没有反思的经验是狭隘的经验,至多只能是肤浅的知识。罗塞尔(Tom Russell)和库利根(Fred Korthagen)1995年指出,训练只能缩小专家教师与新手教师之间的差异,而反思性实践或反思性教学却是导致一部分教师成为专家型教师的一个重要原因。[1] 王海芳等2005年对北京市24位中小学优秀教师的调查显示:50%明显提到专业反思的作用;其中一位特级教师指出:"教师是否愿意花时间反思自己的教学工作,是教师是否具有专业素养的标志"。[2] 可见,反思对教师成长有着极为重要的价值。

教学反思是指教师把自己的教育教学实践以及周围发生的教育现象作为对象,对其进行审视和分析,从而据此修正自己的决策、行为,提炼、升华自己的教育理念,进而不断提高自身教育教学效能和素养的过程。[3] 反思有利于丰富教师的实践知识,有助于教师的自我理解,并能有效促进教师决策能力的发展。

---

[1] 傅建明.教师专业发展——途径与方法[M].上海:华东师范大学出版社,2007:125.
[2] 王海芳等.北京优秀中小学教师成长因素分析[J].中国教师,2006(1).
[3] 刘知新主编.化学教学论[M].北京:高等教育出版社,2004:289.

8.4.2.1 教师进行反思的基本过程

 案例研究

张老师最近通过课堂观察发现有些同学在他做演示实验时,并不仔细观察实验现象,而是自己看课本,似乎实验与他没有关系。张老师由此对自己的实验教学产生了质疑。

他经过进一步观察发现,这些学生多集中在教室的最后几排。张老师分析认为可能这些学生属于差生,所以被排到最后面。于是他找到班主任谈话,结果得知班里的座次并不是按照学习成绩排列的,这一可能被排除。

这个问题究竟该如何解决?

张老师开始反思:是学生对实验没兴趣还是演示实验引入不成功?怎样才能使这些学生产生兴趣?为此,他根据教学目标对某些实验进行了改进,却发现这一问题并没有很大改观。最后,张老师分别找那些不"关注"实验的学生谈话,才了解到主要原因是因为后面的学生看不清楚实验现象。

张老师将某些实验改为投影实验,以使实验现象更明显;有些实验改成学生小组实验;有些实验请同学上讲台助做,并让其描述实验现象;他还尝试将实验台设置在教室中央,学生坐成环形,以使大部分学生都能近距离观察。

这样,张老师将自己想到的解决方法应用到实际教学中,发现学生的兴趣迅速提高,使用热情也有很大改善。由此,张老师通过不断观察和分析实验教学改革对教学效果的影响,不断总结概括,最终形成了新的演示实验教学策略。

(刘知新主编.化学教学论[M].北京:高等教育出版社,2004:289—291.)

从上述张老师的反思过程我们可以总结出教学反思的基本步骤为:

(1) 确定所要关注的问题。教师通过教学观察发现自己教学实际中存在的某个问题,对教学产生质疑,并通过进一步收集关于这个问题的资料,初步将问题明确化。

(2) 观察与分析。教师对有关资料进行认真观察和分析,以批判的眼光反思自己的教学活动,包括教学理念、教学行为、教学态度等,以促进自己对问题的深层认识和理解。然后通过查阅资料、请教他人等途径查找问题的症结所在。

(3) 建立理论假设,解释情景。在弄清了问题的成因之后,教师重新审视自己的教学行为,积极寻找新的教学理论和策略来解决所面临的问题,并对可能产生的效果加以考虑,建立假设,形成新的、创造性解决问题的方法。

(4) 实际验证。考虑过每种行动的后果后,教师开始实施行动计划,通过实际尝试,检验所提出的理论假设和教学策略,并在检验过程中根据教学实际对理论假设进行修订,确定教学的效果,并形成有关的理论。

实际上,教师的反思实践是一个循环往复的过程,教师就是在不断的实践和反思过程中逐渐成长的。

8.4.2.2 教师进行反思的方法

小资料

如何进行深刻的教育反思

一、一个正确的姿态：批判

有效的反思首先要有一个正确的姿态：批判。

教育反思的本质是探索常识与习惯掩盖下的教育实践的真正意义。在实际的教育教学实践中，教师大多是依据惯常的反应来应对具体的教学情境，并且常常有将自己的行为合理化的心理倾向。教育反思的实质就是对这种惯常行为图式和思维图式的抗拒与颠覆，改变那种单纯以风俗、习惯和前见为基础进行判断的倾向。深刻的教育反思就应该建立在否定的思维向度上，通过批判恢复理性对专业生活的支配性地位，将专业行动纳入理性的轨道，在这个过程中教学中的问题和困惑得以呈现，教学情境的丰富教育意蕴开始得到彰显，教育者开始迈上自我认识、自我改造、自我教育的专业发展道路。

二、一种独到的眼光：开放的理论视角

意义的发现和理解需要理论的观照。但是，当我们用某一种理论视角观察世界时，既意味着部分意义的敞开，也意味着部分意义的遮蔽，正如人的眼睛没有全域的视野一样，任何一种理论都不是普适的解释框架，都不可能穷尽事物的意义。在教育反思过程中，我们应该用开放的理论视角理解具体的教育情境，"开放"意味着我们的反思应该建立在多元化的理论背景下全面理解教育情境内在的教育意蕴。"开放"表现为：第一，用不同的教育理论来观照一个具体的教育情境，以期获得更准确、全面、深刻的理解；第二，用不同的学科的理论来反思具体的教育情境，因为教育实践与社会生活的方方面面有着密切的联系，是具体的社会情境赋予教育特殊的意义；毋庸讳言，大多数的教育学成果是来自其他学科理论在教育学领域的实践，教育学本身的开放性和实践性特点需要我们有一种广域的视野，广泛地借鉴和吸收其他学科的相关理论。

三、一套有效的方法

1. 叙事研究：让反思回归到教育现象本身。教育叙事研究就是对教师日常的专业生活进行描述与反思。它注重教师独特的体验与个体化的思想与行为。通过悬置先在的理论和观念，对教育实践进行最真实的现象还原，而达到直面教育现象本身的目的。当教师的教学日志、个人的成长故事、口袋档案等一系列个人化的微型叙事走进研究视域，教师日常教育行动的过程和细节成为关注的对象，隐匿其中的教育意义开始通过隐喻的方式得以显现和展开。

2. 行动研究：将反思嵌入真实的教育情境。行动研究的本质是反对对教育情境的去语境化的理论模塑，将教师研究嵌入真实的教育情境，在真实的行动中发现问题，解决问题。教育反思作为教师自我教育的重要手段，其目的并不是让教师脱离教学情境而进行的理论建构，而是在真实的教学情境中通过反思获得实践智慧。这种智慧的获得显然要在行动中依靠教师的反思性实践发展起来。行动研究的实践指向决定了行动研究能够为教师反思切入真实的教育情境提供良好的路径。

3. 建构反思共同体：营造广域的对话空间和教师文化氛围。教师的反思不能仅仅停留在个人的自我批判。教师要对自身的教育行动、效能和观念有一个清晰、准确的认识，就需要在反思活动中建构一个可以作为参照和对话的"他者"，这个"他者"与作为反思主体的教师共同参与到反思过程中来，构成一个反思研究的共同体。这个共同体应该包括专业的教育研究者、同行教师和学生，这种结构层次为教师的反思活动展开营造了一个广域的对话空间和教师文化氛围，在这个空间中，具有不同背景的认识主体提供了对教师教育教学实践的不同认识和不同理解，形成意见多元对话空间，在不同观点、理念的砥砺和竞争中，寻求对具体教育教学实践情境的理解，提高教学实践行动的合理性和有效性。

[陈国庆.论教育反思与教师专业发展[J].黑龙江教育学院学报,2007(11).]

反思活动既可以独立进行,也可以借助他人帮助和促进进行。常用的反思方法主要有以下几种。

1. 写教学日志

教学日志是教师上完一节新课后,将自己的课堂实践、体会、感受记录下来,对教学过程进行反思,从而实现自我监控的方式。教学日志能够给教师一个很好的反思空间,有助于教授较为系统地回顾和分析自己的教育观念和行为,发现其中存在的问题,提出问题研究方案,通过联想自己的教学经验内化新的信息,形成个人的实践经验,为教师个人更新观念、改进教育教学实践指明努力的方向。

2. 观摩与交流

观摩与交流一般是指教师之间相互听课,把同事或专家作为反思自己教学的一面镜子,共同探讨教学问题,互相指正提高,共同改进。

每个教师在教学中都可能面临相同的困境和问题,观摩其他教师的课堂,可以更好地发现自己所熟悉的教育教学活动中存在的问题,将讲课者处理问题的方式与自己的处理方式相对照,以发现其中的异同。课后,可以通过与专家、同事一起,针对课堂上发生的问题,各抒己见,共同讨论解决办法,得出最佳方案为大家所用,达到共同提高的目的。这样,通过同行之间的对话、讨论,可深入探索,扩展教师的知识,促使教师更有效地进行思考,使教师把实践经验上升为理论。

教师还可以通过与学生交流的方式进行教学反思。通过听取学生的意见,教师可以了解学生对学习和教学的体验,从而帮助教师从学生眼中更好地认识自己的成绩和不足。甚至可以与学生共同讨论寻找解决方案。

对一次课堂观察活动的分析与思考(节选)

课堂教学到底意味着什么?理想的课堂到底应该是什么样?……这些问题直接关系着教师的课堂教学实践。要获得对这些问题的认识,除了进行理论学习以外,更多的需要教师从课堂情境中获得直接的、感性的经验,需要教师对课堂进行深入、细致的观察研究。当前一线教师课堂观察的状况到底怎么样?笔者对教师进行课堂观察的情况进行了一次观察调查。

调查的对象是苏北地区一所县城小学的一节实习指导课,下面是对参加本次听课的42名教师的课堂观察情况进行的调查分析。

一、课堂观察的准备情况及其分析

1. 课堂观察的准备状态

该校领导已在此前通知听课事宜,但有3名教师迟到。上课前2~3分钟,大部分教师陆续到达上课地点,就座后有5对(10人)在小声谈论,其余人随意地看着。

2. 观察、记录的工具准备

所有听课教师携带的记录工具均为笔和学校统一发的课堂观察记录,未见携带其他辅助观察、记录的工具。

3. 课堂观察位置的选择

42名观察者均选择位于学生后侧的观察位置,公开教学教室左右两侧均有可供使用的桌椅,但所有观察者均未使用。

从以上情况看,本次活动中教师的课堂观察准备呈现以下特点:

1. 观察准备状态不佳。83%的教师未能在上课前5分钟到达,时间提前量不足。同时,观察者"前观察"不到位,没有发现有意识地进行"前观察"并作记录的观察者。

2. 观察、记录工具单一。42名观察者全凭自身感官进行观察,无一人借助辅助工具。记录工具均为笔和统一发放的记录本,无一人使用专门的观察表。

3. 观察位置选择有利有弊。42名观察者的观察位置虽然说减少了对学生的干扰。但也不利于观察学生的表现(主要是学生的情绪状态、动作、表情等),不利于倾听学生发言。

二、课堂观察的记录情况及其分析

1. 记录方式的选择与分析

观察者的记录方式均属于质性记录方式,其中95%的教师采用的是概录式。无人使用图式记录、编码体系、记号体系或等级量表等记录方式。

2. 记录内容分析

教师课堂观察记录内容主要有以下特点:

① 以记录听觉内容为主,视觉内容记录少。

② 记录内容不定向,无重点。95%以上的观察者记录均未定向,而是按教学流程进行"流水账式"记录,观察什么、记录什么目标不明。

③ 记录教师行为(活动)比记录学生行为(活动)数量多且具体。

④ 对师生互动活动记录较为笼统。没有具体的师生言语互动过程记录。

三、课堂观察的随感记录及其分析

1. 记录以对教学策略的评价为主,对教师教学态度、能力状况和对学生课堂学习状态的随感记录偏少。表明教师在课堂观察中对师生的课堂状态等关注不够。

2. 肯定性评价与教学建议依据观察者自己的教学经验做出,具有较强的实践性;教学策略评价未能揭示策略的情境意义,以及教学策略与效果的联系等。折射出观察者课程与教学理论知识的贫乏。

四、课堂观察后评价与反思的记录及其分析

1. 评价多于反思,肯定性评价多于否定性评价。缺少对教学策略运用的检视和对教学行为背后潜藏的观念的追问,批判反思显得不足。

2. 评价内容传统化。观察者对课程资源的开发利用、课堂评价、教学风格等关注不足。

3. 评价标准经验化、评价视角大众化。观察者以自己的教学实践经验为标准进行评价,不能从理论的、科学的角度评价,不能运用新课程理念对课堂教学情况进行分析;评价无独特视野,无个性,"毫无选择"地选择众人通常关注的话题,运用大众话语,评价程式化。

4. 评价无专题。泛泛而谈,评价意见既无深度,缺乏穿透力;又无高度,缺乏普遍规律、普遍意义的揭示。

思考与分析:

课堂观察就是教师之间的听课交流,是教师进行教学反思的重要途径,通过对他人的课堂观察来反思自身的教学观念、教学行为,从而优化自己的行动方式,提高行动有效性,这是课堂观察的目标所在。请对上述案例进行分析,总结在课堂观察过程中,观察者和被观察者双方都应该遵循什么原则,怎样做,才能进行有效的教学反思,达到观摩与交流的真正目的?

[华卜泉.课堂观察:教师专业发展的新平台——对一次课堂观察活动的分析与思考[J].江苏教育研究,2008(2).]

3. 再现反省

再现反省是指教师通过观看自我教学录像,进行自我反思或在专家点评下进行反思的方式。这是目前采用的比较先进的一种反思措施。

课堂是一个复杂的环境,具有多层性、同时性、不可预测性,一些很重要的事件教师在课堂进程中不一定能注意到,更不用说记录了。因此,课堂实录不仅可以为教师提供更加真实详细的教学活动记录,捕捉教学活动的每一细节,而且,教师可以作为观摩者审视自己的教学,对教学中的某一方面进行细致的研究,帮助教师认识真实的自我或隐性的自我,有助于提高教学技能,改善教学行为。

4. 行动研究

行动研究是目前公认的最有效的促进教师专业发展的途径。是指教师对具体教学情境所做的一种反思性研究，旨在解决日常教学中出现的问题，改进教学实践。即教师在教育教学实践中通过行动和研究的结合，创造性地运用教育教学理论，去研究和解决不断变化的教学实践中的具体问题，从而促进教育、教学工作的合理、科学和有效性，不断提高教育、教学实践的水平和质量。[①]

一般认为，最早提出"行动研究"这一概念的是美国心理学家勒温（Lewin,1944）。早期的行动研究主要用于社会科学的各个领域，包括社区研究、医务护理及教育等。1998年，凯米斯（Kemmis）将行动研究引入教育领域，指出："行动研究是由社会情境（包括教育情境）的参与者为提高对所从事的社会的或教育实践的理性认识，为加深对实践活动及其依赖的背景的理解所进行的反思研究。"[②]

可见，行动研究要求教学工作者进行积极的反思、参与研究，要求研究者深入教学实际，参与教学工作，并要求两者相互协作，共同研究。这样，研究者可以从"局外人"转变为"参与者"，从只负责"发现知识"到负起解决实际问题的责任，还可使实际工作者改进其行动和工作。

行动研究的根本目的是为了实践的改进，而不是为了理论的产出。这种改进是针对个人的具体的教学实践的，是一种"以问题为中心"的研究方式，其研究对象往往是特定的，而不必具有普遍的代表性。

教师的行动研究可以两种模式开展：

第一，合作模式。专家与教师一起合作，共同进行研究。研究的问题由专家与教师一起协商提出。

第二，支持模式。由教师自己提出并选择需要研究的问题，自己决定行动的方案，专家则作为咨询者帮助教师形成理论假设，计划具体的行动以及评价行动的过程和结果。

行动研究的基本模式如图8-3所示：

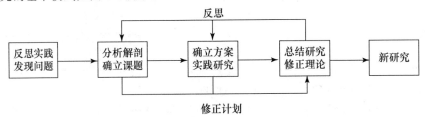

图8-3　行动研究的基本模式流程

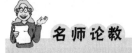

参与式行动研究对教师专业发展的作用

北京大学教育学院基础教育与教师教育中心　陈向明

在参与式行动研究中，人与人之间的平等互动不仅仅是一种形式，而且对教师的专业发展具有实质性的促进作用。有研究表明，教师的教育教学"理论"可以分为"信奉理论"与"使用理论"两种（Argyris, Putnam & Smith, 2000）。前者通常停留在教师的头脑里和口头上，是教师根据外在标准认为"应该如此的理论"，通常能够通过阅读和听讲座获得，并能用语言明确地表达出来。而后者是教师在成长中、在具体做事的过程中形成的，是教师内心真正信奉的理论，支配着教师的思想和行为，体现在教师的教育教学行动中，但通常不被教师自己所明确意识，更无法直接用语言表达出来。

[①] 刘知新主编. 化学教学论[M]. 北京：高等教育出版社，2004：299.
[②] 陈柏华. 论课程行动研究[J]. 外国教育研究，2001(4).

对教师的研究发现,教师的专业发展依靠的不只是他们的"信奉理论",更重要的是他们在自己的日常工作中积累起来的"使用理论"。然而,以往的教师教育不重视教师"知道什么",而更加关注教师"应该知道什么"。所采取的方式不外乎两种:(1)在师范院校里学习教育理论和学科知识,口耳相传,书面考试;(2)在中小学教学实践中模仿优秀教师的可观察行为,听课、评课,面试考核。前者重理论灌输,脱离实际;后者重机械模仿,缺乏分析、批判,使隐性知识显性化。结果,教师个人的"使用理论"很难被发现,教师所拥有的那些无法言表的实践性知识难以被尊重、总结和提升,更难以公开交流。

而在实践理性指导下的参与式行动研究是一条发现、总结、提升和推广教师的实践性知识,挖掘教师的"使用理论",使其与自己的"信奉理论"逐步靠拢的有效途径。通过与外来研究人员的平等互动,教师将自己的教育教学活动作为研究对象,在行动中反思,将自己行动中的"知识"(包括自己尚未意识到的"问题"和认识"盲点")显露出来。教师自己、教师群体以及外部研究人员通过对教师的行动进行系统的观察、记录、分析和交流,使其逐步显性化、可表达化。而只有这样,教师才能跳出自己的皮肤看自己,让自己的"使用理论"和实践性知识成为被分析的对象,教师的批判反思才有可能。

教师在行动中反思,通常需要四个步骤:(1)行动;(2)对行动进行描述:尽量白描,将行动的主体、发生发展的过程、有关人员的思考等详细记录下来;(3)对行动的描述进行反思:分析自己为什么这样做、这样想,挖掘行动背后的理论;(4)对行动的描述的反思进行反思:反思自己反思的方式、思维习惯和定式,同时在技术层面和人际互动层面上反思,如师生互动模式是民主协商的还是权威控制的,自己所处的教育系统和社会系统中的权力结构、自己在其中角色和作用等(Schon,1983,1988)。行动不仅仅是为了解决技术问题,改变"问题"本身,更重要的是要改变人,改变人与人的关系,改变人的觉知,改变人的行为世界。

[陈向明.参与式行动研究对教师专业发展的作用[J].教育科学研究,2006(5):55—57.]

由于行动研究的起点是教学活动中的实际问题,目的是为了改进教学实践,而实践的改进是无止境的,因此,行动研究是一个不间断的螺旋上升,循环往复的过程。"问题"不但是行动研究的出发点,也是行动研究的归宿。

20世纪70年代,随着教育的去集团化倾向和决策分享的兴起,校本教研应运而生。所谓校本教研实际上就是以行动研究为主要方式的教师研究,①是我国的新课程推进对行动研究赋予的新的存在形式,它可以是教师的自我反思,也可以是教师群体的互助合作,同样也可以在专业教育研究人员的支持下进行(即"专家引领")。

活动

1. 比较上述反思方法的优缺点,掌握其适用情境。
2. 查找资料,了解除了上述方法外,教师反思还有哪些方法?

8.4.2.3 教师反思的内容

在教学实践中,无论是教育教学理论,还是教学过程中的某个细节都需要教师认真反思。但在反思过程中一定要注意反思的角度,不善于反思的教师往往考虑的是自己在课堂上的动作、语言、衣着是否得体;善于反思的教师则相反,考虑更多的是学生在自己教学过程中的表现及其反映的问题。如反思教学效果时主要应该考虑:学生是否理解和掌握了教学的重点、难点内容?学生是否存在学习

---

① 王少非主编.新课程背景下的教师专业发展[M].上海:华东师范大学出版社,2005:163.

困难,造成的原因是什么?学生在情感态度价值观方面获得了哪些发展?……

案例研究

王老师刚从师范学院毕业不久,她上进心很强,对待工作很认真,坚持写教学日志。下面是她的一篇教学日志:

今天是我第一次在课堂上做演示实验,尽管已经准备过好几次了,但还是有点紧张。很明显,我能感觉到自己的手在发抖,我害怕自己的实验不成功,如果做不出现象那该有多丢人呐,居然还差一点忘了下一步需要加什么试剂,不知道学生看出我的窘迫来没有,当时我的脸一定红了,如果这时教导主任来听课,那可就惨了。我一定不能在学生面前出丑,以后的演示实验我必须在下面自己多练习几次才行。

讨论

你认为王老师的反思主要侧重于什么?她反思的角度对吗?如果是你,会从什么角度进行反思?

(刘知新主编.化学教学论[M].北京:高等教育出版社,2004:289,299.)

8.4.3 基于"教学研究"的教师专业发展

反思和研究是通向实现教师专业自主的有效途径。在当前教师专业发展越来越受到重视的形势下,"教育研究成了教师作为专业人员的一种专业生活方式"。[①] 可见教学研究已经成为教师专业发展的必然途径,不做教学研究的教师,就缺乏对教学实践中现实问题的思考和探索,就不可能对教学规律有深入的理解和全面的把握,其专业发展的速度必然是缓慢的甚至在某个平台停滞不前。这样的教师,即便他一辈子从事教育事业,也只会把教学作为职业而不是事业来对待,因此,最多也只是个熟练的"教书匠",而不能成长为专家型教师。

这里所指的"教学研究"实际上是教师"行动研究"的延伸和扩展。行动研究虽然是促进教师专业发展的有效途径,但有两种因素可能会影响教师的参与度。其一,专业研究人员与教师的合作,虽然在理论上是比较理想的选择,但显然很大一部分教师是无缘参与的。其二,"问题"是行动研究的核心,但事实上教师在实践中并不那么容易意识到自己的实践存在问题,相当数量的教师,尤其是工作经验不是十分丰富的年轻教师,对自己教学中有待改进的地方往往估计不足。另外,从科学研究的方法论意义上来讲,教师未提出问题时,也未必不能进行一些研究,一个在自己的教学实践中没有遇到明确问题的教师,可能会在观摩其他教师的教学实践,或在阅读一些教研资料时,意识到别人实践中或教学成果中存在的问题,进而产生探究冲动和行为,这些也是教师从事研究的可取方式。

因此,我们将在这一部分讨论更为宽泛的教学研究,即教师对教学实践或理论的多样化的探究活动和过程。其形式包括移植研究、教历研究和比较正规的课题研究等。[②]

8.4.3.1 移植研究

移植研究是指把别人的经验运用到自己的教学实践中,或借用别人的理论(概念)分析、理解和改进自己的教学实践的过程,分别叫做"经验移植"和"概念移植"。[③] 事实上,这种"移植"是教师专业行为中常见的活动。

1. 经验移植

对一般教学实践者来说,研究的初始对象可以是具体而鲜活地存在于身边的他人经验。相对于长

[①] 叶澜.新世纪教师专业素养初探[J].教育研究与实验,1998(1).
[②] 施良方.教学理论:课堂教学的原理、策略与研究[M].上海:华东师范大学出版社,1999:401—406.
[③] 叶澜.教师角色与教师发展新探[M].北京:教育科学出版社,2001.

期摸索、积累而形成经验,以听课为重要形式的经验移植显得更为便捷。这种移植在方法上要注意:

第一,充分准备。听课者课前要对课程内容有充分的了解,或者以自己在教学中发现的问题作为课题而明晰听课的重点,或者事先已经设计好自己独立的方案,对教学过程有了自己的理解,以便在与他人的实践对比的过程中发现问题,确立课题。

第二,对比研究。可以选择多节相同教学内容的课来研究分析,通过对比分辨出不同教法的优劣,更能体会到优秀教学设计的意图所在。

第三,及时讨论。与授课者及其他听课者共同交流研讨是研究必不可缺的一环。通过交流可以更好地理解优秀教学经验的精髓,为自己的进一步分析研究提供依据。

2. 概念移植

概念移植的过程就是寻找教育理论与教学实践的结合点,其结果往往能够在改进实践的同时,以实践反哺理论,对理论进行丰富、修订和补充,最终达到提升教师本身理论水平和研究能力的目的。同时,由于教育理论自身所具有的系统性,使教师在移植的过程中更多地以理性的目光审视自己以往的教学,并在不断的反思中具备了自我评价能力,因而,教学的风格也就日益显现出来。

概念移植需要注意两个事项:一是要尽可能尊重理论的基本精神,不能曲解;二是移植时应该考虑到自己教学情境的具体特点,对理论做适当的调整,不能生搬硬套。

8.4.3.2 教历研究

教历是指教师教学的历程或经历,是在教案基础上发展起来的更全面、更真实记录教师教学行踪的一种研究教学、总结经验、提升理论的动态生成资料。它涵盖的内容十分丰富,可以是自己的成长经历、研究经历、教学经历,也可以是对研究过程的所见所闻、对教育问题的所思所想。教历研究就是教师通过对个人资料的收集,对自己思想轨迹的记录来认识自己,认识自己的教学实践,并有意识地、系统地、持续不断地探究反思自身实践,并在反思的基础上提高自己的实践能力以改进教学实践的过程。[①]

教历研究是教师对自己的全教学过程进行反思的方式。在教学之前,教师对自己的教学设计进行思考;教学之中,对实践活动的背景以及有关现象的种种变化进行细致观察研究,力求通过实践检验理论、方案、计划的有效性和现实性;教学之后,对自己的教学实践积极反思、参与研究,将实践与研究融为一体。因此,教历研究是建立在教师教学实践的基础上,运用教育教学理论来认识自己的教学行为并进行调整,再将其应用到实践中,如此循环往复地进行的。

一份完整的教历应该包括以下几个部分:初始教学设计、对初始教学设计的反思分析、修改后的教学设计、教学实录、集体评判记录、第二次修订后的教学设计、心路历程记录。其中,心路历程记录相当重要,它实际上是教师进行课后自我反思的过程记录,内容包括教师自己在教学中意识到了什么不足,从实践中悟到了什么道理,这些切身体验能不能与更为广泛的教学理论联系起来,最近一段时间教师对哪些问题特别关注,在教学过程中对这个问题有什么新的体会等。

活 动

1. 选择一个合适的课题,模拟一次教历研究过程,分析、讨论各自的体验,总结教历研究的具体方法。

2. 并比较教历与教案的区别。

[①] 傅建明. 教师专业发展——途径与方法[M]. 上海:华东师范大学出版社,2007:1—2.

8.4.3.3 课题研究

相对于移植研究与教历研究来说,课题研究在组织形式上要正规得多。课题研究是指按照教育科学研究的一般方法经过论证和规划,实施规划并收集数据、分析数据,最终得出理论性研究成果的研究。[①] 常用的研究方法有以下几种。

1. 观察法

观察法是指有目的、有计划地对完全处于自然状态下的教师和学生的外在行为表现进行观察,从而获得经验事实的一种研究方法。观察法的特点就是对观察对象的发生、存在和条件变化不加任何干预和控制,而是在其处于自然状态的情况下进行观察。观察过程中要做详细、全面的记录,并做到实事求是,客观具体。

观察法不能直接揭示现象的本质,故常与其他方法结合使用。

2. 文献法

文献法是指从对相关文献的查阅、分析、概括中直接获得规律性的认识和结论,以指导当前的教学实践的一种研究方法。这种方法的关键是研究者对文献资料的思维加工,这是一个复杂而艰苦的工作,包括分析、综合、比较、抽象与概括等环节,而且往往要经过多次反复。最终将文献中的有关材料或观点加以整理组织,与自己的研究课题相结合进行运用。

3. 调查法

运用问卷、访谈、个案研究、测验等方式对研究对象进行调查,收集有关资料,揭示规律和本质的方法被称作调查法。主要包括访谈法、问卷法、测验法等。

访谈法是指通过与调查研究对象的交谈来收集有关对方心理特征、观念与行为的数据资料的研究方法,属于定性研究的范畴。访谈法简单、方便,可以提供一种向深层探索,从而获得深入资料的机会,常常可以获得在调查之前预料不到的宝贵资料。

问卷法是指用书面回答的方式了解被调查者情况并收集信息的一种方法。其最基本的资料来源就是调查问卷,问卷的设计内容应包括:前言(说明调查者的单位、课题的来源或研究的目的、调查的主要内容及某些必要的说明、答卷指导语及感谢语)、被试基本情况调查、问题(选择题或开放题)三部分。调查问卷经过发放,由被调查对象作答、回收后,就必须对问卷进行全面的整理、分析,对有关的结果进行分析讨论并撰写成文。

测验法是指事先编制测试项目,让被试在规定时间内按指定方式解答,通过结果分析评定被试在某方面的知识和能力状况的一种研究方法。其试卷的编制方法和研究步骤与问卷法基本相似,区别就在于问卷法中对被调查者的答卷过程没有时间、地点的限制,而测验法中则要求被试必须在规定时间内按指定方式答卷。

4. 实验法

实验法是研究者根据某种研究假设,合理地控制或创设一定条件,主动引起或改变研究对象的发生发展过程,并通过观察、测量和分析研究来探索因果关系的一种科学研究方法。其目的在于揭示单个或多个自变量与单个或多个因变量之间的因果关系。

教学实验研究过程包括实验的设计、实验的准备、实验的进行和实验结果的处理四个基本步骤。实验设计即实验研究者在正式进行实验之前制订具体详细的初级计划的过程,内容包括实验的计划、构架和策略。如明确研究的问题,形成研究假设;确定各种实验变量;确定取样范围和方法;选择适当的实验数据统计方法;设想实验结果的推论范围等。实验前的准备工作主要包括拟定测验题目,编制

[①] 施良方.教学理论:课堂教学的原理、策略与研究[M].上海:华东师范大学出版社,1999:416—426.

实验材料;确定实验的具体时间和地点;做好与有关单位或个人的联络工作等。在实验的进程中,研究者要按照自己的计划对被试进行实验处理;进行实验记录;做好测验。实验结束后,研究者要对实验中获得的资料进行统计分析,并对分析结果进行解释,得出研究结论。需要注意的是,在对实验数据进行分析时,要对实验结果的科学性、准确性进行检验,包括统计检验(如效度、信度检验)、重复实验检验、教学实践检验等。

总之,教学研究的方法和途径有很多种,教师要在广泛了解和掌握各种方法的基础上,善于根据研究的目的、研究对象的特点等正确选择合适的研究法,以保证实验的科学性和有效性。同时,不同专业发展阶段的教师对教学研究策略理解的角度、深度和掌控能力不同(见表8-2),因此,不能强求新教师和老教师的教学研究行为完全一致,要鼓励教师根据自己的教学经验和研究能力水平采取递进的教学研究行为和策略。让每一位教师都能够在教学研究中成长。

小资料

表8-2 不同专业发展阶段教师教学研究心路历程分析表

分析项目	教龄1~5年	教龄5~10年	教龄10~20年	教龄20年以上
教师教学背景	受益匪浅	不满足于现状	夯实与良机	梅花香自苦寒来
教师专业理念	理想但不实际	现实与知性结合	乐观而实效	激情与执著
教师研究意识	实践大于理论	清晰明朗化	自觉、成熟、新颖	持续而强烈
教师研究知识	处于摸索状	熟练于教学	统整于实践	实践与理论的升华
教师研究能力	从无到有	创新与反思结合	综合贯通	自我超越
影响教师研究的因素	学校的支持	从外在转向内在	聚焦于研究本身	直指教师自己
教师研究途径	他为性	与教学紧密联系	团队化	扎根于课堂,充实于书本
教师研究行为和策略	基础性	以研究价值、意义为导向	专业化	思考与尝试结合
教师研究结果	与实践、思考相连	现实性	多元化	作品化

(傅建明.教师专业发展——途径与方法[M].上海:华东师范大学出版社,2007:64—65.)

本章小结

1. 教师在教学工作中所获得的专业领域的成长即为教师专业发展,教师专业发展在所有教育改革策略中应处于中心地位。

2. 一般而言,教师专业发展是指教师不断成长,不断接受新知识,提高专业能力的过程。在这一过程中,教师通过不断地学习、反思和探究来拓宽其专业内涵,提高专业水平,从而达到专业成熟的境界。

3. 教师专业发展必须建立在教师专业素养的基石上。某种意义上来说,教师专业发展就是教师的专业素养不断获得、丰富和完善的过程。一名合格的科学教师应当具备的较为完善的专业素养结构如图8-1所示。

4. 科学教师的专业发展是一个循序渐进的持续发展过程,在这个发展过程中,其专业素养的提高是有阶段性和层次性的。综合考察各研究成果,我们认为科学教师的专业成长可划分为初始期、适应期、胜任期、成熟期、创造期、稳定期五个时期。其发展路线图示如下。

5. 教师专业发展是一个内涵丰富的复杂的、综合的过程,教师个体是其专业发展的主体和责任人,但这个过程不可能游离于教师的生活和工作小环境,以及社会大环境之外,因此,教师专业发展的过程中会受到诸多显性、隐性的因素的影响。教师个人的认知结构、性格特征和家庭环境、学校的文化氛围和人际关系、国家的教师管理制度和教师继续教育机构机制的健全程度等,都是影响科学教师专业发展的重要因素。

6. 我国的科学课程建设尚处于初级阶段,课程尚未在全国各地区普遍开设,社会认可度不高,科学教师队伍良莠不齐,整体素质水平较低,而师范生的职前教育和科学教师的职后培训体制都还不十分健全。目前,这些因素严重阻碍了科学教师的专业发展。

7. 专业培训、教学反思和教学研究是科学教师专业发展的最有效途径。尤其是在目前科学教师专业培训机制不健全的情况下,基层学校应该充分调动科学教师的积极主动性,发挥其专业发展的主体作用,可通过组织教师写教学日志、观摩交流、再现反省、行动研究等形式进行教学反思,也可以通过移植研究、教历研究和比较正规的课题研究等方式来提高教学研究能力,为科学教师的专业发展提供原动力。

8. 不论哪种专业发展途径,都要与教师的教学实践相结合,尤其是教学反思和教学研究,均以教学实践问题的解决为核心,因此,教学实践问题的解决既是教师专业成长的现实土壤,又是教师专业水平发展的标志。

学习链接

1. 李秉德主编.教育科学研究方法[M].北京:人民教育出版社,1986.
2. 特级教师家园网 http://blog.cersp.com/group/index/1738.jspx.
3. 中国教师成长网 http://teacher.cersp.com.
4. 兴华科学教育网 http://se.risechina.org.

检测—拓展

检测

1. 什么是教师专业发展?
2. 科学教师专业素养的基本构成是怎样的?
3. 概述教师专业发展的各阶段特征。你认为造成教师无法从成熟期跨越稳定期进入创造期的因素都有哪些?
4. 影响科学教师专业发展的因素都有哪些?你认为教师个人因素在影响教师专业发展的诸多因素中居于什么样的地位?为什么?
5. 什么是教学反思?教学反思都有哪些形式?
6. 什么是行动研究?行动研究对于科学教师的专业发展具有什么样的意义?
7. 什么是教学研究?教学研究都有哪些形式?

拓展

1. 请查阅相关资料,分析总结教师专业发展的内涵是什么?
2. 调查你所在城市的科学教师的专业素养状况,以新课程标准的相关要求为准分析其素养水平,并提出提高科学教师专业素养水平的具体措施。
3. 结合自己的认识,谈一谈如何尽快从一个新手成长为专家型教师?
4. 关于影响科学教师专业发展的因素,不同的学者有不同的看法。请查阅资料,归纳总结,谈谈你对这个问题的认识。
5. 请对照教师专业发展的各阶段特征,总结分别适合各发展阶段的专业发展途径。你能将其整理成表格吗?

阅读视野

国外教师专业发展模式及对我国的启示

李碧雄

斯巴克斯和罗克斯考察了多种教师专业发展文献,归纳了五种教师专业发展模式。

(1) 自我导向模式。该模式的理论基础是成人学习理论,其基本假设为教师作为成人学习者能够自我引导、自我驱动,他们明确自己的学习目的和学习需要;当个体进行自己计划的学习时,会出现更好的学习效果。这一模式具体包括以下几个环节的活动:① 认清需要和兴趣;② 根据需要与兴趣制订发展计划;③ 进行学习活动;④ 评价。

(2) 观察/评价模式。这种模式基于三个假设:① 反思和分析是专业成长的核心手段;② 被观察者对自己实践的反思也有助于观察者的提高;③ 当教师看到变革积极结果后,他们会更愿意投入到变革中。这种模式经常会以评价、临床视导、同伴教练等形态出现,一般会经历观察前会议、观察、观察记录分析、观察后会议等几个阶段。"教师同伴指导"就属于这种类型。

(3) 发展/提高模式。这种模式将问题解决作为教师专业发展的基础,认为问题解决的过程就是学习发展的过程。这种模式假设:① 当成人面对需要解决的实际问题时,学习是最有效的;② 当学习与工作联系起来的时候,人们最清楚自己需要提高什么;③ 通过学校革新或课程发展,教师会知道自己需要什么知识和技能。这种模式主要贡献在于提出教师专业发展必须与学校革新和课程的发展紧密联系。校本教研就接近于这种模式。

(4) 培训模式。当前最常见的教师专业发展模式,其基本假设是一些行为和技术值得教师复制,并且能应用于实际的课堂教学中。主要是借助于工作坊,由专家提供训练的内容及相应的活动,让教师进行模仿学习。微格教学就属于此列。

(5) 探究模式。该模式假设教师是智性的人,有能力形成问题并寻求答案,形成对教学新的理解。这种模式倡导教师即研究者,通过行动研究来促进专业发展。

无论是何种具体模式,有效的教师专业发展模式应具有一些共同的特点:

(1) 教师专业发展必须有明确的目标,且目标的制定需在教师自身的需求与外部要求(专业发展标准、学校发展目标等)之间保持一种平衡,教师自身应参与目标的制订;根本目标指向于学生的学习,需要将自己的个人目标与学生需求联系起来。

(2) 教师专业发展必须有可靠的知识基础。首先是教师专业发展的内容必须是教学专业的知识基础;其次教师专业发展活动的设计也必须建立在可靠的知识基础之上。

(3) 镶嵌于教师的日常专业实践中,实现专业实践与专业发展的一体化,强调教师通过反思性实践和经验学习实现发展。

(4) 教师专业发展必须基于良好的专业环境。教师的合作是教师专业发展的重要手段,以合作分享为核心的专业文化对教师专业发展十分关键。

(5) 教师专业发展必须是持续的、持久的。教师专业发展是一个无止境的过程,教师需要持续的成长,也需要持续的支持。

(王少非主编. 新课程背景下的教师专业发展[M]. 上海:华东师范大学出版社,2005.)

校本叙事 教师专业发展的有效策略

第二次世界大战以来,西方教育研究领域发生了重要的范式转变,开始由传统实证主义和规定性模式向现象学和"描述—解释性"模式转移,由探究普适性的教育规律转向寻求情境化的教育意义。

校本叙事在教育研究范式转型的背景中兴起,它以独特的研究视角,体现出对人性的关怀与理解,强调教育情境的整体性体验和意义建构,真正把教育问题的学术研究回归到鲜活的现实,使理论研究回归到思想的故里,使教育研究融入实践的滋养。校本叙事以一种新视野角度下的全新教育研究给广大处于教育实践第一线的教师以契机,教师也完全可以寓研究于校本叙事之中,通过校本叙事不断地改进和提高自己的教育水平,促进自我的专业成长。

一、校本叙事的主要方式

校本叙事的方式很多,若从其叙述的内容来划分,主要包括生活叙事、传记体叙事和教育教学片段叙事三种。

(一)生活叙事

生活叙事是指对教师教育生活故事的叙述,借以显明其中所蕴涵的教师的生活体验以及对教师教育生活的细微关注。教师日常生活与教师成长、教育状态、教育经历密切相关,教师的专业成长不仅体现在课堂上,同样也蕴涵于日常生活之中。在生活叙事中,教师不仅可以倾听到自己内心深处的真实声音,真切感受到自己主观世界的波澜起伏,在自我反思的活动中重新塑造自己,而且在这样的反思中不断成就自己,并由此带来整个教育思想的全面升华。

(二)传记体叙事

传记体叙事是指对教师成长过程、乃至教师教育生涯的整体叙述,借以显明教师生命成长的历程,是对教师平凡人生中细微的个人生命颤动的揭示。教师以传记体叙事的方式学会自我反思,并经由自我反思、自我评价而获得某种自我意识。而当教师不直接谈论教育理论,只反思日常生活和教育生活中发生的教育事件时,教师的教育理论便常常蕴涵其中,而且这些教育理论已经不是一般意义上的理论,它已经转化为教师的教育信念。

(三)教育教学片段叙事

教育教学片段叙事是指对教师教育教学实践中某个印象深刻的片段的叙述,显示事件发生的细节,借以阐明教师对导致良好或者较差教育教学效果的反思。这种方式不仅强调所叙述的内容应具有一定的情节,而且强调叙述者应是教师本人而不是外来者。同时,作为叙事的行动研究,教师所叙述的教育教学事件除了偶发事件之外,应更多地属于教师本人的有意识的改变,是对改变之后所发生的事件的叙述。

二、校本叙事的有效策略

(一)选择适当主题,切入教师生活

校本叙事的关键在于选择适当的主题,切入教师的日常教育生活,对教师亲历的教育生活加以梳理、选择、整合和贯通,从而在一种基于教师亲历的现场感的叙述之中,既能把真实的教育生活淋漓尽致地展现出来,又能在众多具体的偶然多变的现场中去透析种种关系,剖析现象背后所隐藏的真实,从而使教育生活故事焕发出理性的光辉和智慧的魅力。校本叙事不同于一般性的讲故事之处,就在于作为叙事者的教师并不只是单纯地讲述自己的教育经历,而是在一种理性的参与之中对教育生活做出意义的梳理与提炼。教师专业成长一般有两种知识来源:一种是外来的教育知识、教育理念等;另一种是个体经验提升的知识。校本叙事就是要将原初的教育经验提升成为知识性的经验。在这个意义上,校本叙事实际上是拓宽了教师教育生活的内在知识基础,也使教师的专业成长作为教师个体教育人生的事件,并不是外在的、被规定的,而是内外结合的、自主的,是教育生活内在经验和外在教育知识的整合、对照的结晶,是外来知识与内在知识的对话,是理性与经验的融合。

(二)审视反思生活,升华超越生活

校本叙事重视教师的教育教学故事和日常生活故事,以教师的教育教学故事和日常生活故事为基础,通过叙事来表达自己内心深处的真实声音,真切感受到自己主观世界的波澜起伏,体验到自己

生命律动的快乐与痛苦,而不以抽象的概念或符号压制教育生活的细节和情趣。当然,这并不意味着允许研究方法的主观随意性。在教育实践中,教师经常会把校本叙事简单地理解为编故事,从而捏造出一些想象的事实或者期望的事实。这些"事实"也许是感人的,但它却违背了教育研究的基本要求,也使校本叙事研究的现场感丧失殆尽,使教师灵魂的升华化作一句空话。只有真实才能反映真实,只有真实才能认识真实。因此,校本叙事必须强调叙事的客观性和语言的真实性。只有在真实教育生活的叙述中,教师才能正确地审视自己,并在自我反思中审视自己的行为,以取得自觉自律的效果。同时,叙事语言的真实性也意味着表达教师自己观点和独特情感体验的语言的个体性。这些个体化的语言不仅是记录经验的基本符号,也是教师个体鲜活生命世界的真实写照。正是这种个体化的语言,才建构起了校本叙事大厦真正的坚固基石,并可以使教师在研究过程中避免成为某些专家学者理论话语的无谓牺牲者。

(三)建立叙事共同体,总结提升理论

校本叙事认为,每个教师都有向他人倾诉故事的欲望,同时他们的故事又都受到自身经验背景、价值观念等的局限。在民主性的交流与研讨中,教师一方面从集体中确证了自身经验的价值,激发起参与校本叙事的积极性,另一方面也在校本叙事中突破现有观念框架的束缚,获得更深的自我理解。因此,校本叙事要求教师、教育管理者以及校外研究者共同进入叙事历程,构建校本叙事共同体,在共同叙事和平等研讨中促进教师不断反思和重构自身的"内隐理论"。当然,校本叙事不仅应关注故事的叙说和重构,而且应注重从大量的故事中总结提升有价值的理论观点。从教师的校本叙事中所总结提升出来的理论实际上是"扎根理论"或者说是"个人理论"。这种理论以经验事例为依据,并且与特定的使用情境相联系,在校本叙事者看来,只有情境化的理论才有助于揭示教育问题的复杂性和教师的教育教学个性。

[张典兵.校本叙事:教师专业发展的有效策略[J].继续教育研究,2008(1):60—62.]

参 考 文 献

[1] 刘知新主编.化学教学论[M].北京:高等教育出版社,2004.
[2] 林崇德.教育的智慧——写给中小学教师[M].北京:开明出版社,1999.
[3] 王少非主编.新课程背景下的教师专业发展[M].上海:华东师范大学出版社,2005.
[4] 彭蜀晋等.科学课程与教学论[M].北京:高等教育出版社,2005.
[5] 叶澜.教师角色与教师发展新探[M].北京:教育科学出版社,2001.
[6] 傅建明.教师专业发展——途径与方法[M].上海:华东师范大学出版社,2007.
[7] 施良方.教学理论:课堂教学的原理、策略与研究[M].上海:华东师范大学出版社,1999.
[8] 教育部师范教育司.教师专业化的理论与实践(修订版)[M].北京:人民教育出版社,2003.
[9] 教育部基础教育司科学(7—9年级)课程标准研制组.全日制义务教育(7—9年级)课程标准(实验稿)解读[M].武汉:湖北教育出版社,2002.
[10] 丁邦平.国际科学教育导论[M].太原:山西教育出版社,2002.
[11] 阎立泽等主编.化学教学论[M].北京:科学出版社,2004.
[12] [瑞士]C.G.Jung.心理类型学[M].吴康,丁传林,赵善华译.西安:华岳文艺出版社,1989.
[13] 仲小敏.论科学课程教师专业素养:挑战与发展[J].课程·教材·教法,2005(8).
[14] 裴跃进.教师专业发展阶段基本内涵的探究[J].重庆文理学院学报,2008(1).
[15] 苗洪霞.新手教师的专业成长与发展[J].教书育人,2007(1).
[16] 潘苏东.影响综合科学教师专业发展的因素分析[J].教师教育研究,2005(9).
[17] 王海芳等.北京优秀中小学教师成长因素分析[J].中国教师,2006(1).

[18] 陈柏华.论课程行动研究[J].外国教育研究,2001(4).

[19] 华卜泉.课堂观察:教师专业发展的新平台——对一次课堂观察活动的分析与思考[J].江苏教育研究,2008(2).

[20] 陈国庆.论教育反思与教师专业发展[J].黑龙江教育学院学报,2007(11).

[21] 马勇军.论中学科学教师业务素质[J].当代教育科学,2003(18).

[22] 卢乃桂,钟亚妮.国际视野中的教师专业发展[J].比较教育研究,2006(2).

[23] 俞正强.影响教师专业发展的主要因素是什么[J].人民教育,2007(20).

[24] 陈秀梅.教师专业发展的内在影响因素[J].天中学刊,2008(2).

[25] 彭蜀晋等.科学教师专业素养发展的理念与措施[J].中学化学教学参考,2005(11).

[26] 刘洁.试析影响教师专业发展的基本因素[J].东北师大学报(哲学社会科学版),2004(6).

[27] 杨秀梅,杨秀玉.费斯勒与格拉特霍恩的教师发展影响因素论综述[J].外国教育研究,2002(5).

[28] 蒋华,钟桃英.试析美国教师专业发展与终身学习[J].继续教育,2008(1).

[29] 马香莲,姚满团.教师效能——教师专业发展的内在影响因素[J].甘肃联合大学学报(社会科学版),2006(12).

[30] 白素娥,吴振利.教师专业发展之路上的认知障碍分析[J].山西师大学报(社会科学版),2008(3).

北京大学出版社
教育出版中心 精品图书

21世纪特殊教育创新教材·理论与基础系列
特殊教育的哲学基础　　　　　　　方俊明 36元
特殊教育的医学基础　　　　　　　张　婷 36元
融合教育导论（第二版）　　　　　雷江华 45元
特殊教育学（第二版）　　　　雷江华 方俊明 43元
特殊儿童心理学（第二版）　　方俊明 雷江华 39元
特殊教育史　　　　　　　　　　　朱宗顺 39元
特殊教育研究方法（第二版）
　　　　　　　　　　　　　　杜晓新 宋永宁等 45元
特殊教育发展模式　　　　　　　　任颂羔 36元
特殊儿童心理与教育（第二版）
　　　　　　　　　　　杨广学 张巧明 王　芳 49元
教育康复学导论　　　　　　　杜晓新 黄昭鸣 55元
特殊儿童病理学　　　　　　　王和平 杨长江 48元

21世纪特殊教育创新教材·康复与训练系列
特殊儿童应用行为分析（第二版）
　　　　　　　　　　　　　　　李　芳 李丹 49元
特殊儿童的游戏治疗　　　　　　　周念丽 42元
特殊儿童的美术治疗　　　　　　　孙　霞 38元
特殊儿童的音乐治疗　　　　　　　胡世红 32元
特殊儿童的心理治疗（第二版）　　杨广学 45元
特殊教育的辅具与康复　　　　　　蒋建荣 29元
特殊儿童的感觉统合训练（第二版）王和平 56元
孤独症儿童课程与教学设计　　　　王　梅 37元

21世纪特殊教育创新教材·融合教育系列
融合教育理论反思与本土化探索　　邓　猛
融合教育实践指南　　　　　　　　邓　猛
融合教育理论指南　　　　　　　　邓　猛
融合教育导论（第二版）　　　　　雷江华

21世纪特殊教育创新教材（第二辑）
特殊儿童心理与教育　　　杨广学 张巧明 王　芳
教育康复学导论　　　　　　　　杜晓新 黄昭明
特殊儿童病理学　　　　　　　　王和平 杨长江
特殊学校教师教育技能　　　　　　昝　飞 马红英

自闭谱系障碍儿童早期干预丛书
如何发展自闭谱系障碍儿童的沟通能力
　　　　　　　　　　　　　　朱晓晨 苏雪云 29元
如何理解自闭谱系障碍和早期干预　苏雪云 32元
如何发展自闭谱系障碍儿童的社会交往能力
　　　　　　　　　　　　　　　吕　梦 杨广学 33元
如何发展自闭谱系障碍儿童的自我照料能力
　　　　　　　　　　　　　　　倪萍萍 周　波 32元
如何在游戏中干预自闭谱系障碍儿童
　　　　　　　　　　　　　　　朱　瑞 周念丽 32元
如何发展自闭谱系障碍儿童的感知和运动能力
　　　　　　　　　　　　　韩文娟 徐　芳 王和平 32元
如何发展自闭谱系障碍儿童的认知能力
　　　　　　　　　　　　　　　潘前前 杨福义 39元
自闭症谱系障碍儿童的发展与教育　周念丽 32元
如何通过音乐干预自闭谱系障碍儿童 张正琴 36元
如何通过画画干预自闭谱系障碍儿童 张正琴 36元
如何运用ACC促进自闭谱系障碍儿童的发展
　　　　　　　　　　　　　　　　苏雪云 36元
孤独症儿童的关键性技能训练法　　李　丹 45元
自闭症儿童家长辅导手册　　　　　雷江华 35元
孤独症儿童课程与教学设计　　　　王　梅 37元
融合教育理论反思与本土化探索　　邓　猛 58元
自闭症谱系障碍儿童家庭支持系统　孙玉梅 36元
自闭症谱系障碍儿童团体社交游戏干预 李　芳
孤独症儿童的教育与发展　　　　王梅 梁松梅

学术道德与研究方法
结构方程模型及其应用　　　　易丹辉 李静萍

特殊学校教育·康复·职业训练丛书（黄建行 雷江华 主编）
信息技术在特殊教育中的应用　　　　　55元
智障学生职业教育模式　　　　　　　　36元
特殊教育学校学生康复与训练　　　　　59元
特殊教育学校校本课程开发　　　　　　45元
特殊教育学校特奥运动项目建设　　　　49元

21世纪学前教育规划教材
学前教育概论　　　　　　　　　　李生兰 49元
学前教育管理学　　　　　　　　　王　雯 45元
幼儿园歌曲钢琴伴奏教程　　　　　果旭伟 39元
幼儿园舞蹈教学活动设计与指导　　董　丽 36元
实用乐理与视唱　　　　　　　　　代　苗 40元
学前儿童美术教育　　　　　　　　冯婉贞 45元
学前儿童科学教育　　　　　　　　洪秀敏 39元
学前儿童游戏　　　　　　　　　　范明丽 39元
学前教育研究方法　　　　　　　　郑福明 39元

书名	作者	价格
外国学前教育史	郭法奇	39元
学前教育政策与法规	魏 真	36元
学前心理学	涂艳国 蔡 艳	36元
学前教育理论与实践教程	王 维 王维娅 孙 岩	39元
学前儿童数学教育	赵振国	39元

大学之道丛书精装版

书名	作者	价格
美国高等教育通史	[美]亚瑟·科恩	115元
知识社会中的大学	[英]杰勒德·德兰迪	78元
大学之用（第五版）	[美]克拉克·克尔	49元
营利性大学的崛起	[美]理查德·鲁克	68元
学术部落与学术领地：知识探索与学科文化	[英]托尼·比彻，保罗·特罗勒尔	88元
美国现代大学的崛起	[美]劳伦斯·维赛	118元
教育的终结——大学何以放弃了对人生意义的追求	[美]安东尼·T.克龙曼	78元
世界一流大学的管理之道——大学管理研究导论	程 星	68元
后现代大学来临？	[英]安东尼·史密斯 弗兰克·韦伯斯特	68元

大学之道丛书

书名	作者	价格
市场化的底限	[美]大卫·科伯	59元
大学的理念	[英]亨利·纽曼	49元
哈佛：谁说了算	[美]理查德·布瑞德利	48元
麻省理工学院如何追求卓越	[美]查尔斯·维斯特	35元
大学与市场的悖论	[美]罗杰·盖格	48元
高等教育公司：营利性大学的崛起	[美]理查德·鲁克	38元
公司文化中的大学：大学如何应对市场化压力	[美]埃里克·古尔德	40元
美国高等教育质量认证与评估	[美]美国中部州高等教育委员会	36元
现代大学及其图新	[美]谢尔顿·罗斯布莱特	60元
美国文理学院的兴衰——凯尼恩学院纪实	[美]P.F.克鲁格	42元
教育的终结：大学何以放弃了对人生意义的追求	[美]安东尼·T.克龙曼	35元
大学的逻辑（第三版）	张维迎	38元
我的科大十年（续集）	孔宪铎	35元
高等教育理念	[英]罗纳德·巴尼特	45元
美国现代大学的崛起	[美]劳伦斯·维赛	66元
美国大学时代的学术自由	[美]沃特·梅兹格	39元

书名	作者	价格
美国高等教育通史	[美]亚瑟·科恩	59元
美国高等教育史	[美]约翰·塞林	69元
哈佛通识教育红皮书	哈佛委员会	38元
高等教育何以为"高"——牛津导师制教学反思	[英]大卫·帕尔菲曼	39元
印度理工学院的精英们	[印度]桑迪潘·德布	39元
知识社会中的大学	[英]杰勒德·德兰迪	32元
高等教育的未来：浮言、现实与市场风险	[美]弗兰克·纽曼等	39元
后现代大学来临？	[英]安东尼·史密斯等	32元
美国大学之魂	[美]乔治·M.马斯登	58元
大学理念重审：与纽曼对话	[美]雅罗斯拉夫·帕利坎	40元
学术部落及其领地——当代学术界生态揭秘（第二版）	[英]托尼·比彻 保罗·特罗勒尔	33元
德国古典大学观及其对中国大学的影响（第二版）	陈洪捷	42元
转变中的大学：传统、议题与前景	郭为藩	23元
学术资本主义：政治、政策和创业型大学	[美]希拉·斯劳特 拉里·莱斯利	36元
21世纪的大学	[美]詹姆斯·杜德斯达	38元
美国公立大学的未来	[美]詹姆斯·杜德斯达 弗瑞斯·沃马克	30元
东西象牙塔	孔宪铎	32元
理性捍卫大学	眭依凡	49元

学术规范与研究方法系列

书名	作者	价格
社会科学研究方法100问	[美]萨尔金德	38元
如何利用互联网做研究	[爱尔兰]杜恰泰	38元
如何撰写与发表社会科学论文：国际刊物指南	蔡今忠	42元
如何查找文献（第二版）	[英]萨莉·拉姆齐	50元
给研究生的学术建议	[英]戈登·鲁格 等	26元
社会科学研究的基本规则（第四版）	[英]朱迪斯·贝尔	32元
做好社会研究的10个关键	[英]马丁·丹斯考姆	20元
如何写好科研项目申请书	[美]安德鲁·弗里德兰德 等	28元
教育研究方法（第六版）	[美]梅瑞迪斯·高尔 等	88元
高等教育研究：进展与方法	[英]马尔科姆·泰特	25元
如何成为学术论文写作高手	[美]华乐丝	49元
参加国际学术会议必须要做的那些事		

	[美] 华乐丝 32元
如何成为优秀的研究生	[美] 布卢姆 38元

21世纪高校职业发展读本

如何成为卓越的大学教师	[美] 肯·贝恩 32元
给大学新教员的建议	[美] 罗伯特·博伊斯 35元
如何提高学生学习质量	[英] 迈克尔·普洛瑟 等 35元
学术界的生存智慧	[美] 约翰·达利 等 35元
给研究生导师的建议（第2版）	[英] 萨拉·德拉蒙特 等 30元

21世纪教师教育系列教材·物理教育系列

中学物理微格教学教程（第二版）	张军朋 詹伟琴 王 恬 35元
中学物理科学探究学习评价与案例	张军朋 许桂清 32元
物理教学论	邢红军
中学物理教学论	邢红军
中学物理教学评价与案例分析	王建中 孟红娟

21世纪教育科学系列教材·学科学习心理学系列

数学学习心理学（第二版）	孔凡哲
语文学习心理学	董蓓菲

21世纪教师教育系列教材

教育心理学（第二版）	李晓东
教育学基础	庞守兴 40元
教育学	余文森 王 晞 26元
教育研究方法	刘淑杰 45元
教育心理学	王晓明 55元
心理学导论	杨凤云 46元
教育心理学概论	连 榕 罗丽芳 42元
课程与教学论	李 允 42元
教师专业发展导论	于胜刚 42元
学校教育概论	李清雁 42元
现代教育评价教程（第二版）	吴 钢 45元
教师礼仪实务	刘 宵 36元
家庭教育新论	闫旭蕾 杨 萍 39元
中学班级管理	张宝书 39元
教育职业道德	刘亭亭 39元
教师心理健康	张怀春 39元
现代教育技术	冯玲玉 39元
青少年发展与教育心理学	张 清 42元
课程与教学论	李 允 42元

课堂与教学艺术（第二版）	孙菊如 陈春荣 49元

21世纪教师教育系列教材·初等教育系列

小学教育学	田友谊 39元
小学教育学基础	张永明 曾 碧 42元
小学班级管理	张永明 宋彩琴 39元
初等教育课程与教学论	罗祖兵 45元
小学教育研究方法	王红艳 45元
新理念小学数学教学论	刘京莉 38元
新理念小学音乐教学法	吴跃跃

教师资格认定及师范类毕业生上岗考试辅导教材

教育学	余文森 王 晞 26元
教育心理学概论	连 榕 罗丽芳 42元

21世纪教师教育系列教材·学科教育心理学系列

语文教育心理学	董蓓菲
生物教育心理学	胡继飞

21世纪教师教育系列教材·学科教学论系列

新理念化学教学论（第二版）	王后雄
新理念科学教学论（第二版）	崔 鸿 张海珠 36元
新理念生物教学论（第二版）	崔 鸿 郑晓慧 45元
新理念地理教学论（第二版）	李家清 45元
新理念历史教学论（第二版）	杜 芳 42元
新理念思想政治（品德）教学论（第二版）	胡田庚 55元
新理念信息技术教学论（第二版）	吴军其 38元
新理念数学教学论	冯 虹 36元

21世纪教师教育系列教材·语文课程与教学论系列

语文文本解读实用教程	荣维东
语文课程教师专业技能训练	张学凯 刘丽丽
语文课程与教学发展简史	武玉鹏 王从华 黄修志
语文课程学与教的心理学基础	韩雪屏 王朝霞
语文课程名师名课案例分析	武玉鹏 郭治锋
语用性质的语文课程与教学论	王元华

21世纪教师教育系列教材·学科教学技能训练系列

新理念生物教学技能训练（第二版）	崔 鸿 33元
新理念思想政治（品德）教学技能训练（第二版）	胡田庚 赵海山 29元
新理念地理教学技能训练	李家清 32元
新理念化学教学技能训练（第二版）	王后雄
新理念数学教学技能训练	王光明 36元

新理念小学音乐教学法	吴跃跃		网络与新媒体评论	杨娟 39元
			新媒体概论	尹章池 45元

王后雄教师教育系列教材

教育考试的理论与方法	王后雄 35元		新媒体视听节目制作（第二版）	周建青 59元
化学教育测量与评价	王后雄 45元		融合新闻学导论	石长顺 49元
中学化学实验教学研究	王后雄 32元		新媒体网页设计与制作	惠悲荷 39元
新理念化学教学诊断学	王后雄 48元		网络新媒体实务	张合斌 46元
			突发新闻教程	李军 45元
			视听新媒体节目制作	邓秀军 45元

西方心理学名著译丛

			视听评论	何志武 32元
儿童的人格形成及其培养	[奥地利]阿德勒		出镜记者案例分析	刘 静 邓秀军 39元
活出生命的意义	[奥地利]阿德勒		视听新媒体导论	郭小平 39元
生活的科学	[奥地利]阿德勒		网络与新媒体广告	尚恒志 张合斌 49元
理解人生	[奥地利]阿德勒		网络与新媒体文学	唐东堰 雷奕 49元
荣格心理学七讲	[美]卡尔文·霍尔			
系统心理学：绪论	[美]爱德华·铁钦纳		**全国高校广播电视专业规划教材**	
社会心理学导论	[美]威廉·麦独孤		电视节目策划教程	项仲平 36元
思维与语言	[俄]列夫·维果茨基		电视导播教程	程晋 39元
人类的学习	[美]爱德华·桑代克		电视文艺创作教程	王建辉 39元
基础与应用心理学	[德]雨果·闵斯特伯格		广播剧创作教程	王国臣 36元
记忆	[德]赫尔曼·艾宾浩斯			
实验心理学（上下册）			**21世纪教育技术学精品教材**（张景中 主编）	
	[美]伍德沃斯 施洛斯贝格		教育技术学导论（第二版）	李芒 金林 38元
格式塔心理学原理	[美]库尔特·考夫卡		远程教育原理与技术	王继新 张屹 41元
			教学系统设计理论与实践	杨九民 梁林梅 29元

21世纪教学活动设计案例精选丛书（禹明 主编）

			信息技术教学论	雷体南 叶良明 29元
初中语文教学活动设计案例精选	32元		网络教育资源设计与开发	刘清堂 30元
初中数学教学活动设计案例精选	30元		学与教的理论与方式	刘雍潜 32元
初中科学教学活动设计案例精选	27元		信息技术与课程整合（第二版）	
初中历史与社会教学活动设计案例精选	30元			赵呈领 杨琳 刘清堂 39元
初中英语教学活动设计案例精选	26元		教育技术研究方法	张屹 黄磊 38元
初中思想品德教学活动设计案例精选	29元		教育技术项目实践	潘克明 32元
中小学音乐教学活动设计案例精选	32元			
中小学体育（体育与健康）教学活动设计案例精选			**21世纪信息传播实验系列教材**（徐福荫 黄慕雄 主编）	
	36元		多媒体软件设计与开发	32元
中小学美术教学活动设计案例精选	39元		电视照明·电视音乐音响	26元
中小学综合实践活动教学活动设计案例精选	30元		播音与主持艺术（第二版）	38元
小学语文教学活动设计案例精选	29元		广告策划与创意	26元
小学数学教学活动设计案例精选	38元		摄影基础（第二版）	32元
小学科学教学活动设计案例精选	32元			
小学英语教学活动设计案例精选	36元		**21世纪教师教育系列教材·专业养成系列**（赵国栋 主编）	
小学品德与生活（社会）教学活动设计案例精选				
	32元		微课与慕课设计初级教程	40元
幼儿教育教学活动设计案例精选	39元		微课与慕课设计高级教程	48元
			微课、翻转课堂和慕课设计实操教程	188元

全国高校网络与新媒体专业规划教材

			网络调查研究方法概论（第二版）	49元
文化产业概论	尹章池 38元		PPT云课堂教学法	88元
网络文化教程	李文明 42元			